建築史の基礎概念

——ルネサンスから新古典主義まで

パウル・フランクル著
香山壽夫監訳

鹿島出版会

Die Entwicklungsphasen der neueren Baukunst
by
Paul Frankl

Originally Published in Germany by B.G. Teubner, 1914
Published in Japan by Kajima Institute Publishing Co., Ltd., 2005
本書は『建築造形原理の展開』（1979年弊社刊）
の書名を改めて復刻刊行するものです。

日本語版への序文

この本は、建築史および建築意匠論の、基本概念の確立という、壮大な目標を目指して書かれたものである。そうした目標を目指した試みは、勿論他にいくつもあったかもしれない。しかし、これ程に包括的で、厳密な理論を目指したものは、この先にも、後にもない。その意味で、この本は建築史および建築意匠論の古典のひとつとみなして良いだろう。

著者パウル・フランクルは、十九世紀後半から二十世紀始めにかけての、輝かしいドイツ美術史学の流れの最後に位置している。ヤーコブ・ブルクハルトやアロイス・リーグル等の打ち立てた偉大な成果の上に立ちながら、彼は絵画、彫刻といった他の美術分野とは異る、建築芸術独自の特質を明らかにするという大きな主題に挑戦をした。歴史学が、哲学的考察の上に立つ、厳格な理論的枠組みの上に構築されねばならないと信じていた点において、フランクルは、正統なドイツ美術史学の継承者であった。しかし一方、「目的意図」、すなわちウィトルウィウスの言う「用」（commoditas）を離れて、建築を論ずることはできないと直感している点において、彼は、古代からの建築学の伝統に連なるものであり、同時にまた、「空間」を建築の本質であると理解し、ゲシュタルト心理学をその方法に組み入れた点においては、興りつつあるモダニズムの流れの内にいる者でもあった。

フランクルが目指した地点は、建築芸術においては、まことに正統で実際的なものであった。しかし、そうであるが故に、その地点は、誰もが直接到達することを避けてきた、困難な地平にあるとも言える。

それだけではない。明らかに、この本も、多くの不完全で、未熟な部分を抱えこんでいる。学的な形態の記述から出発するその論は、あまりにも煩瑣で、退屈するものと受けとられるだろう。あるいはその反対に、厳密な資料考証にのみ価値を置く研究者からすれば、その説明は、強引で客観性を欠く、とみられるかもしれない。しかし、このような二極への分解を克服し、建築の健全なる全体性を回復せんと願っている者にとっては、この本は、間違いなく、常に、ひとつの光明を与え続けるものだろう。

パウル・フランクルは、一八七八年に、プラハで生まれた。一九一〇年に、ミュンヘンで学位を取得したが、その時の論文は、十五世紀の南ドイツのステンド・グラスに関するもので、この頃から、すでに彼が、建築芸術に強く惹かれていたことがわかる。一方彼は、学生時代の始めの頃すでに、ハインリッヒ・ヴェルフリンの名著「ルネサンスとバロック」（Renaissance und Barock, 1888）を読んで強く心を動かされ、この基本概念にもとづいて、建築の様式展開の研究を行ってみたいと願うようになっていた。そうした彼に、決定的な影響を与えたのは、一九一二年にミュンヘンで行われたヴェルフリンの講義だったと、フランクルは述べている。この研究は「大学教授資格論文」としてまとめられ、一九一四年にヴェルフリンに提出された。これが、この本の元となった。

一九二一年にハレ大学に教職を得てから後、フランクルの研究の主題は、ロマネスク、およびゴシックという中世建築に移った。一九二六年に書かれた「初期中世およびロマネスク建築」(Die frühmittelalterliche und romaniche Baukunst) は、その成果のひとつである。しかし一九三四年、彼はナチスによって大学より追われ、一九三八年、アメリカ合衆国に移住し、一九四〇年に、プリンストン高等研究所の研究員となった。アメリカに移ってから、彼は「ゴシック建築」(Gothic Architecture,1962) を出版するが、彼が終生最も力を入れて、改訂を重ねていたのは、ナチスに大学を追われてすら、力を注いでいた、大著「芸術学の体系」(Das System der Kunstwissenschaft,1938) であった。これは、この本で確立した研究方法と概念を、さらに大きく展開した大著であった。しかし、この壮大な理論研究の改訂が完成し評価を受けることのないまま、一九六二年プリンストンで、彼は亡くなった。

フランクルが、この本で論じようとする主題は、著書による序文の、冒頭において、明快に提示される。すなわち、「建築における様式上の変化を研究する」ことである。そして、その研究を行うために採られた素材は、ルネサンスとバロック、それ等に続く、ロココと新古典主義の時代、年代で言うならば、十五世紀の二十年代から十九世紀までの時代である。

変化を研究するためには、変化しない測点がなければならない。星座の動きを測るためには、望遠鏡が固定されねばならないのと同じである。すなわち、変化するものを説明することは、同時に変化しないものを説明することでもある。優れた芸術家の「独創性」は確かに存在するが、しかしその独創性は、常に「伝統との相互作用」の上で成立する。「まったく自分の内にあるものだけから創造を行う芸術家などいない」のである。要約するならば、フランクルが求めているものは、「連続的に展開する」、「建築自身の内部の論理」なのである。

この主題に立ち向う、フランクルの理論は、極めて明晰な組み立てをもっている。その理論の切れ味を試すことこそが、フランクルの最大の望みで、主題から導き出される結論はむしろ二の次だったのではないか、と思わせる程だ。

時代毎の建築様式の特質を比較するために、先ずフランクルは、建築の基本要素を設定する。要素とは、いかなる場合にも必ず存在していて、それが無ければ、そのもの自体が存在し得ないもの、と言っていいだろう。フランクルの設定した建築の基本要素とは、次の四つである。

一　空間形態（Spatial Form, Raumform）
二　物体形態（Corporeal Form, Köperform）
三　可視形態（Visible Form, Bildform）
四　目的意図（Purposive Intention, Zweckgesinnung）

第一要素、空間。これが、建築の基本をなすものであり、空間をもっていないいかなる形態も、建築ではあり得ないことは、誰しも納得するだろう。建築と同じく三次元の造形美術である彫刻は、空間をその内に所有しないことで、建築と区別される。こうした認識は、今日では建築論の出発点に置かれるのが常であるが、そうなったのは決して古いことではなく、十九世紀の末のことである。美術史学、建築意匠学におけるこのような革新の原動力となったのは、ブリンクマン、リーグル等、ドイツ美術史学の業績であるが、フランクルにとりわけ直接的に強い影響を与えたのは、アウグスト・シュマルゾウの初期の諸論文である。

第二要素である物体形態とは、建築の量塊や表面の造形、あるいは細部・装飾等の形態のことである。十九世紀の末に至るまで、この要素の造形に熟達することが建築家の修業のほとんど全てであったし、建築様式論は、この要素の比較分類の上に成立していた。ヴェルフリンの画期的研究、「ルネサンスとバロック」も、この物体形態についての分析に終始しているのであって、フランクルがこの研究に多くを負いつつも、それを乗り越えねばならぬ、と感じたのはその点であった。

第三要素、可視形態とは、「視覚的な印象、すなわち光と色の相違により生み出された『イメージ』」のことである。このイメージは、建築をある一点から静止して観察して得られるものではなく、その周囲や内と外を動きまわって得られるものである。この点が、絵画と決定的に違う建築の重要な特質であるとフランクルは考え、第三章「可視形態」の始めに、短い説明を特別に付している。その文は次のようにしめくくられる。「建築を見るということは、内部空間の中や外部の囲いの周囲を歩いている際に与えられる、一連の三次元のイメージを、ただひとつの心的なイメージにまとめる、ということである。建築的イメージというとき、わたしが意味しているのは、このただひとつの心的イメージ、のことである。」すなわちフランクルは、第一要素「空間」と、第二要素「物体」を統合するものとして、第三要素「可視形態」を考えたのである。

第四要素「目的意図」、これは建築形態を、内的にではなく、外的に規定する建築の使用目的のことである。建築形態に課せられる社会的要求条件あるいは機能条件と言うこともできよう。使用目的に応ずることなくして、建築の形態は成立しない。このことは、今日の目からみれば至極あたり前のことかもしれないが、十九世紀の芸術至上主義的な美学からすれば、低俗で論ずるに値しない問題であった。同じように、ドイツ観念論美学、たとえばヘーゲルは、

「建築が実用という制約条件を持つが故に、芸術として不純なものであり、従って、最低位に位置づけられるべきもの」としたのである。こういう状況の中で、フランクルが建築形態を論ずる不可欠の基本要素として、建築のもつ社会的条件をとりあげたことは、画期的なことだと言っていいだろう。それはウィトルウィウス以来の建築論に連なる態度であり、建築を設計する者にとっては当然の認識であるが、彼はそれを哲学的な高い知的水準においてとらえようとしたのである。

使用目的、あるいは社会的機能を除外して建築の美を論じても、その内容は空虚である。ただ書斎の机に向かって本を読むだけでなく、旅に出て実際に建築を訪れることを繰り返したフランクルであったからこそ、得られた確信だったのだろう。実際にフランクルは、ヤーコプ・ブルクハルト、アロイス・リーグル、ハインリッヒ・フォン・ゲイミューラーあるいはコルネリウス・グルリット等の本を参照し、また旅の度に持ち歩いたと述べている。彼が、真底から、建築の面白さを知り、それを楽しんでいた様が理解できる。

この四つの建築要素を用いて、フランクルが比較分析する考察対象として選んだものは近世の西ヨーロッパの建築である。近世とは、その当時の言い方では、ルネサンス以降今日までを指していた。近世西ヨーロッパの建築は、その変化する様式の内に、共通の言語——フランクルは「基本的共有財産」あるいは「ひとつの源泉」と言っているが——を持っている。すなわちそれは一四二〇年のフィレンツェで始めて導入された古代建築の物体形態である。それは、続くルネサンス、バロック、ロココ、ネオ・クラシシズムの時代を通じて、変化しつつ連続する。

この連続と変化を分析するために、フランクルが用いた方法は、二極対概念の設定である。それらは、

一　空間の付加　対　空間の分割
二　力の中心　対　力の運動
三　単一のイメージ　対　多数のイメージ
四　自由　対　抑制

の四つであり、それらは、それぞれ先に述べた、空間形態、物体形態、可視形態、目的意図という要素と対応し、その異なる様相を説明する概念となる。

この対概念という考え方は、ヴェルフリンが「ルネサンスとバロック」において提示した方法である。ヴェルフリンは、絵画の分析において、「線的—絵画的」、「平面—奥行」、「閉鎖—開放」、「多数性—単一性」という五つの対概念を示したのであるが、フランクルは、それを建築の分析に適用できるように発展させたのである。

この二極対概念を用いた分析によって、次の四つの段階が区分される。すなわち

一　一四二〇〜一五五〇年（ルネサンス）
二　一五五〇〜一七〇〇年（バロック）
三　十八世紀（ロココ）
四　十九世紀（ネオ・クラシシズム）

第一段階で扱われる作品は、初期ルネサンスの建築で、主としてブルネレスキからアントニオ・ダ・サンガルロ等、イタリアにおける作品が扱われている。第二段階以降、扱う作品はイタリアだけでなく、西ヨーロッパ全体に拡げられる。今日の時代区分として一般に用いられている「マニエリスム」という名称は、この時代においてはまだ定着しておらず、ここではバロックの中に含めて扱われている。しかし、ミケランジェロ等の作品が、バロックを生み出す革新性を持っていたことは、第二章「物体形態」の「第二段階」で鮮かに示されている。第三段階は基本的には、末期バロックとロココが扱われ、第四段階では、十九世紀における古典様式、すなわちネオ・クラシシズムの諸作品が扱われている。

第一章「空間形態」が、フランクルの最も力を入れた主題であることは明らかで、これに、ほぼ全体の半分の頁があてられている。その上に、この章においては、宗教建築、世俗建築のふたつに分けられて、論ぜられている。建築とは、空間の芸術であり、従ってその特質は、空間においてこそ見出されねばならないとするフランクルの熱意がここにはみなぎっている。しかしそれでも、論は、フランクル自身が繰り返し述べているように、試論の域を越えてはいない。世俗建築の分析は、階段、廊下のふたつの要素について行われているが、当然他のいくつもの要素が分析の対象として考え得るであろう。それまでの、様式論において扱われてきた様々の物体形態の要素、たとえば入口や窓、さらには、柱や壁や屋根までが、空間要素として論ぜられる可能性が、ここに示されているように私には思われる。

第二章の「物体形態」は、ヴェルフリンの論をふまえているだけでなく、これまでの様式論の豊かな成果の上に立っているので、論述もなめらかでわかり易い。それに比して、第三章「可視形態」と第四章「目的意図」は例証も少く、分析も不充分である。またすべての章（要素の考察）において、第三段階・ロココと第四段階・ネオ・クラシシズムの考察は、それ以前の段階について行われたものに比して、あまりに短かく、むしろつけ足しといった感すらある。しかし私には、むしろつけ足しのように不完全に見えるものであっても、その理論的枠組みだけはしっかりと示しておこうとするところにフランクルの信念が見られるように思えて興味深い。たしかに、バロックの考察に有効だった概念で、十九世紀を論ずることは難しいであろう。フランクル自身が、誰よりもそのことを痛切に知っていたに違いない。英語版（一九六八年）に優れた解説を付したジェームズ・S・アッカーマンは、その中で、「もしフランクルが、その晩年において、この書を改訂していたとしたら、第四段階は削除されていたのではないか」と述べている。そうかもしれない。しかし、そうではないとも考えられる。フランクルの用意した第四の要素「目的意図」は、まさにこの考察のためにこそ置かれていたのではないか。私はそのような理由から、この部分に、いつか、誰かが書くであろう、可能性に溢れた白いページを見るのである。

目的意図の章の序文で、フランクルは、「目的意図こそ芸術の歴史の中でも本質的な要因をなすものだ」と述べ、「建築における目的という時に、私が意味しているのは、建築は特定の期間継続する演技のための固定的な舞台を形成するものであり、出来事のある決定的な連続のための道を用意するものだ」と説明している。

それに続けてフランクルは「建物のプログラム（目的）の歴史は文化史の一部であり、文化史の研究がもっと進んでいたら、私の研究はもっとやりやすかったことであろう」と述べているが、同時に「文化史の扱う対象は、あまりにも多く、そちら側から行う研究は、せいぜい、美術との大雑把な関係を描くにとどまる」と指摘する。その上で彼は言う。「反対側（すなわち美術の側）からたどれば、もっと簡単なのだ。美術そのものから出発し、その中で文明一般と結びつけている糸を探し出さねばならない」。ここには、明確に、社会史、文化史をより本質的な、あるいは上位の理念と位置づける近代の思想に対する鋭い批判がある。すなわち人間の側から建築をとらえるのではなく、建築の側から人間をとらえることこそ、私達のやるべき課題なのだ。

二十世紀にモダニズムの建築理念は、社会・文化、さらには政治・経済の側から建築をとらえようとしてきた。戦後の日本においては、人民の生活の側から建築を捉えよと主張した建築計画学がそれを代表する動きであった。しかしまさに、フランクルの主張する通り、「人間の生活とはあまりにも広い対象であり、せいぜい大雑把な（あるいは瑣末な）関係を論ずる以上に出ることはなかった」のである。私自身、建築史、あるいは建築意匠学の、正統な意味を見出すために、建築形態論の研究をはじめたのはまさにそういう状況の中であり、フランクルのこの本を訳出したのも、その方法を探るためであった。

今日、建築の意匠は一転して百花繚乱を極め、一方建築計画学はといえば、ほとんど息絶えたかのごときである。そして建築形態学をみれば、建築の表層、あるいは表面を扱うことに自己の限られた意味を見出そうとする引き込もった傾向も見られる。建築と人間との、生き生きとした、力に満ちた関係をもう一度見出すために、フランクルのこの本は、今こそ改めて読まれるべきではないか。そうした私自身の強い関心と、意欲をもって、この日本語版を改めて、世に出したい。

復刻再版に際しては、先の日本語版で用いた書名『建築造形原理の展開』を『建築史の基礎概念』に改めた。ドイツ語の原書の書名 “Die Entwicklungsphasen der neueren Baukunst” は、そのまま訳すならば「近世建築の発展段階」となるであろうが、この論が書かれて一世紀近くを経た今日において「近世」という語をそのまま用いることは、無用な混乱をまねく恐れもある。また、すでに述べたように、この論の主眼点は、発展そのものを論ずることにあるというよりは、それを論ずるための、概念構築にある。そして、その概念の基本は、ハインリッヒ・ヴェルフリンによって与えられたもので、その思想は彼の晩年の著作『美術史の基礎概念』(Kunstgeschichtliche Grundbegriffe, 1915) によって、わが国にも広く知られている。そうしたことを考慮し、またこの書の内容がより適切に読者に伝わるようにと願って、この新しい書名に改めることとした。

二〇〇五年六月二十六日
千ヶ滝の山荘にて

香山壽夫

原著者による序文

本書は、今から一二年以上も前に、わたしがハインリッヒ・ヴェルフリンの『ルネサンスとバロック』(Renaissance und Barock)[註1]を手にして以来つづけられた研究の、試論的な結果を収めたものである。ヴェルフリンがなしたほど実りゆたかに様式展開の問題を研究する能力はわたしにはないし、一介の新参者として彼の眼を通して建物を見ようとする以上のことはわたしにはできない。しかしながら当初からわたしは、彼が問題を完全には解明していないことを感じていた。以来、少なくとも一年に一回は彼のその著作を詳細に検討し、旅をし、他の書物を読むことによって対象に通じてきた。そして、自分で問題を解明しようと試みてきた。わたしにとってもっとも重要な道具立ては、空間・物体・光・目的という四つの基本的要素による建物の分析および二極対立としてのルネサンスとバロックという概念であった。

その後、わたしはこれら二つの方法を本質的に支えるものを見出した。ひとつは、芸術の基本的要素を探求したアウグスト・シュマルゾウの著作であり、ふたつにはヴェルフリンが極性に対する彼の体系的な問いかけを発展させた、一九一二年のミュンヘンにおける夏期講義である。わたしは双方から多くを負っているが、わたし自身の独自性は失っておらず、またわたし自身の思索は無意味なものともなっていない。シュマルゾウは造形芸術の各々に特定の要素を当てがう(建築には空間を、彫刻には物体を、絵画には光を)だけでなく、各々に勝手気まま

註1 〔一八八八年初版、英訳一九六四年。〕
〔 〕はオゴールマンの註、それ以外は著者フランクルの註)

に一つの次元を当てがった（建築には奥行を、彫刻には高さを、絵画には幅を)[註2]。彼のいうことには正しいところもあるが、その推論は一方的な結論に陥ってしまった。ヴェルフリンは絵画に対して彼の五つの極性をとり上げることから始め、それらが彫刻に適用可能であることを示した[註3]。しかしながら、彼は建築にはほとんど言及しなかった。それに対してわたしは建築から始め、大いに異なる極性に到達した。そのためこれらの講義は、完璧なあまり恐れすら感じさせるような彼の体系からわたしの原理を防御する機会を与え、わたしの確信をいよいよ強めるものとなった。

ヴェルフリンの考えがどのくらい多く本書に浸透しているかをいうことはできない。多いことは確かである。しかしながら、個々の文章についてその源泉を明らかにすることはまったく不可能である。いちいちそれを繰り返すことをわたしは避けた。考えを革新し展開してゆくために、最上の考えをとり入れてゆくことは明らかなことである。最終的には、特定の考えが誰の頭脳に生まれたかといったことにわたしは関心がない。知識とは、その展開を完成させそしておそらくは終止させるために、人から人へと移ってゆくものである。

しかしながら、わたしが負っているのはシュマルゾウとヴェルフリンだけではない。ヤーコプ・ブルクハルトとアロイス・リーグルもまた偉大な先達として立っていることをあらためていう必要はないであろう。わたしはしばしばハインリッヒ・フォン・ゲイミュラーの著作を利用した。また旅の道連れとして、コルネリウス・グルリットのバロックに関する三巻の本を持ち歩いた[註4]。わたしはまた良い書物に対してだけでなく悪い書物の著者たちに対しても感謝すべきであろう。というのは長い眼で見ると、悪書はしばしば良書よりも刺激的である場合があるからである。それらの出版も無意味なわけではない。万一、本書が悪書のうちに数えられるこ

註2 〔アウグスト・シュマルゾウによる初期の諸論文は、彼の『芸術学の基礎概念』(Grundbegriffe der Kunstwissenschaft, Leipzig and Berlin, Teubner, 1905)に要約されている。〕

註3 対概念は線的-絵画的、平面-深奥、閉鎖-開放、多数性-単一性、絶対的明瞭性-相対的明瞭性である。〔これらは英語読者にはヴェルフリンによる後の『美術史の基礎概念』(Principles of Art History, Kunstgeschichtliche Grundbegriffe idas Problem der Stilenwicklung in der neueren Kunst 独語による原著初版一九一五年、英訳初版一九三二年）によってもっともよく知られている。〕

註4 「フランクルは次の諸著作に言及しているのである：ヤーコプ・ブルクハルト『イタリア・ルネサンスの歴史』(Geschichite der Renaissance in Italien, 初版 1867, 七版 Esslingen, Neff, 1924)、アロイス・リーグル『後

とになったとしても、同様の判定が下ることを希望するものである。

本書における論議は文献資料に関する広範な知識を要求するものではないが、建築作品に関する多くの知識を必要とする。第一章で扱われる教会堂と宮殿の多くを見たことのない人は——もしできたら、できるだけ多く見ておいてもらえるとよいのだが——、読むのに困難を感じるであろう。幾何学的な記述を退屈でうんざりだと感ずる人は、建築史の研究に基本的にむいていない。そうした人は残りの章だけを読んだらよい。それでもまだこれが呑み込みにくい食事だとすれば、わたしの差し出す御馳走は、たとえ嚙みにくくとも、せめて滋養に富むものであってほしいと願っている。

一九一三年六月　ミュンヘン近傍、ガオティンクにて

パウル・フランクル

期ローマの工芸』(Die Spätrömische Kunst-Industrie, Yienna, Österreichische Staatsdrucke-rei, 1901, 伊訳入手可能)、ハインリッヒ・フォン・ゲイミュラー『フランス・ルネサンスの建築』(Die Baukunst der Renaissance in Frankreich, Stuttgart, 1898-1901) 同著者『ホーエンシュタウフェン家フリートリッヒ二世とイタリアルネサンス建築の起源』(Friedrich II von Hohenstauten und die Aufäuge der Architektur der Renaissance in Italien, Münc-hen, Bruckmann, 1885-1908)、コルネリウス・グルリット『イタリア・バロック様式の歴史』(Geschichite des Barockstiles in Italien, Stuttgart, Neff, 1887)、同著者『ドイツ・バロックロココ様式の歴史』(Geschichite des Brockstiles und des Rococo in Deutschland, Stuttgart, Ebner & Seubert, 1889) 同著者『ベルギー・オランダ・フランス・イギリスにおけるバロック・ロココ・古典主義様式の歴史』(Geschichite des Barockstiles des Rococo und des Klassicismus in Belgien, Holland, Frankreich, England, Stuttgant, Ebner & Senbert, 1888) この著作が位置づけられるべき建築理念的風土のきわめて短い説明としては、ポール・ズッカー「〈近代運動〉の始まりにおける建築理論のパラドックス」(The Paradox of Architectural Theories at the Beginning of the Modern Movement, Journal of the Society of Architectural Historians, X, Oct. 1551, pp8-14) を参照。

目次

問題と方法――原著者による序説[註1]――

一

建築における様式上の変化を研究する、すなわち、あるひとつの時代において継起する諸段階を区分する手立てとなる二極対立概念を確立する――これがここにおけるわれわれの主題である――ためには、建築において相互比較が可能な諸要素に焦点を絞り、ある時期に一定してみられる類似の特徴のカテゴリーを決めていかなければならない。

二

教会堂のファサードを比較するとき、この概念はファサード一般という、より上位の概念に従属するものであることを知らなければならない。ある教会堂のファサードがもつ特殊な性格を無視すれば、ただちに、すべてのファサード（宮殿・教会堂・別荘）に共通する特徴が見えてくるであろうし、道路側ファサードと中庭側ファサードの相違も消えてゆくであろう。ファサードそれ自体は外部立面にすぎない。それは外側からのみならず内側からも観察されうる様式上の特徴を示すにちがいない。これらの一般的特徴は、個々の特殊性にもかかわらず、天井にも床にも示される。内壁と外壁、床と屋根はすべて構造殻という一般概念のもとに包含され

註1〔以下は、フランクルが美術史の方法論を論じている原著の序説からの抜粋であり、部分的には要約となっている。これは本書の主文とまったく関係がない。この問題に関する彼の考察は、後の長大な記念碑的論文『芸術学の体系』(Das System der Kunstwissenschaft,Brünn and Leipzig, Rohrer, 1938）で表明された。〕

る。物体性がそこにおける共通の要素である。すなわち、そのことによってそれらは、色と光という単なる視覚像――第二のカテゴリーを形成する――、およびそれらが包み込む空間――第三のカテゴリーを形成する――から完全に区別されるのである。

視覚的な印象、すなわち光と色の相違により生み出された「像《イメージ》」は、基本的には建物に対するわれわれの知覚のなかに存在する。われわれは経験的にこうした像を物体の概念として再解釈し、さらにこの概念が、外部から読み取ろうと内部にいようと、内部空間の形態を規定するのである。しかしながら、視覚像、物体、空間だけが建物をつくるのではない。教会堂、宮殿、別荘、そして市庁舎のあいだにおける相違は、特定の目的のために結晶化された特定の典型的な形式に基づくものである。それらの形式は特定の目的のために確保されているわけではないが、必然的に目的の産物である。かたち造られた空間は何らかの人間活動のための舞台であり、それらの活動にわれわれの知覚は焦点を結ぶ。視覚像を量塊に包まれた空間概念へと再解釈するやいなや、われわれは空間の形式から目的を読み取る。このようにしてわれわれは、その精神的表情、その内容、そしてその意味を把握するのである。もちろん、設計を行なう建築家はこれとは逆の方向をたどる。彼は建築課題《プログラム》から入る。それが要求する活動のパターンを配置しながら、動線の骨格――諸室はこれに取り付く――を作りだす。課題に対する空間の形式を見出したとき、彼はそれを包み込む量塊を造形する。光と色についての考慮は最後にくる。しかしながら、設計過程において、この経過はさまざまに変更されうる。採光法と透《パースペ》視像《クティブイメージ》は絡み合い、最終的な空間形態に決定的な効果を与えることがある。経過は重要ではない。ここではただ、空間、光、物体、そして目的がわれわれの見出すことのできるもっとも一般的な概念であるという事実に関心をもつだけである。それらがもっともよく建物の相違を特徴づける。四者はまったく異なるものであり、それらを論じる際に重複する恐れはない。

ひとつの時代に続く諸段階を区分する空間形態における二極対立概念、および他の諸カテゴリーにおける二極対立概念をわれわれは探求する。だがわれわれは近世建築についてのみ関心を抱く。この語によってわたしが何を意味しているのかを説明する必要があろう。

三

ルネサンス建築は従来いろいろに定義されてきたが、ゲイミュラーによるものがそのうちでもっとも幅が広い。さまざまな著作のなかで彼はそれを古代の形態とゴシックの形態の結合と規定したのであり、それは一三世紀のホーエンシュタウフェン家のフレデリック二世の時代から彼の生きている時代、つまり一九〇〇年までに拡がる。わたしはこの記述のある部分を拒否しなければならない。

一五世紀の初期、ブルネレスキはゴシックの伝統と意識的に縁を切り、古代の形態を模倣してすべての建物を建てた。彼は今度は同時代の建築家たちによって模倣され、かくして新しい展開が始まったのである。ブルネレスキをして古代建築の再興へと導いた思想と同じ考えが教育ある彼の同時代人たちによっても共有されていたがゆえに、この新しい展開が可能となったのである。もし建築が、人間活動のために、ひとつの社会の歓びと悲しみのために形成された劇場であるとすれば、ひとつの建築様式は文化が成熟の域に達した時にのみ始まりうる。哲学、宗教、政治、そして科学――ルネサンス文化の総体――は、造形芸術がそれらに表現を与えうるようになる以前に、すでに用意されていなければならなかった。「ルネサンス人」はルネサンス芸術家に先んじていた。もちろんルネサンス文化が一晩で出現したわけではないが、建築史家はその発展の問題を他の学問に預けてしまうことができる。建築家にとってルネサンスとは、ゴシックの伝統の真只中にあってブルネレスキが新しい精神に呼応する建物を建てたその時に、始まったのである。

ゲイミュラーがルネサンス建築の定義のなかにゴシックの形態を包含したことを、わたしは受け容れることはできない。ヴァティカンのミケランジェロによるサン・ピエトロは、古代のオーダーとゴシックのヴォールト架構の総合ではないし、古代建築あるいは中世建築の再生でもなく、まったく新しい創造である。レオナルドとブラマンテがミラノ大聖堂のための設計案をつくったとはいえ、あるいはまたブルネレスキやミケロッツォの作品のなかにゴシックの痕跡が見出されるとはいえ、全体の展開は、そうした証拠がはっきり示されていると同様に、ゴシックが征服されたものと考えられており、嫌われていたものであることをはっきりと示している。

しかしながらわたしは、ブルネレスキ以後、伝統に断絶がないことについてはゲイミュラーに同意する。ルネサンスはフィレンツェに始まり、トスカナ地方を経てローマに広まり、そしてそこからキリスト教世界のすみずみにまでゆきわたった。もちろん、それがひとつの国境を越えるたびに新しい局面が現われはしたが、基本的には、それ自身の内部の論理によって連続的に展開したのである。時間の推移のなかで、新たに征服された地域が様式展開の中心地と同等の重要性を帯び、ついには、重要な変化が起こるのはもはやローマではなく、パリでありアントワープであり、あるいはドイツの多くの宮廷においてなのである。われわれはこの展開をひとつの全体として、あるいはその地域的変種として研究することができるのである。

様式の展開とは、国民性や個々の芸術家を越えたひとつの知的過程である。時代の問題を取り扱うことのできる者は偉大な人物であるが、偉大な天才とはこの知的過程の従者にほかならない。

本書において地理的な、あるいは民族的な特殊性を扱うことは不必要であると考える。わたしはブルネレスキから一九世紀末までの連続的展開の全体を、ひとつの単位として論ずるであろう。イタリアとフランスだけでなく、キリスト教国のすべてを包含することとなろう。この展開における地域的変種は、他の研究においては、あるいはこの展開の究極的な説明にとっては重要であるかもしれないが、ここでは重要ではない。

この時期全体をルネサンスと呼ぶことをわたしは拒否する。この術語はいまや第一段階のために確立されるのである。もしルネサンスのなかにバロックを含めてしまうならば、この二つを二極対立として性格づけることができなくなる。そこでわたしは、一四二〇年から一九〇〇年の間の建築史上の時期全体を単に「近世」と呼ぶことにした。このことに害などないと思われる。個々の段階のための術語（ルネサンス・バロック・ロココ・ネオクラシシズム）を用いないで済ますことは、一般に信じられているよりも易しいことである。各段階を様式上の極性によって定義しきるまで、それらを用いることは避けたいと思う。

いまや読者諸氏は何を期待すべきか、そして何を期待すべきではないかがおわかりになったであろう。対象を近世建築に限定したのは、本書が試論であるからである。わたしは、さらに旧い時代を同一の方法を用いて現在、研究を進めており[註2]、最終的にはすべての時代とその展開を比較することにより、様式展開の仕組みを解明したいと考えている。この研究ゆえに、今後のわたしの研究がより容易に進められるであろうこと、そしてまた研究全体が完成した暁には、この研究も修正を必要とするであろうことをわたしは疑っていない[註3]。

註2〔フランクルはここで展開された方法による中世の研究をついに出版した。彼の『初期中世および口マネスクの建築』(Die frühmittelalterliche und romanische Baukunst, Wildpark-Potsdam,1926)と『ゴシック建築』(Gothic Architecture, Baltimore, Penguin Books, 1962)を参照。〕

註3〔本書に関するフランクルの後の反省については、『ゴシック：八世紀間を通しての文献資料解釈』(The Gothic: Literary Sources and Interpretations Through Eight Centuries, Princeton, N.J., Princeton University Press, 1960)の七七六頁を参照。フランクルはこの研究に先立って、ルネサンス建築に関する小巻を出版していた。『イタリアのルネサンス建築』(Die Renaissance-Architektur in Italien, Leipzig, Teubner, 1912)。彼の業績の完璧な目録としては"Wallraf-Richarts Jahrbuch, XXIV,"(1962)の七一一四頁を参照。〕

第一章　空間形態

宗教建築

第一段階（一四二〇年〜一五五〇年）

レオナルド・ダ・ヴィンチのノートのなかにみられる建築のスケッチは、そのほとんどが中心型教会堂のためのデザイン[図123456]である。それらは多くの写本に散在しているし、またひとつの写本においても、すべてが同一の頁におさまっているわけではない。そしてもちろん、すべてが同時に描かれたわけではない。しかし、それらがバラバラに描かれた単なる落書きでないことは確かであろう。それどころか、むしろそれらは互に繋がってひとつの論理的な鎖をつくりあげているものなのである。レオナルドは、中心型教会堂にどのような形態を与えることができるかを一般的な方法で知りたいと願い、その解答を見出すべく組織的に研究をしたのである。最も単純な空間の形態（正方形、八角形、円、十二角形）から始めるならば、想像力を用いることなく、円、半円、正方形、矩形、あるいは八角形といった付属空間群を、基本形態の主軸と斜交軸に機械的に付加してゆくことによって、考えうる限りのあらゆる中心型平面の教会堂に到達しうるであろうと彼は考えた。相互に関連づけられた中心型平面の教会堂の、ひとつの

図1・2　中心型教会堂のためのスケッチ、レオナルド・ダ・ヴィンチ。

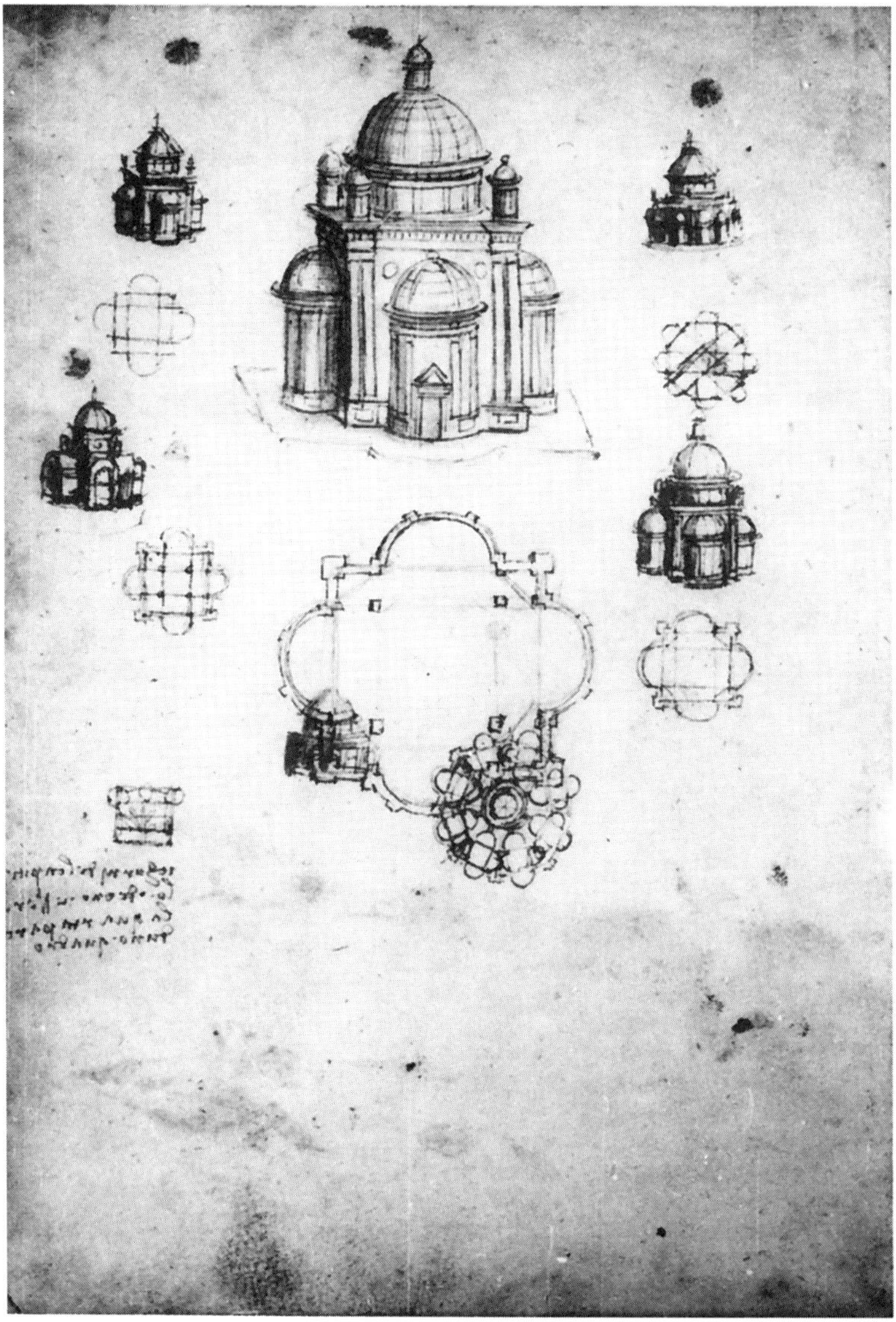

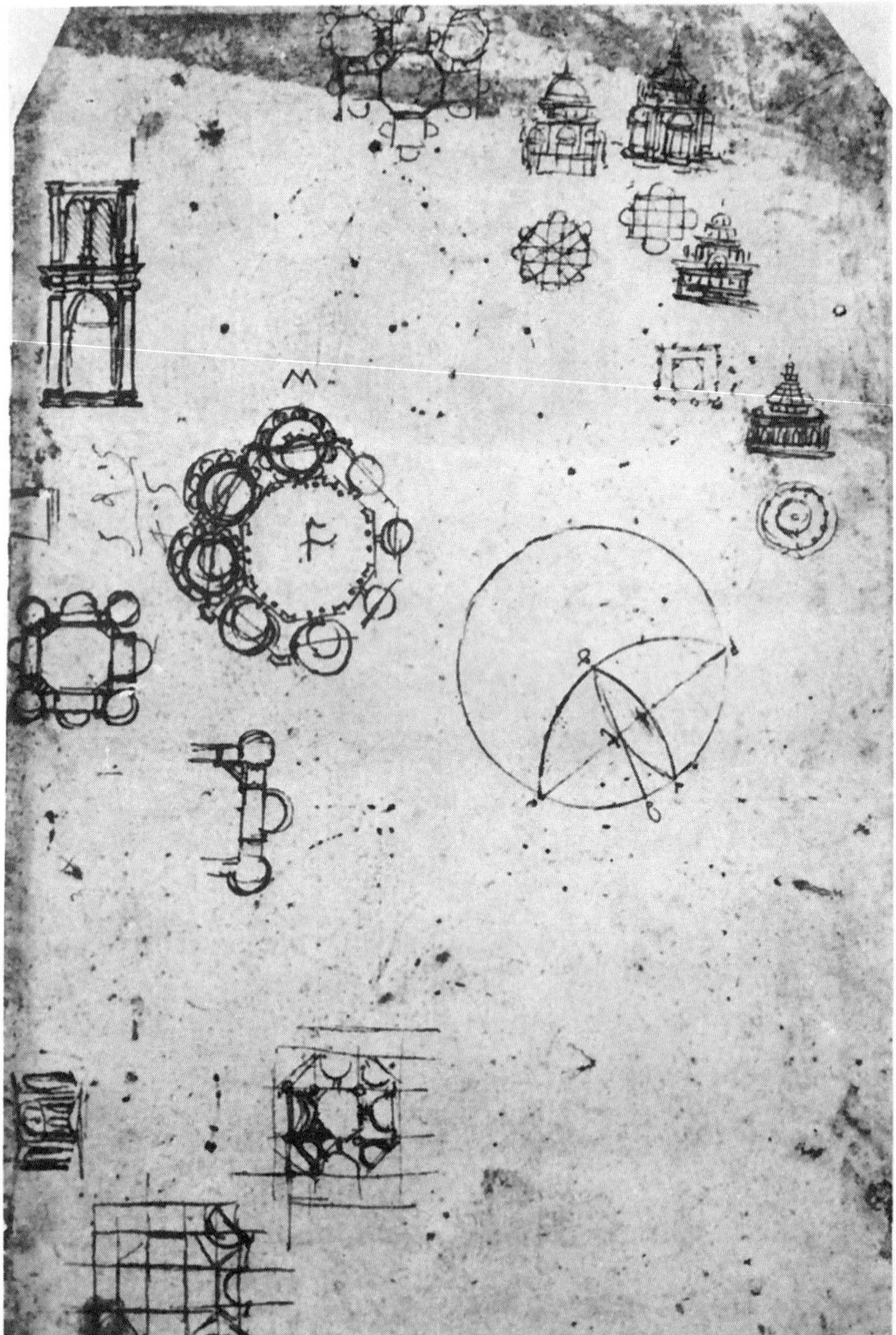

図3　図2の部分拡大図。

図4・5　中心型教会堂のための平面スケッチ。

図6　同外観スケッチ。

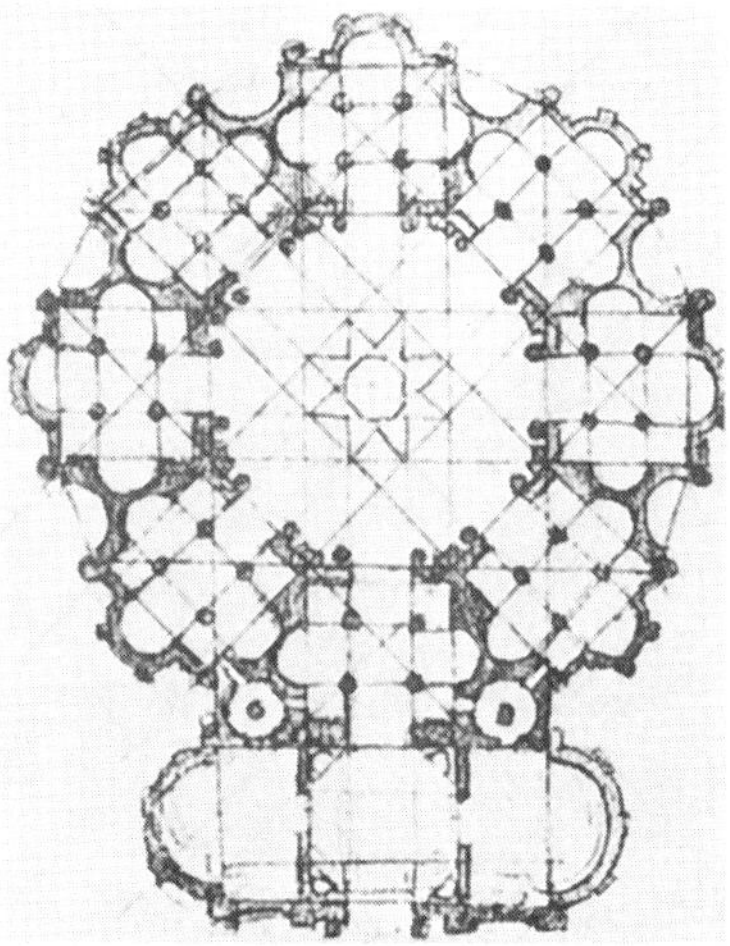

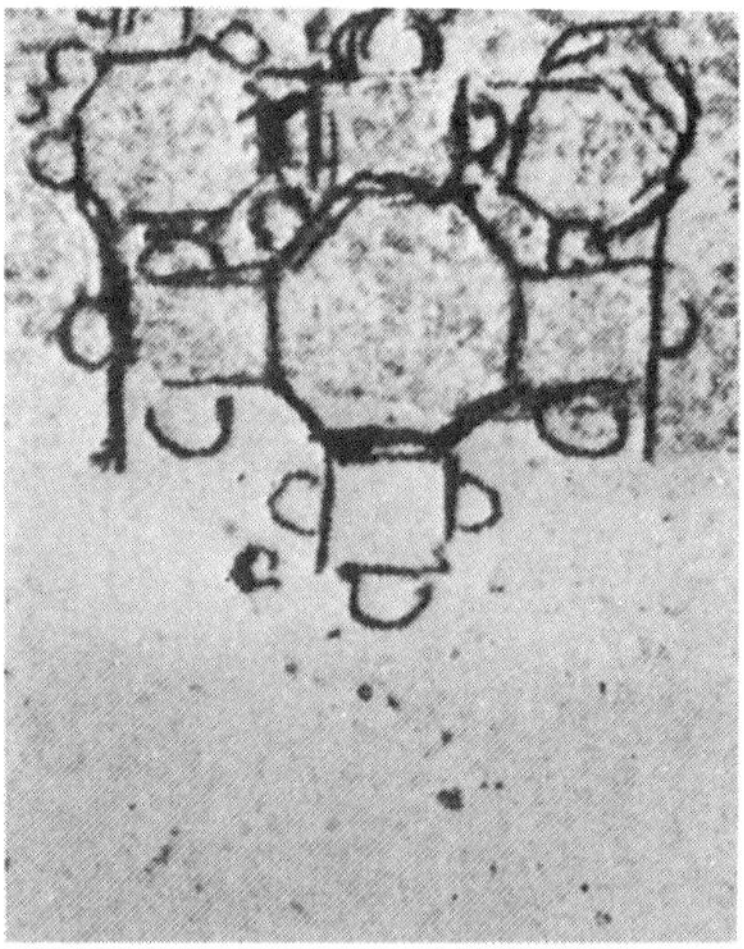

完璧な系列は、ひとつの基本図式から展開されうるであろう。たとえば、ギリシャ十字形（中央の正方形の側面に4本の正方形の腕が付加されたもの）から出発して、中央の正方形の空間を八角形、円、あるいは十二角形で置換することもできるだろうし、あるいはまた正方形の腕を矩形、八角形、円、半円、そして十二角形で置換することもできるであろう。幾何学的方法にもとづくこのような基本図式の形式においては、想像力は抑制されている。したがって、空間形態の創造は科学的な組合せの問題となるのである。

(1) 同等の付属中心を持つ単純な群《グループ》

組合せによる構成というこの方法に対する刺激となったのは、ブルネレスキによって一四三四年に始められ、いまなお未完成であるフィレンツェのサンタ・マリア・デリ・アンジェリ教会堂のようである。それはレオナルドの注意をひいた。彼はわずかに変形させてその教会の平面を描いた。[註1] 近世建築におけるこの最初の完全な中心型教会堂は、八角形をしていて、そのすべての八つの側面に矩形の付属空間（礼拝堂《チャペル》）がついていた。[図7 8 9] これら付属空間のそれぞれは、二つの半円形ニッチにより拡張されており、隣接する礼拝堂《チャペル》のニッチが背中合せになるように配置されている。この接触点には扉が設けられ、それによってひとつの付属群《グループ》（ニッチをともなった礼拝堂《チャペル》）から隣へと、八角形の周囲をめぐる円周運動が可能となる。[註2] スケッチのなかでレオナルドは、それぞれの礼拝堂《チャペル》の外側に第三のニッチを付加することにより、この配列を放射状に拡張させた。

この図式には実現された他の変種《ヴァリエーション》もある。マントヴァにあるサン・セバスティアーノ教

註1　Leonardo da Vinci, The Literary Works of Leonardo. da Vinci, comp. and ed. J.P. Richter London, 1883, II,pp.25-104〔本書はH・フォン・ゲイミュラーによる、レオナルドの建築スケッチの研究である。サンタ・マリア・デリ・アンジェリ教会堂をもとにしたレオナルドの図面は Pl.xciv,3 に載っている。（一九三九年の第二版では、pp.19-82。図版の番号は、どちらの版も同じ）〕

註2　ドームは建造されなかった。そして、従属空間群の上部にかかるヴォールトは、最初のデザインどおりには作られなかった。

図7　サンタマリア・デリ・アンジェリ平面、フィレンツェ、一四三四年。

図8　同平面。

図9　同断面。

図10　サン・セバスティアーノ平面模式図、マントヴァ、一四六〇年。

図11　同平面。

図12　同立面。（ウィットカワーによる復原）

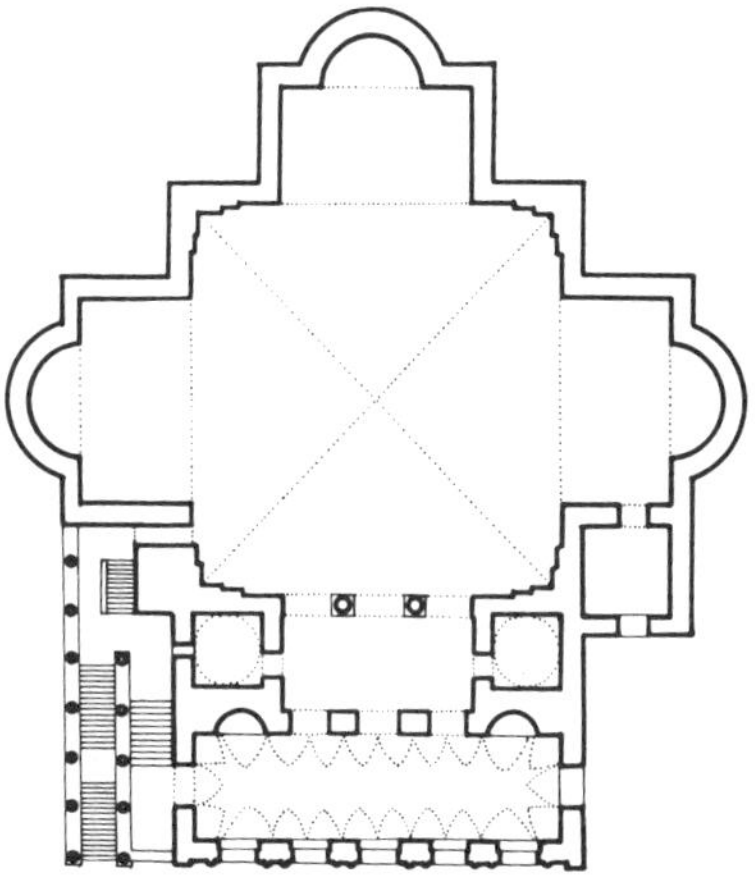

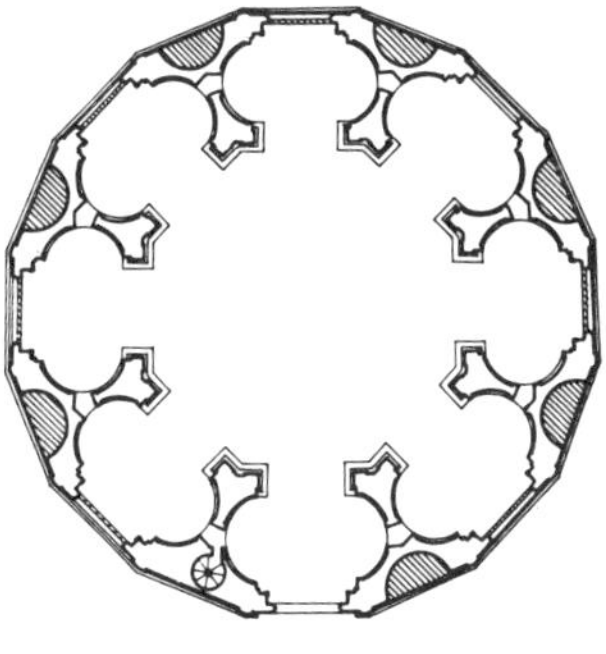

会堂[図10,11,12]（一四六〇年）は、中央の正方形の各辺に矩形の空間が付加されたものである。これら付属空間のそれぞれは、中央の正方形の辺より短く、そのことによってあきらかに独立した空間となっている。これらのうちの三つはアプスをともなっており、その直径は更にまたそれが取りつく辺よりも短い。このことによって、第二の凹角部分が生み出されている。中央の正方形の第四の辺に取り付く横長の空間は、ヴェスティビュールとして用いられている。

フィレンツェ北方のサン・ミニアート・アル・モンテ教会堂にあって、前作と同じく一四六〇年に作られたポルトガル枢機卿の礼拝堂《チャペル》は、十字腕の奥行がかなり浅いことを除いては、この図式に従っている。しかし寸法は縮小されており、第二区域《ゾーン》の付属空間（つまり外側のアプス）を欠いている。サン・ジミニアーノのコレジアータ教会堂にあるサンタ・フィーナ礼拝堂《チャペル》（一四六八年）も同様である。プラートのサンタ・マリア・デルレ・カルチェリ教会堂[図13,14,15]（一四八五年）も同様であるが、ただしその規模は大きく、十字腕もその幅が中央の正方形に等しくなっている（すなわち、ギリシャ十字を形成している）。これと同系列に属する一六世紀の教会堂には、トーディのサンタ・マリア・デルラ・コンソラツィオーネ教会堂[図16,17]（一五〇八年）、モンテ・プルツィアーノのマドンナ・ディ・サン・ビアジオ教会堂（一五一八年）、そして、パルマのステキャッタ教会堂[図18,19,20]（一五二一年）がある。[註3] 一五一九年に最終的に設計が完了されたコモの大聖堂の内陣部もまたこの図式に従っている。

十六角形の例は、ラファエロの「マリアの結婚[図21]」（一五〇四年）のなかに描かれた寺院にのみ現われる。ヴェネツィアのサン・ミケーレ・ディ・ムラーノ教会堂にある小さなエミリァーナ礼拝堂《チャペル》（一五三〇年）での六角形もまた稀なものである。この建物の礼拝堂《チャペル》に空間的に従属する入口部分の五角形もまた稀なものである。

註3　ステキャッタ教会堂では、隅部の空間は、内部に何の影響も与えていない。それらはドアで結合されているだけである。

図13　サンタ・マリア・デルレ・カルチェリ平面模式図、プラート、一四八五年。
図14　同平面。
図15　同断面。
図16　サンタ・マリア・デルラ・コンソラツィオーネ平面模式図、トーディ、一五〇八年。
図17　同平面。

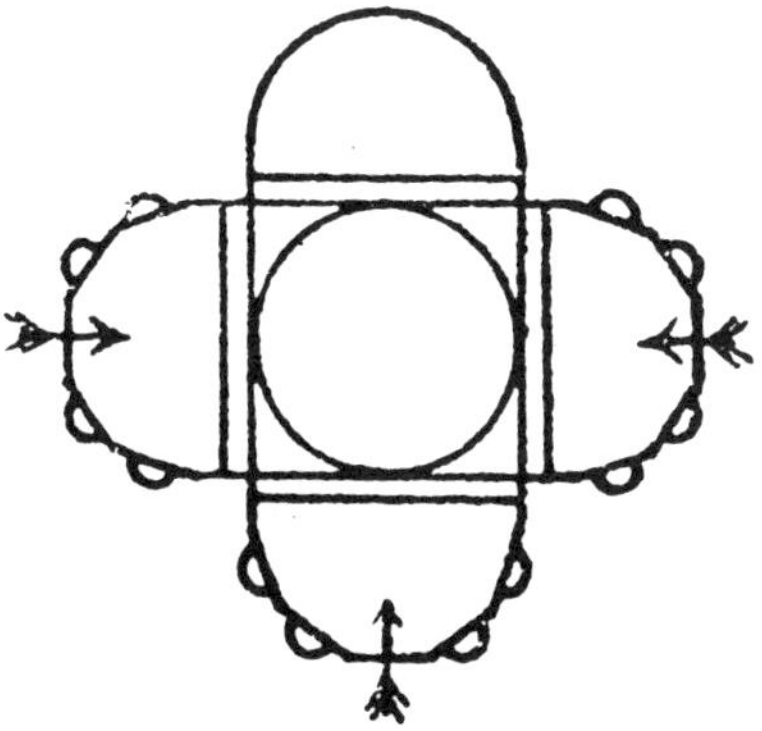

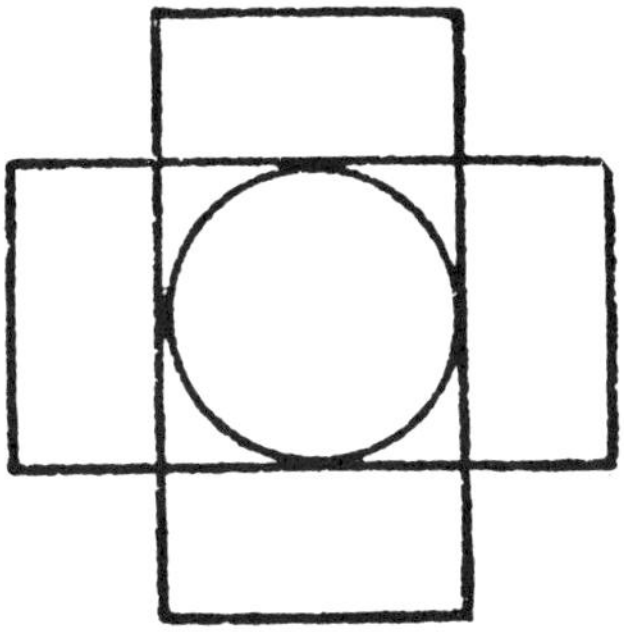

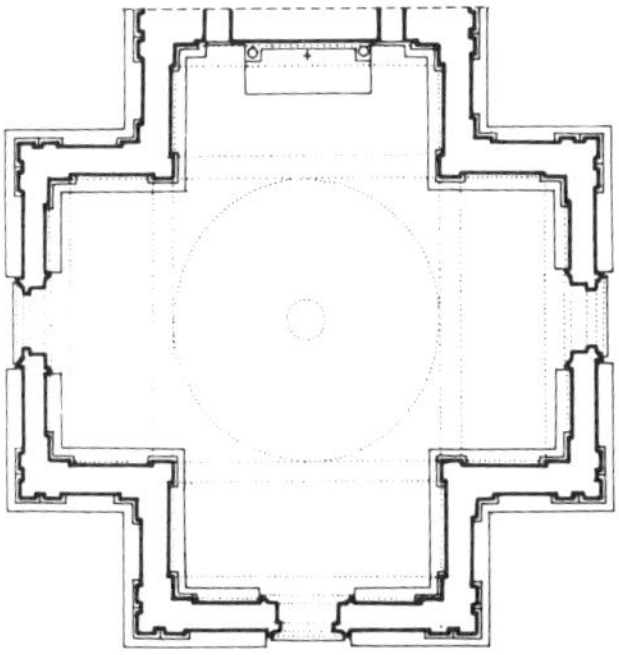

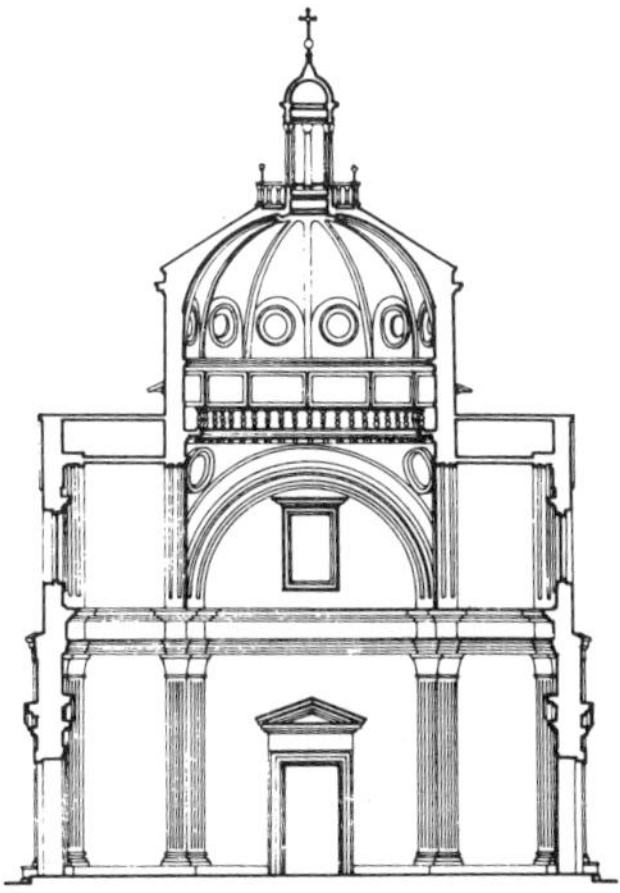

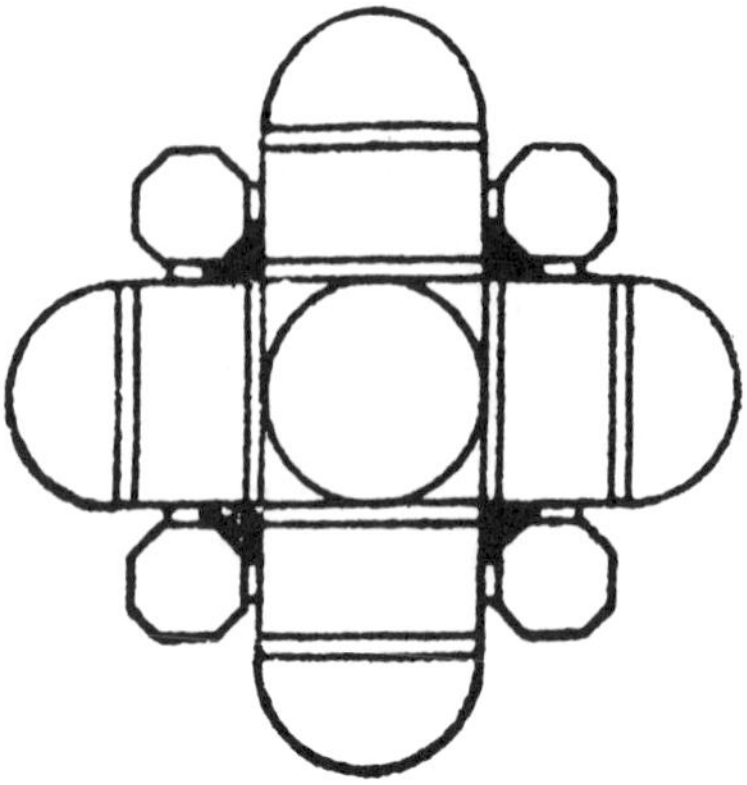

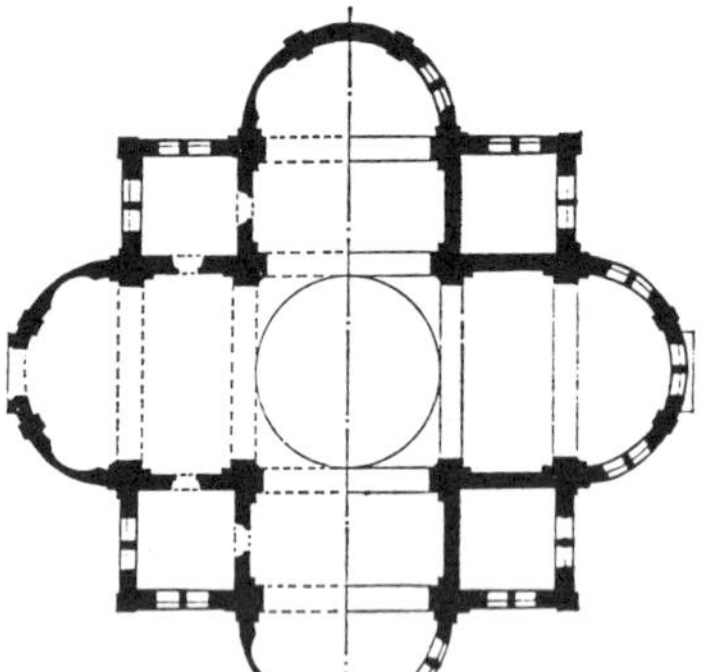

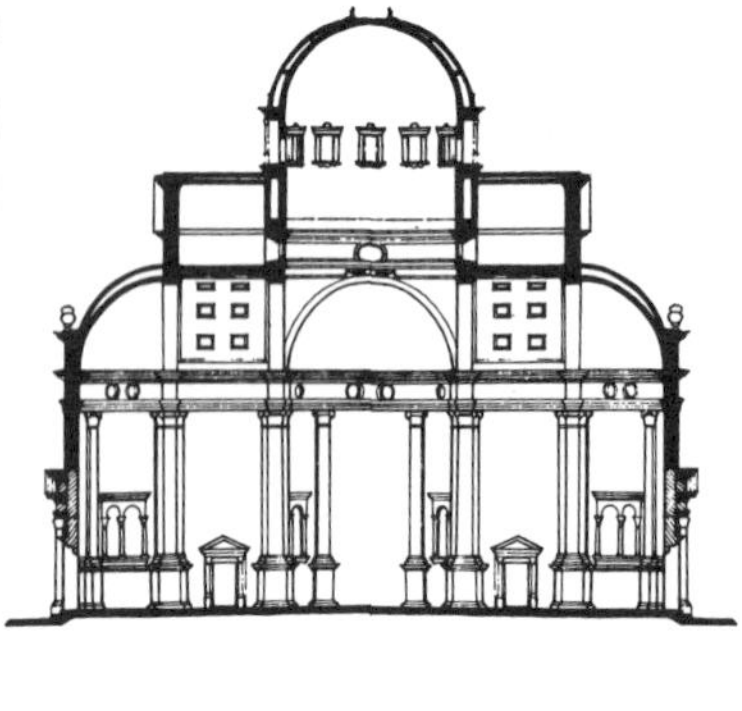

図18　マドンナ・デルラ・ステキャッタ平面模式図、パルマ、一五二一年。
図19　同平面。
図20　同断面。
図21　「マリアの結婚」、ラファエロ画、ヴェネツィア、一五〇四年。

(2) リズミカルな付属中心を持つ単純な群《グループ》

既に述べた基本図式は、付属空間の大きさと形が同一ではなく交互に替わってくると、より複雑なものとなる。これはリズムを生む。その最も単純なものは以下の三例である。フィレンツェにあるサント・スピリト教会堂の聖器室図22 23（一四八九年）、は八角形をなし、その四つの斜辺にはアプスが、四つの主辺には非常に浅い矩形の凹みが付加されている。ミラノにあるサンタ・マリア・デルラ・パッショーネ教会堂図24（一四八二年）の東端部（元の教会部分）は八角形をなし、主辺には矩形の、斜辺には半円形の腕が付加されている。ローマのサン・ピエトロ・イン・モントリオにあるテンピエット図159 160（一五〇二年）も同様である。この建物は円形をなし、主軸上に半円形のニッチを、斜軸上に小さな凹みをもつ。後者の凹みは、真の空間となるには小さすぎるが、b a b a bといった周期的リズムを生むための間隙としての役割を果している。

これと同じリズムは、中央空間が正八角形の場合よりもむしろ、角を切り落とした正方形の場合に生ずる。それは例えば、ヴァティカンにあるラファエロの「アテネの学園図25 26」（一五一〇年）に描かれた建物に示される。この建物は長い矩形の十字腕があり、そして、中央の正方形の隅部に小さなニッチがついている。ローマのサンタ・マリア・デル・ポポロ教会堂にあるキジ礼拝堂（一五一三年）では、十字腕がないためより単純である。バスト・アルシツィオにあるサンタ・マリア・ディ・ピアッツァ教会堂（一五一八年）のように、正八角形の隅部にそれを正方形へと拡大するかのように三角形の空間が付加された場合にもまた、リズムが生じる。

レオナルドの手稿の中には、半円形の礼拝堂と矩形の礼拝堂とが交互に配された十二角形が見られる。図4 註4 そして彼はまた、これと同系列に属する、より豊かな組合せをも発明した。ミラノ

註4　レオナルドの前掲書、Pl.xc.5〔これは、実際には一四の辺を持っている。〕

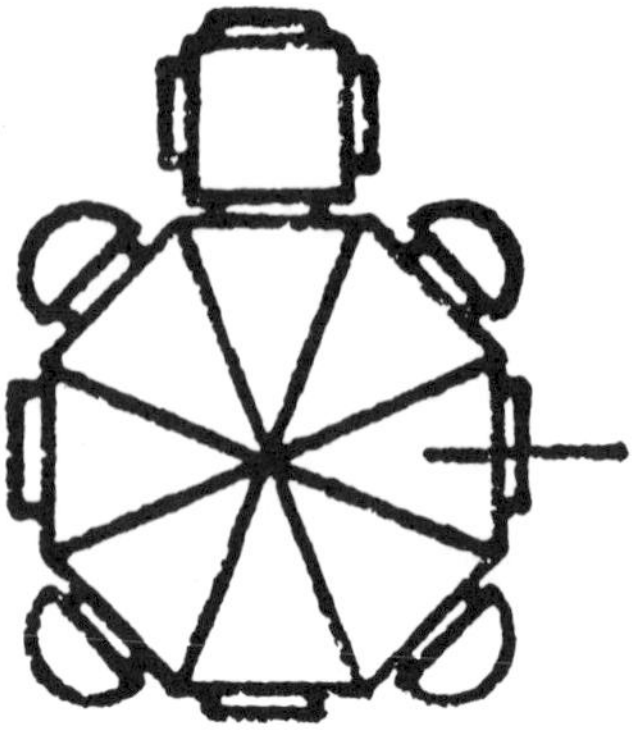

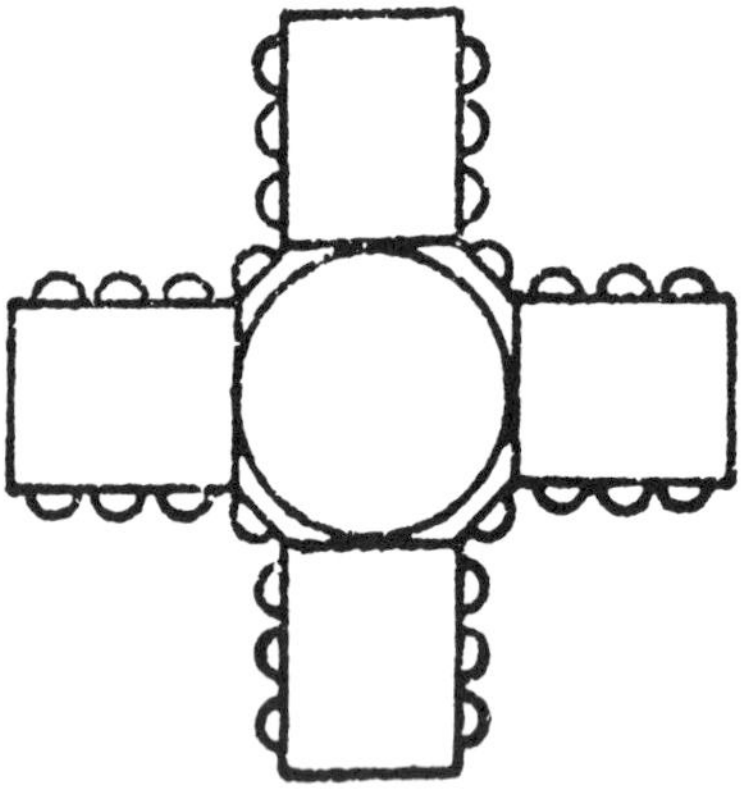

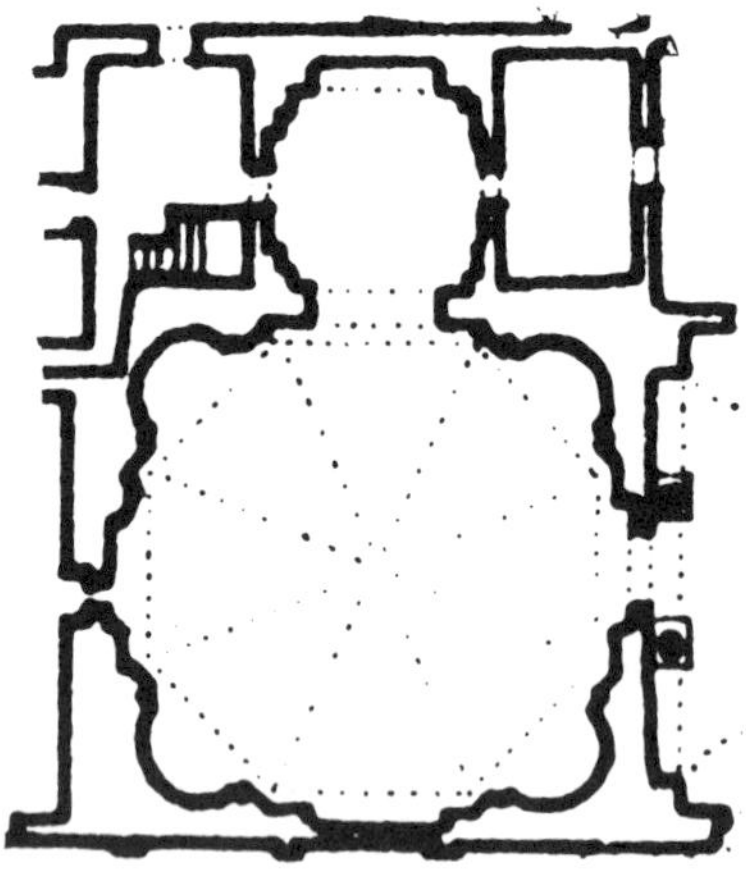

図22　サント・スピリト聖器室平面模式図、フィレンツェ、一四八九年。
図23　同平面。
図24　サンタ・マリア・デルラ・パッショーネのオリジナル平面模式図、ミラノ、一四八二年。
図25　ラファエロ画「アテネの学園」に示された教会堂の平面模式図、一五一〇年。
図26　ラファエロ画「アテネの学園」

註5　同書中、Pl.xciii
註6　同書中、Pl.xcii,1.

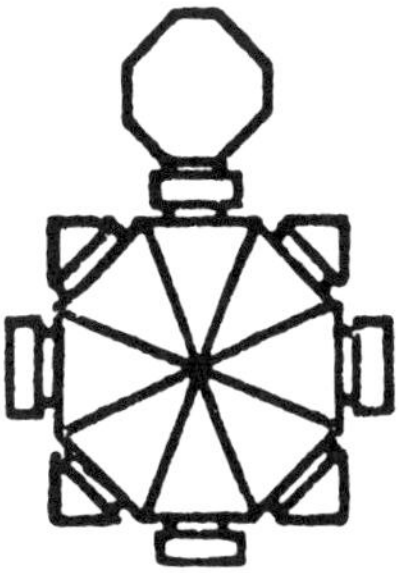

図27　インコロナータ平面模式図、ローディ、一四八八年。
図28　サンタ・マリア・ディ・カネパノーヴァ平面模式図、パヴィア、一四九二年。

のサンタ・マリア・デルラ・パッショーネ教会堂（一四八二年）と類似した平面において彼は、八角形の主空間に対して斜軸方向にニッチを、主軸方向に正方形の腕を付加した。しかしここでは各々の腕部は、それぞれの自由な三辺にアプスを付加することによって拡大させられている（さらに、斜軸上のドームの架けられた小さな円形空間は、ヴェスティビュールとなっている）。[註5] このデザインには、正方形というよりはむしろ八角形といった方がよい腕をもつ、変種《ヴァリエーション》がある。[註6]

ミラノのサン・サティーロ教会堂の聖器室（一四八六年）は、おそらく、フィレンツェのサント・スピリト教会堂のそれ（一四八九年）にインスピレーションを与えたものだろう。前者の平面の設計は一四七八年には始められていたものだが、この平面もまた、斜軸上にはニッチを、主軸上には非常に浅い矩形の凹みをもつ八角形である。これは壁の厚みの中に上部通路が設けられた独特なものだが、わたしは上記の系列にこれを含める。この通路はおそらく単に技術的な理由からそこに存在しているものにすぎないといえよう。というのは、少なくともギャラリーと呼ぶにはあまりにも狭くて利用価値のないものであるからである（その中での階段の開口部の切り込まれ方、および床面から手摺の頂部までの大きな距離とに注目せよ）。この浅い上層の空間は、実際には、空間というよりむしろ浮彫り《レリーフ》としての効果をもつものであり、ひとつないしは二つの区域《ゾーン》をもつ他の幾つかの中心型教会堂においても見られるものである。たとえばローディにあるインコロナータ教会堂[図27]（一四八八年、同等の付属空間をもつ）、パヴィアのサンタ・マリア・ディ・カネパノーヴァ教会堂[図28]（一四九二年）、レニャーノにあるサン・マーノ教会堂（一五〇四年、ともにリズミカルな付属空間群をもつ）はその例である。

付属空間のあいだのリズムは、中央の空間と個々の付属空間との間に繰り返されるリズムか

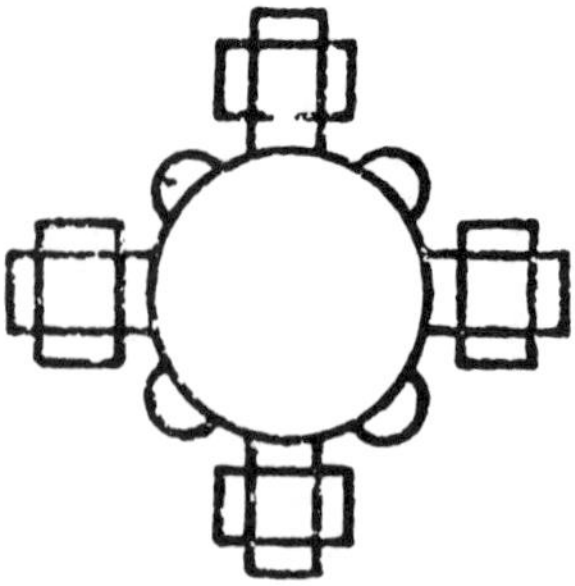

図29　サンタ・マリア・デルラ・クローチェ平面模式図、クレーマ、一四九〇年。

ら自然に発生したものに他ならないように思われる。付属中心が主空間に対し従属しているということ自体が、同様に、付属空間相互の関係を同等の関係から交互に入れ替わる関係へと変質させるように思われる。リズミカルな群化《グルーピング》は、完全な中心型教会堂においてきわめて特徴的であるから、ドームのかけられた最も単純なギリシャ十字は、たとえ付属空間やリズミカルに配されたニッチを持たぬ場合でさえ、ひとつの中心のまわりに集められたものという印象を与えるのである。この印象を想起するために、わたしはこれを「空間群《グループ》」と名付ける。同じように、同等の付属空間は整列しているのに対し、リズミカルに交替する付属空間は、集合しているともいえるであろう。

(3)同等の付属中心を持つ第二次秩序の群《グループ》

空間群《グループ》が、ひとつないし二つの付属区域でリズミカルな交替によっていかに複雑になっても、それがただひとつの中心をもつものであるなら、それはなお常に相対的には単純である。しかしながら、大きな空間群《グループ》の主軸と斜軸に沿って、より小さな空間群《グループ》が付加されれば、群《グループ》の群《グループ》が形成される。すなわち、それが第二次秩序をもつ中心型教会堂である。

クレーマのサンタ・マリア・デルラ・クローチェ教会堂[図29]（一四九〇年）は、ドームの架かった空間を中央にもち、その主軸の各端部には完全なギリシャ十字が付加されたものである。[註7] 実施された建物でこのタイプのものを私は他に知らないが、レオナルドの手稿には類似のデザインが見られる。そのうちのひとつは円形の主空間をもち、それは二本の主軸に小さな円形の付属中心が合計四つ付加によって拡張されており、さらに主中心に対してリズミカルに交替する

註7　付属中心の内側にある十字腕は、主中心に従属するものである。しかし、それらは、付属中心に対して群を形成しているように見える。

付属空間群と結合されている。[註8] もうひとつの案[図5]では、八角形の主空間が、正方形をなす八つの同等の付属中心群によって囲まれており、さらにその付属中心が、それぞれの辺上のニッチによって拡張されている。[註9] 以上のスケッチとその変種《ヴァリエーション》[註10]とから、第二次秩序をもつこれらの空間群《グループ》は、付属中心群の同等関係を基礎にしていることがわかる。

(4) リズミカルな付属中心を持つ第二次秩序の群《グループ》

レオナルドはもうひとつの図面[図3][註11]で、八角形の主空間を用いて、付属中心群自体のリズミカルな交替を実験した。主軸の端部に彼は、ひとつの付属区域《ゾーン》をなす正方形を配した。しかし斜軸上には、さらにニッチが描かれており、そこを通って八角形の付属中心に入るようになっている。主軸上の正方形の空間は、十字腕（すなわち主空間の第一番目の付属区域《ゾーン》としての機能をもつもの）の形をなしているから、中央の八角形を取り巻く付属中心の数を八個と数える必要はない。斜軸上にあって、十字腕に挟まれた隅部を占めているもののみが真の付属中心である。[註12] 第二次秩序の群《グループ》においてもこれと対応するシステムがある。レオナルドは正方形の中心空間から出発した。そして、それに正方形あるいは矩形の十字腕を付加し、さらに十字腕の間の斜軸上に付属中心を配置した。[註13] 四つの付属中心は全く同一であり、したがって同等である。しかしそれらは非常に異なった形をした十字腕によって隔てられている。このため付属中心は、その十字腕と、すなわち主中心に対する付属空間と、リズミカルに交替するという印象が生ずる。もしより単純な構成において主空間と付属空間の間にすでにリズミカルな関係が存在するならば、そこにおけるリズムはより複雑なものとなる。なぜならば、付属空間は十字腕とリズミカ

註8　レオナルドの前掲書中、Pl.lxxxvi,2.

註9　Ibid.,Pl.lxxxv,7.

註10　従属する八個の八角形をもつ。八角形の主空間で、斜軸上のニッチがあるものとないもの。（同書中、Pl.lxxxviii）八角形の主空間で、八個の円形の付属中心をもつもの（Pl.lxxxiv）ニッチをもつ付属空間群（Pls.xc とlxxxiv）と比較せよ。

註11　同書中、Pl.lxxxiv,3.

註12　このスケッチが、パルマにあるステキャッタ教会堂に類似したプランを表現しているということもあり得る。すなわち、斜軸上の群は中心空間に対して影響をもたない、閉じられた聖体安置所となるように意図されていたということである。この変形は、アントニオ・ダ・サンガルロ二世によるサン・マルコ教会堂（フィレンツェ）のための図面に、より明瞭に示されている。C・ステグマンとH・V・ゲイミュラーによる"Die Architektur der Renaissance in Toscana" Munich. Bruckmann, 1885–1908 Ⅶ巻　サンガルロの図一に複写されている。レオナルドの前掲書中、p.47〔p.35 of 1939 ed.〕の図一のプラン、及び、Pl.lxxxixの透視図に見られるレオナルドの別のスケッチは、彼の意図を、更により明瞭に示している。もうひとつの例はPl.xc,3-4にある教会堂である。これは傾斜した屋根をもつ短い十字腕と四個の隅部礼拝堂とをもっている。これらは、プランには八角形として描かれているが、透視図では円形の隅部塔となっている。

註13　豊かな組み合わせ、レオナルドの前掲書中、Pl.lxxxvii,2,〔これは、フランクルの記述と正確には対応しない〕と比較せよ。

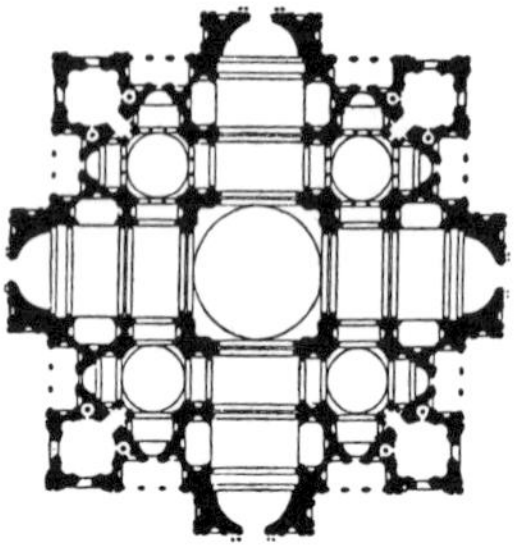

図30　サン・ピエトロ計画案平面、ブラマンテ、一五〇六年。

ルに関係づけられているだけでなく、全体の中心型構成とも関係づけられているからである。隅部にある四つの小さな空間は、中央の大きな十字に従属している。そして、もし付属中心自体がリズミカルに交替する空間をもっているならば、リズミカルな群《グループ》によるリズミカルな群《グループ》が作られることになる。

もし付属中心が記念碑的な効果をもつに十分なだけの大きさをもたねばならないとすれば、中央の主空間の半径は非常に大きくなければならぬ。したがって第二次秩序をもつ空間群《グループ》は、全体の規模が巨大な場合においてのみ効果的となる。ローマのヴァティカンにあるサン・ピエトロ大会堂の設計（一五〇四年、基礎は一五〇六年）は、第二次秩序をもつ空間群《グループ》の可能性を追求するための理想的な機会を提供したのであった。

ブラマンテの第一案[図30]における中央の空間群《グループ》は、単純なギリシャ十字形で、その腕は二ベイの長さをもち、端部は大きなアプスになっている。各々の腕の第二番目のベイのみが側面に矩形の礼拝堂《チャペル》をもっている。第一番目のベイは、付属中心へとつながるが、その腕は礼拝堂《チャペル》と類似した形をしている。付属中心をアプスによって閉ざすことができるのは、外側に伸びる腕においてだけであり、その上これらのアプスは、その規模のためにかなり目立つので、そのために付属中心は各側面において等しく展開されているようには見えない。基本システムの大アプスと同じように、この小アプスの各々も開口されて入口となる。小アプスの外側にはポーティコが配される。これは三ベイの幅をもち、そのファサードが主塔の外壁と同一面になるだけの奥行をもつ。同一面に揃えるこの操作によって、隅部の聖器室（ニッチという付属区域《ゾーン》をもつ八角形）の大きさも決定される。これらの聖器室は、レオナルドのスケッチ[図1]の幾つかに見られるように、大きな隅部塔《コーナー・タワー》の一階部分として考えられていた。これら四つの塔は、大きな正方

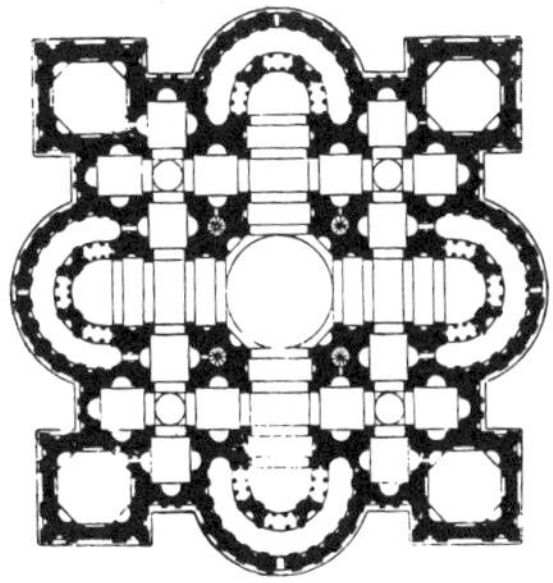

図31　サン・ピエトロ計画案平面、ブラマンテ（?）。

形を形成し、その輪郭より突出するのは、各辺の中央に位置する矩形をなす大アプスの外壁のみである。

主ドームを支持する柱《ピア》の大きさが、このデザインにおける軸の相互関係にとって決定的な役割を果している。これらの柱《ピア》の大きさは付属中心の十字腕の奥行と一致する。したがって、主十字腕のそれぞれにおける第一ベイの軸は、付属群《グループ》の中心と、その腕を閉ざすアプスとを通って、その向う側にあるポーティコへと走る。このようにしてポーティコは、塔と大アプスとの間の軸上に置かれることになる。軸にもとづくこうした配列は、主十字腕の各々に、なぜ第二のベイが付加されたかを説明する。

ブラマンテは、その後の修正の過程で本質的な訂正を行なった。修正後の設計案[図31]において彼は、主十字腕がひとつのベイだけですむような方法によってドームの柱《ピア》を強化した。かくしてこの柱《ピア》は、主ドームを支持する四つのアーチに対応するようになった。それらはもはや対《ペアー》になったアーチ《ド・アーチ》ではなく、アーチによって枠取りされた正真正銘の円筒ヴォールトである。付属群《グループ》のもつ十字腕の長さは、主ドームを支持している柱《ピア》の幅によって決定されているので、これらの十字腕の各々の軸は、さらにもう一度個々の大十字腕のベイの軸を作り上げることとなる。これらの大十字腕を完成させるのにあと必要なことは、主ドームを支えている円筒《バレル》ヴォールトと同様のヴォールトを各ベイの端部に付加することだけだった。主十字腕がもはや二ベイの長さをもたないという事は、第一案よりも改善されたことだといえる。というのは、第一案にみられるような二重性は、いかなる真の空間群《グループ》にとっても不可欠の要素であるところの三倍性のリズムと矛盾するからである。かくして修正案では、この十字腕が実質的に一ベイの長さとなった。このベイは、ほとんど同じ長さの二個の円筒《バレル》ヴォールトによってつくられており、

註14　これらの全体が（アーチ－ヴォールト－アーチという）三項式リズムを形成しているともいい得る。しかし、わたしは、一般的には、マス相互の間に生ずるリズムではなく、空間相互のリズムのみを、とりあげる。

註15　このデザインに由来する真の周歩廊は、アマナッティによる理想都市のための教会の中に見出される。ステグマンとゲイミュラーによる前掲引用書のXI、Gesamtüberblick, p.15

註16　J. Burckhardt, Geschichte der Renaissance in Italian, 3d ed; Esslingen, Neff, 1891, p.126. H. Von Geymüller の Die ursprünglichen En Ewürfe für St. Peter, Vienna and Paris, Lehmann, 1857, II, Pl.13–14.（わたしは、現在では、ゲイミュラーでさえ、最終案の中には、ギャラリーの存在を見ていなかったことに気付いている）

円筒《バレル》ヴォールトは、それらを枠取るアーチ[註14]によって強化され、ドームを支える柱《ピア》の幅と一致している。しかし、第一案に比べて、各々の付属群《グループ》の中心空間は著しく小さく、その腕は著しく大きい。これらの腕はいまや正方形で、その自由な各辺に付加された第二区域《ゾーン》のアプス群を圧倒している。付属群《グループ》への入口は無くなった。ポーティコも同様である。その結果聖器室の大きさは内部における軸関係からは独立のものとなった。それぞれの聖器室へは付属群《グループ》のニッチのうちのひとつから入ることができる。いまや、各群《グループ》でそれぞれ十個、全体では四十個のニッチが祭壇として使用できるようになった。このこともまた、第一案に対する改良である。第一案では、付属群《グループ》へ入るドアがこれらの空間を動線の交叉点としてしまい、そのために単なるヴェスティビュールに格下げされていた。その上、第一案においては、聖器室へは対角線方向から入るようになっていたために、第二の中心空間のひとつの隅部が強調されてしまい、その空間のバランスが乱されていた。第二案では、付属中心への外部からの入口はない。すなわち、入口は基本システムに直接通じている。外部から巨大な中央システムへの移行を促進するために、ブラマンテは各々の大アプスの周囲に通路を配置した。これらは半円形をなす廊下で、その両端はアプスによって閉ざされている。これら四本の廊下のうちの二本からは付属中心の十字腕へ到達することはできず、他の二本からも、目立たない扉を通って到達できるだけである。これら四本の通路は、相互に完全に独立しており、したがって、この建物をひとめぐりする完全なサーキュレーション・システムを形成しているわけではない。このため、それらは厳密な意味での「周歩廊《アンビュラトリー》」を形成してはいない。[註15] ゲイミュラーは、これらの上部にギャラリーが配置される予定であったであろうと推測した。そしてブルクハルトは、それらは「疑いもなく二層[註16]」であったと述べて、この説に同意した。しかし、この平面図に正確に対応している現存する内部透視図[図32]にはこのようなギャラリーは示されていない。そして、このような特徴は、著しい空間的効果をもつという理由により、わたしはそれらが忘れられたとか、絵の明快さを増すために省略されたとかいうことには疑問を感じている。[註17]

　アントニオ・ダ・サン・ガルロ・ジュリアーノの甥によるサン・ピエトロの、大きい、保存の良い模型[図33 34 35]（一五三九年）は、ブラマンテの平面図の本質的要素を保っている。これもまた、先の仮説への反論となる。ブラマンテの平面図とサン・ガルロのそれとの相違は、内部空間そのものには属さない空間にかかわるものである。聖器室の規模の縮小、および東側正面《ファサード》への記念碑的なヴェスティビュールの付加といったことがそれである。ブラマンテの第二案において通路が付加されたことの必然的な理由は、繋ぎの空間が必要とされたということであったが、それに加えて、この新しい建物が、既存のコンスタンティヌスのバシリカの入口のところまで伸ばされるべきだとする枢機卿たちの要求があったのである。しかしながら、その通路だけでは上記の要求を十分に満たすことができないので、ブラマンテは、先の透視図[図32]の平面部分に示されているように、入口ホールを付加したのである。[註18]サン・ガルロは、この東側の拡張を、より有機的に内部空間と結びついたものにしようと試みた。しかし成功したといえるのは、東側の通路を、ヴェスティビュールのようなドームを架けた空間によって置き換え、この空間によって主十字の東側の腕のアプスに直接出入りできるようになったことだけであった。付属中心を通過する入口は、内部空間に大きな効果を与えている。

　こうした相違にもかかわらず、サン・ガルロの模型は、部分的に残されたブラマンテ案を復元する際に常にその基礎となるものである。そして、ギャラリーは計画されていなかったと、この模型から推測することが可能である。しかしながら、もしサン・ガルロの模型からブラマ

註17　〔図面（Uffizi 2）は、現在では通例、ペルッツィのものとされている。〕

註18　ブラマンテによる〔むしろ、フランチェスコ・ダ・サンガルロによるものらしい〕二枚目のすばやいスケッチがあるが、そこでは、主十字腕が本質的な変化を与えられて、この条件が満たされている。それらの十字腕は、三個のベイを持っている。ここでは、中央の教会を正方形状に取り囲むように作られた邸館とコロネードもまた示されている。〔Uffizi, 104r; Geymüller, Die ursprünglichen Entwürfe, II, Pl.18, Fig.1〕

図32　サン・ピエトロ透視図、ペルッツィ（？）。
図33　サン・ピエトロ計面案、アントニオ・ダ・サン・ガルロ（甥）、一五三九年。
図34　同断面。
図35　同模型。

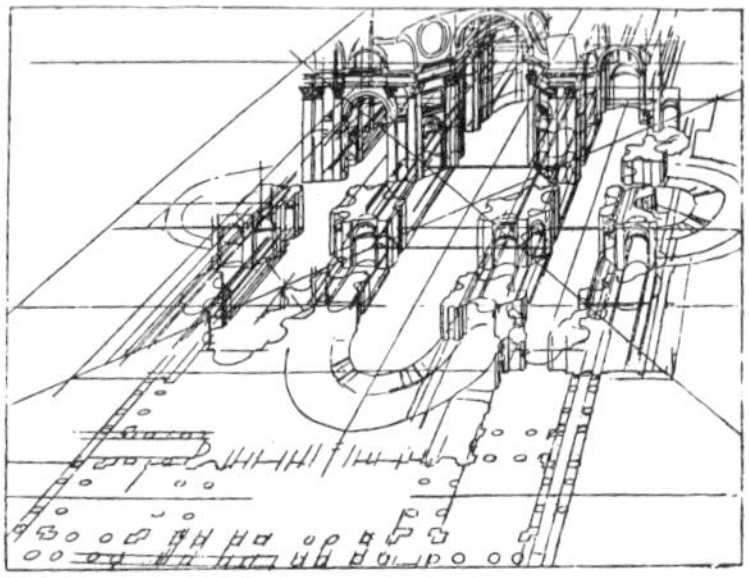

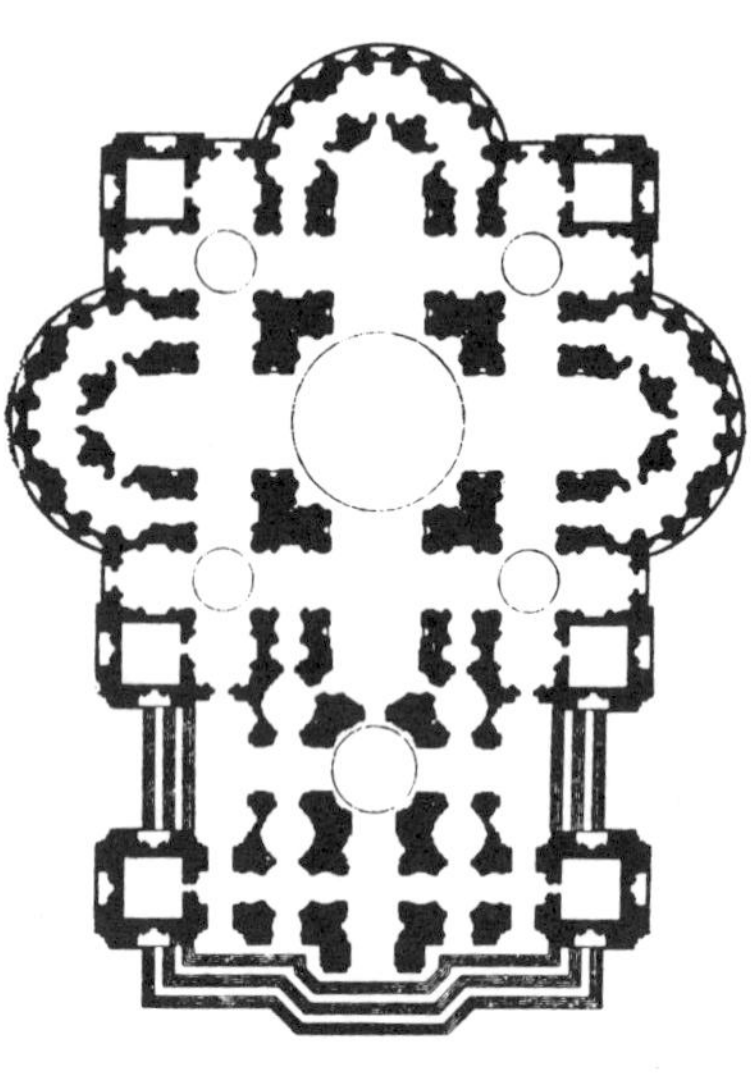

ンテの意図を正確に解釈することができるとすれば、ブルクハルトの「二層説」は、彼の意図とは別の意味で正しいことになる。この模型では実際に、各通路の上部に上階部分が存在している。それは、アプスのヴォールトに対する連続的なバットレスとして働いており、かつ基本的には建物全体に構造的均衡を与えるよう想定されたものである。すなわちそれは、主ドームによる横力《スラスト》に対抗するブレースの役割をなしている。そして、主ドーム自体もこれと類似したアーケードの列によって囲まれている。これらの上階部分は内部に対して何の影響ももっていない。すなわち、それらは内部には属していないのである。それらは、非常な急勾配に傾斜した光洞《シャフト》によって内部と結びつけられており（図34）、その光洞《シャフト》を通して十字腕には最少限の間接光が与えられている。断面図を一見すれば、この取扱い方の拙劣さがわかるし、このような計画を実行することは考えられないことを、模型みずから示している。もし、このような建物が実現されていたとすれば、上階部分は内部からは見えなかったであろう。しかし、不幸にもその存在は明らかであったろう。というのは、その存在によって空間が全く暗くなってしまったであろうから。この模型は閉ざされた部屋の中に置かれて、直射日光を受けていないから、建物が実現されたとして、その内部空間がこの模型と同じように暗いと推定することはできない。実際の建物の内部においては、その容積のみならず光の総量も増加するものであるから、たとえその模型が屋外に置かれたとしても、模型から実際の建物内での照度を正しく認識はできないであろう。しかし、それでもなお、その巨大な空間が闇同然であったろうということを、模型自体が明らかに示している。主十字腕のアプス内には大きな窓が計画されていた。それらは大オーダーのエンタブラチュアの下部にあって、通路の上階部分にだけ通じている傾斜した光洞《シャフト》によって光を受けている。このエンタブラチュアの上部にはルネット窓が配されているが、これ

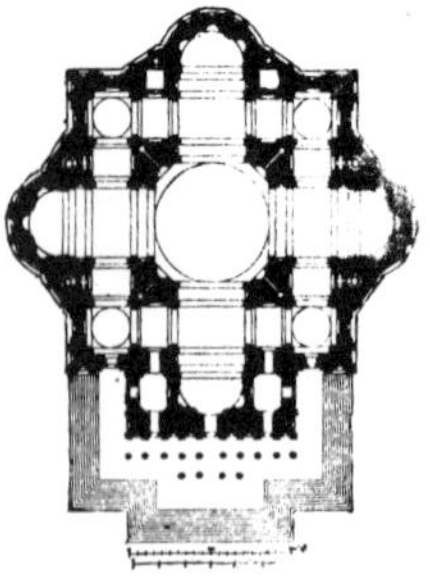

図36　サン・ピエトロ計画案平面、ミケランジェロ、一五四六年。

註19　頂部の小さな開口部からの光は、日中のある特定の時間のみしか期待できない。

註20　ヴォールト部にある小さな矩形窓は、明らかにあとからの思いつきであった。それらは、この計画案を救うことができなかった。

註21　これら半円形窓は、ゲイミュラーの“Die ursprünglichen Entwürfe, I”の図九に再現されている図面の部分に非常にはっきりと現われている。

らもまた、上部のギャラリーからだけ光を受けているのであり、外部から直接受けているのではない。[註19]この模型[図35]では十字腕に窓がない。[註20]先の透視図[図32]にはっきりと見られるように、ブラマンテは、各十字腕の上部にある円筒《バレル》ヴォールトにルネット窓で切り開くことを意図していた。[註21]しかし、その部分の外側には付属中心のドームとドラムとがそびえ立っているので、これらのルネット窓は大して役に立たなかったであろう。主ドーム下部の大ドラムの窓も、直接外部に開いているのではなく、アーケードに対して開いているので、実施された建物の十字腕部は、それらを通じてもやはり十分な光を受けることはできなかったであろう。模型[図35]においては、外周の通路部分のみが明るく照らされている。しかし、それも一階部分は無窓であり、ここでもまた上部の窓からの傾斜した光洞《シャフト》を通して光を受けているのである（この模型では、一階外部のエディキュラは閉ざされているが、内部のニッチの配置からも、それらが閉ざされたままにおかれる予定だったことは明らかである）。

サン・ピエトロ大会堂の建設途上に遭遇した種々の困難は、注意深い技術的配慮を要求した。サン・ガルロの建物は、強固だが陰うつであったろう。ブラマンテがより大胆に建てることができたにしても、サン・ガルロの模型が、ブラマンテの設計に対する批判であることは確かである。ブラマンテの豊かな形態創造は、十分な採光が不可能だったという理由によって、失敗に終る運命にあったのである。

一五四六年にミケランジェロがサン・ピエトロ大会堂を担当したときに最初に行なったことは、外周の通路を取り除き、主十字の四つの端部の全てから日光が入るようにすることであった。[図36]彼はまた、外周壁を強化することによって、主ドームの柱《ピア》を補強した。サン・ガルロの計画案においてドームを取り囲んでいたアーケードが、ここでは不必要になったため、ミケラン

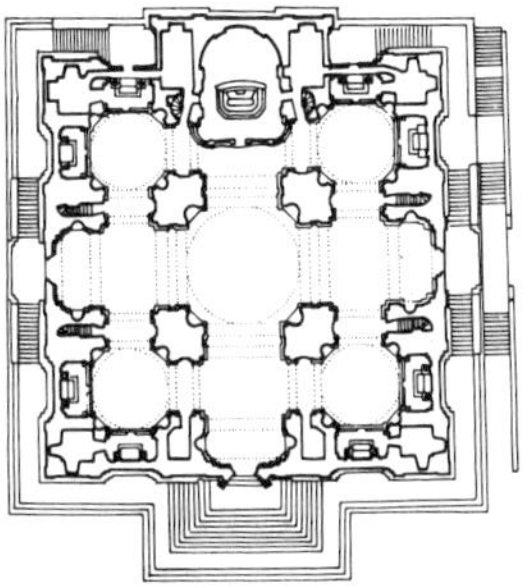

図37　サンタ・マリア・ディ・カリニアーノ平面、ジェノア、一五五二年。

ジェロのドームは、ブラマンテの第一案のものに、より似ているように思われる。ミケランジェロは、全てを非常に単純化した。初期の計画案と比べて最も驚くべきことは、彼が付属中心から、外側の十字腕を取り除いたことである。読者は覚えておられるだろうが、これらはブラマンテの初期の設計においては非常に強調されていたものである。ミケランジェロの設計では、もはや付属中心の独立性を示すいかなる外的徴候も存在しない。それらは発育不全であり、主システムの絶対的な統治に服すべきものなのである。

四つの付属ドームそれぞれの下部において、付属中心から外側に伸びる腕がないために、動線は、四つではなく二つの放射状の腕に沿って外に向って方向づけられている。動線は付属中心において直角に方向を変えるので、付属中心から小十字腕へ、そして大十字腕へ、そしてまた次へと進み、中央ドーム空間のまわりをめぐる連続性は円形の通路に近づくが、しかし全くそうなるわけではない。真の円周運動は起こらない。というのは、付属中心が焦点空間としての効果を保持しているからである。すなわち付属中心が円周運動を妨げ停止させる。さらにまた、小十字腕上部の低い位置の円筒《バレル》ヴォールトが、大十字腕上部の高い位置の円筒《バレル》ヴォールトに対して直角をなしているために（後者は、実際に、前者の頂部よりもさらに上の位置から立ち上がっている）不連続の効果は高められている。閉じた円形通路に沿っての連続的な流動は存在しない。現在のサン・ピエトロ大会堂は、ミケランジェロの十字に対して一七世紀に身廊が付加されているにもかかわらず、以上のことを非常に明瞭に示している。そして、ミケランジェロの計画したナルテックスですらも、この効果を変えはしなかったであろう。付属中心における同様の停止点は、ミケランジェロのサン・ピエトロを縮小翻案したものの中にも見出される。そうした例としてジェノアにあるサンタ・マリア・ディ・カリニアーノ教会堂[図37]（一五五二年)、マチェラータ近傍のサンタ・マリア・デルレ・ヴェルジーニがある。レッジョ・エミーリアにあるマドンナ・デルラ・ギアラ教会堂(一五九七年)もこれらと関連している。

第二次秩序をもつ空間群《グループ》には円周運動がないということが立証された。周縁部における連続的な運動が存在していないか、あるいは、それから避けられている空間形態の一群が得られたことが、いまや明らかとなったに違いない。斜軸上の四個の付属中心は、完全に独立している。これら付属中心のひとつから他の付属中心へと移動するためには、焦点の空間、すなわち大十字へと戻らなければならない。それはちょうど、各辺にニッチをもつ単純な八角形の中にいる場合に似ている。すなわち、そこでは、ひとつの礼拝堂《チャペル》から隣の礼拝堂《チャペル》へ行くのに、いったん中央の空間へ戻らなければならない。同等な付属区域《ゾーン》に属するニッチが結合されていないため、円周運動は排除されているのである。この規則の唯一の例外は、近世において最も早期の中心型教会堂であるフィレンツェのサンタ・マリア・デリ・アンジェリ教会堂[図78]である。おそらくこの例外は、個々の空間区画が互いに隣接して配置されるとどういう結果になるかが、まだ理解されていなかったことによるものであろう。ブラマンテ自身もためらっていた。ヴァティカンのサン・ピエトロのために残したあるスケッチにおいて、彼は主ドームの柱《ピア》が開口され、付属中心に達する対角線方向の動線を作り出されることを試みている。[註22] そうなれば聖器室から建物全体の中心に位置する祭壇へと達する最も直接的な通路が開かれることになったであろう。しかし、柱《ピア》に開けられた巨大な開口部はまた、付属中心をも主空間に対する第一区域《ゾーン》の付属空間と同等にしてしまったであろう。そうした明快さの欠如は(構造的安定性という重大な問題はいうまでもないとしても)、動線のいくつかの通路の重複をともなったことだろう。付属中心は、十字腕からと全く同様、中央の大空間からも到達できるようになったであろう。逆にい

註22　同書中、Pl.6.Fig.2〔フランクルは後になって、このスケッチが、Uffizi 1にあるブラマンテのもとの平面図と無関係であることに気付いた。(元本のPl.87の補遺)〕

註23　ブラマンテは、これらの境界の中で最も重要なものを強調することを意図していたが、それは、ローマのパンテオンのニッチを枠取りしているものと類似した円柱によって、目立たされていた。

えば、付属中心に立つ人間が、明確に規定された自己の進路を示されずに、自分で決断しなければならなかったであろうということである。

レオナルドの方法は、中央の大空間に対して、その付属区域《ゾーン》に配置された小さな付属空間群を付加してゆくというものであった。これは、考えうる全ての中心型の建物を導き出すものではなく、ただ一種類を導くにすぎない。運動を導く通路は、中央の空間から放射状に伸びる。そして、第一の付属区域《ゾーン》にあたる付属中心に到達したとき、それらの通路は再び互いに分岐する。この運動の図式《ダイアグラム》は、星型のパターンで分岐する通路を示すものとなろう。空間のそれぞれは閉じた実体であり、すべてそれ自体で完結している。ひとつの空間は隣のそれと近接して配置されるので、それらの間の接合部は、可能な限り視覚的に明快になるように扱われている。[註23]この形式における放射状構成は、中心の周囲に連続的な運動を形成することはない。このことが、第一段階においてギャラリーが使用されなかった理由を説明する。というのは、ギャラリーとは、建物の周縁をめぐる運動のための途切れることのない通路を供するものだからである。これはまた、個々の空間がそれ自体で完全であることを説明する。完全性とは、それ自体で完結していること、および、中間階の挿入によってそれ以上水平に分割されることを許さないということを意味する。もし、単純で完全な空間形態を結合するという原理が厳密に固守されたなら、このような分割が、空間を付加してゆく過程に入ることはない。そして、第一段階においてこれと並ぶ特徴は、窓ルネットが敬遠されていることである。ルネットはヴォールトの完璧な円《まる》さ、破られることのない完全さを刳り抜く。それらが使用されるのは、サン・ピエトロにおける採光といったような、難問題における最後の手段としてのみである。そのようなルネットが四つ集まってできた交叉ヴォールトは、運動を集中させるかわりに、外に向けて拡散させる。すなわち、これは、各々の空間が、それぞれ焦点となるべきだという考えと矛盾するのである。[註24] しかしながら、第一段階において、世俗建築のみならず教会堂においてもルネットは登場している（例えば、ローマのサンタ・マリア・デル・ポポロ教会堂の内陣上部）。天井の凹状部《コーヴ》分にある一連のルネットは、先に述べたこととは反対の効果をもつ。すなわち、それらは運動を拡散させるよりはむしろ集中させているのである。宗教建築においてこれの最も良く知られた例は、ローマのヴァティカンにあるシスティン礼拝堂（一四七三年）である。

　交叉ヴォールト下方の空間には、あらゆる方向の運動が存在するであろう。しかしその効果は、これまでに論じてきた空間群《グループ》における星型の放射状の配置の場合とは本質的に異なっている。もちろん、付属空間はわれわれを中央の空間から外側へと引き寄せる。ミケランジェロによるサン・ピエトロ大会堂のための平面《プラン》[図36]の付属中心では、この効果は幾分不足している。というのは、ここでは外側の腕が切り取られているからである。しかしながら、個々の空間自体には、何ら居心地の悪さはない。それらは、われわれを内側へ引き寄せる。このような空間の群《グループ》は、焦点、すなわち自己中心的な個の集積である。このような建物の本質的な効果を図解的に説明すると思われる運動の図式《シエマ》は、無限のかなたに放射する矢印による星型のパターンではなく、放射状の軸にのる、分離された別個の点からなる星型の群《グループ》である。これらの点は、引き寄せる力による構成のネットワーク、すなわち骨組《フレーム・ワーク》だけを示す。

　第二次秩序の空間群《グループ》においては、その効果は交叉部の柱《ピア》のたくましさに大きく依存している。この様式段階におけるこのような空間群《グループ》の最初の例は、ヴェネツィアにあるサン・ジョヴァンニ・クリゾストーモ教会堂（一四九七年）である。しかしながら、ヴェネツィアにおいては地盤が弱く、大きな荷重を支持できないために、この教会堂の交叉部のピアは非常に薄く

註24　次のものと比較せよ。ブルクハルトの前掲引用書中の第四八章「ルネサンスにおける、最初の、そして最大の顕著な特徴は、交叉ヴォールトに対する嫌悪である。」

作られているので、ここでの第一印象は、ひとつの空間的にまとまった正方形がまずあって、そこに四本の柱《ピア》があとから挿入されたといったものである。床レヴェルにおける連続的な空間が、ただヴォールトの高さにおいてだけ分割されているようにみえる。これは、中心がドームに覆われているのに対し、腕が交叉ヴォールトに覆われていることによる。同様な効果が、ピアチェンツァのサンタ・マリア・ディ・カンパーニャ教会堂（一五二二年）、コルトーナのサンタ・マリア・ノーヴァ教会堂（一五三〇年）においてもみられる。しかしながら、後者においては、少なくとも中央のドームだけは、その隣り合うものよりも高く持ち上げられ、また腕の上部には交叉ヴォールトではなく、円筒《バレル》ヴォールトが用いられているのであるが。[註25] この教会堂においてすら、円周通路の形成は不可能である。なぜなら、ドームの架けられた四つの隅部空間が存在し、かつ十字腕のヴォールトの方向性が周縁をめぐる方向と直交するからである。

　ゲイミュラーは、レオナルドによる一連のスケッチ[図12]は「四辺の各々の中央にアプスをもつ正方形の大建造物で、その中心部分にある四本の柱《ピラー》上に支持されているドーム」を示していると述べた。[註26] もしこれが正しいとすれば、これらのスケッチはこれまで述べてきた規則の例外となるであろう。しかしゲイミュラーは誤っている。ドームを支持する四本の柱《ピア》の一階平面であると彼が考えたものは、レオナルドに特徴的な描法上の工夫のひとつにすぎない。正方形や八角形の辺上に描いた、相対するアプスの終端部を線で結ぶことは、レオナルドのくせであった。[図2] 他の製図者なら、各辺の中心線を、正方形を横切って引くことで図面に基準を与えるところである。もっと大きなスケッチでは、レオナルドは生成の最も初源的な図形から出発している。[図1] そして、このようなスケッチをフリーハンドで模写してみるだけで、われわれは彼の製図法が実際に作業を容易にすることを実感できる。ある場合には、作図線が交叉したところが小さな

註25　おそらく、Mongiovinoにある Chiesa della Madonna(1524) もまた、ここの種類に属すことだろう。わたしはまだこの建物を見たことがない。

註26　レオナルドの前掲引用書中の四二頁。〔一九三九年版では三〇頁、ここでは、フランクルによる批判にも、またゲイミュラーとフランクルの両方の結論を修正した研究にも注意を払っていない。とくに、レオナルドによる教会堂のための図面の中には分割的なものと、付加的なものと両方の空間構成が見出されるということである。(pp.57–60を見よ) Ludwig H. Heyolenreich, Die Sakrat-ban-Studien Leonardo da Vinci, 学位論文' Hamburg, 1929〕

正方形をなす場合があるが、これらは外周壁の輪郭線と対応するために二重になったものである。しかしこれらの正方形は柱《ピア》を表現しているわけではない。外観透視図は、このドームが作図線の交点に載せられているのではないことを示している。もしこのドームが実際に内側の正方形の上に載っているのなら、その直径は正確にアプスと同じ幅に見えるはずである。透視図のスケッチでは、このドームは明らかにアプスよりも幅が広く、したがって外側の正方形の上に載っているのである。すなわち、中央の空間とアプスの間のアーチの上にこのドームは載っているのである。[註27] これらのスケッチは、第二次秩序の空間集合を表わしているのでもないし、その内部に円周運動が生ずる中心型教会堂を表現しているのでもない。これらは、同等のアプスというひとつの付属区域《ゾーン》をもった中心型教会堂の、最も単純な形式を示しているのである。

(5) 組み合わされた群《グループ》

中心型と呼ばれる空間構成のなかでも、大小の中心空間を共通の軸に沿って整列させることによって作られているものは、この体系的な研究において、既に論ぜられた中心型教会堂と、次に論ぜられる長軸型教会堂との間の過渡的なものとみなされ得る。それらは、主空間の全ての辺において発展させられたものではなく、既に第三節で述べたような空間形成から、付属中心群のうちのひとつを残して他を消去することによって形成されたものである。この系統の原型は、フィレンツェにあるサン・ロレンツォ教会堂の旧聖器室[図38,39]（一四一九年）である。この建物の構成においては、ペンデンティヴ・ドームが架けられた小さな正方形の空間が、大きな正方形の主空間の一辺の中央に接続されている（大きな正方形の空間は、リブとそれに縁どられ

註27　レオナルドの前掲書中Pl.lxxx,5.の図面のみが、ゲイミュラーの解釈の論拠となるものである。しかしここにおいては、ドームが不明瞭なので、おそらくこの図面は、部分的に仕上げられただけのものか、あるいは、不完全に保存されていたものだと思われる。〔Heydenreichの前掲書によれば、この図面は、フランクルがその再現から憶測したものよりもよく保存されている。〕

図38　サン・ロレンツォ旧聖器室内部、フィレンツェ、一四一九年。
図39　同断面。
図40　パッツィ家礼拝堂平面、フィレンツェ、一四二九年。
図41　同断面。

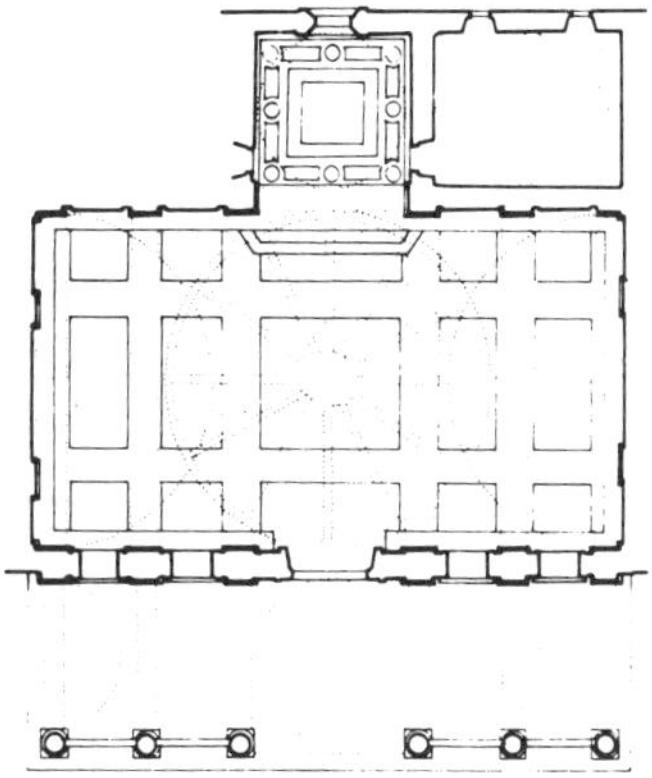

たセヴェリーがつけられた、いまだゴシック風のドームによって覆われている）。このタイプの変種としては、以下の建物群がある。フィレンツェのサンタ・クローチェ教会堂にあるパッツィ家礼拝堂[図40,41]（一四二九年）、ミラノのサン・エウストルジオにあるポルティナリ礼拝堂（一四六二年）、フィレンツェのサンタ・フェリシタ教会堂にある聖器室（一四七〇年）、ベルガモにあるサンタ・マリア・マッジョーレ教会堂のコレオーニ礼拝堂（一四七〇年、この建物の入口部分は中央からずれている）、ピストリアのサンタ・マリア・デル・ウミリータ教会堂（一四九五年）、ミラノにあるサンタ・マリア・デルレ・グラーチェ教会堂の内陣部（一四九二年）、ローマのサンタ・マリア・ディ・ロレート教会堂（一五〇七年）、ローマにあるサン・エリジオ・デリ・オレフィツィ教会堂（一五〇九年）、モンテフィアスコーネの大聖堂（一五一九年）、スポレートのマナドーロ教会堂（一五二七年）、ヴェロナのマドンナ・ディ・カンパーニャ教会堂（一五五九年）。ここにあげた各例がそれぞれの特質をもっているという事実は、この研究において重要ではない。[註28] パヴィアのカネパノーヴァ教会堂（一四九二年）は、中央空間の外側にリズミカルに配置された礼拝堂《チャペル》群をともなっており、ここに含めてもよいであろう。[註29]

(6) 単純な列《シリーズ》

もし、ただ二つではなく数個の、また異なるのではなく同じ大きさと形をした、最も単純な中心型空間（正方形平面にドームが架けられたもの）を、共通の軸に沿って整列させれば、それで、この様式上の段階における長軸型教会堂の身廊あるいは側廊が生み出されることになる。フィレンツェにあるサン・ロレンツォ教会堂[図42,43,44]の側廊は、一連のペンデンティヴ・ドームをとも

註28　これらの建物の多くにおいては、ヴォールトが普通と違っている。古聖器室の上部にあるドームは、一二個のアーチ型セヴェリーから作られている。ミラノにあるサンタ・マリア・デルレ・グラーチェにおける主内陣の上部は、八区画に分割された浅いヴォールトで覆われている。この八個の区画は、矩形平面の上部に立ち上がる八個のアーチに対応している（三角形状に残された隅部は、各々二個の区画で閉ざされている）。ミラノのサンタ・マリア・デルラ・パーチェ教会堂（現在は Brera Room XVI にある）にあるカペラ・ディ・サン・ジュゼッペのヴォールトも上記と同様である。レオナルドは、これと同種のヴォールトを記録しており（レオナルド前掲書のPl.ciii）、それによる、より複雑な変種をもまた発明している。ミラノのサンタ・マリア・デルレ・グラーチェにおける主ドームは、三二本のリブをもっている。これらは、窓ではなくピアが四個の主アーチの中央上部と同様に円筒部の斜軸上にも生ずるように配されている。

註29　これらの建物の平面図は、次の本に見られる。Heinrich Strack, Central und Kuppelkirchen der Renaissance in Italien, Berlin, Wasmuth, 1882.

なっているが、同じ教会堂にある旧聖器室の小内陣を八つ増殖したものに他ならない。この段階における最初の長軸型教会堂は、依然として初期キリスト教のバシリカの影響を見せており、側廊だけにドームが架けられたベイがある。身廊は水平の天井で覆われており、したがって、ひとつの未分節な単位となっている。こうした不統一は、ファエンツァの大聖堂[図45, 46]（一四七四年）において修正された。ここにおいては、身廊もまたドームが架けられた正方形の空間の連続によって構成されている。おそらくここにおいては、動線を放射状の矢印で表現することはできず、相互に隔離された空間の中心点によってのみ表現されるのである。すなわち、これは相互に隔離された静的な単位による列《シリーズ》を形成しているのである。これとの比較の例として、シエナ近傍のオッセルヴァンツァにある修道院内の教会堂（一四八五年）、フェラーラにあるサン・フランチェスコ教会堂（一四九四年、ピアチェンツァにあるサン・シスト教会堂は、おそらく大部分がロマネスク時代の基礎の上に建てられたものであろうが、それでもここで論ずることができる）があげられよう。

(7) リズミカルな列《シリーズ》

一五世紀を特徴づける二軸性は、ファエンツァの大聖堂[図45, 46]や、それに関連した教会にも存在している。わたしのいう二軸性とは、身廊のひとつのベイが、側廊における二つの小さなベイに対応しているということを意味している。ヴェネツィアのサン・サルヴァトーレ教会堂[図47, 48, 49]（一五〇七年）においては、これがｂａｂという三軸性のリズムとなっており、このようにして空間を集合させる原理は、中心型教会堂で十分に展開された（ヴァティカンのサン・ピエトロ大会

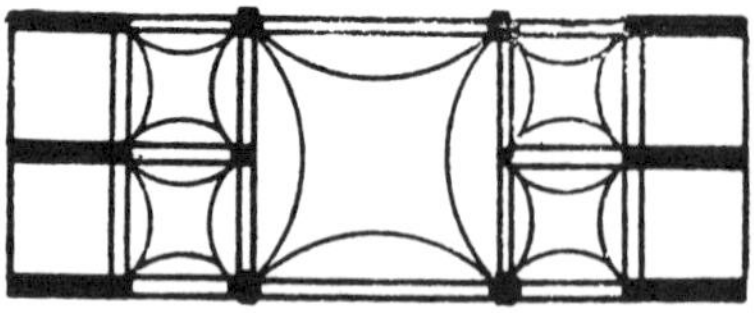

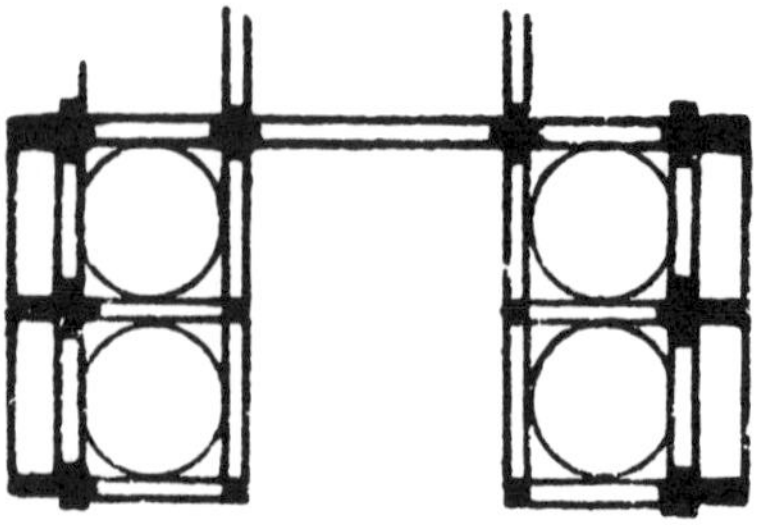

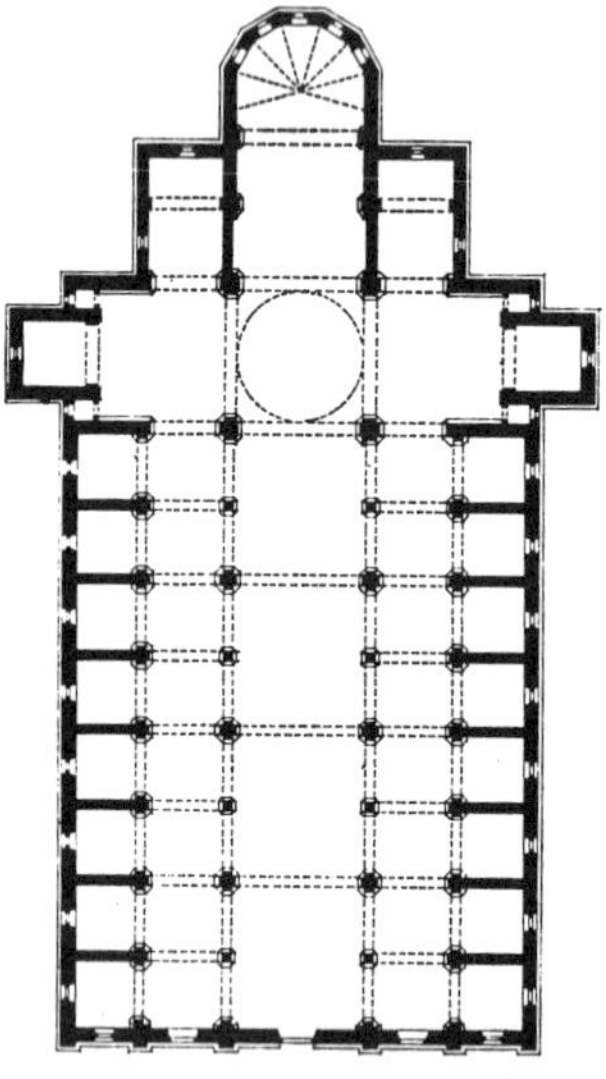

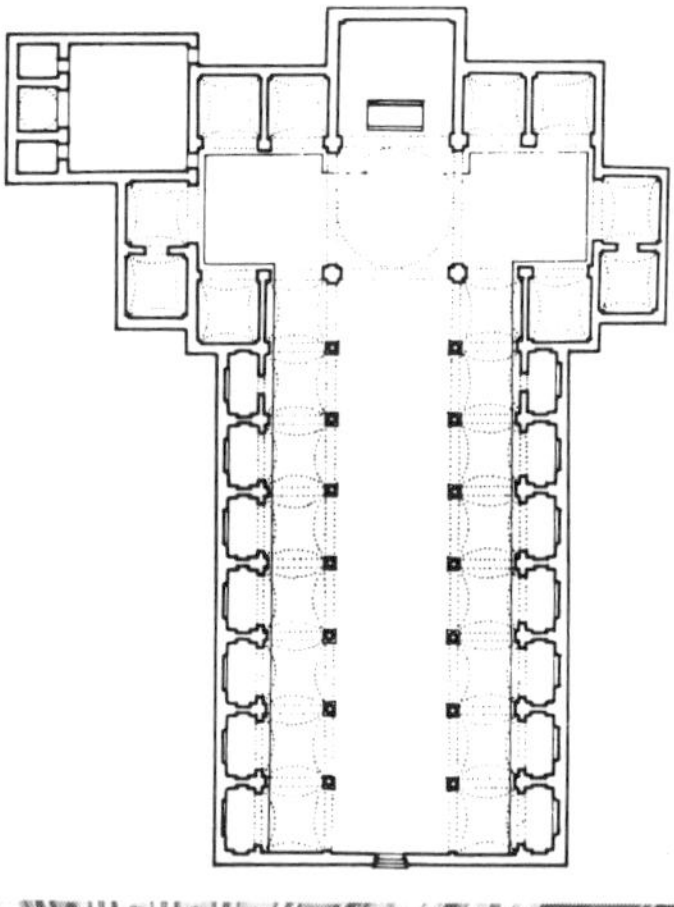

図42　サン・ロレンツォ平面模式図、フィレンツェ、一四一九年。
図43　同平面。
図44　同内部。
図45　ファエンツァの大聖堂平面模式図、一四七四年。
図46　同平面。
図47　サン・サルヴァトーレ平面模式図、ヴェネツィア、一五〇七年。
図48　同平面。
図49　同内部。
図50　アヌンツィアータ平面模式図、アレッツォ、一四九一年。
図51　サンティ・フローラ・エ・ルチッラ平面模式図、アレッツォ、一五五〇年。

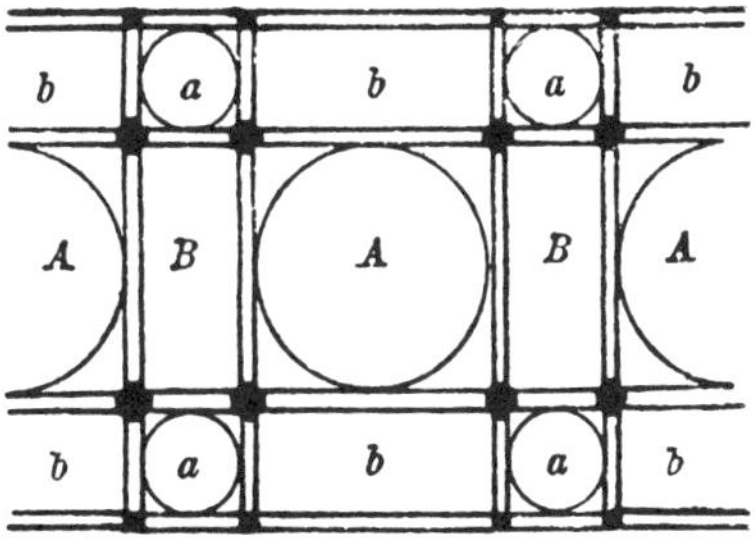

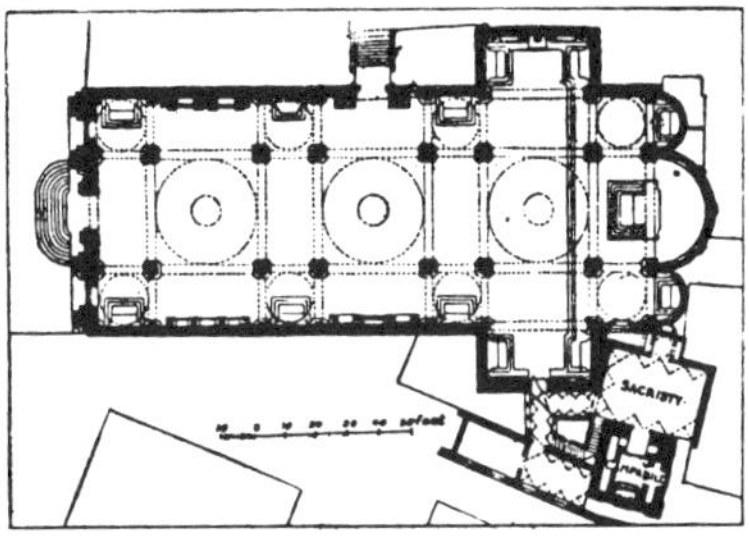

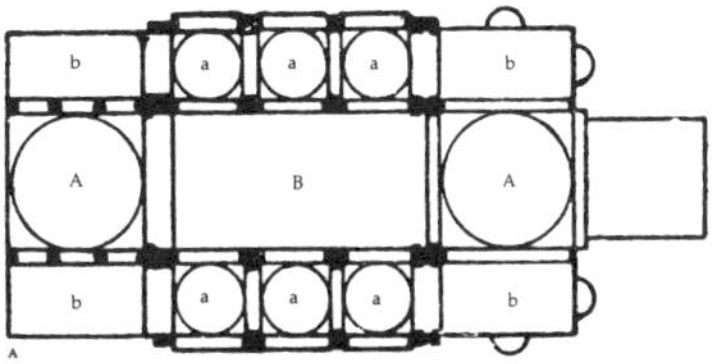

A

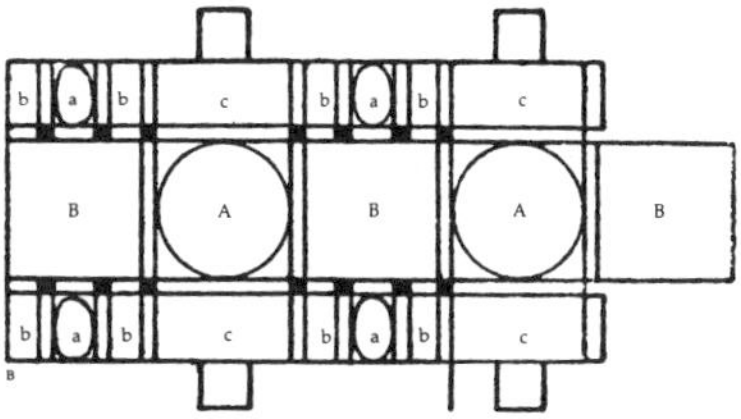

B

堂）のと同様に、長軸型教会堂においても十分な展開に到達したのである。しかし、このサン・サルヴァトーレのリズムは、身廊のひとつのベイが、側廊の三つのベイと並置されることによって形成されたものではない。身廊と側廊のベイは同数であり、どちらもドームが架けられた正方形のベイと、それと交互に配された円筒《バレル》ヴォールトが架けられた細長い矩形のベイとによって構成されている。しかしながら、身廊が矩形平面の空間から始まっているのに対して、側廊は正方形平面の空間から始まっている。このことが、横手方向と長軸方向との両方向にリズムを生み出している。これらのベイによるリズムは、以下の図式《ダイアグラム》によって表わすことができる。この図式《ダイアグラム》においてbはBと同形同大のものを九〇度回転させたものである。

a b a b
B A B A
a b a b

アレッツォにあるアヌンツィアータ教会堂[図50]（一四九一年）の身廊は、ドームの架けられた空間から始まり、それに長い円筒《バレル》ヴォールトの架けられた空間が続き、さらに、もうひとつのドームの空間が続く。しかしながら、側廊においては、ドームが架けられた三つの同一のベイが、身廊の第二のベイに対応している。したがって図式《ダイアグラム》は次のようになる。

b {a a a} b
A B A
b {a a a} b

アレッツォにあるサンティ・フローラ・エ・ルチッラ教会堂[図51]（一五五〇年頃）の身廊は、円筒ヴォールトが架けられたベイから始まっている。そして、先に示したアレッツォのアヌンツィアータ教会堂[図50]で見られた同格の側廊ベイによるａａａのリズムはここではｂａｂの群《グループ》に置き換えられている。したがって、その図式《ダイアグラム》は次のようになる。

b a b c b a b c
B A B A
b a b c b a b c

（ここでの空間のリズムは、円筒ヴォールトとドームとが交互に配されていることから生ずる。そしてその起源はフィレンツェのパッツィ家礼拝堂[図40 41]である。この建物では先のリズムが、横断方向で二回、すなわち、ポーチで一回、内部で一回生じている。このリズムは、ギリシャ十字において、向かい合う位置にある二本の腕を除去することによっても作り出される。再建前の、ローマのサン・ロレンツォ・イン・ダマソ教会堂には、この最も単純な形で上記のリズムが存在していた。もし、円筒《バレル》ヴォールトの長さが非常に大きければ、ドームは、ひとつの単一なヴォールトを中断するものとして見えてしまう。それは例えば、パドゥアの大聖堂〈一五五〇年頃〉や、ブラマンテによるヴァティカンのサン・ピエトロのための初期の計画案で長軸型のものに見ることができる[註30]。）

(8) 同等の付属中心をもつ列《シリーズ》

フィレンツェにあるサン・ロレンツォ教会堂[図42 43]とサント・スピリト教会堂とは、どちらも側廊に、相互に隔離された礼拝堂《チャペル》の列《シリーズ》をもっている。もし、これらの側廊が除去されたなら、ひとつの身廊と、相互に隔離された礼拝堂《チャペル》からなる長軸型教会堂が残るであろう。このタイプの

註30 Geymüller, Die ursprünglichen Entwürfe, II, の Pl.20 と Fig6 及び、Pl.22–23.

教会堂の例としては、ともにフィレンツェにあるサンタ・マリア・マッダレーナ・デ・パッツィ教会堂（一四七九年）と、サン・フランチェスコ・アル・モンテ教会堂[図52,53]（一四九九年、ここでは身廊の上部に棰木がむき出しになっている）側廊のベイの間に横断方向の壁を挿入すれば、ゴシックの教会堂はこのタイプの空間構成となる。このことは、リミニのサン・フランチェスコ教会堂[図54]（一四四六年）、フィレンツェのサンタ・マリア・アヌンツィアータ教会堂（一四五一年）、チェゼーナのマドンナ・デル・モンテ教会堂（一五世紀末）に見られる。

以下に示す建物も、すべてこのタイプの空間形態をもつものであるが、これらにおいては、身廊の平らな天井が円筒《バレル》ヴォールトによって置き換えられている。フィエゾーレ近傍のバディア教会堂[図55]（一四六三年）、ナポリにあるサンティ・セヴェリーノ・エ・ソジオ教会堂（一四九〇年）、同じくナポリにあるサンタ・カテリーナ・ア・フォルミエッロ教会堂（一五一九年）、ネピにあるサン・トロメオ教会堂（一五四〇年）。

⑼リズミカルな付属中心をもつ列《シリーズ》

円筒《バレル》ヴォールトが架けられた単一の身廊をもつ長軸型教会堂における礼拝堂《チャペル》が、同等のものからリズミカルに交替するものへと変形すれば、それによって、フィエゾーレのバディア教会堂[図55]の空間の構造《シェマ》は、マントヴァにあるサンタンドレア教会堂[図56,57,58,59]（一四七〇年）の身廊に変換される。したがってリズムは、ヴェネツィアのサン・サルヴァトーレ教会堂[図47,48,49]よりずっと早い時期において、この系列の形式において達成されたのである。ペザーロにあるサン・ジョヴァンニ・バッティスタ教会堂（一五四三年）は、このマントヴァにあるサンタンドレア教会堂の図式を踏襲

図52　サン・フランチェスコ・アル・モンテ平面、フィレンツェ、一四九九年。
図53　同断面。
図54　サン・フランチェスコ平面、リミニ、一四四六年。
図55　バディア平面横式図、フィエゾーレ、一四六三年。

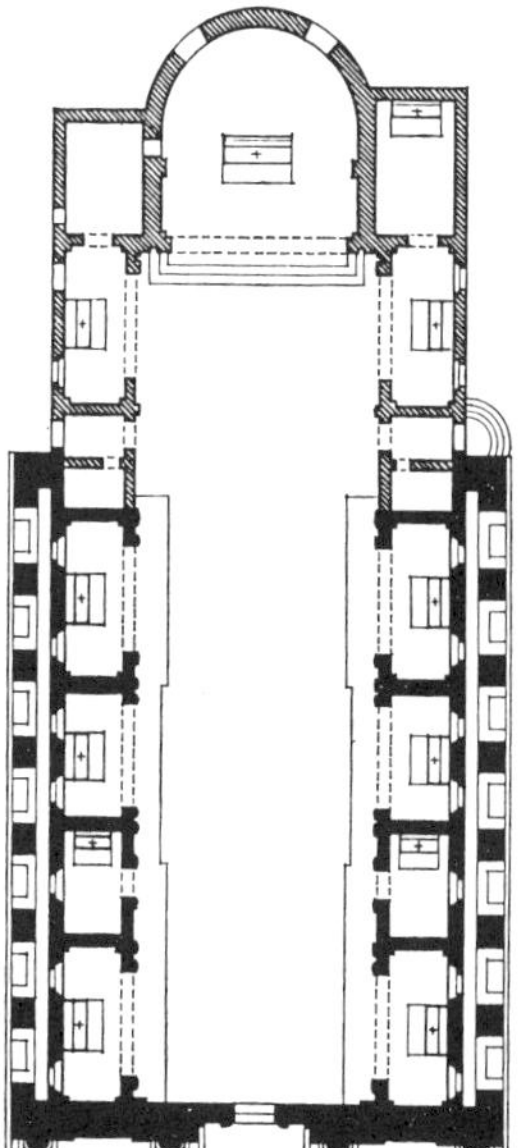

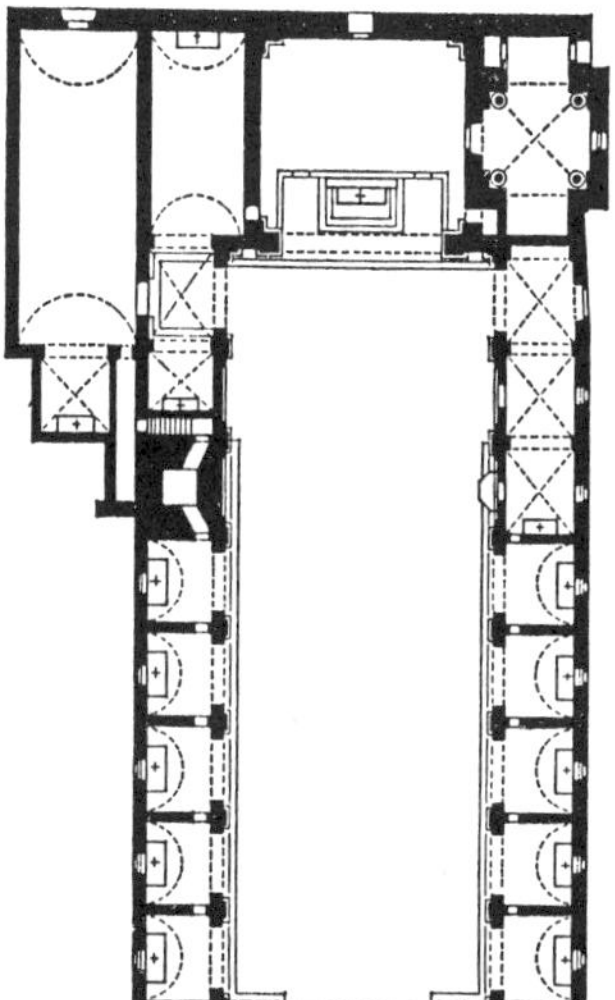

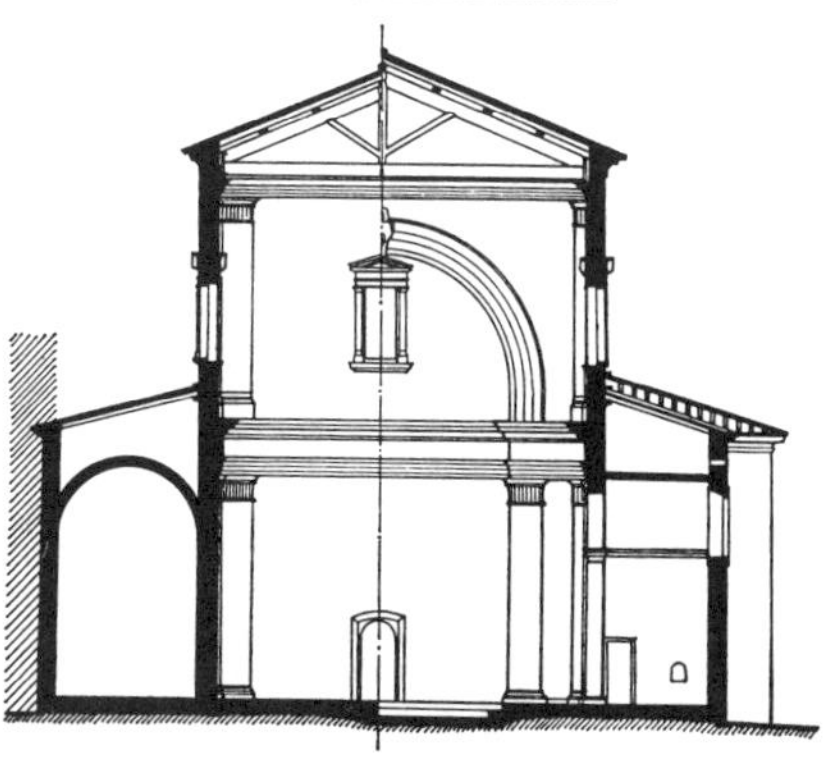

図56　サンタンドレア平面模式図、マントヴァ、一四七〇年。
図57　同平面。
図58　同見上げ。
図59　同内部。

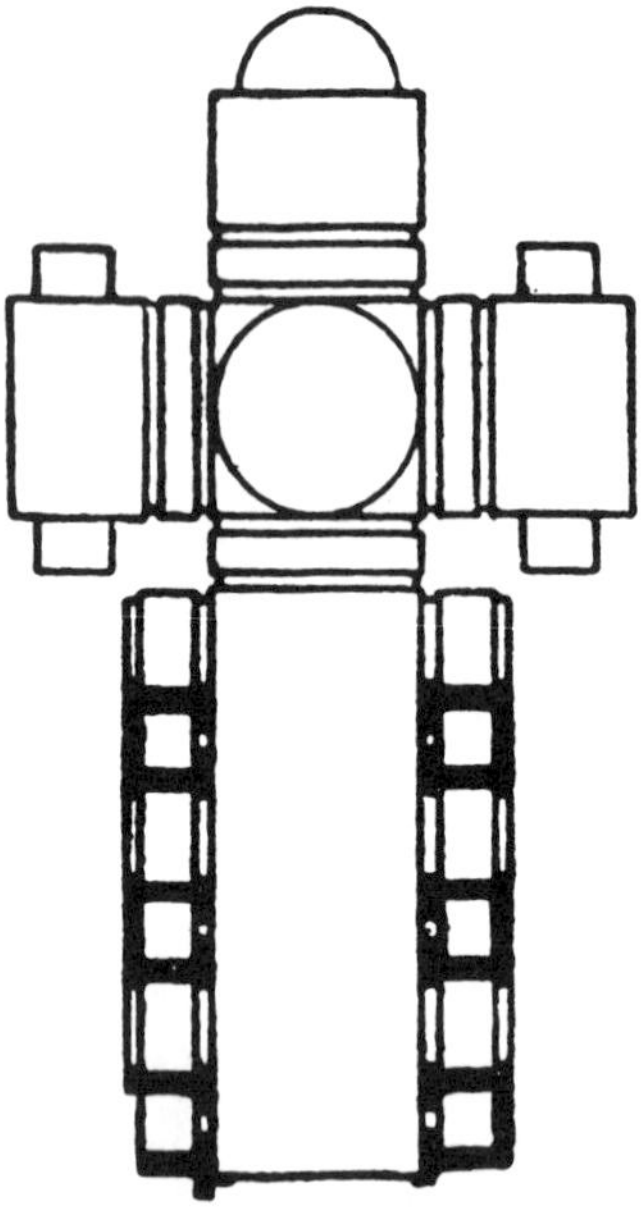

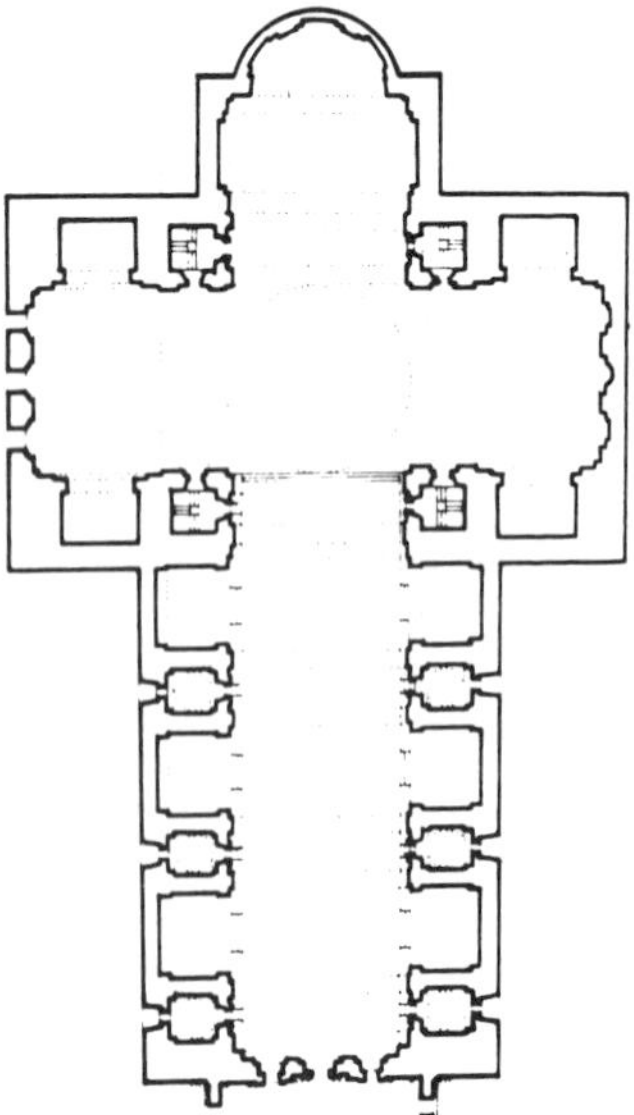

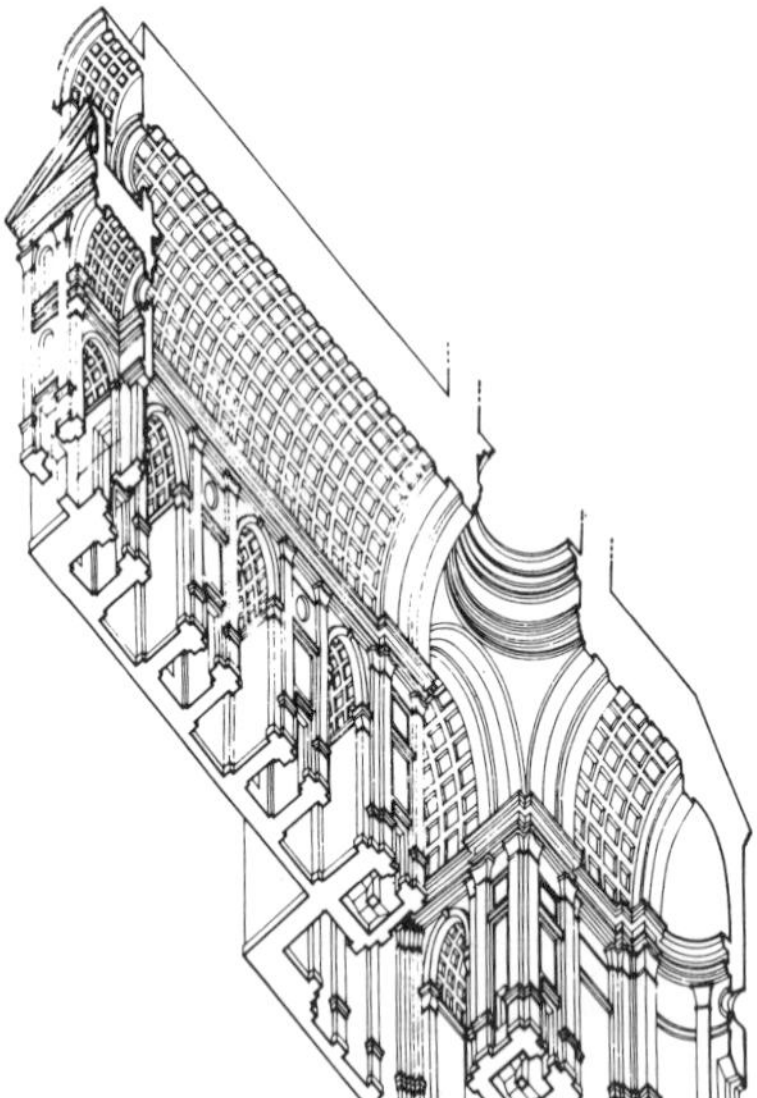

している。しかし、ここでは、大きい方の側面礼拝堂《チャペル》は、三つのアプスによって、すなわち第二の付属区域《ゾーン》に属する空間によって拡張されている。

以上に述べた円筒ヴォールトのすべてにわたる特徴に、そのいずれもが窓ルネットによって破られていないということがある。ナポリにあるサンタ・カテリーナ・ア・フォルミエッロ教会堂ではルネットは、特徴的なことに、後の時代になって描かれたものだった。マントヴァの大会堂（一五四五年）では外側の側廊は平らな天井で覆われているが、ここにおいてさえ、内側の側廊の上部はルネットによって破られることのない円筒《バレル》ヴォールトが架けられていた。ギャラリーは非常に稀れであり、それが実際に現われた時には際立った特徴となったろう。現在ではひとつだけアレッツォのアヌンツィアータ教会堂（創建当初のものかどうか不明）に、その例がある。ギャラリーは、修道院付属教会堂においては、とくに女子修道院においては、避けられないものである。例えばミラノにあるサン・マウリツィオ教会堂（一五〇三年）がそうである。その身廊は、交叉ヴォールトの架かった非常に長い空間であり、ヴォールトの起栱点にまでたち上がっている横断方向の壁によって二つに等分されている。身廊の側面には隔離された礼拝堂《チャペル》が配され、これらの上部にギャラリーが走る。しかしこのギャラリーは、身廊上部のリブなしの交叉ヴォールトを側面から支持する横断方向の壁面によって、隔離された空間に分断されているように見える。もし上階部分において、身廊をめぐる連続的な運動が望まれているならば、この側面を支持する壁は別な方法で解決されていたことであろう。

以上述べてきた長軸型教会堂の例は、次のことを示している。すなわち、空間を中心のまわりに集める場合はもちろんのこと、軸に沿って整列させる場合でさえ、この時期の建築家たちは完結した、分断されない空間単位の結合を達成することを唯一の目的とした。これらの例は合したもののもつ性質を与えるかを知っていたことをも示している。

また、その建築家たちがリズムを用いることによって、いかにして整列したものに、中心に集

⑽ 群《グループ》と列《シリーズ》の組み合わせ

ヴァティカンのシスティン礼拝堂のような単純な矩形のホールは、ヴォールトで覆われているものも、平天井で覆われているものも、あるいはまた、同等または群《グループ》をなす付属空間からなる一、二の区域《ゾーン》で豊富化されているものも、この段階にはほとんどみられない。なぜ稀れであるかというと、矩形のホールは明白に自己完結した姿をもっていないからである。マントヴァにあるサンタンドレア教会堂[図56 57 58 59]は、一世紀の間ずっと、このようなホールに類似の空間をもっていた。なぜなら、この建物においては、完成資金が調達されるまでの間、身廊が仮設の壁によって閉鎖されていたからである。資金が調達されて再開された工事は当初の設計に依ったものと思われる。しかしながら、現在のドームの空間がもつ燦然《さんぜん》たる明るさは、決してアルベルティが意図したものではなかったことも確かである。なぜなら、この明るさは一八世紀の空間特有のものだからである。彼の意図は明らかではない。ただ、ドームが身廊に続くものとして計画されたこと、そして、それによって身廊がドームへの序曲として扱われたことは確かであろう。アルベルティは、リミニのサン・フランチェスコ教会堂[図54]において、身廊よりも幅が広い円形の建造物を付加したいと考えていた。そして、ミケロッツォは、フィレンツェのサンタ・マリア・アヌンツィアータ教会堂に対してまさにそのようなものを付加した。ローマのパンテオンに類似したこの形態は、身廊と有機的な関連をもっていないとはいえ、われわれの空間体

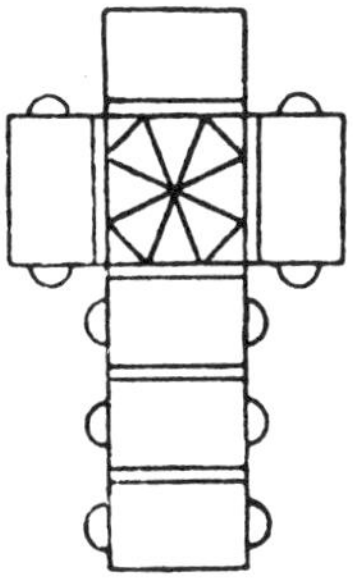

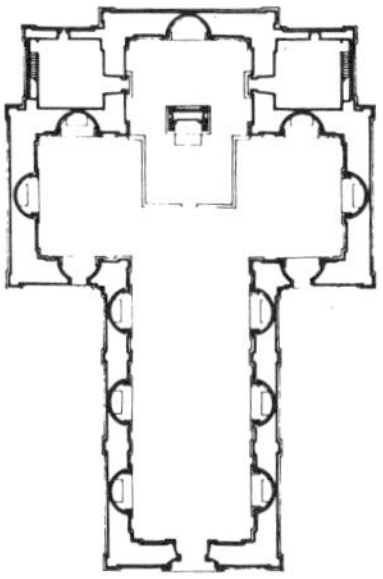

図60　サンタ・マリア・デル・カルチナイオ平面模式図、コルトーナ、一四八五年。
図61　同平面。

験を確かに高揚させるものである。これと反対の実験、すなわち直径が身廊の幅よりも狭いドームを付加することは、ヴェネツィアにあるサン・ジョッベ教会堂およびサンタ・マリア・ディ・ミラコリ教会堂（一四八一年）とにおいて試みられた。しかし、唯一の明快な解決法は、直径が身廊の幅と等しいドームの空間を付加することだった。このことは、すでにロマネスクの時期に行なわれていた。しかし近世建築におけるこの系列の最初のものは、フィレンツェのサン・ロレンツォの教会堂[図43]である。この建物の交叉部は、ペンデンティヴに載ったドームによって覆われていた。フィエゾーレのバディア教会堂[図55]では、ペンデンティヴ・ドームによっており、コルトーナ近傍にあるサンタ・マリア・デル・カルチナイオ教会堂[図60 61]（一四八五年）においては、円筒部《ドラム》の上に載った八角形のクロイスター・ヴォールトによって覆われている。この後者の手法は、トレヴィにあるマドンナ・デルレ・ラグリーメ教会堂（一四八七年）と、カステル・リニョーネにあるサンタ・マリア・ディ・ミラコリ教会堂（一四九四年）とにおいて繰り返されている。

　さて、コルトーナのサンタ・マリア・デル・カルチナイオ教会堂[図60 61]は、ひとつの腕が他の腕の三倍の長さをもつ中心型教会堂である。これを、ひとつのギリシャ十字と、ちょうど二つのベイの長さの身廊との組み合わせとして考えることも可能かも知れぬ。しかしそれは、第三のベイが身廊に属しているという実際の印象とは一致しない。全体を、身廊と中心型教会堂の継起とみる解釈は、この建物におけるように、十字のうちのひとつの腕が身廊内へと突き出している場合か、あるいは、その一本の腕が全く取り去られたように見える場合にのみ正当化されるであろう。中心型教会堂のもつ性格は可能な限り保たれている。このことは、ヴァティカンのサン・ピエトロ大会堂のための長軸型の計画案の特徴でもある。そして、この計画案は、カルピの新大聖堂（一五一四年）や、サン・ニコーロ教会堂に反映されている。後者は、最初は第二次秩序の完全な中心型教会堂として建設された。そして、一五一八年には、もうひとつのアプスが取り壊されて、側廊をもつ身廊が付加された。この身廊は三つのベイから成り、それは中心型教会堂の主空間へと導かれている。

　このような、長軸型空間と中心型空間の組み合わせは、当然長軸型の教会堂を作り出す。しかし、その長軸方向の運動は、交叉部の中心で停止する。この中心から、放射状の軸が外へと分岐し、今度は、さらにそれらが付属空間において停止する。このような教会堂における焦点は、内陣ではなく、交叉部に存在しているのである。

　わたしは、これまでに、次のものの間に区別をつけてきた。すなわち、整列された付属空間をもつ空間群《グループ》、付属空間群《グループ》をもつ空間群《グループ》、それに空間群《グループ》の群《グループ》、すなわち第二次秩序をもつ空間群《グループ》の三者である。同様に、次のものの間にも区別をつけることができる。すなわち、分離されかつ整列された付属空間をもつ長軸空間列《シリーズ》、分離されかつリズミカルに集合させられた付属空間群をもつ長軸空間列《シリーズ》、そしてさらに、そのような列《シリーズ》を平行配置したもの（多数の側廊をもつ教会堂）の三者である。このうちの最後のものをわたしは空間列《シリーズ》の列《シリーズ》、あるいは第二次秩序をもつ空間列《シリーズ》と呼ぶ。この体系《システム》を基礎にして、今や、空間群《グループ》と空間列《シリーズ》の組み合わせを論ずることができる。

　最も純粋な状態においては、列《シリーズ》と群《グループ》は相互に排他的である。したがって、これらは中心型の建物の一部が切り取られているときにのみ、組み合わせることが可能である。純粋な列《シリーズ》は、観察者を遠方の到達点へ、すなわち内陣へ、そしてその彼方へと引きつける。多角形の内陣をもつゴシックの大聖堂の効果は、このような磁力をもった長軸に依存している。矩形の内陣をもったゴシックの大聖堂は、無限の方向をさす。もし周歩廊《アンビュラトリイ》が多角形の内陣を取り囲んでいたならば、空間全体にわたる運動は、観察者を果てしない旋回のうちに把える。彼が戻ろうという考えをもつことはない。そして、眼前に伸びる通路は彼を到達しえない無限の彼方の到達点へと引きつけるのである。一方、群《グループ》のシンメトリカルな形成が十分に展開されたとき、そこに外側からは侵入できない。というのは、凸状をなす閉じたアプスの外観は人を寄せつけないからである。もし、扉がアプスの曲線に侵入したとしても、それは便宜上必要なものとして存在するのである。それらは次のことを明らかにする。すなわち、たとえ矩形の空間が教会堂の輪郭を決定している場合においても、あるいは、アプスが矩形の輪郭をなす外壁によって隠されている場合においても（ヴァティカンのサン・ピエトロ大会堂のための設計がこの場合に相当する）、すべての入口は必要悪として存在するのである。このような教会堂にゆっくり進入し、その中心に一歩一歩近づいてゆくということは考えられない。おそらく、あたかも魔術によったかのように、ひと跳びにその中心点に達し、そのような幾何学的構成において具現されているかにみえる独特な静かさ、すなわち隔離されて落ち着いた独立性を体験することになるのである。純粋な群《グループ》は、誰にも入り込むことを許さないと同時に、誰にもそこを立ち去ることを許さない。すなわち、人はこの中心点に永久に停まらねばならないのである。空間群《グループ》は、このように、相互に分離された中心点の並置によって形成される。確かに、そこには、動線のための連続的な通路は存在しているが、それらは美学的には存在していない。このような空間に入り込む者は侵入者として、すなわち、教会堂の真の住人である神という永遠の存在の客として、とどまるのである。

列《シリーズ》と群《グループ》の継起《シークエンス》は、全体として、緊張と弛緩とによって特徴づけられる。列《シリーズ》は、人を群《グループ》へと、すなわち、そこで静ひつと安堵を見出すことのできる空間形態へと引き入れる。列《シリーズ》は特別な準備段階としてある。そこではわれわれは、群《グループ》においてこれから見出すであろう絶対的自由の感覚を予感するのである。さらには、この同じ列《シリーズ》が、群《グループ》からの帰還をも導くのである。ほんのしばらくの間、超人的な力に対して、無力のまま立ち向かっていたといった感覚をもってわれわれはそこを立ち去るのではない。それどころか、それはいつも必要な時に手に入る隠退所としてわれわれとともにある。その空間においてわれわれは自己を、かの理想にまで高めることができるのである。

第二次秩序をもつ二つの空間システムの結合においては、列《シリーズ》あるいは群《グループ》のどちらかが優勢になる場合がある。もし長軸方向の運動の流れが群《グループ》を貫くほど強ければ、列《シリーズ》が優勢である。内陣を著しく伸ばすことや、袖廊《トランセプト》を短くすることによって、群《グループ》は長軸方向の運動のなかに、その性格を失うこともあろう。しかし、そうではない例が、様式上の第一段階におけるこの一族に属するすべてのものの特徴なのである。コルトーナのサンタ・マリア・デル・カルチナイオ教会堂、図60 61 コモの大聖堂、フィレンツェのサント・スピリト教会堂、ミラノのサンタ・マリア・デルラ・パッショーネ教会堂、ファエンツァの大聖堂、パデュアのサンタ・ジュスティーナ教会堂、カルピのサン・ニコロ教会堂と大聖堂、ヴァティカンのサン・ピエトロのための設計で身廊部分が計画されているもの。以上の建物において、群《グループ》はその各辺において完全にバランスを保っている。したがって、一四二〇年から一五五〇年までの時期においては、いかなる例においても、群《グループ》が形態を規定する上での決定的な因子であったことを、これらの長軸型教会堂がはっきりと示している。しかし、「群《グループ》をつくる」という表現は、全面的に正しいわけではない。というのは、この表現は途切れることのない円周運動が避けられ、あらゆる本来の意味での継起的連続性、あるいは無限進行が排除されている特別な種類の群《グループ》の形成のことを示すからだ。放射状に伸び、あるいは互いに外へと分岐する軸に沿ってのすべての空間の付加によって性格づけられるのは、中心型集中化《グルーピング》だけである。列《シリーズ》に対する群《グループ》の優位、および単純な同等関係に対するリズミカルな関係の優位は、純粋な空間の付加という最高位の原理がもたらす結果なのである。

(11) 空間の付加

このように、空間の付加によって統御された空間の全体が、いかに豊かにあるいは複雑なものになったとしても、観察者から見れば、構成要素のそれぞれは明確に限定された取りはずし可能な実体、すなわち加数である。外部からは、外側に向かって突き出されているように見える構成要素のそれぞれも、明らかに入り込み得るのは全体の中心からのみである。そして、それらが次の付属区域《ゾーン》の構成要素に対しても明らかに開かれている。長軸型教会堂では、身廊および幾つかの側廊があるために、こうした性格がないのは事実である。しかし、ここにおいてさえ、同様の性格が非常に強く暗示される。これらの教会堂においては、目的もなくさまよい歩くことは不可能である。われわれは、固定された複数の停止点をもって計画された通路を、せわしく前に進むことになる。空間同士が隣接して配列されなければならないという要求から、空間単位は自らその形態が異なっていなければならない。列《シリーズ》は同一の形態を作り出すことを暗示する。また、形態の異なる個々の構成要素も、上位の空間集合体《コミュニティ》――それぞれが同一性《アイデンティティ》を失うことなく、自由をもって作り出される集合体《コミュニティ》――に従属しなければならないのである。

列《シリーズ》でさえリズムをもっており、それは付加の結果である。周歩廊《アンビュラトリー》とギャラリーは、この付加の原理と適合しないという同じ理由によって、この時期に交叉ヴォールトと窓ルネットが存在しないことが理解される。個々の実体を途切れることのない単一体にしようとする欲求は、円筒《バレル》ヴォールトやドームの中断を許さないのである。あらゆるルネットは、相互貫入の効果、すなわち、二つの空間をひとつに融合させる効果をもつ。したがって、それら二つの空間はひとつの決定的な境界面をもつことができない。もちろん、ルネットが非常に小さければ、これら二つの空間の境界は、大きなヴォールト、あるいはドームの表面とひと続きのものであるということができる。しかし、これは数学的な精神をもつ、きたえられた幾何学者の反応である。通常の観察者にとっては、空間は大きな円筒ヴォールトに相互貫入し、その幾何学的な境界からあふれ出ているように見える。このことは、無視しえない不確かさを引き起こす。他の空間の場合は、すべて明確な継ぎ目によって互いに隣接して配置されているから、もし、このような群《グループ》をその本来の構成要素に分割しようと望むなら、どこにナイフをあてればよいかが即座に分かることであろう。

空間の付加は、一四二〇年から一五五〇年までのイタリアにおけるすべての宗教建築、すなわち長軸型のみならず中心型のものをも特徴づけている。これは第一段階を特徴づける様式の原理である。いまやわれわれは、その対極原理を探求しなければならない。

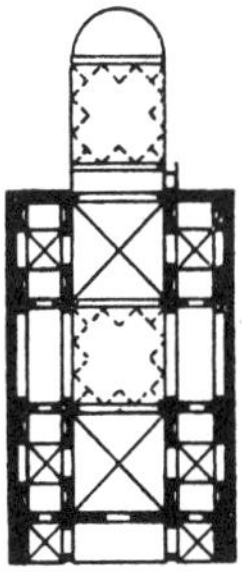

図62　サンタ・バルバラ平面模式図、マントヴァ、一五六二年。

第二段階（一五五〇年〜一七〇〇年）

これまでに示すことのできた、教会堂建築の空間形態についての体系だった概観は、レオナルドによる体系的な研究を基礎としたものであり、その多くは付加の本質に由来する。これに続くものについても、少なくともその大部分については、同様の標題のもとに考察することもできるかもしれぬ。例えば、マントヴァにあるサンタ・バルバラ教会堂[図62]は、アレッツォのサンティ・フローラ・エ・ルチッラ教会堂[図51]ですでに見た形態の、さらに発展したものとして論ずることもできるかもしれぬ。しかしそのような議論は、もはや本質とは関係のないものになってしまうと思われる。

サンタ・バルバラ教会堂[図62]は、三つの廊をもっている。身廊は三つの正方形のベイから成り、半円形のアプスをもつ正方形の内陣によって延長されている。この内陣は、円筒《バレル》ヴォールトが架けられた狭い空間によって身廊と接合される。この接合部の空間は、幅の広い横断アーチの効果をもつ。したがって、その存在を考えに入れないで、身廊を整列された四つの正方形の加算として理解することも可能である。第一のベイと第三のベイとには、交叉ヴォールトが架けられている。その他の二つのベイの各々は、正方形平面のドラムとなっており、その上部には折上げ天井《コーヴ》と水平天井が載せられている。そしてこの折上げ天井《コーヴ》は、一連のルネットによって破られている。これらのドラム構造は、最初は全く存在しなかったものであり、おそらく一八世紀に作られたものであろう。これらのベイに、かつてドームが架けられていたのか、あるいは交叉ヴォールトが覆っていたのかは不明である。[註31] しかしながら、これら以外の二つのベイの交叉ヴォールトには、側廊上部を走るギャラリーのための側面開口が可能になっている。身廊の第一のベイと第三のベイとに対応する側廊の部分は、ｂａｂのリズムに区切られている。ここにおいて、ｂの空間は円筒《バレル》ヴォールトが、またａの空間には交叉ヴォールトが架けられている。側面を走るギャラリーは、入口とヴェスティビュールの上部において、身廊を横断するギャラリーによって結合されている。

交叉ヴォールト、ギャラリー、そしておそらく再建以前にはもっとはっきりしていたであろう身廊における空間継起《シークエンス》の明快さ、これらがこの構成法の新しさである。他の点における構成法が第一段階に属するアレッツォのサンティ・フローラ・エ・ルチッラ教会堂[図51]に由来しているということは、大して重要なことではない。

こうした特徴は、それ以後のすべての建物にみられるものであるから、われわれは分析の方法を変えなければならない。もはや、ひとつの教会堂全体を、相互に関連をもつ構成からなる一族のひとつとしてはみない。そうではなくて、これらの特徴の各々を個別に考究してゆこうと思う。こうした特徴を数多くもつ教会堂は、異なった空間形態を取り扱う幾つかの節において繰り返し現われることになるであろう。

(1) 長軸型教会堂におけるルネットと交叉ヴォールト

サン・オレステ・スル・モンテ・ソラッテ（ローマ近傍）にある教会堂（一五六八年）では、

註31　この交替する構成は、おそらく、教会堂内部を、より明るくするために意図されたものだろう。

註32　ステグマンとゲイミュラーによる前掲書Ⅶ Giulia no di Baccio d'Agnolo, の二頁、図一、図版一では、ペッシア大聖堂のカペラ・トュリーニにおける小さなルネットは、一五四五年頃にさかのぼるものである。

身廊上部の円筒《バレル》ヴォールトにルネットが侵入している。[註32]ヴェネツィアのサン・ジョルジオ・マッジョーレ教会堂（一五六六年）は、身廊にルネット、側廊上に交叉ヴォールトをもっている。ミラノにあるサン・ラファエル教会堂（一五七五年）では、身廊は交叉ヴォールトで覆われている（そして、側廊上部にペンデンティヴ・ドームをもつ）。また、ペルージアにあるイル・ジェズ教会堂（一五六二年）は、側廊上部に交叉ヴォールトをもつ（そして、身廊上部は水平な天井になっている）。ローマにあるイル・ジェズ教会堂（一五六八年起工）の身廊上部にある円筒《バレル》ヴォールトもまた、ルネットによって中断されている。これらのルネットは、非常に目立つものであり、空間に対して重要な効果をもつ。ミラノにあるサン・ヴィットーレ・アル・コルポ教会堂（一五六〇年）の側廊は、交叉ヴォールトで覆われているが、身廊は（第一段階の趣向を守って）ルネットのない円筒《バレル》ヴォールトで覆われている。ヴュルツブルクにある大学付属教会（一五八二年）は、交叉ヴォールトで完全に覆われていた。ヴァリドリドの大聖堂[図63]（一五八五年）においては、身廊上部はルネットがある円筒《バレル》ヴォールトで覆われ、側廊は交叉ヴォールトで覆われている。ナポリにあるサンタ・マリア・デリ・アンジェリ・ア・ピッツォファルコーネ教会堂（一六〇〇年）の側廊は、第一段階の趣向に従ったもので、ドームをいただく分離された空間に区切られていた。しかし、その身廊は、ルネットをもつ円筒《バレル》ヴォールトによってまとめられている。

　ルネットをもつヴォールトは、一七世紀においてはごく一般的なものであるから、フランスにある二つの例をあげるだけにして、他の諸例を記す労を省くことにしよう。パリにあるサン・ポール－サン・ルイ教会堂[図64,65]（一六三四年）は、身廊上部に交叉ヴォールトをもっている。パリにあるヴォル・ド・グラス教会堂（一六四五年）もルネットのついた円筒《バレル》ヴォールトをも

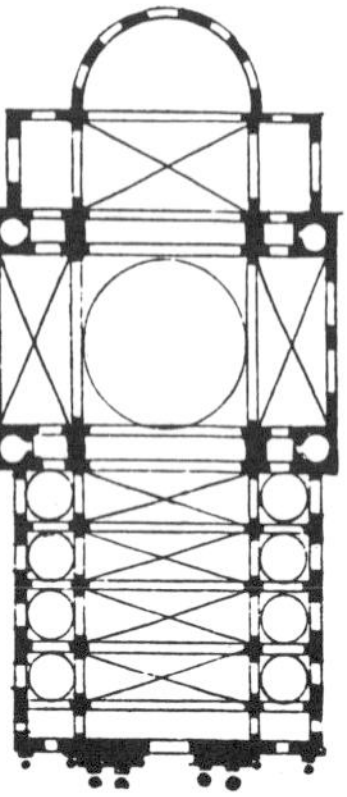

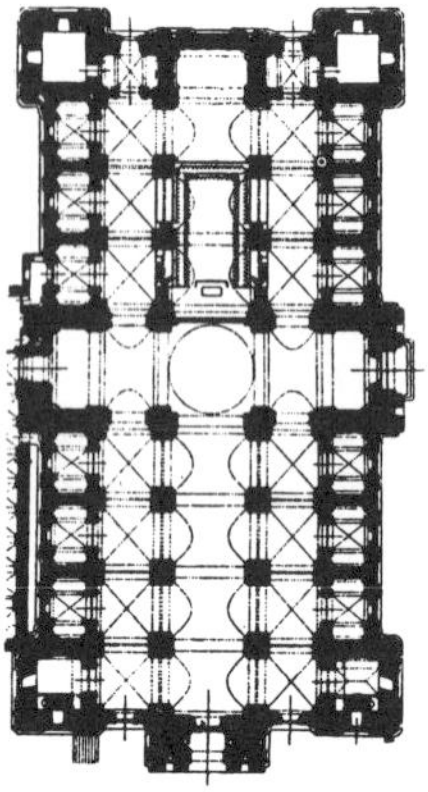

図63　ヴァリドリドの大聖堂平面、一五八五年。
図64　サン・ポール－サン・ルイ平面、パリ、一六三四年。
図65　同内部。

っている。

(2) 長軸型教会堂における相互に結合された礼拝堂《チャペル》群

ローマにあるイル・ジェズ教会堂[図66,67]の幅の広い身廊は、楕円形ドームで覆われた独立した礼拝《チャペ》堂《ル》群をともなっている。フィエゾーレにあるバディア教会堂[図55]のような、第一段階におけるこの一族の作例とは対照的に、これらの礼拝堂《チャペル》は結合されている。この結果、ある礼拝堂《チャペル》からそのとなりの礼拝堂《チャペル》へと進むのに身廊に戻る必要がなく、そのために、動線の可能性が複雑なものとなる。ミラノのイエズス会教会堂サン・フェデーレ[図68,69]（一五六九年）の礼拝堂《チャペル》間の通路は隠されている。しかし、ノヴァラにあるサン・ガウデンツィオ教会堂[図70]（一五七七年）とヴェネツィアのイル・レデントーレ教会堂[図71,235]（一五七七年）においては、これらの通路がはっきりと顕在化されている。これらの教会堂には、身廊のもつ長軸方向の方向性を強化する側廊がない。このため各々の礼拝堂《チャペル》が、第一段階と同様の明快さをもって分離された実体として区切られてはいないにもかかわらず、横断方向——礼拝堂《チャペル》と身廊を結ぶ関係性——が支配的である。ローマにあるサンタ・カテリーナ・デ・フューナリー（一五六〇年）のような教会堂は、展開から取り残された例である。というのは、この建物の半円形の礼拝堂《チャペル》群は、一六世紀前半にまでさかのぼるローマのサント・スピリト・イン・サッシア教会堂における礼拝堂《チャペル》群と同じ方法によって、個々に分離されているからである。孤立した奥行の少ない矩形の礼拝堂《チャペル》もまた、一七世紀に見られるものである。たとえば、ローマにあるサンタ・カテリーナ・ダ・シェナ教会堂（ピアッツァ・マニャナポリ、一六三八年）、ローマにあるサンティ・ドメニコ・エ・シスト教会堂

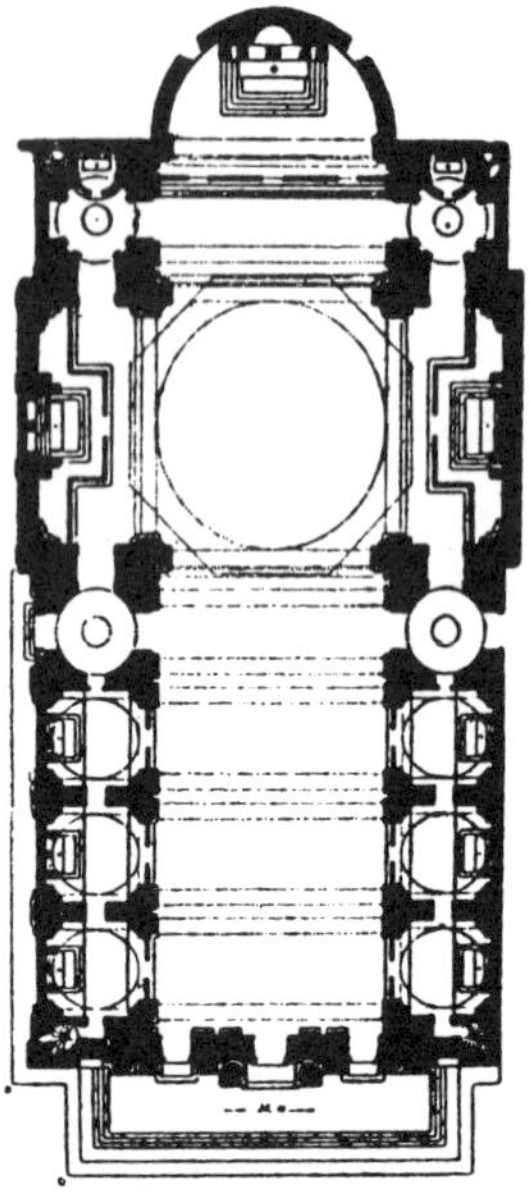

図66　イル・ジェズ平面、ローマ、一五六八年。
図67　同内部。
図68　サン・フェデーレ平面、ミラノ、一五六九年。
図69　同内部。
図70　サン・ガウデンツィオ平面、ノヴァラ、一五七七年。
図71　イル・レデントーレ平面。ヴェネツィア、一五七七年。

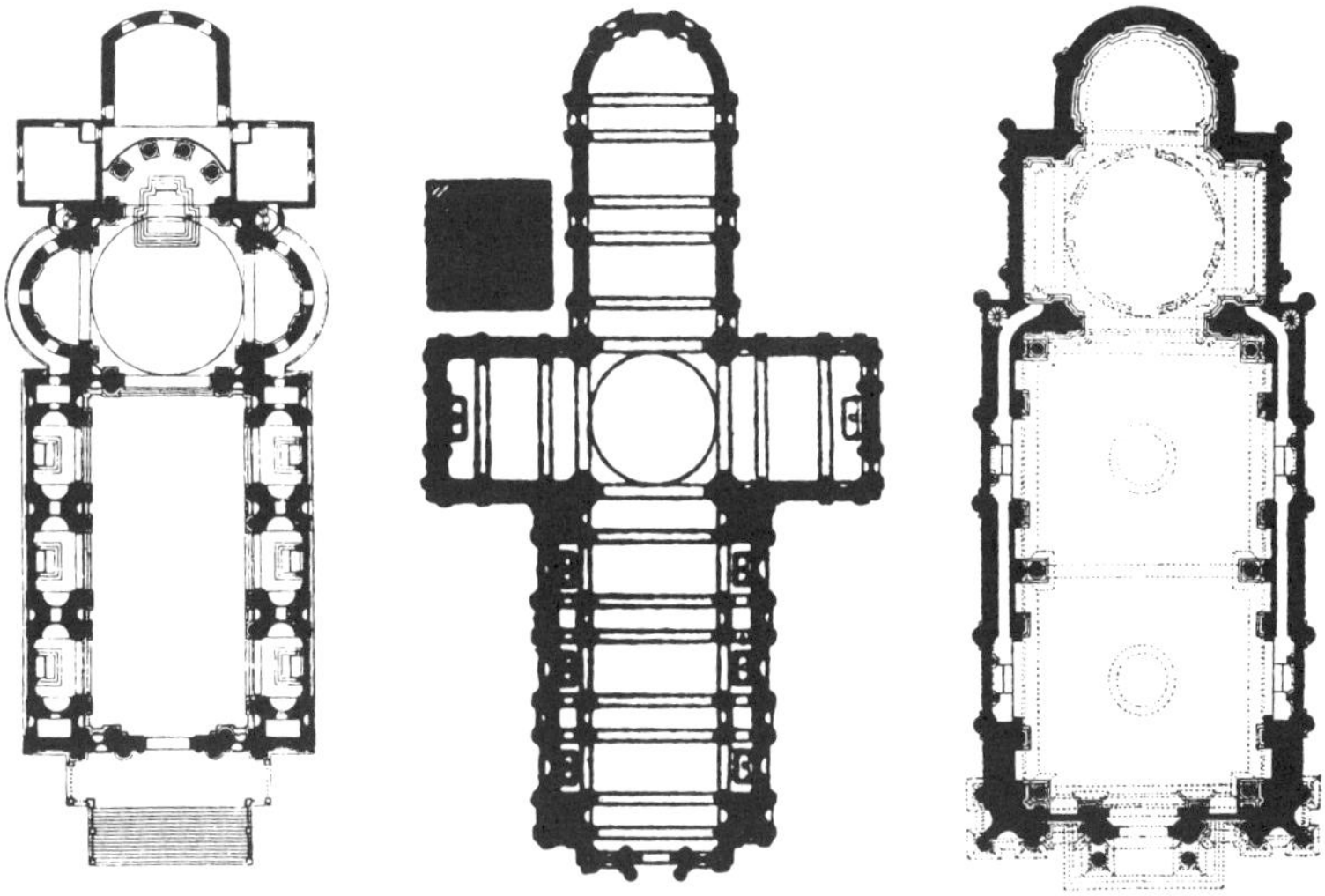

（一六二三年）その他、である。しかし、これらの教会堂で用いられているプロポーションのために、礼拝堂《チャペル》の独立性は失われている。したがって、それらは側面の祭壇のための単なるくぼみとなってしまっている。概して、このような礼拝堂《チャペル》のかわりに、むしろ側廊の方が好まれた。

(3) 長軸型教会堂におけるギャラリーとブリッジ

礼拝堂《チャペル》相互の融合は、身廊のまわりに周歩廊《アンビュラトリー》を形成する。このことは、周縁を巡り歩きたいという感情が再び顕著になってきたことを示す。周縁が囲まれ、かつ放射状に開かないという効果は、ギャラリーの存在によっても増大する。

マントヴァにあるゴンザーカ家の宮廷礼拝堂であるサンタ・バルバラ教会堂[図62]（一五六二年）には、両方の側廊の上部にギャラリーがある。それらは、入口上部において、横断方向のギャラリーによって結合されている。イエズス会教会堂のほとんどにおいて、ギャラリーが見られる。その最も早い例は、ペルージァのイル・ジェズ教会堂である。[註33] セヴィリアにあるイエズス会のカトリック教神学校（大学）の教会堂（一五六五年）には、入口上部の横断方向のギャラリーだけがある。ローマにあるイル・ジェズ教会堂[図67]には、高さの非常に低いギャラリーがあり（人間が、その天井にほとんど頭をぶつけるぐらいである）、横断方向のギャラリーはない。フィレンツェにあるイエズス会教会堂であるサン・ジョヴァンニーノのギャラリーもまた、どちらかというと隠されている。イエズス会の建築において最初の記念碑的なギャラリーは、ヴュルツブルクの大学付属教会堂（一五八二年、この建物は二つの重なったギャラリーをもつ）、

註33　左側の廊における最西部の柱には、一五七〇という年代が彫り込まれている。

ミュンヘンのザンクト・ミヒャエル教会堂（一五八三年）において現われた。

ミュンヘンのザンクト・ミヒャエル教会堂[図72,73]における礼拝堂《チャペル》群は、相互に連絡されておらず、身廊に対して正面向きに開く独立した空間となっている。これらの上部を走るギャラリーは、横断方向の円筒《バレル》ヴォールトで覆われた単独の空間に区分されている。これらの空間は異常なほどに大きく、小さな扉によってのみ相互に連絡されている。ミラノにあるサン・マウリツィオ教会堂（一五〇三年）では、ギャラリーは身廊のヴォールトの起栱点より上部へは上がっていない。しかし、ミュンヘンのザンクト・ミヒャエル教会堂[図73]では、ギャラリー上部の円筒《バレル》ヴォールトが、身廊上部の大きな円筒《バレル》ヴォールトに、ルネットのように切り込んでいる。二種の円筒ヴォールトの大小の差が大きいため、切り込みは小さい。さらに詳細に観察すれば、次のことが明らかになる。すなわち、ギャラリーのベイにおける相互の独立性は、各ベイの、アプス状に始まる起点部をもつ外周壁によって、さらに誇張されている。もし、それらが完全に実現されていたなら、下階の礼拝堂《チャペル》群のアプスと連続していたことだろう。しかし、それらは建設途上で変更されてしまった。ギャラリーは、真直ぐな壁によって閉ざされており、アプス状の壁の起点部だけが残されている。[註34] したがって、ここにおけるギャラリーは、完全な長軸型空間ではない。しかし、その各ベイが連絡されていること、および各ベイへの切り離された階段だけがそこへのアクセスなのではないことを想定するとき、それは連続的なものに思われてくるのである。すなわち、このギャラリーは、相互に連絡された礼拝《チャペル》群による列《シリーズ》のように取り扱われているのである。また、入口上部の横断ギャラリーは、周囲を巡る運動の生成にまさしく決定的な効果をもつ。[註35] この横断ギャラリーの下部の空間は、たとえばヴェスティビュールのように、来たる内部空間から切り離されているのではなく、その部分としてあるのである。また、

註34　次に掲げるわたしの著作を見よ "Sustris und Die Münchner Michaelskirche," Münchner Jahrbuch für bildenden Kunst,X. 1916-1918, pp.1-63,esp.pp.19f. 及び図10

註35　〔入口上部にあるギャラリーは、第二次世界大戦以後、異なった形に改築された。〕

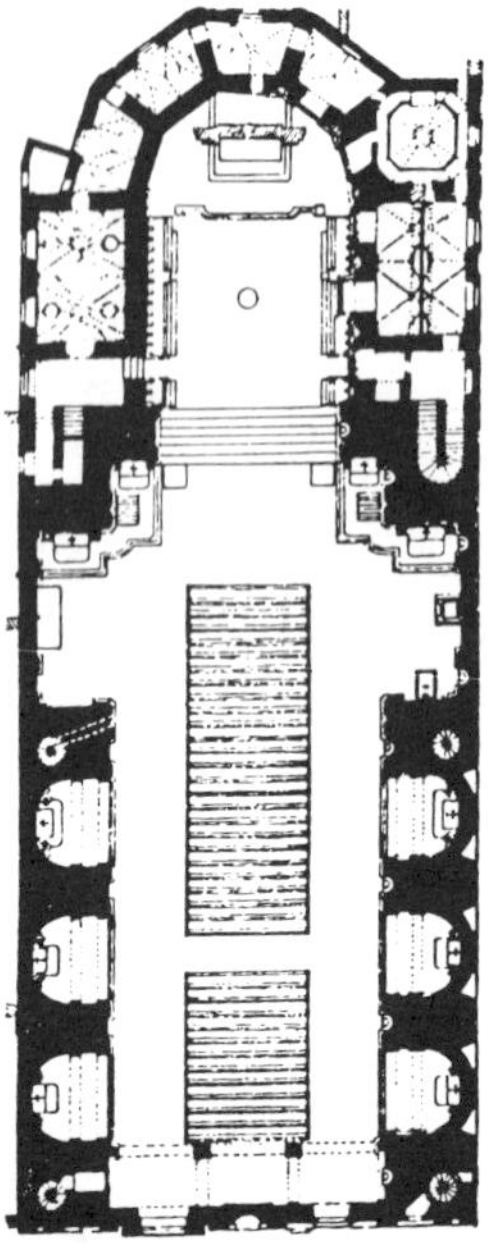

図72　ザンクト・ミヒャエル平面、ミュンヘン、一五八三年。
図73　同内部。

この上部のオルガン・ギャラリーの手摺は、身廊側面のギャラリーの手摺と連続してはいない。したがって、この横断ギャラリーは身廊を横切るブリッジなのである。これは、身廊に対して付加されたものではなく、身廊の中に置かれたものなのである。上述のギャラリー――ヴォールトが二本のピアの上に載っているため、三つの廊を横切って伸びているように見える――の下部の空間を、ブラマンテがヴァティカンのサン・ピエトロのために計画した周縁通路と比較すると、この構成原理による効果が明らかになる。ヴァティカンのような付加された通路ならば、人がひとつの完全な空間に入り込むことを可能にしたであろう。ここでは、主空間の覆いはヴェスティビュールの上部までは延長されずに、両者を分割しているピアのところで止められたであろう。ところが、ザンクト・ミヒャエル教会堂においては、主円筒《バレル》ヴォールトはオルガン・ギャラリーの上部にまで延長されている。こうして、オルガン・ギャラリーは、全面的に身廊に属することになるのである。ブラマンテの教会堂においては、ホワイエと主たる内部との完全な分離は顕著であったろう。なぜならば、何よりもまず、このホワイエは中心型平面の反対側にも繰り返されるはずであったからである。一方、ザンクト・ミヒャエル教会堂[図73]に入ったとき、最初の一瞥がオルガン・ギャラリー下部の空間にとどまることはない。すぐにそれは、身廊上部の円筒《バレル》ヴォールトへと走る。逆に、もし内陣からこの空間を振り返るとすると、三つの側廊への分割はたちまち、身廊を長軸方向における三つの小さい空間への分割としてあらわれてくるのである。

これまでわたしは、第一段階においてさえ、いま述べたのと同様の空間形成、すなわち空間の思いがけない分割の存在に言及するのを控えてきた。なぜならば、ここまできて初めて、その存在がその時代においてはいかに例外的なものであるかが理解されると思われるからである。

ピストイアにあるサンタ・マリア・デルレ・グラーチェ教会堂（一四五二年）には、水平な天井をもつ単一の身廊がある。この天井は三廊構成の空間――身廊より幅の狭いドームの架かった交叉部によって分割されている袖廊――に直接接続する。袖廊はその全体の長さの分だけ外側へ突出することなく、身廊内部に中途まで突き出ている。平面においては、水平な天井をもつ二つの正方形空間が、これらの袖廊を越えて身廊と連続しているように見える。しかし、それらの空間は実際には身廊よりも高さが低いのである。[註36] 第二の例は、フィエゾーレにあるサン・ドメニコ教会堂の内陣であり、第三の例は、フィレンツェにある捨子養育院の教会堂である。第二、第三の例にあげた教会堂がいつ建てられたのかは不明だが、その物体形態から、わたしはそれらが様式上の「第一」段階に属すると判断する。[註37] 最後になってしまったが、ヴェネツィアにあるサンタ・マリア・デルレ・グラーチェ教会堂の横断ギャラリーも、ここで挙げておくべきものであろう。

ドゥエー（フランス、当時はベルギーの一部）にあるイエズス会教会堂は、先のミュンヘンのザンクト・ミヒャエル教会堂と同時代のものであるが、これは次の点を除いては、ローマのイル・ジェズ教会堂の複製であった。その相違点とは、ローマよりも顕著なオルガン・ギャラリー下部の空間がここでは五廊にも分割されているということである（この教会堂は、一八世紀に取り壊された[註38]）。

側面のギャラリーを連絡するオルガン・ギャラリーは、今やイエズス会教会堂に共通な空間的特徴となった。ローマのイル・ジェズ教会堂には、まだこのギャラリーがない。コンスタンスにあるイエズス会教会堂（一六〇四年）は、ルネットの中にまでギャラリーをもっていた。これらは一八世紀には取り除かれたが、横断ギャラリーは残っている。

註36　ステグマンとゲイミュラーによる前掲書中のⅥ、Vitoni、図1

註37〔フィレンツェにある捨子養育院内の教会堂での現在の内部空間は、一八世紀の改築によるものである。〕

註38　ドゥエーは、一七一三年のユトレヒト講和条約以来、フランスの一部である。

ボローニャのサン・パオロ（一六一一年）のような教区教会堂でさえ、こうした独特な空間的特徴を引き継いでいる。

アントワープにあるイエズス会教会堂（一六一五年）においては、側面ギャラリーのもつ長軸方向の方向性は非常に顕著であった。これらのギャラリーは、水平な天井をもつ長く連続した空間であった。

インスブルックにあるイエズス会教会堂の現在の形態は、一六二七年に旧建物が崩壊したあとに再建されたものであるが、その創立は一六一五年に遡る。この建物の身廊における第三のベイは、再建の際、袖廊およびドームの架かった交叉部に変えられた。そしてこの交叉部は、ギャラリーのもつ連続性を分断してしまった。これと同様なギャラリーの不連続性は、ミュンヘンのザンクト・ミヒャエル教会堂[図73]において、一五九〇年の崩壊ののちに袖廊と内陣が付加された際にも生じた。この建物では、身廊内のギャラリーは、内陣内のギャラリーとは連絡されていないのである。しかしながら、先のインスブルックの教会堂では、ギャラリーの中断に対して、袖廊を横切るブリッジを架け渡している。このような袖廊を架け渡すブリッジが使われたのは、これが最初ではなかった。というのは、一六一七年という早い時期において、サラマンカにあるクレレシアの教会堂にこれが現われているのである。サラマンカとインスブルックとの間に、イエズス修道会を通じての直接的な影響関係を辿ることができるかどうかは重要な問題ではない。そして、袖廊に架け渡されたブリッジは後期ヴォラールベルグ派の特徴である。パリのイエズス会教会堂であるサン・ポール-サン・ルイ教会堂[図64 65]（一六三四年）においては、内陣のギャラリーと身廊のギャラリーは、外部へ突出する袖廊壁の内側にあるトリフォリウム・ギャラリーによって連絡されている。そして、これらはさらに、内陣のアプス状の端部をまわってまで連続しているのである。

バリャドリドにある大聖堂[図63]（一五八五年）においては、ギャラリーは側廊自体の上部ではなく、側廊に対して開いている礼拝堂《チャペル》群の上部に置かれている。

ギャラリーをもたないイエズス会教会堂は稀れである。ローマのサン・イグナツィオ教会堂（一六二六年）は、内陣にはギャラリーをもっているが、身廊にはもっていない。こうした例外も、これらの空間要素が様式上の第二段階に属する教会堂においていかに特徴的であるかを示すにすぎない。しかしながら、ギャラリーをもたなくても成り立っている高度に記念碑的な複合体がある。サンタンドレア・デルラ・ヴァルレ教会堂（一五九一年）と、ヴァティカンにあるサン・ピエトロ大会堂の身廊部（一六〇六年）の二つが、ローマにおけるその例である。一九世紀には、サン・ピエトロ大会堂の入口上部にオルガン・ロフトを置くことについて多少の論議があった（その模型は保存されている）。しかし、この論議からは何も生まれなかった。入口上部に横断ギャラリーがないことは、ミュンヘンのテアチノ会派教会堂であるザンクト・カイェタン教会堂（一六六三年）の特徴でもある。この教会堂は、内陣と身廊の第一および第五のベイにギャラリーをもっている。これら二つのベイは、その間にある三つのベイよりも狭い。ここのギャラリーは、身廊内にバルコニーのように突き出ている。

(4) 長軸型教会堂におけるバルコニー

ギャラリーは、ローマのイル・ジェズ教会堂[図67]にいたっては、持送り《コンソール》に支えられて身廊に突き出たバルコニーの形式をとる。マントヴァのサンタ・バルバラ教会堂では、そのようなギャラリーは存在しない。このため、サンタ・バルバラ教会堂のギャラリーに座る人は、身廊から切り離されているように感じるのであるが、イル・ジェズ教会堂においては、実際に身廊の中にいるように感じるのである。バルコニーは、ギャラリーから身廊内へと張り出している。それは、同様に二つの別な空間に属するために、人はそれを二度体験するといえる。それらは相互に貫入している。イル・ジェズ教会堂の袖廊のバルコニーは、身廊のそれよりもさらに突き出ている。同様の配置は、ローマにあるサン・イグナツィオ教会堂（一六二六年）の内陣と袖廊、パリにあるサン・ポール－サン・ルイ教会堂[図65]（一六三四年）の身廊、サラマンカにあるクレレシアの教会堂（一六一七年）、ラ・コルーニャにあるサン・マルタンのイエズス会教会堂（一六九三年）等においても現われている。

ローマにあるサンタ・マリア・デルラ・ヴィットリア教会堂におけるように、入口上部のオルガン・ギャラリーは、しばしばオルガン・バルコニーに置き換えられる。このようなバルコニー（聖宝の展示が意図されていた）の初期における控え目な例が、フィレンツェのサン・ロレンツォ教会堂に見られる。

オルガンを上部に持ち上げたいという願望が、長い間教会堂にこのようなバルコニーを取り付ける原因となっていた。しかし、様式上の第一段階においては、それらは堂々たるものではなかった。当時のそれらは、より家具に近い――祭壇のような――ものである。祭壇の背後にオルガンを持ち上げた例は、今日のフィレンツェに見うけられるが、これらは空間的効果をもっていない。第二段階にいたってはじめて、バルコニーは音楽家だけのために意図されたものではなく、教会堂内部の全体にわたって配置されるようになるのである。

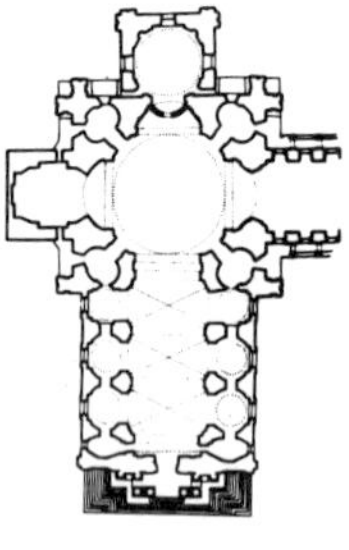

図74　ヴァル＝ド＝グラス平面、パリ、一六四五年。

(5) 他の形による相互貫入

ルネットやバルコニー以外にも、他の形をとった空間の相互貫入がある。ヴェネツィアにあるイル・レデントーレ教会堂図71（一五七七年）の内陣は半円形のアプスで終る。このアプスは、強固な壁体というよりはむしろ独立した円柱群《コラム》によって限定されたものである。これらの独立円柱群《コラム》は、矩形の空間すなわち修道士の内陣《モンクズ・クワイヤ》の中に立っている。われわれは、修道士の内陣《モンクズ・クワイヤ》がもつ完全な矩形の空間と、その中に嵌め込まれたアプスの両方を知覚する。これは相互貫入に他ならない。パリにあるヴァル・ド・グラス教会堂図74の十字腕はアプスで終るが、このアプスはその背後にある矩形の空間と重なり合っている。より小さなアプス、すなわち向う側にある聖餐式の礼拝堂のアプスは、内陣の中央アプスに対してそれと全く逆の方向から押し込んでいる。

(6) 付属中心群と袖廊の縮小

相互貫入する形態と周縁部における融合は、いまや均衡のとれた群《グループ》に対する嫌悪感と結びつくことになる。これは群《グループ》より列《シリーズ》が好まれることの結果ではない。列《シリーズ》も付加によって形成されうるものであり、第一段階の長軸型教会堂は付加による列《シリーズ》であった。むしろ手法が構成原理としての付加から離れたのである。そして拡張されたホールのような空間が、しだいに頻繁に現われてくる。これらの空間はその後、分割されるようになる。建物が、群《グループ》と列《シリーズ》の結合によって形成されるとき、いまや列《シリーズ》がもつ長軸方向の引力によって、群《グループ》はしだいに完全に吸収されてしまうようになる。付属中心群と袖廊の運命がこれを物語る。

ローマのイル・ジェズ教会堂[図66]には、第二次秩序の空間群《グループ》が明らかに存在している。しかし、そこでの付属中心は身廊の礼拝堂よりも小さい。また、主中心は全側面において等しく展開されてはいない。なぜなら、延長された内陣と縮小された袖廊によって、長手方向の軸が強調されているからである。[註39]

ヴァリャドリドの大聖堂[図63]（一五八五年）の袖廊は、かなり発達したものである。しかし、身廊と内陣は側廊をともなっており、側廊はさらに礼拝堂《チャペル》をともなっている。そのため、この長軸方向の強調が袖廊を圧倒している。[註40]ミュンヘンにあるザンクト・ミヒャエル教会堂[図72・73]は、一五九三年の継続工事の際に、袖廊は受け容れられたが、ドームは受け容れられなかった。その結果、身廊上部の円筒《バレル》ヴォールトが交叉部を貫通している。そして、内陣もまた長軸の方向性を強調している。ローマにあるサンタンドレア・デルラ・ヴァルレ教会堂[図75]（一五九一年）においては、まだ袖廊が側廊を越えて突き出しており、内陣とほとんど同程度によく発達している。身廊脇の礼拝堂《チャペル》よりも小さいものではあるが、四つの付属中心もまた存在している。この教会堂もまたギャラリーをもたない。以上のように、この建物は円筒《バレル》ヴォールトにくい込むルネット以外、第二段階の作品としての空間的特徴をほとんどもたない。それにもかかわらず、袖廊は第一段階のものほどには独立したものとして放射してはいない。それらはベイにして二つ分の長さをもつ。その第一ベイは、相互に連絡されている身廊の礼拝堂《チャペル》群や付属中心群と同じ幅をもつ。そして、袖廊自体がそれら礼拝堂や付属中心に対して開いているのである。このようにして、第一のベイが側廊の一部であるかのような効果が生み出されている。しかしながら、袖廊における第二のベイは、第一のベイよりも、かなり奥行が浅い。したがってそれは奥行の浅い礼拝堂《チャペル》のようである。このことは、袖廊が発育不全であることを意味するのである。

註39　伝えられるところでは、一四九五—一五一三に建設されたピストリアのサン・ジョヴァンニ・バッティスタ教会堂は、短い袖廊を持っている。
註40　この教会堂は、完成されてはいない。

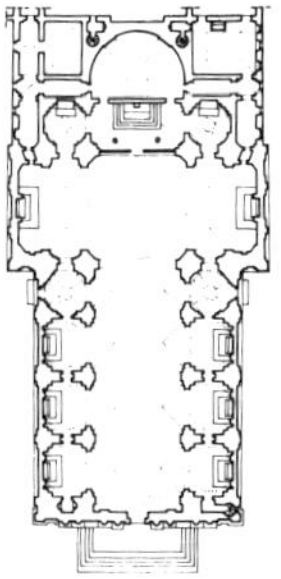
図75　サンタンドレア・デルラ・ヴァルレ平面、ローマ、一五九一年。

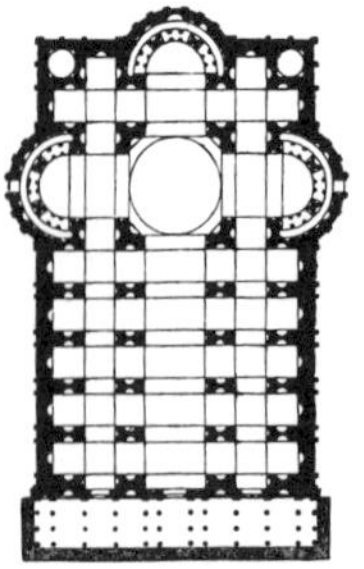

図76 サン・ピエトロ計画案、ラファエロ。

註41 〔セバスティアーノ・セルリオ、Il terzo libro(d'architettura)、Venezia,1540 Tutte l'opere d'architettura …… di Sebastiano Serlio, 第三版、Venezia 1619,（Reprint, Ridgewood,N. J.,Gregg Press,1964) folio 65 recto〕

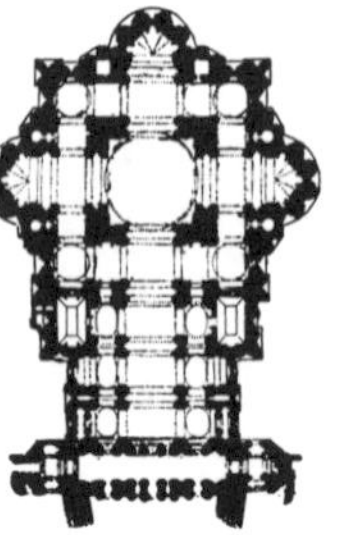

図77 サン・ピエトロ平面（身廊はマデルノによる）、一六〇六年。

付属中心は、ナポリにあるサンタ・マリア・デリ・アンジェリ・ア・ピッツォファルコーネ教会堂（一六〇〇年）にも依然として見出される。しかし、袖廊の正面にある付属中心は側廊におけるドームの架けられたベイと全く同じである。先にわたしが、これらの個別にドームの架けられたベイは第一段階の特徴であると述べたとすれば、ここではそれらを付属中心の繰り返されたものとして解釈しなければならない。いずれにせよここでの印象は、付属中心群が身廊と側廊による長軸の方向性に完全に引き込まれるというものである。

一六〇六年のすぐあとで、ヴァティカンのサン・ピエトロ大会堂が身廊を付け加えることになった際、既に述べたような融合はそのあまりの巨大さのために不可能であった。ラファエロによるとされる設計[図76]においては、側廊と付属中心を軸に沿って整列させることがまだ可能であった。というのは大ドームを支持する柱《ピア》が、後に作られるはずのものほどには幅広くなかったからである。セルリオ[註41]は、それら柱《ピア》の幅として、ドームの直径の約三分の一を示している。その大きさなら、身廊の柱《ピア》はまだドームの柱《ピア》と同じ幅でありうる。しかしながら現存するミケランジェロの柱[図77]は、ドームの半径とほとんど同じ幅となっている。この結果、実現した側廊は、付属中心群と同一軸上には配置されず、ドームの柱《ピア》に向って走っている。すなわち、それら側廊は、主十字と付属中心群とを結合している通路の交叉軸と同一軸上にきている。側廊が幅広い柱《ピア》に向って閉じているということはまた、それら側廊における長軸性が顕著になりすぎることは許されないことであったからだというように考えることもできるかもしれぬ。付加された側廊自体は、長軸方向に長い楕円形のドームに覆われた別のベイから構成されている。

スカモッツィによるザルツブルクの大聖堂のための計画案[図78]は、このような大仕事においてもし自由な裁量を与えられるならば、この世代の建築家がどれだけのことを成し遂げ得たかを示

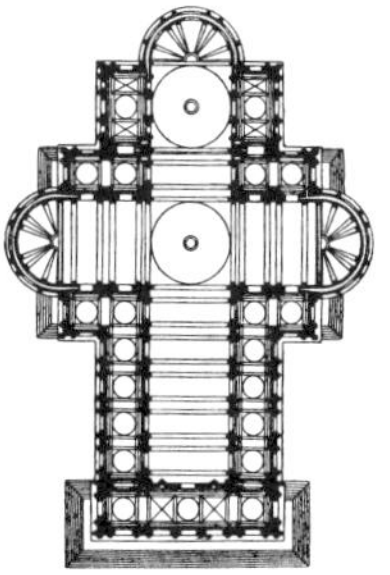
図78　ザルツブルクの大聖堂計画案、スカモッツィ、一六〇六年。

している。この計画案は、サン・ピエトロ大会堂の身廊部と同時代のものである。ここで計画されている教会堂は、各々五つのベイからなる身廊と側廊をもっている。この側廊は、すぐ前に述べたばかりのナポリの教会堂におけるように、個々にドームが架けられた正方形の空間に分割されている。このために、入口から五番目のドームが架けられた空間は、第一段階において付属中心であったものに対応する。二つの袖廊はそれぞれベイにして二つずつの長さをもち、大きなアプスで終っている。それらは大胆に突き出しており、側廊をともなっている。このため、袖廊の側廊における第一のベイは、身廊の側廊における最後のベイに当たることになる。この高度に発達した袖廊の存在にもかかわらず、内陣は圧倒的である。内陣における第一ベイの次に、正方形平面の空間が続く。おそらくこれは、交叉部のドームよりも低いドームで覆われるよう意図されていたのであろう。このドームの架けられた内陣の空間の両側には、リズムをもって分節された側廊がある。この設計の立面図は存在しないが、平面図および現存の大聖堂（後に、非常に規模の縮小された設計に基づいて実施された）に見られる段階は、側廊上部の空間にギャラリーが予定されていたことを示す。それらは、ナルテックス上部を横断するギャラリーによって結合されていたのかもしれぬ。ザルツブルクにある現存の大聖堂は、一六一四年に完成されたものであって、残存していたロマネスク時代の基礎を利用したものである。十字の三本の腕は全く同じである。この建物において、第二段階の精神に対応する特徴は次のものである。すなわち、身廊上部のルネットをもつ円筒ヴォールト、側廊上部の交叉ヴォールト、身廊内に突き出たバルコニーをもつギャラリーである。十字の三本の腕が同等に放射していることは、第一段階における好みの名残りであり、残っていた基礎を用いたことに起因する妥協でもある。

ローマにあるサン・イグナツィオ教会堂（一六二六年）以後、付属中心群は全く存在しない。パリにあるサン・ポール－サン・ルイ教会堂[図64]においては、手前の二つの付属中心の空間は身廊にしっかりと結ばれており、後部に控える二つの付属中心の空間は交叉ヴォールトで覆われている。したがって、これら四つの空間は、もはや交叉部の周囲にバランスをとって配されたものと見なすことはできない。[註42] 付属中心群は、当時の他の記念碑的なイエズス会教会堂、たとえばマドリッドにあるサン・イシドロ・エル・リアル教会堂、トレドにあるサン・ジュアン・バウティスタ教会堂、インスブルックにある大学付属教会堂、ウィーンにある大学付属教会堂等においても完全に排除されている。これらの建物はすべて一六二六年に着工されたものである。

(7) リズムの消失

群《グループ》の破壊はリズムの消失と並行している。マントヴァにあるサンタ・バルバラ教会堂[図62]（一五六二年では、依然としてリズムが存在している。ミラノのイエズス会教会堂であるサン・フェデーレ教会堂[図68]（一五六九年）の身廊は、依然としてドームの架けられた二つのベイの付加によって形成されている。そして、この身廊の内部立面は側面礼拝堂《チャペル》群によって構成される。これらの礼拝堂《チャペル》の脇には告白用のニッチがあり、上部には開放されたギャラリーが配されている。そして、これらすべてがｂａｂ、ｂａｂのリズムをとっている。この形式は、トリノのイエズス会教会堂であるサンティ・マルティリ教会堂（トリノにあるサン・カルロ教会堂もこれに類似している）と、ジェノヴァのサン・フィリッポ教会堂において繰り返されている。モデナにあるイエズス会派のサン・バルトロメオ教会堂は、全部がゴシック時代の資材の再使用によっ

註42　カーンのイエズス会教会堂は、パリのサン・ポール－サン・ルイ教会堂と関係づけられる。しかし、この建物は、アプスと交叉部分以外の全ての空間の上部に交叉ヴォールトを持っている。この交叉部分は、ペンデンティヴ・ドームで覆われている。

て建設されたものであるにもかかわらず、上記の系列に属するものである。
群《グループ》におけるbab、babというリズムの継起《シークエンス》は、疑いもなく付加と群化《グルーピング》の原理による体系的な展開の最終的な段階である。これは、bababababという単純な連続的交替よりも一歩進んだ段階であるが、わたしは次の疑問を不問に付しておこうと思う。この最も高度に発達した形式は、同等の要素からなる単純な列《シリーズ》へと戻らないのであろうか。また、これらがそのリズムにもかかわらず列《シリーズ》の効果を生み出すことはないのであろうか。

この時期には、bababの単純なリズムの例もまた存在している。ノヴァーラのサン・ガウデンツィオ教会堂——これは、相互に連絡された礼拝堂《チャペル》群をもっている——と、マドリッドにあるイエズス会派のサン・イシドロ教会堂がその例である。後者の例はとくに興味深い。というのは、ここでは第一段階の特徴であるリズムが、第二段階に特有なすべての特徴と結び合わされているからである。たとえば、相互に連絡された礼拝堂《チャペル》群が交叉ヴォールトで覆われていること、連続するギャラリーがa軸とb軸の双方を通り抜けていること、袖廊が十分に発達していないことがその特徴である。トレドにあるサン・ジュアン・バウティスタ教会堂でのリズムは、柱《ピア》の幅と、それらに彫り込まれたニッチの幅によって作り出された二次的なものである。[註43]

一八世紀においてはbababのリズムは次の教会堂に見出される。フルダにある大聖堂（一七〇二年、この建物にとって、古い基礎がどれほど決定的なものだったのかは確かではない）と、トレントにあるイエズス会教会堂（一七〇八年）がそれである。後者はヴェネツィアのサン・サルヴァトーレ教会堂と関連づけられるが、BABABという五つのベイからなる身廊をもっている。ここにおいて、ベイBはルネット（両側にひとつずつ）によって切り込まれた円筒《バレル》ヴォールトによって覆われている。そして、正方形のベイであるAは、交叉ヴォールト

註43　リズムは、しばしば、このような厳密にいえば非空間的な意味において、生じている。ミュンヘンのザンクト・ミヒャエル教会堂がその例である。

によって覆われている。側廊における空間の継起《シークエンス》は、交叉ヴォールトが架けられた小さな正方形のベイaから始まり、それに横断方向の円筒ヴォールトが架けられたベイbが続く。したがって空間の図式《シェマ》は次のようになる。

a b a b a
B A B A B
a b a b a

これは、ヴェネツィアにあるサン・サルヴァトーレ教会堂[図47 48 49]のそれと似ている。しかし、すべての円筒《バレル》ヴォールトにおけるルネットの存在によるだけでなく、ベイaの上部におけるギャラリーの存在によって、その効果は根本的に異なっている。これらのギャラリーは相互の連絡をもたないロージ、あるいはコレッティ（イタリア人が言うように）として、bだけでなくBに対しても開かれている。このコレッティは、身廊への方向、すなわち横断方向を指し示しながら、かつ側廊の長軸に向く方向の中にあるのであるから、コレッティ上部の交叉ヴォールトに気付かなくても空間全体の連続性を感じとることができる。この空間は、相互に分離された実体の付加的でかつリズミカルな結合によるものではない。それは、最初にはひとつの大きな直方体として、そしてその後に分割されたもの（ここではリズムをもって）として理解されるのである。この、空間の中に置かれた形態という感覚、逆にいえばより大きな全体からひき出された相互貫入する形態という感覚の前で、リズムの意識は消失する。リズムの存在にもかかわらず、ここには空間相互には切れ目がなく、あるのは連続的な大きなひとつの流れである。

これらのリズムが存在する例はすべて例外的である。一五五〇年から一七〇〇年までの間に建設された数多くの教会堂——その数は非常に多い——は同等な部分からなる継起《シークエンス》が、この時期の空間知覚の好まれた表現であったことを示している[註44]。

(8) 基本形態

ギャラリーの全体に対する高さの関係は、空間の効果に重要な影響を及ぼす。もしギャラリーの位置が身廊のヴォールトの起栱点よりも完全に下方にあれば、それらは下部にある礼拝堂《チャペル》群と付加的に結合する。またギャラリーが起栱点の上にまで延長され、ルネットのように大ヴォールトに切り込んでいる場合には、それらが高く上がれば上がるほど、空間の全体的な効果はそれだけホールのもつ効果へとさらに近づく。このことをよく示す例として、次のものが挙げられる。ポズナンにあるイエズス会教会堂（一六五一年）、ヴロツラフにあるイエズス会教会堂（一六八九年）、フリートリッヒスハーフェンにあるシュロス教会堂（一六九五年）。これらにおいては、外観の矩形性――ナルテックス、側廊とギャラリー、袖廊、内陣とを包み込んでいる――が基本形態として現われている。そして、これまで述べてきたすべての空間的要素は、その基本形態の中にあとから配置されたもののように見える。一七世紀の純粋なホール型教会堂は、ルクセンブルクにあるイエズス会教会堂、マリンス（メケレン）にあるそれ（一六七〇年）、カンブレにあるそれ（一六七九年）、ボンにあるそれ（一六八六年）である。セヴィリアにあるサン・サルヴァドール教区教会堂（一六八〇年）は、三廊式のホールで、このために古いモスクの一部が使用された。ここでは、ギャラリーはバットレスの間に設置されているのである。

註44　ミュンヘンにあるテアティネール教会堂の身廊におけるbaaabの分節は、珍しいものである。ふつうは、入口のベイbは、この身廊のリズムに、何の影響も持っていない。

(9) 中心型教会堂におけるルネット

これまで述べてきた特質は、この時期の長軸型教会堂の特徴であると同時に、中心型教会堂の特徴でもある。それゆえ、次に示すこと以外には、中心型教会堂についての単独の議論を付け加える必要はないであろう。すなわち、第一段階における群《グループ》の優位を立証するのが長軸教会堂であったのとちょうど同じように、第二段階における列《シリーズ》と融合の優位――すなわち付加に対する一般的嫌悪――を立証するのが中心型教会堂ということである。この第二段階において群《グループ》は、その最も高度に発達した形態――第二次秩序をもつ求心型集合体――をとって存続している。しかしながら、それは可能な限り付加の特徴を奪われているのである。

ルネットは、中心型教会堂における円筒《バレル》ヴォールトにすべて共通して存在する。ブレッシアの新しい大聖堂（一六〇四年）のような、この段階における第二次秩序をもつ群《グループ》は、第一段階のジェノヴァのサンタ・マリア・ディ・カリニァーノ教会堂（一五五二年）と同一である。しかし、その効果は、ルネットとオルガン・ギャラリーによって完全に異なるものになっている。この段階においてはドームですら純粋な形態は残されていない。たとえば、次に示す教会堂では窓がドームの基部に切り込んでいる。それらは、ローマにあるイル・ジェズ教会堂、ローマにあるサンタンドレア・アル・クィリナーレ教会堂（一六五八年）、ミュンヘンにあるテアチノ派教会堂（ザンクト・カイェタン、一六六三年）である。

(10) 中心型教会堂における周歩廊《アンビュラトリー》

エスコリアルの教会堂（一五七四年）は、ジェノヴァのサンタ・マリア・ディ・カリニャーノ教会堂のように第二次秩序をもつ群《グループ》であるが、ギャラリーによって完全に取り囲まれている。アルカラ・デ・エナレスのベルナルダス教会堂（一六一七年）におけるギャラリーは、対角線上に配置された楕円形の礼拝堂《チャペル》の上を渡り、十字腕を通り抜けている。それは、矩形の入口を経て奥行の浅いバルコニーに開いている。教会堂の核《コア》を一周するこの運動は、中心型空間（ここでは楕円形）の放射力に対立する。このことは、ドーム上部にあるランタンにおいても繰り返されている。ドームの天頂窓《オキュラス》を取り囲んでいる上部周歩廊《アッパー・アンビュラトリー》は、ランタンの壁が著しく後退することによって生み出されている。このように上部の空間層を拡げて周歩廊《アンビュラトリー》を形成する手法は、ヴェロナにあるペレグリーニ礼拝堂[図79, 80]（一五五三年）において早くも使用されている。ヴェネツィアにあるサンタ・マリア・デルラ・サルーテ教会堂[図81, 82]（一六三一年）においては、周縁の環状空間が、ドームの基部だけでなく円筒部《ドラム》の基部にも存在している。そして、これらは隅部の突出、あるいはエンタブラチュアの突出によってよく目立っている。[註45] 周歩廊《アンビュラトリー》はまた、一階の床レヴェルで八角形平面の主空間を一周している。このタイプの周歩廊《アンビュラトリー》は、ビザンティン教会堂の特徴であった。しかし、それは何世紀も経て、ここで初めて再現されている。[註46] しかしながら、主空間の放射効果は依然として存在しており、それは、周歩廊《アンビュラトリー》による周縁をめぐる運動に対抗して力を競い合っている。周縁運動は、主空間のまわりにそれと同心の外周八角形を形成している。入口はこの建物の主軸の一端にあり、もう一方の端部は内陣への開口によって特徴づけられている。八角形の残りの六辺それぞれの中央には、奥行の浅い矩形の礼拝《チャペ》堂《ル》が付加されている。八角形の隅部における周歩廊《アンビュラトリー》のヴォールトは、交叉ヴォールトとクロイスター・ヴォールトのぶざまな結合となっている。しかし、八角形の各辺の開口部の軸上に

註45　このことに関してはプラートのサンタ・マリア・デルレ・カルセリ教会堂（一四八五年）に先を越されている。しかしながら、ここでは、それはエンタブレチュアのためのバラスター頂部という効果以上のものを持っている。なぜなら、レリーフが浅いからである。

註46　明らかに、周歩廊をもつ中心型教会堂は、紙上においてのみ現われている。その例として以下のものがある。Hypnerotomachia Poliphili, Venezia, 1499（ブルクハルトの前掲書中四五頁に再現）および、サン・ロレンツォ教会堂（ミラノ）にならったレオナルドのスケッチ（レオナルド、前掲書五〇頁、〔一九三九年版の三八頁〕）

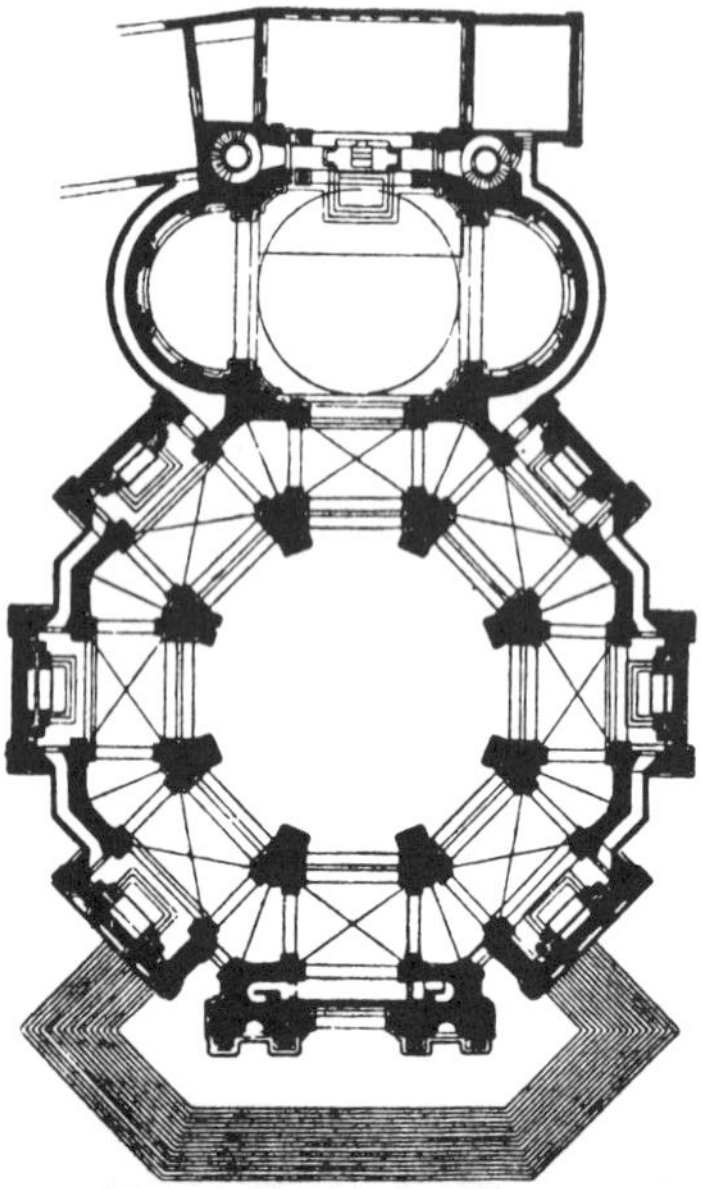

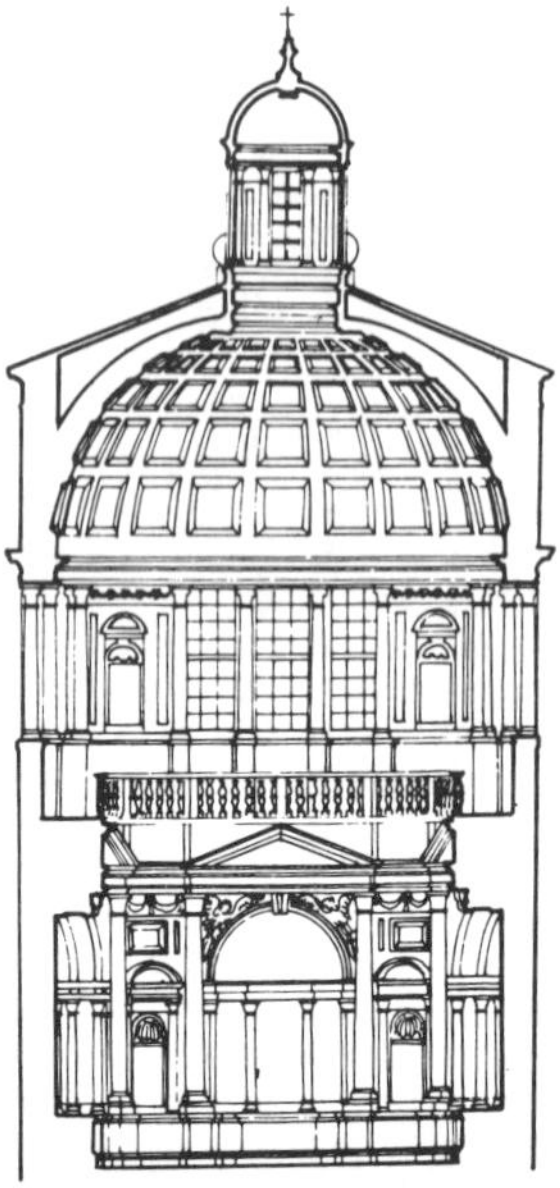

図79　ペレグリーニ礼拝堂断面、ヴェロナ、一五五三年。
図80　同内部見上げ。
図81　サンタ・マリア・デルラ・サルーテ平面、ヴェネツィア、一六三一年。
図82　同内部見上げ。

註47　このサルーテ教会堂は、ポーランドのゴスティンの教会堂において模倣されている（一六六八年）。

註48　バルコニーをもたないコレッティは、現在、サン・エリジオ・デリ・オレフィッツ教会堂（ローマ）に見出される。しかし、それが、最初の設計の一部でなかったことは明らかである。

あるヴォールトは交叉ヴォールトになっており、それは周歩廊をめぐる周縁運動と、礼拝堂《チャペル》、内陣、入口へと向う放射運動の交差を反映している。[註47] 放射運動と周縁をめぐる運動の同様な対立は、スペインのロヨラにあるイエズス会派のコレギウム・レギウム教会堂（一六八一年）においても生じている。ここでは、ドラムとドームが上に載った円筒《シリンダー》が主空間である。床レヴェルにおいてこの主空間は、環状になった円筒ヴォールトで覆われる円形平面の周歩廊《アンビュラトリー》によって取り囲まれている。このヴォールトは、放射状の円筒ヴォールトによって斜軸上で中断されている。そして、これらの交わる部分は交叉ヴォールトとなっている。（聖堂）参事会室《カレッジ》への出口は空間の軸上にではなく、柱《ピア》の背後に配される。そして、これらの上にはバルコニーがある。

(11) 中心型教会堂におけるコレッティとブリッジ

個々のコレッティは、通常中央の空間に突き出るバルコニーをともなうもので、この時期の中心型教会堂において、連続したギャラリーよりも一般的である。とりわけ、対角線方向のコレッティは特徴的なものである。ナポリの大聖堂にあるテソロ礼拝堂（一六〇八年）のものが、おそらくその最初の例であろう。ミラノのサン・ジュゼッペ教会堂におけるそれらが、一六〇七年の最初の布教運動にまで遡るものなのかどうかはわたしにはわからない。[註48] ヴァティカンのサン・ピエトロ大会堂（一六三九年）とパリのヴァル・ド・グラス教会堂[図74]（一六四五年）において、ドームを支える柱《ピア》にコレッティを導入したことは決定的な影響力をもつことになった。ともにローマにあるサンタニェーゼ・イン・アゴネ教会堂（一六五二年）とサンタ・マリ

図83　サンタ・マリア・イン・カンピテルリ平面、ローマ、一六六三年。
図84　同内部。
図85　コレギエン教会堂内部、ザルツブルク、一六九六年。

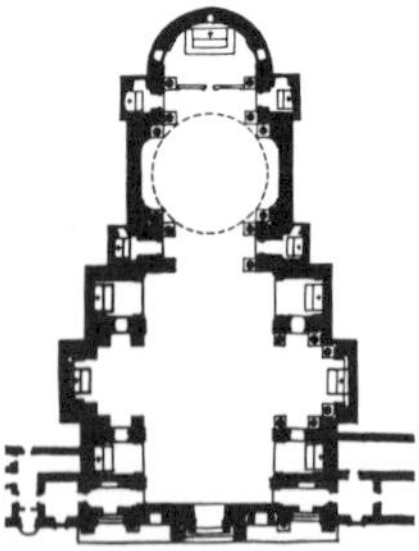

ア・イン・カンピテルリ教会堂[図83,84]（一六六三年）においては、ドームの柱《ピア》に隣接して突き出た十字腕の内部にコレッティがある。結局、ギャラリーは付属中心群の上部に生じることになる。この最も顕著な例は、ザルツブルクのコレギエン教会堂[図85]（一六九六年）において見られる。ローマにあるサン・カルロ・アルレ・クァットロ・フォンタネ教会堂におけるような格子で囲まれた牧師のためのギャラリーでさえ、視覚的影響を及ぼす。われわれは、ただちに全体の配置を囲む矩形を知覚する。そして、その矩形は床レヴェルにとどまるわけではない。われわれはこの六面体を、全ての側面に、その最上限にまで投影する。このように、内部空間における個々の形態は、あたかもそれらが極端に単純な基本形態から彫り出されたものであるかのように見えるのである。

　最も純粋な形をとったブリッジは、モデナのサン・カルロ教会堂（一六六四年）に見られる。これは、中央にドームをもつギリシャ十字形式である。四つの隅部は矩形の空間によって満たされており、それによって全体が矩形をなす、一種の二次的秩序をもつ群《グループ》が形成されている。しかし、これらの付属中心群は、ルネットによって切り込まれた円筒ヴォールトによって覆われている。ブリッジはドームの柱《ピア》の各々から外周壁へと横断方向に走っており、ここからは横断方向の十字腕と隅部空間の両方を見ることができる。ジェノヴァにあるサンタンブロジオ教会堂のブリッジは、オルガン・ギャラリーから直角に分岐し、身廊の柱《ピア》に接続している。これらのブリッジからは、隅部空間と身廊の両方を見ることができる。トリノにあるサンタ・マリア・デルラ・コンソラチオーネ教会堂のブリッジは、内部空間に対してきわめて決定的な影響力をもっている。ローマにあるサンティ・アポストリ教会堂（一七〇二年）の側廊の個々のベイに架け渡されたブリッジも同様である。

(12) 中心型教会堂における長軸方向の強調

ルネット、周歩廊《アンビュラトリー》、ギャラリー、コレッティ、バルコニー、ブリッジはすべて、全体空間に含まれる内部的な形態要素である。全体空間に対する初源的な感覚は、中心点のまわりに群《グループ》を創造することへとは向かわない。それは、長軸が支配的な細長い矩形を生み出すことに、あるいはまた中心型教会堂においては円よりもむしろ楕円を使用することへと向うのである。

楕円は、ローマにあるサンタンドレア・イン・ヴィア・フラミーナ教会堂[図86, 87]（一五五〇年）において初めて現われた（一五五〇年という年は、様式期を分ける年号としてわたしが設定した年である）。続いて、ヴァティカンにあるサンタンナ・デ・パラフレニェリ教会堂[図88]（一五七二年）において、さらにローマのサン・ジャコモ・デリ・インキュラビリ教会堂（一五八〇年）において現われた。楕円という形態においては、シンメトリカルな放射運動を犠牲にすることによって、長軸方向あるいは横断方向が強調される。均衡は完全に覆《くつがえ》されるのである。[註49]

長軸の方向性は他の手段によっても強調されうる。ナポリにあるイル・ジェズ・ヌォーヴォ教会堂[図49, 89]（一五八四年）は、基本的には第二次秩序をもつ群《グループ》である。しかし、その身廊と内陣はそれぞれベイにして二つずつの長さをもち、それぞれの第二ベイは付属中心がより小さく繰り返されたものと接続する。したがって、これは群《グループ》ではなく三廊の配列が袖廊によって二等分されたものなのである。そしてそれぞれの袖廊は、奥行の浅い礼拝堂《チャペル》がついたただひとつのベイから成る。この礼拝堂《チャペル》の奥行は、対をなす付属中心の外側にある礼拝堂の奥行と等しいため、その結果できる全体の形態は再び単純な直方体となる。ジェノヴァにあるイエズス会教会堂サンタンブロジオ教会堂（一五八九年）は、内陣の側面に、ドームの空間をもっていないが、

註49　一七世紀の楕円形ドームには以下のものがある。サンカルロ教会堂（ナポリ、一六〇二年）、ベルナルド教会堂（アルカラ・デ・エナレス、マドリッド、一六一七年）、サン・ジョヴァンニ教会堂（ピアチェンツァ）、サン・カルロ・アルレ・クァットロ・フォンタネ教会堂（ローマ、一六三八年）、セルヴァイト教会堂（ウィーン、一六五一年、ルネットを伴うコーヴの上部に、一種の折り上げ天井を持っている。）、サンタンドレア・アル・キリナーレ教会堂（ローマ、一六五八年）、コレージュ・デ・カトル・ナシオン教会堂（パリ、一六六〇年）、サンタ・マリア・イン・モンテ・サント教会堂（ローマ、一六六二年）、聖フランティセック教会堂（プラハ、一六七九年）、カジェタネール教会堂（ザルツブルク、一六八五年）、サンタ・マリア・デルラ・ヴィッタ教会堂（ボローニャ、一六八六年）。一八世紀の楕円形ドームの例のいくつかを次にあげる（私があまりに怠惰であるために、その半数以上を記録することはできない）。セント・ピータース教会堂（ウィーン、一七〇二年）、サン・ドメニコ教会堂（モデナ、一七〇八年）、カールス教会堂（ウィーン、一七一六年）、サレジアネリンネン教会堂（ウィーン、一七一七年）、マコヴァの教区教会堂（チェコスロヴァキア、一七一九年）、ヴロッラフの大聖堂にある選挙侯礼拝堂（一七二二年）、修道院教会堂（レグニキエ・ポール〈ワールシュタット〉、一七二七年）、セペコヴの教会堂（チェコスロヴァキア、一七三〇年）、マグダレンの教会堂（カルロヴィヴァリ〈カールスバッド〉、一七三二年）、サンタ・マリア・デル・オラジオーネ・エ・モルテ教会堂（ローマ、一七三二年）、シェンブルンとディエ・ウィエスの教会堂（一七三六年）、トゥリニ

タ・デリ・スパグニュオリ教会堂（ローマ、一七四一年）、サラゴッサ大聖堂内の礼拝堂（一七五三年）、サグラリオ教会堂（ハエン、一七六四年）、サン・ジュアン・デ・ディオス教会堂（ムリシア、一七八六年）。

図86　サンタンドレア・イン・ヴィア・フラミーナ平面、ローマ、一五五〇年。
図87　同アイソメ。
図88　サンタンナ・デ・パラフレニェリ平面、ヴァティカン、一五七二年。
図89　イル・ジェズ・ヌォーヴォ平面、ナポリ、一五八四年。

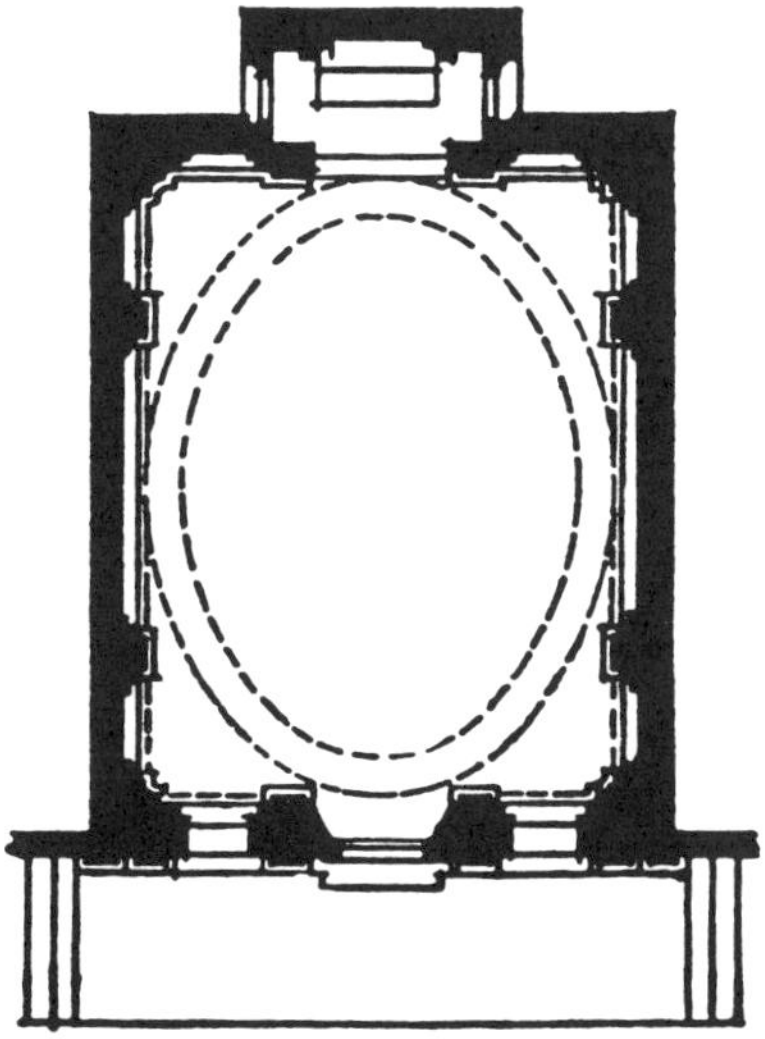

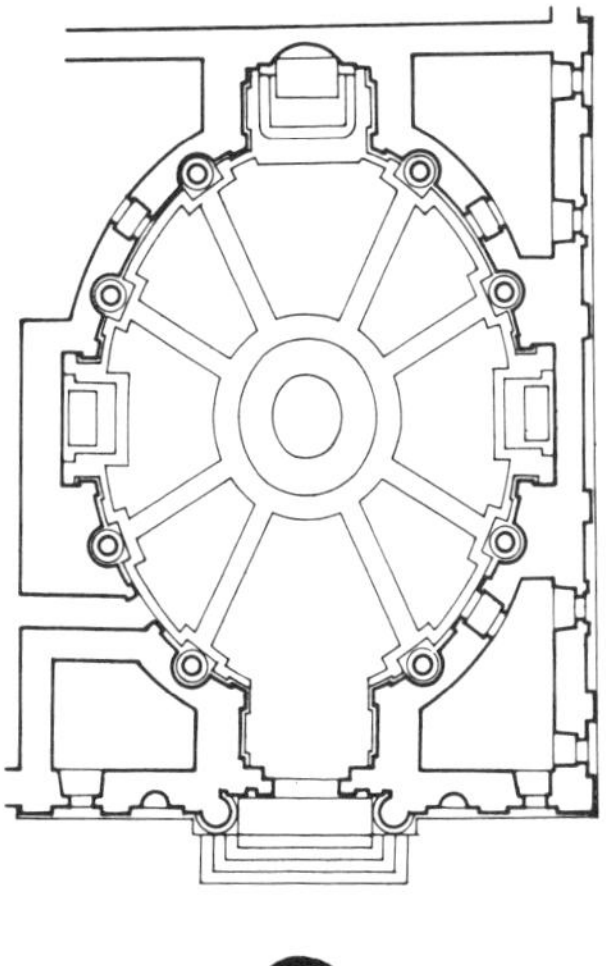

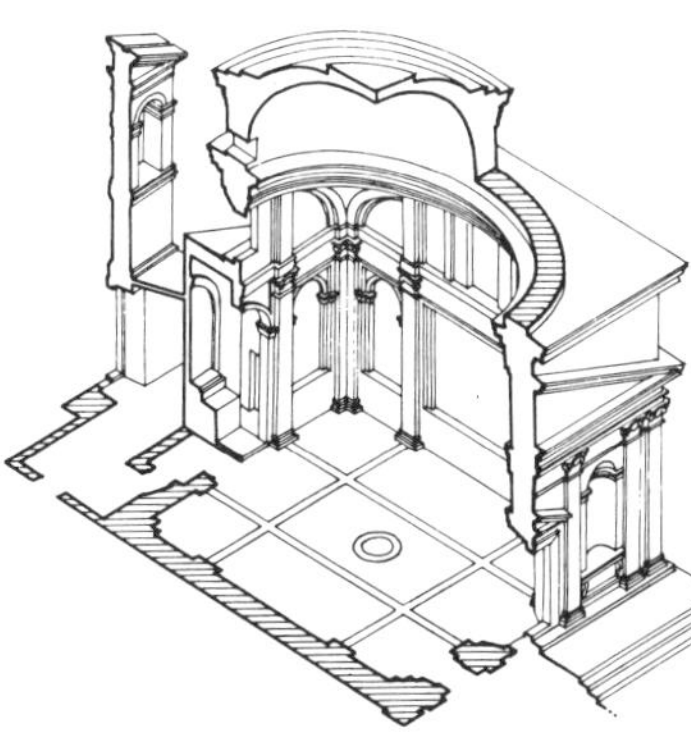

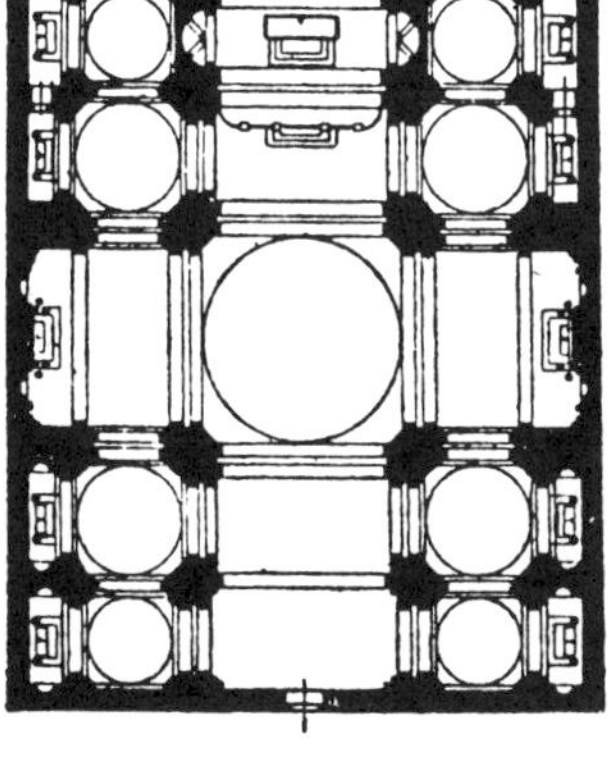

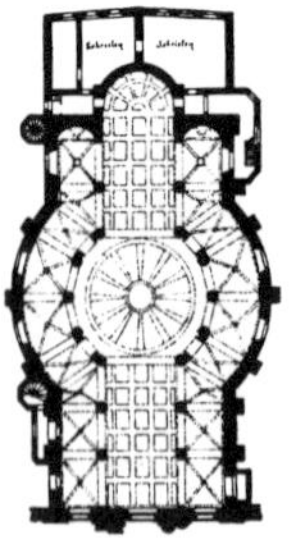

図90　ノートル・ダム・ダンスウィック平面、マリーヌ（別名メケレン、ベルギー）、一六六三年。

註50　ひとつの空間群の背後にある、このドームがかかった内陣は、ザルツブルク大聖堂のためのスカモッツィの設計の中に、繰り返された。

そのことを除けば、これは上記のものと類似している。長軸方向の方向性は、前方にある二個のドームによって十分に強調されている。内陣が矩形であるため、空間全体は直方体としての効果をもっている。ミラノにあるサンタレッサンドロ教会堂（一六〇二年）にはギャラリーがない。そこではアプスにのみルネットが配され、そうしたものに破られることのない円筒《バレル》ヴォールトやルネットをもっている。これは、過度に発達した内陣をもつ第二次秩序の群《グループ》である。これを第一段階における類似の空間図式と区別するものは、次の二つの点だけである。ひとつは付け足された内陣が強調されていることであり、この内陣はドームの架かったギリシャ十字で、前方の腕は基本となる群《グループ》の中に押し込められている。もうひとつは、後方の付属中心が相互に連絡をもたない礼拝堂《チャペル》として繰り返されていることである。ドームの架けられた空間の外側にある礼拝堂と袖廊とは、再び、周囲を取り囲む矩形の輪郭を満たしている。[註50]

ヴェネツィアのサルーテ教会堂[図81, 82]における大きな八角形ならびに周歩廊《アンビュラトリー》と、放射状に配置された礼拝堂《チャペル》による均衡は、内陣が第二の中心型建物として自律的に形成されていることによって保たれている。この内陣は、大きな八角形に対する単なる付属空間ではない。その理由は、まさにこの付属空間が保守的な付加された空間としての取扱いを受けていることによる。もし周歩廊《アンビュラトリー》あるいはギャラリーが、この二つの群《グループ》のひとつからもうひとつへと途切れなく連続されていたなら、これら二つの空間群《グループ》の完全な融合が達成されていたことであろう。そのような例は一八世紀においてのみ見出されるものである。しかし、この長軸方向における空間の融合の概念は、マリーヌ（メケレン）にあるノートル・ダム・ダンスウィック教会堂[図90]（一六六三年）において、その空間形態を特徴づけるものになっている。ここでは、支配的な長軸の中心点にドームの架かった空間があり、したがって身廊と内陣は同じ長さとなっている。ここに

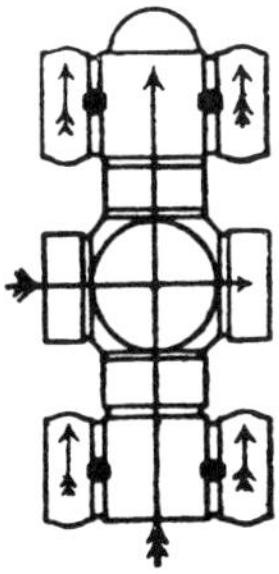
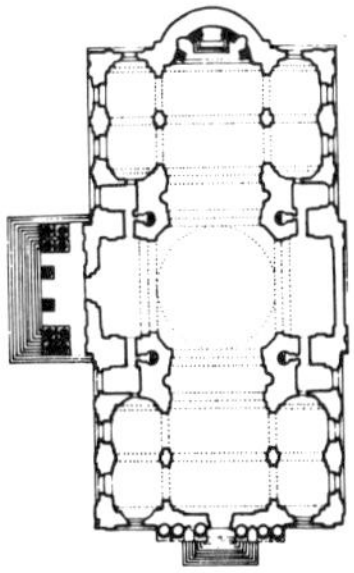

図91　ソルボンヌ教会堂平面模式図、パリ、一六三五年。
図92　同平面。

は袖廊がない。それどころか、横断方向の軸上には円柱《コラム》さえ存在している。交叉ヴォールトの架かった側廊は、ドームで覆われた中央の空間にぴったりと接している。そして、この中央空間は身廊の幅を超えて広がっているのである。ここには、なめらかな空間の流れがある。パリにあるソルボンヌの教会堂[図91,92]（一六三五年）は、ノートル・ダム・ダンスウィック教会堂[図89]の流動性を弱めた変種《ヴァリエーション》といえよう（わたしはこのことによって真の関連性を暗示するつもりではなく、この第二段階での類似性を強調したいのである）。ソルボンヌ教会堂のドームは、長軸の正確な幾何学的中心にそびえている。袖廊は著しく未発達であるが、外側にある矩形空間をふくらませている四つの礼拝堂《チャペル》は相互に連絡をもたない。そして、これらの礼拝堂《チャペル》群は、身廊と同じ方向性をもっている。しかし身廊は、袖廊によって二分されている。この袖廊は、中心から外側へと対称的に放射しているのではなく、むしろ身廊を一方向に切り裂く。すなわち、北側の入口から南側の葬式用記念物と祭壇に向うのである。これは、第一段階の特徴である群化《グルーピング》も、第二段階の特徴である空間の融合も存在しないものであって、空間の分解の全く特殊な例である。それにもかかわらず、長軸型で矩形の輪郭をもつ中心型教会堂という点において、これは完全に第二段階の産物なのである。

ローマにあるサンタ・マリア・イン・カンピテルリ教会堂[図83,84]では、上記とはわずかに異なった手段によって、群《グループ》の性格をもつことが妨げられている。ミラノにあるサンタレッサンドロ教会堂のように、それは二つの豊かな群《グループ》の継起《シークエンス》であるが、そのうちの手前のものにはドームが架かっていない。そこでは円筒《バレル》ヴォールトがドームに取って替っており、そのために、相互に連絡された礼拝堂《チャペル》群ｂａｂは、もはや付属中心と袖廊としては認識されえない。それらは広々とした中央空間に従属した奉仕空間なのである。後方にある第二の群《グループ》は、袖廊の短縮と長軸

方向の腕の強調とによって変形されている。[註51]

かくして空間は、主アプスへと向って、幅広く強力な流れとなって快調に前方へと展開する。内部空間におけるこの波打つ効果は、コレッティとバルコニーのレヴェルの変化によって生まれている。

註51　敷地が、内陣に向って狭くなっていることは、ここでは、重要ではない。

⒀ 分節されていないホール

単純な矩形の輪郭の中に配置された個々の空間、すなわちホール状の凝集性の高い普遍的《ユニヴァーサル》空間《スペース》の内部における、分節された形態の全体的配置がしばしば出現する。それは、分節されていないホールがしばしば出現するのに並行している。第一段階においては、これらは例外的なものであった（ヴェネツィアにあるサンタ・マリア・デ・ミラコリ教会堂〔一四八一年〕と、ヴァティカンにあるシスティン礼拝堂がそれである）。しかし、一五五〇年以降、それらが頻繁に出現している。すなわち、ヴェネツィアにあるサン・ジョルジオ・デ・グラッチ教会堂（一五五〇年）、ヴェネツィアにあるサン・ジュリアーノ教会堂（一五五五年、これはブルクハルトが怒って「直方体のかご」と呼んだものである）、ピサにあるサン・ステファノ・デ・カヴァリエレ教会堂（一五六二年、後にできた側面の空間は除外）、ヴェネツィアにあるサン・モイーゼ教会堂（一六六八年）、ヴェネツィアにあるサン・マルキュラオ教会堂（一七二八年）である。[註52]このような初源的な空間が、第二段階において意図的に選ばれたということがいったん認識されるや、われわれはその内部の入念な分節によって複雑に見える教会堂においてさえ、ホールであることをその本質的な空間形態として見なすことになるであろう。この初源的空間

註52　サンタ・スザンナ教会堂（ローマ、一五九五年）もまた、各側面に礼拝堂が存在しているにもかかわらず、ひとつのホールの効果を持っている。

への好みは、身廊の強調とそれにともなう空間群が長軸方向の洪水に従属することを意味していた。実際、わたしがホールと呼んでいる単純空間を認識することは、この第二段階全体における空間的特徴の理解に直接導いてくれる。

輪郭が面白味のないものであればあるほど、輪郭を満たしている空間とその連続性の知覚はより強くなる。空間の境界を強調することが不十分であると、内部の空間と開いた外部の空間との間の連続性はより強く意識されるものとなる。大きなホール状の空間は、すべて実体としては無限で無定型な普遍的空間《ユニヴァーサル・スペース》の一部分のように思われる。それらは、内部の分節をもたない単純な矩形であるのか、あるいは部分的にのみ輪郭を垣間見ることのできる矩形であるのかという疑問に似た印象をもたらす。こうした印象は、ホールの形成後にそこに付加されたように見える廊や礼拝堂《チャペル》やギャラリーの存在による。

(14) 複雑な構成の幾何学

内部空間全体を断片として、すなわち不完全なものとして表現したいという願望は、ここに至って内部における空間組織の理解を困難にするような極端な構成法を受け入れ正当化する。

トリノにあるサンティ・トリニタ教会堂（一五九八年起工、一六八〇年献堂）は、ドームで覆われた単純な円筒形《シリンダー》で、その空間は周期的なｂａｂのリズムで配された放射状の付属空間群によって拡張されている。しかし、これらの付属空間群は四つあるいは八つではなく、六つである。このため内陣は、それと同じ幅の付属空間をもつａ軸の向い側にではなく、オルガン・ギャラリーの下部にある入口を含むｂ軸と向い合っている。残る二本のｂ軸上には告解席があ

り、それらの上部にはバルコニーをともなったコレッティがある。[註53]

　ところが、われわれは、直径上の両端部に同じ空間があることに慣れているため、この建物において予期していた状態が一本の軸によって変えられているのを見出して、絶えず驚かされるのである。このことは、単に歴史的に条件づけられた習慣ではなく、六〇度ではなく九〇度によっている人体の不変的な組織と対応しているのである。

　トリノの大聖堂にあるカペラ・デルラ・サンティ・シンドーネ[図93,94]（一六五七年）は、さらに複雑である。これはｂａａｂａａｂＡのリズムを形成する八つのニッチをもつ。このため、Ａは二重軸ａａと同じ幅である。Ａの部分はガラス壁で満たされており、そのために上層の礼拝堂《チャペル》から大聖堂の内陣を見ることができる。三本のｂ軸は、円形空間の中に内接する正三角形を形成する。この結果六〇度はここでも構成の基礎となっている。またｂ軸上にある小さな円形空間は、教会堂の内陣の側面に接し、この礼拝堂《チャペル》のヴェスティビュールとなっている。これには、大聖堂の側廊から礼拝堂《チャペル》のレヴェルへと導く一直線の段階によって到達する。これらのヴェスティビュールの上部には、礼拝堂《チャペル》に突き出るバルコニーをともなったコレッティがある。中央祭壇と非常に複雑なドームは、六角形の上に基礎を置く。このドームは一連の半円窓によるルネットから成り立っている。これらのルネットは、ぐるぐる回りながら、互いに上部になって漸減しながらシンコペーション的に重なり合っている。

　ローマにあるサンティーヴォ・アルラ・サピエンツァ教会堂[図95,96,97,98]（一六四二年）は、六頂点の星形、あるいは六線星形の効果をもっている。しかしより厳密に見るならば、それらが実際には、二つの円い隅部——そこにはニッチがつく——をもつ三角形の空間であることがわかる。ニッチをもたない第三の隅部には、主入口が配されており、大学の中庭の端部にあるエクシードラ

註53　修道士の内陣は、主内陣や主祭壇から、ガラス壁で仕切られたものであり——全て一八世紀に起源をもっている。

図93　カペラ・デルラ・サンティ・シンドーネ平面および天伏、トリノ、一六五七年。
図94　同断面。

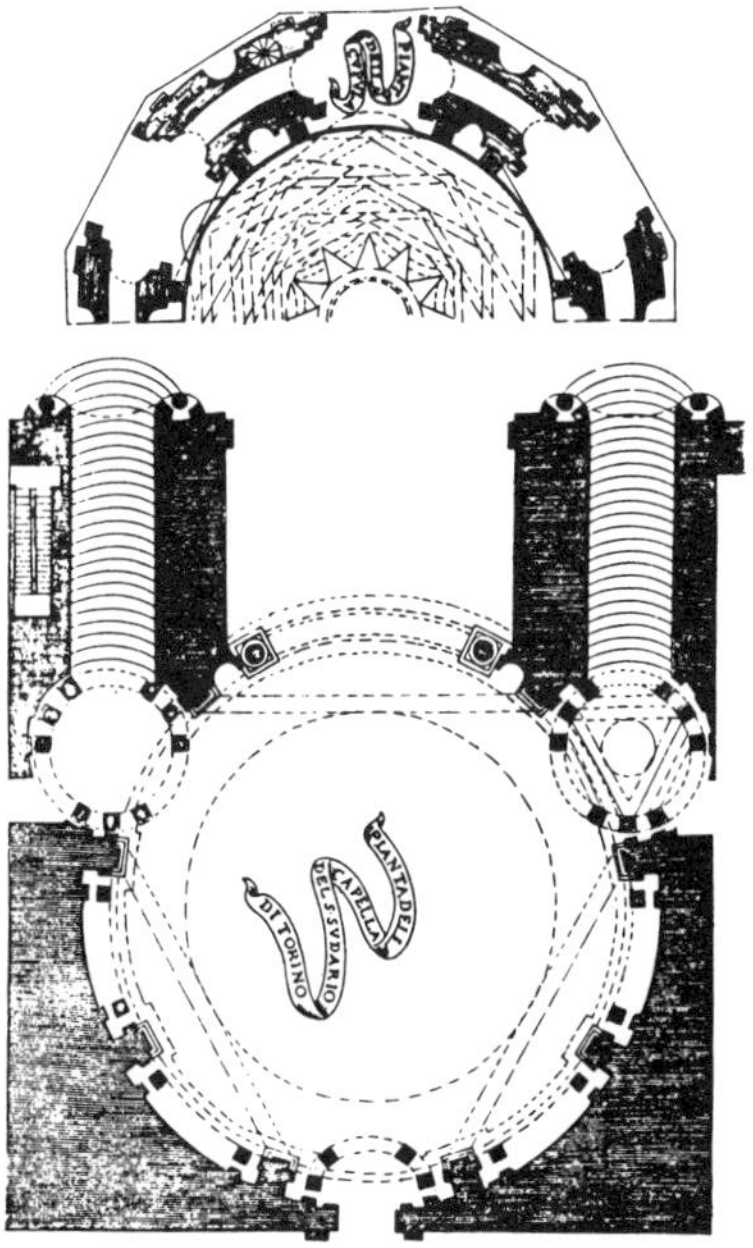

図95 サンティーヴォ・アルラ・サピエンツァ平面模式図、ローマ、一六四二年。
図96 同平面。
図97 同断面透視。
図98 同内部。

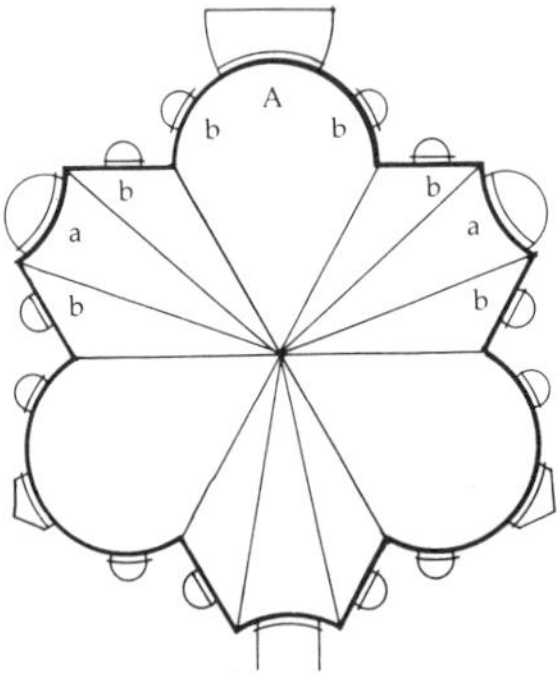

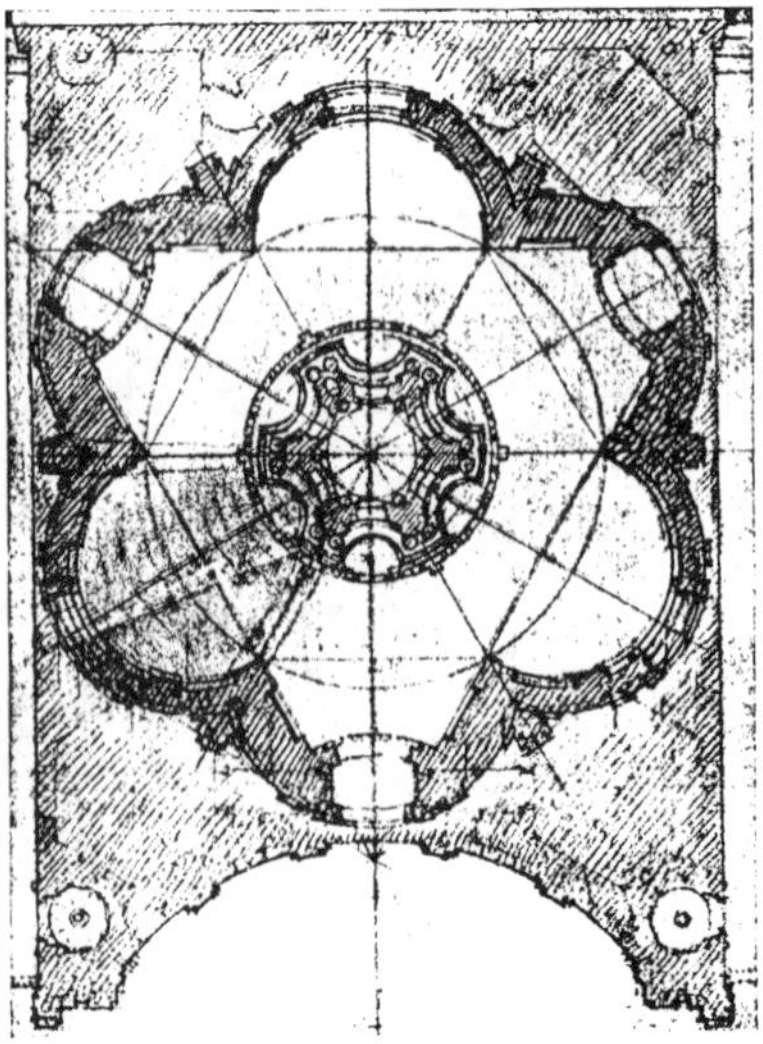

によって先端が切り落とされている。これら三つの隅部をａと呼ぼう。三角形の各辺の円形隅部以外の部分は、三部構成にリズミカルに分割されており、その結果中央の大きな半楕円形アプスの両側に短い壁面（ｂ）が接することになる。三つの大アプスが三角形の壁面と交差する六つの点は正六角形を形成する。この正六角形の中央空間の上部にはドームがそびえ、それは相等しい六つの上昇的なカーブをもったアーチ型セヴェリーからできている。あたかも上記のことを理解するのが、まだ十分に困難でないというかのように、目はさらに特別なトリックによって重い負担をかけられている。三つの大アプスは、ピラスターと小さなニッチによってｂａｂのリズムに細分されている。そして、ここでのｂは、半円形のアプスの横に置かれた壁体（ｂ）と、大きさと形態とが全く同じである。このことは周期的リズムｂａｂ／ｂＡｂ／ｂａｂを与える。ｂＡｂの群《グループ》はたやすく把握できるが、ｂａｂの把握は非常に困難である。というのは、このｂａｂ軸は連続的な表面上には載っていないからである。ここにおいてｂとｂとは互いに六〇度をなして配置されている。そして、ａはこの角度の二等分線に対する単なる直交面ではなく、三角形の頂点を切り落とす凸状の曲面なのである。それはさらに、三角形の隅部に丸みをつける半円形のニッチによって開口されている。しかしながら、すべてのｂ軸が等しいという事実は、今ここで示した方法で壁体のリズムを捉えるべきでなく、ｂｂａｂｂと捉えるべきことを示唆している。一方、Ａについては、それだけを独立して読み取ることができない。次の一瞬にはわれわれはｂｂＡｂｂに気付くようになる。たとえば、もし最初の群《グループ》によって自分自身を方向づけ、背後にニッチ、上部にギャラリーをもつ凸部の軸（すなわちａ）に立つと、われわれは期待していたａよりも、むしろ大中央ニッチＡと正反対に向い合っているのに気がつく。これは、空間の基本となっている三角形のためである。困難さは少し軽くなったとはいえ、それでもこの基本的な難しさは、まだまだ取り扱うのは大変である。そして、この設計の提出する種々の困難を完全にかつ理性的に克服し、その結果平面図とあらゆる断面図とを頭の中で描くことができるようになっても、なおかつ実際にこの空間の内部にいるときには、それは全く役に立たないということに気づくだろう。混乱は相変わらず残っているのである。

インスブルックにあるマリアヒルフ教会堂（一六四七年）はもっと単純である。というのは、それは六本の放射軸をもっているだけだからである。ヴァルトザッセン近傍のカップルにある巡礼教会堂は、ドームで覆われた正三角形である。このドームは三角形に外接するもの、すなわち三角形のペンデンティヴ・ドーム、あるいは球状の三角形である。各辺上には半円形のアプスが配され、その部分のヴォールトは球状三角形の中に直接流れ込んでいる。[註54]

これらのアプス群の各々は三つに分割されているので、ｂａｂｂａｂｂａｂのリズムが形成されている[註55]。隣接しているｂ軸のペアのそれぞれもまた、アプスの間にある隅部塔《コーナー・タワー》内に位置するコレッティのための開口部によって引き合わされている。

⒂「予期せぬ」ヴォールト

最後に、単一の空間を覆っているひとつのヴォールトを数個のヴォールトが隣接する形へと分解することによって、教会堂建築の内部であとからの分割による効果が生み出される。このようなものを「予期せぬ」ヴォールトとして説明することができよう。

註54　アプス上部のヴォールトにあるランタンは、風変わりに配置されている。［この記述は理解し難い。このランタンはヴォールトの中心にあり、アプスと同心になっている。ここでフランクル自身が、彼の問題点を実地説明しているようである。すなわち、我々はこれらのヴォールトによってたやすくだまされてしまうことである。］

註55　中間にある空間ａは、再びｘｙｚのリズムへと細分割されている。それ故このリズムは実際にはｂｘｙｚｂ／ｂｘｙｚｂなどである。

図99　セント・ポール大聖堂平面、ロンドン、一六七五年。

図100　同内部。

ロンドンにあるセント・ポール大聖堂[図99,100]（一六七五年）は、矩形のベイからなる身廊をもっているが、これらの単純な矩形を覆うためにいくつかの形のヴォールトが架けられている。こうした覆い方には原型がなく、また平面から必然的に抽き出されうるものでもない。というのは、身廊は平面において均質であり、一方ヴォールトは三廊式配列に対応させたものといいうるようなものだからである。各々のベイの中央部では、横断方向のアーチとルネットの上に浅い円形のドームが載っている。これらのアーチとルネットは、各ベイの矩形と中央に独立した内接円との間の領域を占めている。四つの隅部は、一種のペンデンティヴによって埋められている。単純な身廊のベイを三部分からなる天井へと分割することは、ドームが架けられた交叉部を三廊式の袖廊へと分割することとよく似ている。

トリノにあるカペラ・デルラ・サンティ・シンドーネ[図93,94]に関して、わたしはすでにドームの驚くべき分解に言及しておいた。すなわち、そこではドームが互いにシンコペーション的にオーヴァーラップする環状の窓ルネット群に分解されていたのである。

トリノにあるサン・ロレンツォ教会堂[図101,102,103]（一六六八年）の天井もまた、この「予期せぬ」ヴォールトの部類に属するものである。この教会堂の凸状平面形は、ペンデンティヴによってドーム基部においては正八角形に変換させられている。この八角形の各隅部からは、大きな半円形アーチが空間を架け渡している。これらのアーチ群は、平行な一対が隣接する隅部から立ち上がる三個目ごとの隅部を結ぶように配列されている（したがって、各隅部からは二本のアーチが立ち上がっている）。これらのアーチ群は互いに交叉して（球面上の）一方の頂点をもつ星形を形成している。すなわち、八つの隅部が外側へと突き出し、もう八つの隅部が内側へと突き出している規則的な形である。この星形のアーチのすき間は全部開口されている。そして、

図101　サン・ロレンツォ平面（天伏を兼ねる）、トリノ、一六六八年。

図102　同内部見上げ。

図103　同内部

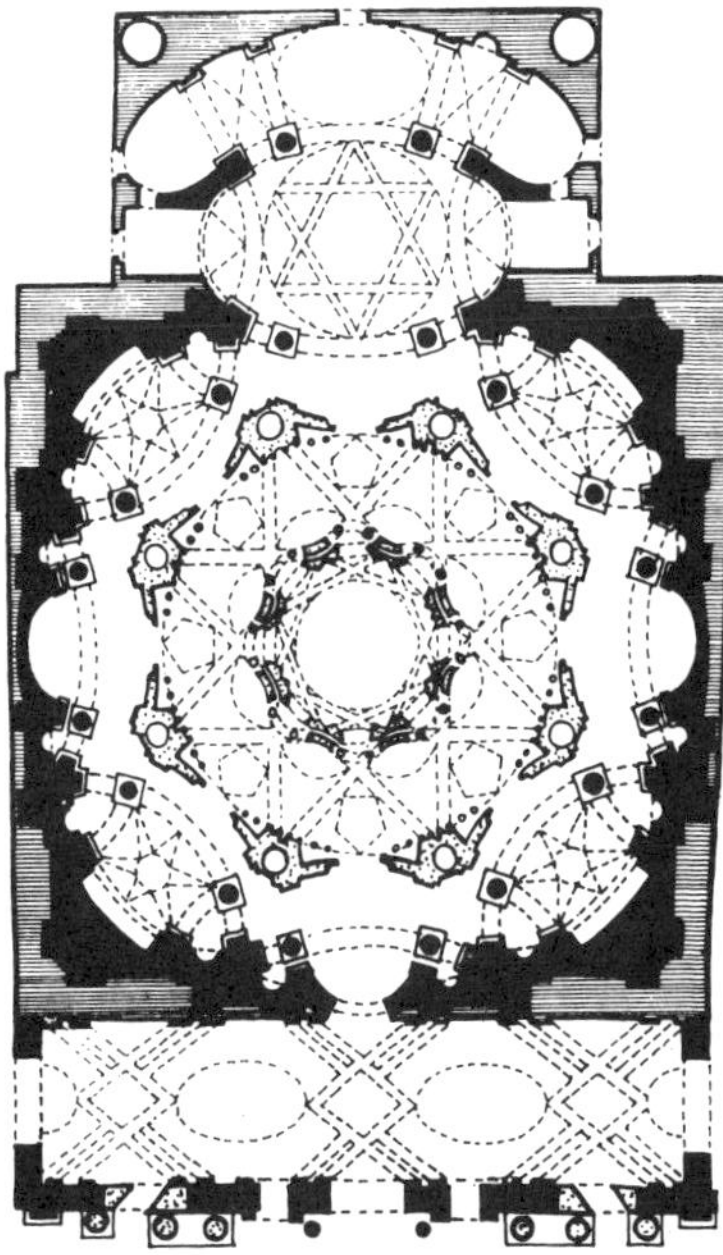

アーチ自体は開口部をふさぐ窓ルネットのための支持リブとなっている。この構造物の頂点にひかえる開かれた星形の上には、第二のより小さなドームがそびえ立つ。このドームもまた、ひとつおきの隅部へと跳ぶアーチの骨組から形成されている。アーチ形の窓ルネットがこの骨組を埋めており、また大ドームと小ドームとの交叉部にも（アーチで部分的に隠れた）ルネットがある。[註56]

この幾何学的な構成物は、まだかなり単純な要素から作り出されたものである。しかし、これは一般の参観者の理解をはるかに超えている。彼は、あいまいな部分で何となく分割されているひとつの大きなドームという漠然とした印象を受けるのである。すなわち、これら二つのドームは、ひとつのドームであるかのような効果をもっているのである。

(16)プロテスタントの長軸型教会堂

ここで、同時代のプロテスタントの教会堂がカトリックのそれと同様な特徴を示しているかどうかをみてみなければならない。

初めからプロテスタント教会堂として建設されたもので、一五五〇年以前から残っているものはない。この年代より以前には、カトリックの建築が使われていた。リヨンにあるユグノー教のパラディ寺院（一五六四年）の形は古い図版から知られる。これは矩形をなしており、短辺上に半円形のアプスをもち、バルコニーが周囲を取り囲む。それはひとつの楕円形ホールのように見える。アウグスタスブルクにある城郭付属礼拝堂（一五六八年）はホール状のひとつの空間であり、それと直交する円筒《バレル》ヴォールトで覆われた相互に連絡をもたない礼拝堂《チャペル》の形を

註56　アーチは、ドームの低い方の表面内側にある星形の頂点と頂点とを架け渡している。それらは、開放的なすき間によって「覆われている」小さなアプス状のヴォールトの基部の線を形作っている。

とった祈禱室群をともなっていた。これらの上部にはギャラリーがあるが、ヴォールト内にはまだルネットは存在しない。シチェツィン（ステッティン）にある城郭付属礼拝堂は、ラティス・ヴォールトで覆われたひとつのホールである。ここでの側面礼拝堂群《チャペル》は相互に連絡をもち、横断方向の円筒《バレル》ヴォールト群で覆われている。そして、これらの上には三つのギャラリーがある。カリーニングラード（ケニグスバーク）にある城郭付属礼拝堂（一五八四年）は、一六〇二年に改造されたが、それ以前には分割されていない矩形のホールをなし、木造の浅いヴォールトがかかり、一方の長辺上には内陣をともなっていた。シュマルカルデン近傍のヴィルヘルムスブルク城にある礼拝堂は、交叉ヴォールトで覆われたベイにして三つ分の長さの中央空間をもっている。そして、交叉ヴォールトが架けられた周歩廊《アンビュラトリー》が三側面を取り囲み、その上部には二本のギャラリーがある。

カトリックの教会堂がプロテスタントによって引き継がれる際には、さまざまな改造が必要であった。記念碑的なギャラリーの最初のものは、ピルナにあるマリエン教会堂（一五七〇年）に取り付けられた。これらのギャラリーの目的については、カトリックの教会でのギャラリーに関する論考におけると同様に、ここでのわれわれの関心に無関係である。さしあたって興味があるのは、これらのもつ空間的特質の存在のみである。

一七世紀のすべてのプロテスタントの教会堂に共通するのは、全体形が単純でホールのような性格をもつ空間が、単一の、あるいは重ね合わされたギャラリーをともなっているということである。これらのギャラリーは、とくに主空間に対して付加されたのではなく、空間内に造りつけられたもののように見える。とくに、その手摺が支持体なしで平らな天井、あるいはヴォールトにまで立ち上がっている場合、すなわちそれらがバルコニーかブリッジのように空間

図104　ザンクト・マリー内部、ヴォルフェンビュッテル（ドイツ）、一六〇四年。

的に挿入されている場合にその効果が強い。それはたとえば、ミュンヘンにあるザンクト・ミヒャエル教会堂の中の横断ギャラリーの如きものである。そして、このタイプのギャラリーは次に挙げる建物にも見られる。ヴォルフェンビュッテルにあるザンクト・マリー教会堂[図104]（一六〇四年）、ビュッケブルクの教会堂（一六一一年）、ロンドンのコヴェント・ガーデンにあるセント・ポール教会堂[図99 100]（一六三〇年）、ゾンデルスハウゼンのトリニタティス教会堂（一六九〇年）。これらにおいては、ギャラリー空間が側廊を部分的に埋めている。

同じ高さをもつ三つの廊に分割された空間は、比較的頻繁に登場する。これらの例としては次のものが挙げられる。フレデリックスボーグにある教会堂（一六〇二年）、ヴォルフェンビュッテルのザンクト・マリー教会堂、フリードベルク近傍のニッダにあるシュタット教会堂（一六一五年）、クリスチャンスタート（スカニア）にあるトレファルディゲッツ教会堂（一六一七年）、コペンハーゲンのトリニタティス教会堂（一六三七年）、ハンブルクにある旧ミヒャエル教会堂（一六四九年）、ともにカリーニングラード（ケーニヒスベルク）にあるアルトロスガーター教会堂（一六五一年）とハーバーバーガー教会堂（一六五三年）、ゾンデルスハウゼンにあるトリニタティス教会堂。

(17) プロテスタントの中心型教会堂

プロテスタントの中心型教会堂で一六世紀のものとして知られているものはひとつもない。最も早いものはハーナウにあるドゥッチ・ヴァローン教会堂で、一六二〇年頃のものであると思われる。これは、ギャラリーで取り囲まれた八角形である。[註57]

註57　一六五四年に改変された。

註58　このような空間の融合を予期するデザインは第一段階からある。すなわちペルッツィが一五三六年以前に描いた中心型教会堂のための図面（ウフィッツィ美術館の五八一）がそれである。それはまた、初期の楕円の使用をも示すものである。

このような周歩廊《アンビュラトリー》をともなった八角形は、その後いくつもの例が見出される。その例としてはレイデンにあるマレ教会堂（一六三九年）、ローダにあるザルファトル教会堂（一六五〇年）、ストックホルムにあるエスターマルムス教会堂（一六五八年）が挙げられる。

ロンドンにあるセント・ポール大聖堂[図99 100]が、もし一六七三年の設計案[図105]に従って建設されていたなら、八角形をしたプロテスタントの教会堂で抜きん出て最も重要なものとなっていたであろう。この設計案においては、ドームの架けられた中央の八角形の空間の主軸と斜交軸は、ドームが架けられた正方形の腕へと開かれている。これらの腕は三角形の空間を介して、ともにひとつの連続的な周歩廊《アンビュラトリー》となって流れる。これらの三角形のそれぞれは、ひとつの短辺において斜交方向の空間と接続する。直角三角形の斜辺は十字腕と接続する。そして、三角形の残りの短辺は大きなアプスへと開く。このようにして、三角形空間を十字腕に向って方向づけている。これらの不均衡な三角形のために、運動において何らかの混乱が生じたことになったに違いない。この混乱は、柱《ピア》に開口部があることで、より助長されることになったかもしれぬ。というのは、この開口によって、ひとつの斜辺上の空間から、中央の八角形を経てもうひとつのそれに通ずるサーキュレーションが可能であったであろうからである。たとえば、パリにあるドーム・デ・ザンヴァリッド[図106]（一六八〇年）は周歩廊《アンビュラトリー》や、ドームの柱《ピア》内を通る斜交通路の両方をもつが、それと比べても、この案のサーキュレーションの可能性は、はるかに大きくかつ複雑であったことだろう。もしもこの案が実現されていたならば、セント・ポール大聖堂は運動の大混乱をひきおこしていたかもしれぬ。[註58]

ギャラリーが計画されていたかどうかは不明である。この完全に中心型の空間は、ヴェスティビュール（これも中心型空間として設計されていた）とその反対側のアプスによって、わず

図105 セント・ポール大聖堂（ロンドン）計画案平面、クリストファー・レン、一六七三年。
図106 ドーム・デ・ザンヴァリッド平面、パリ、一六八〇年。
図107 ノーデル教会堂平面模式図、アムステルダム、一六二〇年。
図108 同内部。

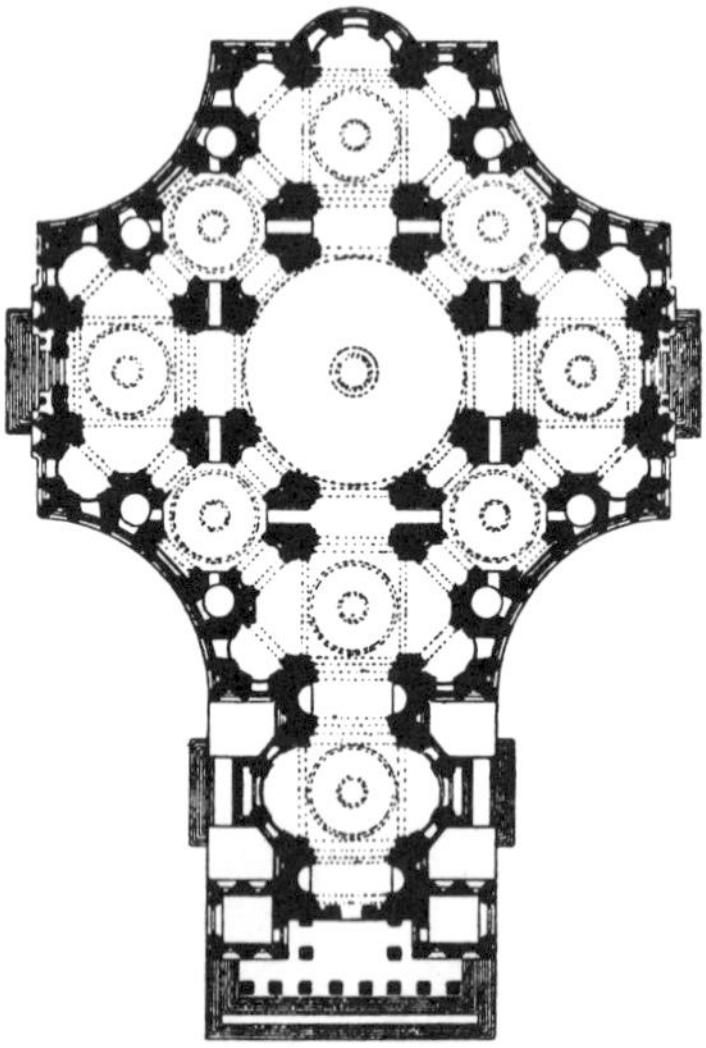

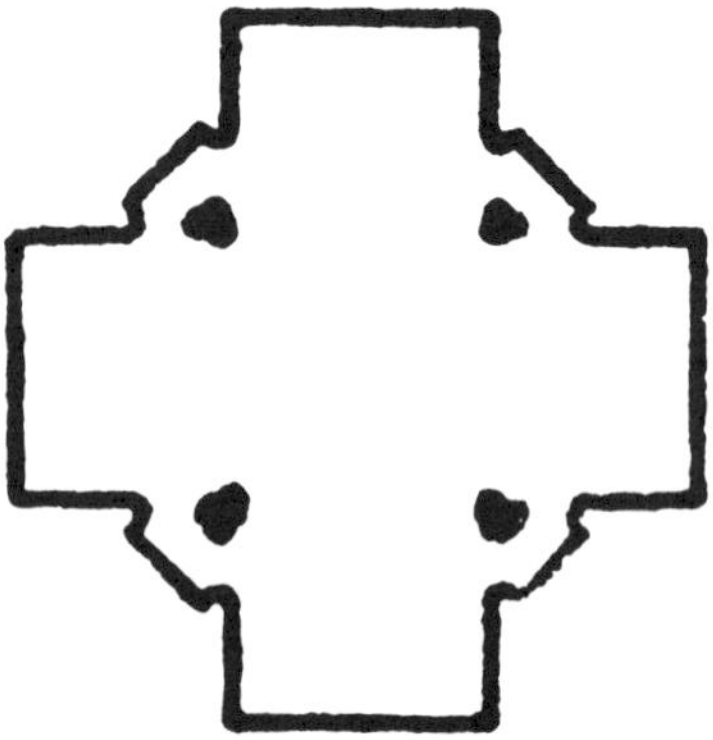

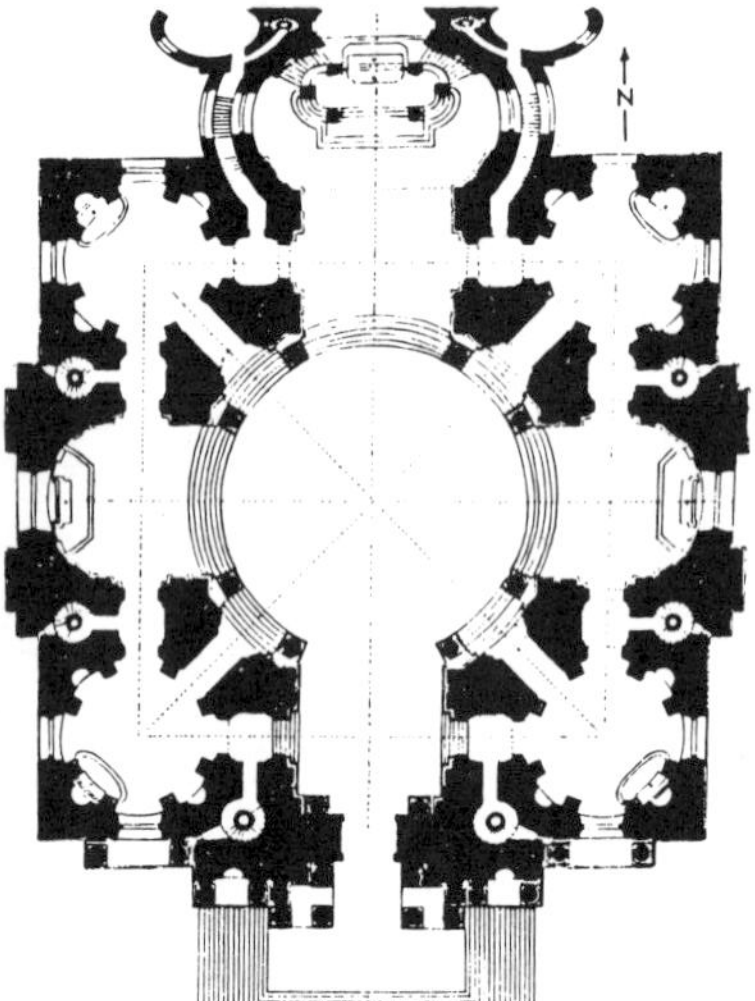

註59　私はこの教会堂のヴォールトについて既に論じてある。なぜなら、それらをカトリック教会堂における、その類例に含めてしまう方が容易に思えるからである。

かにその長軸方向が強調されるように考えられていた。実際に建設された大聖堂は長軸型の教会堂である。[註59]

周歩廊《アンビュラトリー》をともなった八角形以外の点においても、プロテスタントの教会堂は付加の原理とさらに強く対立するもうひとつの原型を創り出した。ともにアムステルダムにあるノーデル教会堂[図107,108]（一六二〇年）と、これに関連したオーステル教会堂（一六六九年）がその良い例である。ノーデル教会堂の中央部は、交叉ヴォールトで覆われた正方形空間であり、このヴォールトのセヴェリーは、四つの十字腕の中まで連続している。それぞれの腕は、ベイにして二つ分の長さをもち、その内側の方のベイは、中央空間の隅部柱《ピア》の背後に控える三角形の空間によって結合されている。このように柱《ピア》は完全な独立柱である。この結果、八角形の周歩廊《アンビュラトリー》は、この三角形の空間と十字腕の内側のベイとによって形成されるといえるし、中央の正方形は、一様な八角形の空間の内部に挿入されたもののように見えるともいえる。オーステル教会堂の方は、正方形の周歩廊《アンビュラトリー》の内側に置かれた正方形によって、上記と同様の効果に到達している。これは、交叉部に細い柱《ピア》をもった四つの中心をもつ群《グループ》の一種である。

ケンプテン大聖堂（バヴァリア、一六五一年）の内陣は、先のアムステルダムにある二つの教会堂に依拠したものではないが、ノーデル教会堂と同様な形態をもつ。しかしながら、ここではギャラリーと側面にあって身廊に向って突き出るブリッジによって豊かなものとなっている。このことは、プロテスタントとカトリックの教会堂が、ともに例外なく同じ空間構成の原理に従っていることを示している。

ひとたび、これらのオランダの教会堂を理解すると、ロンドンにあるセント・スティーヴン・ワルブロック教会堂[図109,110,111]（一六七二年）のような複雑な形態をも同様に理解することが可能と

図109　セント・スティーヴン・ワルブロック
平面模式図、ロンドン、一六七二年。
図110　同平面。
図111　同内部。

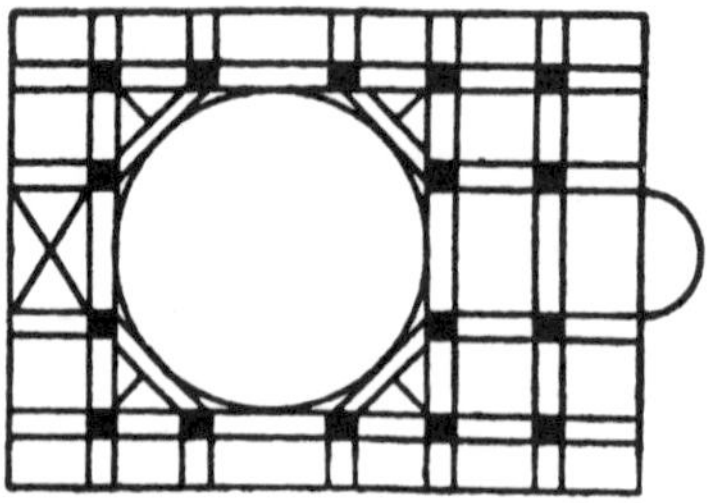

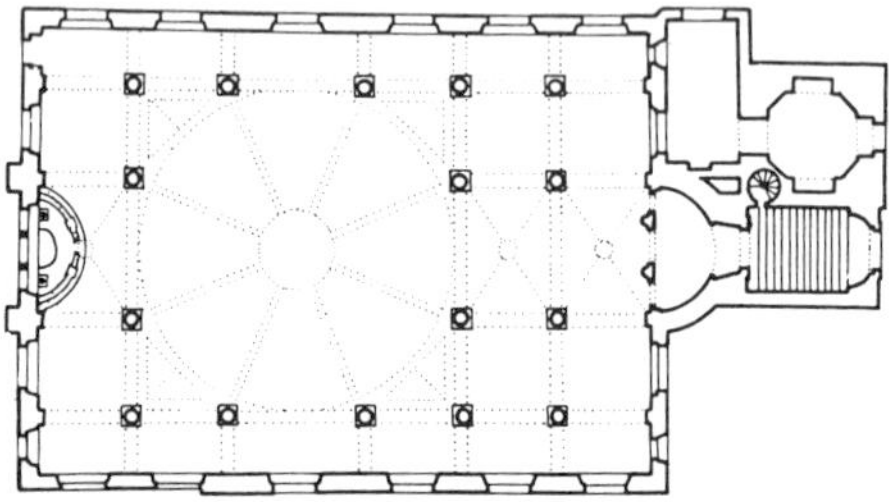

なる。空間の中心部において、一二本の円柱《コラム》によって正方形が囲まれている。円柱《コラム》は、各隅部に一本、各辺上に二本ずつ配列される。辺上の円柱《コラム》は、各辺をｂａｂのリズムに分割している。アーチは円柱《コラム》から円柱《コラム》へと跳んでいるが、隅部の円柱《コラム》は抜かされている。こうして、中央ドームのための八角形の基部が形成される。隅部にできる四つの三角形は、ルネットによって覆われている。付加的な空間が、この比較的単純な中央空間の形態を豊かなものにしている。主軸（ａ）は、交叉ヴォールトが架けられた腕の内部へと開かれている。一方、中央の正方形の残りの側面は、水平な天井をもつ矩形ないしは細長い矩形の空間に対して開かれている。外周壁は矩形をなしているので、中央の空間は、各辺上で三廊へと分割されている。さらに、これらの三廊部分の側面には、それぞれ一本ずつ計二本の廊がつくため、空間全体としては五廊式のホールになっている。この結果、十字腕をともなったドームの空間が、水平な天井をもつ五廊式のホールの中に置かれたもののようにも見えるし、あるいは逆に、このホールが中央空間に浸透し、それを満たしているようにも見える。これは、各々がそれ自体ですでに複雑な二つの空間組織《システム》の融合なのである。

⒅空間の分割

一五五〇年から一七〇〇年の時期において、カトリックとプロテスタントの中心型教会堂には、カトリックとプロテスタントの長軸型教会堂にみられるのと同じ特徴が現われている。これらすべての特徴は、ひとつの様式原理による空間の表明であり、空間の付加に対立するものである。すなわち、それは空間の分割である。空間形態の構成要素は、もはや完結した独立的な加数ではなく、あらかじめ存在する全体の断片である。全体空間は、多数の単位から成り立っているのではない。それ自体がひとつの単位であり、それが部分、あるいは断片へと分割されているのである。これらの諸部分は独立した存在となりえない。それらは、全体空間の中に吊るされた、あるいは浮遊する、断片的な内部の形態である。これらの断片的な空間諸部分における境界面の明瞭さもまた減少している。ルネットもバルコニーも、あるいはブリッジも、何か漠然としている。そして動線の可能性も漠然としたものでありうるし、そうなるはずである。すべての空間要素は相互に連絡されている。空間は、顕著な後退的傾向をともなった幅広い洪水のような運動をもっている。そして、付加によって構成された群《グループ》が、個々の独立した静的な点へと分解しうるのに対して、真の分割によって形成された構成における運動の図式は、平行な柱群による列である。これらは、無限に向ってわれわれを追いたてる。幅広い軍団の列のようにホールへの方向性を与えるかも知れないし、あるいは、終ることのない循環の中で、それらは逆戻りして流れてくるのかもしれない。そして、個々の部分が全体空間におけるただの断片にすぎないとちょうど同じように、全体もまた普遍的空間《ユニヴァーサル・スペース》の単なる断片として現われるのである。もしこれがひとつのホールだったならば、その周縁部分は単調なものになる。もしそれが六〇度の角度を基礎にしているものならば、空間は常に変化し、不完全で生成しつつあるものとしての効果をもつのである。

第一段階においては、様式の展開は次のものから成り立っていた。

(1)単純で付加的な構成から、より豊かな構成へと上昇すること。

(2)さらにより必然的で、より排他的なリズムを達成すること。

(3)群《グループ》とリズムを用いることにより、長軸型の教会堂を付加の趣向に従わせること。

第二段階においては、様式の展開は次のものから成り立っていた。

(1)第一期から完全に伝えられた空間の形態を、分割の原理に従って構成し直すこと。

(2)単位が適切に区分され放射状になっている付加による産物を練り直し、内部の形態を重ね合わすことによって、豊かに相互区分されている単位にすること。

(3)中心型平面の教会堂から、中心型に集合したリズムの性格を奪うこと。

すべての種類の空間の分割と相互貫入が、徐々に見出され、そして組み合わされねばならなかった。再び単一の様式原理によって特徴づけられたひとつの全体を達成するために、純粋な付加に関するすべての痕跡は排除されねばならなかった。しかし、この様式上の展開についての詳細な議論は、それを主題とする著作にまかされてよい。本書におけるわたしの目的は、単に様式原理を明らかにすることにあるのである。

第三段階（一八世紀）

空間の分割という原理は一八世紀になっても続いたが、それは極限にまで到達した。したがって、一七世紀に散在する諸実験に根をもつものとして、第三段階を設定することが可能である。第二段階における空間構成は、すでに、第一段階のものよりはるかに理解の難しいものであるが、第三段階においては、不確定な形態の印象はさらに強くなっている。

(1) 凸状の空間

一八世紀の多くの教会堂における明快さの欠如は、凸状の空間を使用したことによる。それはとくに、凸状の全体空間の使用による。ローマにあるサンティーヴォ教会堂[図95 96 97 98]での凸状の隅部は、外部空間がわれわれに向って押し込んでくることを信じさせるものであり、その結果全体としての内部空間は、何か不完全なもののように見える。全体として、それは第二段階の内部空間と同様に断片的なもののように見える。サンティーヴォ教会堂における凸状性は、まだ適度なものである。しかし、それがより顕著なものになればなるほど、内部空間はますます普《ユニヴ》遍的空間《アーサル・スペース》の偶然的で不確定なひとつの断片の様相を呈してくる。もちろん、これは純粋な付加の正反対の極である。なぜならば、純粋な付加においては内部空間は例外なくそれ自体でひとつの世界であって、外部世界の空間からできる限り明瞭に区画されているからである。ともにミラノにあるサン・フランチェスコ・ディ・パオラ教会堂（一七二八年）とサンタ・マリア・デルラ・サニタ教会堂（一七〇八年）におけるように、ヴァイオリンケースの形をとった平面形は、凸状と凹状の壁体が交替することによって作り出される。ローマにあるマッダレーナ教会堂では、斜交軸上の二個の凹状ニッチの間の壁は、凸状ではなく直線状である。それにもかかわらず、ここでの効果は、いま述べたヴァイオリンケース型と類似している。ローマにあるサンタ・マリア・デル・オラツィオーネ・エ・モルテ教会堂（一七三二年）は、長く伸びた楕円形の空間である。水平天井をもち、比較的小さな、奥行の浅い二個の矩形の礼拝堂《チャペル》によってその両側が拡張されている。入口と内陣とは、長軸上において、さらに二つの開口部を形成する（内陣は矩形をなし、交叉ヴォールトで覆われている。オルガン・バルコニーは、内陣の反対側の入口の上部にあり、奥行の浅いニッチの前にある）。これらの六つの開口部の間にある壁面は、内部へと凸状に膨張している。ヴァイオリンケース型の平面をもつ教会堂は、北部バヴァリアにおいて、シュヴァルツラックの教会堂（一七五〇年）とベルプリンクの教会堂（一七五一年）とに見出すことができる。

　凸状性は、六軸の教会堂においてのみならず四軸の教会堂でも可能である。ウィーンにあるマリア・トロイのピアリスト教会堂（一七五一年）は四つの十字腕をもち、それらの間ではピアが内側へと凸状に押し出されている。このため腕の部分は、隅部での斜交軸方向の圧力によって絞り出されたように見える。[註60]

　カディッツ大聖堂（一七二二年）の内陣の初期の頃の平面におけるS字曲線は、凸状の空間構成が許されている時代において、はじめて可能だったものである。

註60　マリア・トロイの教会堂と修道院は、一六九八年に着工された。また新しい教会堂は一七五一年に着工された。現在の平面を最初の教会堂のものにさかのぼらせることは可能だが、それほど有望でもない。

(2) 凸状の空間部分

内部空間内での凸状の形態は、この時期において、全体空間自体の凸状性よりも多く見られる。中央の空間の中へ、S字状に曲げられたバルコニーとして突出しているギャラリーは、この段階には非常に一般的なものである。一七〇〇年以後、それらは規則であった。この例としては、ウィーンにあるザンクト・ペータース教会堂（一七〇二年）のバルコニー、およびプラハにあるSv.・ミクラス・マラ・ストラーナのイエズス会教会堂[図112]（一七〇三年）がある。ルーサーンにあるイエズス会教会堂（一六六六年）のギャラリーでは、手摺の中央部が比較的まっすぐなバルコニーを形成しているが、それにもかかわらず、これは、すでに述べた一八世紀における諸例の原型となっている。もしこのような波状の線が二つのカーヴにされたなら、それはギャラリーそれ自体の内部へと凸状に押し込むものになるだろう。

凸状の形態によって作り出されるのと同様の効果が、凹状のギャラリーによって生み出される。ヴァインガルテンにある修道院教会堂[図113]（一七一五年）、およびドナウヴェルトにあるハイリッヒクロイツ教会堂（一七一七年）等にそれが見られる。ハイリッヒクロイツ教会堂の身廊は、側廊へと膨張しているように見える。マンハイムにあるイエズス会教会堂の直線状ギャラリーでさえこの効果をもつ。というのは、手摺は身廊の柱《ピア》の前面と一致しているのではなく、はるか後方に位置しているからである。

トリノにあるサン・ロレンツォ教会堂[図101,102,103]（一六六八年）の中央の空間は凸状である。主軸上にある四つの礼拝堂《チャペル》は完全な円弧になっているが、内陣部分は例外で、主空間と融合した横断方向に長い楕円形となっている。これらの礼拝堂《チャペル》は、鋭角で交わる二つの円弧から形成されてい

図112　ミクラス・マラ・ストラーナ内部、プラハ、一七〇三年。

図113　ヴァインガルテンの修道院教会堂平面、一七一五年。

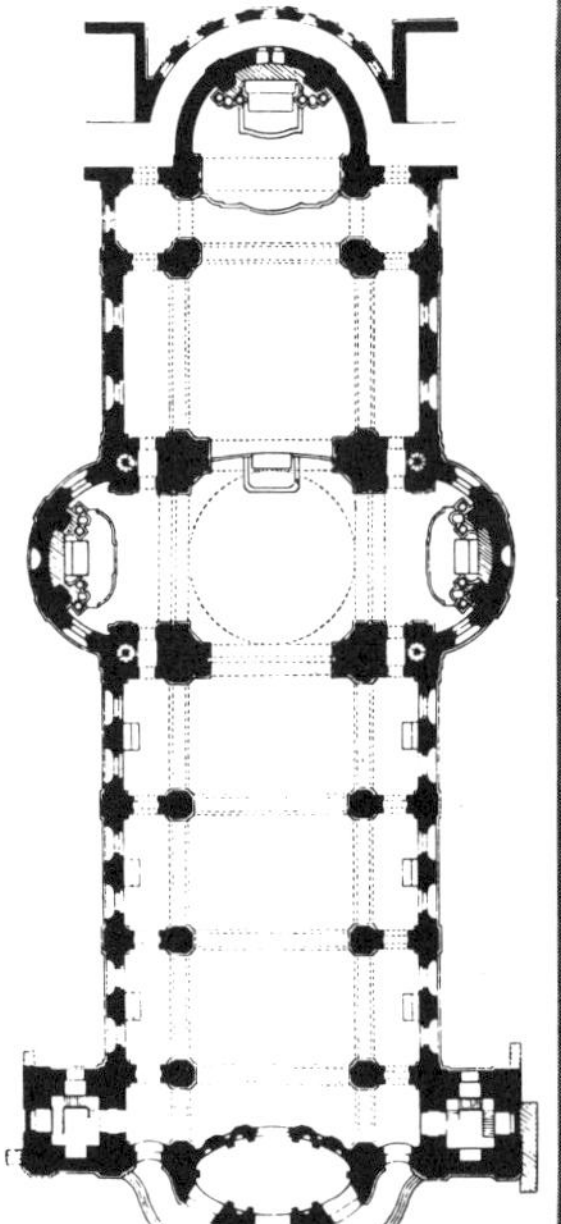

る。そして、今度はこれらが細分され、コレッティによって豊富化されている。

(3) ヴォールトの諸形態

全体空間内での凸状空間はまた、ヴォールトの形態によっても作り出すことができる。これの最も顕著な例は、バンツにある修道院教会堂[図114,115]（一七一〇年）と、フィアツェーンハイリゲン巡礼教会堂[図116,117]（一七四三年）である。

第二様式段階において、もし円筒《バレル》ヴォールトがベイ全体を覆って広がる大きな天井画によって、ひとつの単位へと融合されていなかったならば、そのときには円筒《バレル》ヴォールトは、下部の柱《ピア》群に対応する横断アーチによって分割されていた。それは、たとえばローマにあるサンタンドレア・デルラ・ヴァルレ教会堂（一五九一年）において見ることができる。各ベイの間の境界は、平面図上では教会堂の長軸に直角で、向い合った柱《ピア》の中心を結んでいる直線によって表現される。内部立面図では、この境界は上部の円筒《バレル》ヴォールトと半円形の交線を形成する垂直面《プレーン》である。しかしながら、プラハにあるSv.・ミクラス・マラ・ストラーナ教会堂においては、個々のベイは矩形ではない。というのは、ここでは身廊の壁面が波打っているからである。このベイの隅部は身廊内へと突き出ている。そして、これら各々の隅部の側面に立つ二本のピラスターは、もはや同一平面上にはなく、互いに顔をそむけ合っている。身廊のアーチが向い合う隅部の間にある垂直面内に置かれずに、斜めに配置されたピラスターの連続として曲げられるという結果は、こうした配置から生まれる自然な結果と考えられよう。この可能性の最初の実現は、上記のプラハにおいてではなく、七年後のバンツにおいてであった。[註61]

註61　われわれは、湾曲するアーチが、プラハの教会堂のためにも同様に計画されていたと憶測することができるだろう。それはクリストフ・ディエツェンホッファーによって設計されたが、彼の兄弟であるヨハンがバンツの教会堂を設計したのである。

図114　バンツの修道院教会堂平面および断面、一七一〇年。
図115　同内部。
図116　フィアツェーンハイリゲン巡礼教会堂平面、一七四三年。
図117　同内部。

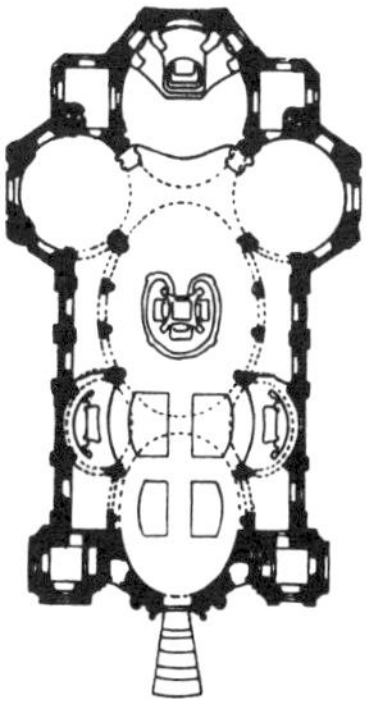

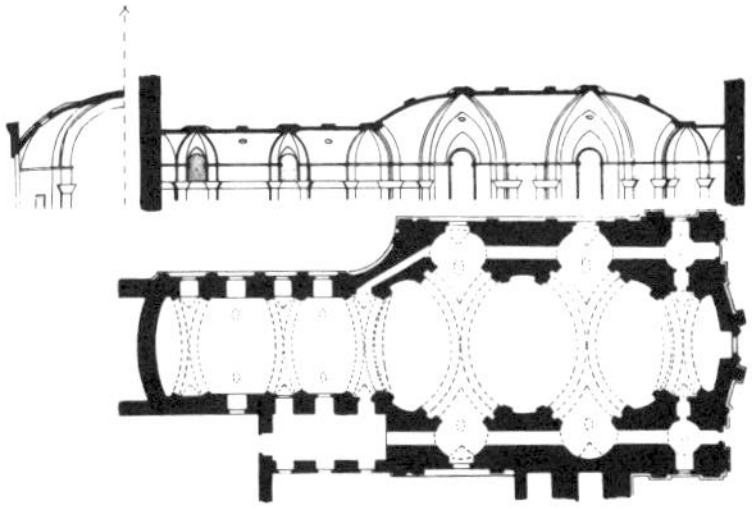

このような状況でのひとつの解決法は、横断アーチを完全に除去し、それらを斜め方向に向い合うピラスター同士を結ぶ別のアーチによって置き換えることであった。このタイプの対角線アーチは、身廊の長軸に対しては、直角ではなく鋭角をなして立つ垂直面《プレーン》を描くであろう。しかしながら、それらは依然として垂直な平面であったであろう。それらと上部のヴォールトとの交線は半楕円となるはずである。これら二つの半楕円形はヴォールトの頂点で交叉し、それによって幅広い対角線方向のリブとしてのアーチをともなった交叉ヴォールトを形成したことであろう。しかしながら、バンツ[図114, 115]でのアーチは、対角線方向に向い合うピラスターを結んではいない。それらは対をなす曲線であって、ヴォールトの頂点にまでねじり上り（このことだけならば、これを交叉ヴォールトとして考える方が楽だろう）、それから、上りの曲線と左右対称な弧となって、直角に向い合っている反対側のピラスターへと戻ってゆく。これらの空間的な曲線は、もはや平面には固執しない。各々のベイの間の境界は、もはや直立する面ではなく、直立する円筒である。これらアーチ群のうちの、互いに隣接する一組は、ヴォールトの頂点で接するため、ベイとベイの境界は空間の中央で出合うことになる。プラハのSv.・ミクラス教会堂におけるピラスターの配置は、このようなヴォールトが、そこではいずれのベイの上部でも計画されていたことを示している。したがって、このようなヴォールトにおいては、それぞれのベイの横断軸は、本来横断アーチがあるはずの場所に存在することになり、アーチの交点は本来ベイの横断軸があるはずの場所に存在することになろう。ここでは、ヴォールトにおける分割と平面《プラン》における分割との間に、シンコペーション的なずれが存在することになる。そしてこのことは、あたかも隣接する柱《ピア》から発している一対のアーチは弾力のあるものであって、それらは隣接する次の対のアーチに接するまで引き離されているかのような仮象を生む。これらの一対のアーチにはさまれた領域は、もはや一定の幅を保つものではなく、ヴォールトの頂点に向って幅が増大するようになる。また平面図上でのベイの上部にあたるヴォールトの領域は、これに対応して幅が狭くなり、二個の独立した部分へと分けられることになる。バンツの（図114, 115）内陣においては、このことは、すべてのベイにおいてではなく、ひとつおきのベイにおいて起こっている。さらにまた、ここでは円筒《バレル》ヴォールトはすでに構造的な理由によって放棄されている。すなわち、アーチ群は、実際に互いに支持し合う自立的な部材として構築されていた。このようなアーチにおいて、下面の反対側の縁同士を結ぶ横断方向の線は、起栱点において水平である。通常のアーチでは、この線は頂点においてもまた水平となっている。しかし、このようなアーチにおいては、それはアーチの起栱点のすぐ上から曲がりはじめ、頂点においては傾いている。隣接する二つのアーチの要石《キー・ストーン》は、切妻屋根の面のように傾いている。このようなアーチの中心線は三次元曲線であり、その下面はねじれ面である。これらのアーチの間には、円筒形のセヴェリーがはいる余地はない。これらアーチの間には、ねじれたセヴェリーがかかっているが、これが何らかの幾何学的に定義された種類の面に属するのかどうかはわからない。

　わたしは、隣接するピラスターから上に立ち上がる二本のアーチを示すのに「一対のアーチ」という表現を用いた。しかしながら、ベイの中心上部で出会う二本のアーチが一体化しているように見えるときには、この「一対」という関係はくずれる。ねじれたセヴェリーは身廊の両側から立ち上がり、いま述べた後者の方の意味での一対のアーチの間において起栱点の線から頂点までの領域を満たす。これらのセヴェリーは、その基部においては平面図におけるベイの幅をもつ。それらはまた窓を包含し、したがってまた、大きなルネットによっても刳り抜かれている。一つの大きな連続的セヴェリーが、二本の隣接するアーチの間に架かっている。

バンツ[図114, 115]における身廊は、内陣よりも幅が広い。両者のヴォールトは本質的に類似しているが、ただし身廊では、対になったアーチの間にあるルネットは、礼拝堂《チャペル》（これらは相互に連絡され、ギャラリーをもつ）の上の四分の一球のヴォールトとつながっている。これら礼拝堂《チャペル》のアプス状ヴォールトにもまたルネットがある。そして、ギャラリーは礼拝堂《チャペル》の凸状空間を輪郭づけるS字曲線へと曲げられており、これらの凸状空間は上部のヴォールト内では繰り返されていない。ギャラリー下部の礼拝堂《チャペル》は、一種の楕円形ヴォールトで覆われており、それはルネットによって刳り抜かれている。オルガン・ギャラリーもこれと類似したものであるが、ただしその天井は身廊のベイのように形成されている。オルガン・ギャラリーと内陣の上部にあるヴォールトは、身廊上部にあるヴォールトよりも低いので、両者の変わり目にあるベイの上部のねじれた大きなセヴェリーは、結局傾斜させられなければならない。このように、それらは身廊の上部を覆うセヴェリーとは異なる。ヴォールトの頂点は（個々のセヴェリーの内部へのわん曲、およびアーチが出会う部分での中断はあるにせよ）、オルガン・ギャラリーから身廊の中央へと上り、それから同様の曲線をとって内陣の正面へと下ってゆく。こうしたあらゆる豊富化にもかかわらず、内部空間は連続的で凝集性の高い単一体の効果をもつ。そして、この単一体に対して側面礼拝堂《チャペル》やギャラリーが従属するのである。そしてまた、この単一体としての空間が、波打つ構築物として無限の外部空間と接触しているように見える。ここではっきりと理解しなければならないのは、これらのヴォールトは身廊の平面図からは予想しえないものであるということである。もちろん、それらは平面図の輪郭とは対応しているが、その分割とは対応していないのである。ヴォールトにおける分割は思いがけなく置き換えられている。すなわち、それらは平面図におけるベイとは対応していない。プラハにあるSv.・ミクラス教会堂において

図118　レグニキエ・ポール（ヴァールシュタート、ポーランド）の元ベネディクト派教会堂平面模式図、一七二七年。

は、それら平面《プラン》とヴォールトとはシンコペーション的に置き換えられるように意図されていた。そして、この考えはプラハ近傍のブレヴノヴ（ブレナウ）にあるベネディクト派教会堂であるSv.・マルケタ教会堂（一七〇八年）においてなし遂げられた。そして、この考えはバンツ[図114, 115]においてさらに発展させられた。というのは、ここではひとつおきのベイにのみ三次元的なアーチが現われているからである。このために、シンコペーション的な多義性は、リズミカルな交替と結びつけられている。中間のベイにおけるセヴェリーは、長軸方向へとその両側が引き伸ばされ、隣りにある一対のアーチの頂点にまでとどいている。しかしながら、対になったアーチ群にはさまれた礼拝堂《チャペル》は、別の種類の凸型空間である。ヴォールトの表面からは、これらの空間は、両側から中央へと向う三角形の舌のように見える。どこかで（どことはっきりいうことはできないが）、それらヴォールトの暗示する空間は、下部の均質な空間と融合している。これは、凸状空間の相互貫入である。

斜交する、対になったピラスターから立ち上がるアーチによって作られた交叉ヴォールトも実際に現われている。たとえば、マドリードにあるサンティ・ジュスト・イ・パストー教会堂（現在はサン・ミゲール教会堂、一七三九年）がそうである。それらは身廊の第一ベイと第三ベイとを覆っている。第二ベイの上部に架かるヴォールトは、ここでもまたその本来の境界を越えている。というのは、その浅いドームは対角線方向のアーチに接しており、平行なアーチの間に閉じ込められてはいないからである。ポーランドのレグニキエ・ポール（ヴァールシュタート）にある元ベネディクト派の教会堂[図118]（一七二七年）では、中心型平面の教会堂において三次元的なアーチが使用されている。中央空間は楕円形的な効果をもっているのだが、楕円形それ自体はどこにも明瞭に現われてはいない。六つの空間が放射状に並べられ、すべては三次元的アーチによって、うねるひとつの単位《ユニット》へと融合されている。長軸方向の軸線は強調され、側面礼拝堂《チャペル》は、ヴェスティビュールやその反対側にある通路よりも奥行の浅い空間になっている。ヴェスティビュールと内陣とは中心型空間的な効果をもつ。そのため、全体は中心型の要素《パート》の連鎖に見える。しかしながら、この印象が支配的というわけではない。全体は中心型教会堂と長軸型教会堂との中間的なものである。全体空間の凸状性はヴォールトに反映されている。このヴォールトは、凸状の形態で始まり、徐々にこの形態を失いながら凹状の曲線へと変化している。

フィアツェーンハイリゲン図116 117（一七四三年）では、平面《プラン》それ自体においてシンコペーションが現われている。ここでは三個の細長い楕円形のヴォールトが架けられた空間が、中心軸に沿って整列させられている。中央の空間は他の二つよりも大きく、これら二つのうちのひとつはオルガン・ギャラリーを含み、一方もうひとつは内陣を作っている。これらの楕円形の形態は、ヴォールトの領域においてのみ始まっているのではない。なぜなら、その平面形もまた楕円だからである。すなわち、通常は外郭となる矩形がここでは存在せず、したがって中央の三つの楕円形における二つの対において、それらに接する楕円形の空間と円形の空間とを二つずつ置くことができる。この二つの小さな楕円形空間の横断方向の軸を延長すると、それは中央軸上の第一と第二の楕円の共通接線と一致する。二つの大きな円形空間の中心を結んだ線は、中央軸上の第二と第三の楕円の共通接線と一致する。註62 ここには、交叉部と呼びうるものは何もないが、それにもかかわらず、この二つの円形空間は袖廊としての効果をもつ。というのは、すべてのヴォールトは非常に高くまで立ち上がるルネットによって刳り抜かれており、それによって同じ高さの連続した天井の印象がつくり出されているからである。両側の二つの小さな楕円

註62　これは絶対的に正確なことではない。なぜなら、内陣の楕円は中央のものより小さいからである。しかし、われわれの目的については充分に正確である。

形空間は、側廊の一部を形成しており、側廊の残りの部分は複雑な凸形空間となっている。これらの空間諸形態を理解することは、側廊を通り抜けるギャラリーによってさらに難しくなる。小さな楕円形空間においては、ヴォールトがそれ自体の上へと後退しており、そのために、ここでもまたシンコペーションが存在する。オルガン・ギャラリーは、側面ギャラリーよりも、わずかに低い。そして、この側面ギャラリーは袖廊によって中断されている。これらの袖廊は、ベイにして一つ分のコレッティによって内陣と連続している。このコレッティは、閉じた聖器室の上部にある空間が引き伸ばされたもののように見える。外側の囲みは相対的に非常に単純なので、内部空間の豊富化は、第二段階におけると同じように、分割によってのみ獲得されている。ヴォールトが架けられた空間は、全体空間の中に配置され、凸状の空間を作り出す。しかし、ヴォールトが架けられた七つの空間の境界が完全に溶け合っているため、そこには明瞭な限定がなく、圧倒的なルネットの存在によりすべてのヴォールトは断片となっている。さらに、これらの断片は、凸状の連結空間によって融合させられている。この結果、個々の空間部分の明瞭な形態――平面図《プラン》は、これへと発展させられるべきである――は、暗示によってのみ示される（五つの楕円形空間と二つの円形空間とは、明らかに設計における統合要因であり――残りのすべては凸状の補助部分である）。かくして複雑な全体構成によって作り出されたものには、第二の困難がつけ加わる。というのは、個々の形態それ自体は、探求する精神に対してのみ暗示されるものであるからである。この巡礼教会堂の訪問者のうちの九九パーセント以上の精神は、このような困難を前にして降伏してしまう。そして、このことがまさに目的なのである。すなわち、この教会堂は精神に対して訴えるのではなく、不確定で制御不可能なものにわが身を投げ出す想像力に対して訴えるということである。

図119　ザンクト・ミヒャエル団教会堂内部、ベルク・アム・ライム（ドイツ）、一七三七年。

(4)「予期せぬ」ヴォールト

予期せぬヴォールトは、第三段階においてもまた存在する。第二段階におけるそれらがすでに理解するのが非常に困難であったということは否定できない。しかし、それらは基本的には、依然として単純であった。なぜなら、それらの構成要素は低次の幾何学形態だったからである。第三段階においては「予期せぬ」ヴォールトの構成要素についてさえ説明することは非常に困難である。なぜなら、それらは楕円形であるか、あるいは時には回転によって作られたものでさえない楕円面と類似の形態であるからである。ねじれた表面などの、このように複雑な形態は、技術的な正当性をもつものではなく、第三段階が複雑さに喜びを感じていたという理由によってのみ存在しているのである。そして、このような複雑な形態は、その建物の図面を制作しようとする人以外には誰もが見落としてしまうほど目立たないものであることが多い。しかし、このようなヴォールトがいかに目立たないものであったとしても、それらは空間に対して決定的な効果をもつ。最も複雑なヴォールトの例は、ギュンツブルクにある教会堂の内陣を囲む周歩廊《アンビュラトリー》の上部にあるものである。その記述は読者自身でなさるように、わたしは手控えておくことにしよう。

わたしは、ドームがルネットの上に載っているときにそれを「予期せぬ」と記述した（これは、ミュンヘン近傍のベルク・アム・ライムにあるザンクト・ミヒャエル団の教会堂[図119]（一七三七年」で見られる）。すなわち、ふつうの水平的な円筒《バレル》ヴォールトではなく、ドームで覆われた垂直的なシリンダーのペンデンティヴ内に開口部がある場合である。エトヴァスハウゼンにある教区教会堂（一七四一年）においては、慣例的には円形の平面《プラン》の上部に見られるヴォールトが、矩形の平面《プラン》の上部に使用されている。そして、この逆も同様に行なわれている。この中心形平面《プラン》の教会堂におけるアプスは、円弧状の曲線によって形成されており、円柱群《コラム》によって内陣と分離されているが、その円柱群《コラム》によって内陣は突然三廊に分割されるのである。中央の廊は交叉ヴォールトによって覆われており、側面の空間のそれぞれは一種の四分の一球で覆われている。内陣の反対側にある身廊の端部（ここにオルガン・ギャラリーが設置されている）もまた円弧状であり、三つの空間に分割されている。このように丸い端部をもつ腕は、交叉ヴォールトで覆われており、一方端部が四角い横断方向の腕は、ドームのような半分のクロイスター・ヴォールトで覆われている。

(5) 閉じた空間の上部の開放

フィアツェーンハイリゲンの内陣におけるように、閉じた聖器室の上部に置かれた開放《オープン》ギャラリーは、とくにわれわれの想像力に重い負担をかける。以下の教会堂の中にそれらの例がある。ディーセンにある教会堂（一七三二年）、シュタインバッハ・アン・デル・イラーにある教会堂（一七四〇年）、ミュンヘンにあるザンクト・ペーター教会堂（一七五〇年頃）、ランドスベルク・アム・レッハにあるイエズス会教会堂（一七五二年）。

(6) 一定の天井高

ドラムは、垂直方向に付加された空間であるが、連続的な空間への願望のために消失することが多い。ペンデンティヴ・ドームが、高くそびえるドラムとドームとに取って替わる。全体的な印象においては、これらの低いドーム群は集合して、多かれ少なかれ連続的な覆いとなるのである。それ以前の時代においては通常、ドラムが現われたであろう場所にそれが欠落している例としては、たとえば、ミュンヘンにあるドライファルティヒカイト教会堂（一七一一年）がある（この建物もまた、ドーム内に大きなルネットをもっている）。この他の例としては次のようなものがある。クシェーシュフ（グルッサウ）の教会堂（一七二八年）、ベルク・アム・ライムの教会堂図119（一七三七年）、エトヴァスハウゼンの教会堂（一七四一年）、オットーボイレンの教会堂（一七四八年）、ザンクト・ガルの教会堂（一七四八年）、ウィーンにあるマリアトロイ教会堂（一七五一年）である。レグニキエ・ポール（ヴァールシュタート）にある元修道院教会堂におけるような空間もまた、ある意味においてはこれに属するものである（ヴァルトザッセン近傍のカップルにある教会堂や、ヴァルトザッセン内にある教会堂のような、一七世紀において孤立して存在する原型もある）。

(7) ホール式教会堂

天井高が一定であるとの印象をうるための努力によって、ホール式教会堂（等しい高さの廊をもつ教会堂）は第三段階における当然の特徴物となる。この例としては次のものが挙げられる。ヴュルテムベルクのシェーンタルにある教会堂図120（一七〇〇年）、フリートベルク（北部バヴァリア）近傍のウンゼレス・ヘルン・ルーの教会堂（一七三〇年）、ヴュルツブルクにあるドミニコ会派教会堂（一七四一年）、アモールバッハにあるカトリックの教会堂（一七五二

図120　シェーンタル（ヴュルテムベルク地方、ドイツ）の教会堂内部、一七〇〇年。
図121　シュタインハウゼン（ドイツ）の教会堂平面、一七二八年。
図122　ディ・ヴィースの教会堂平面、一七四六年。

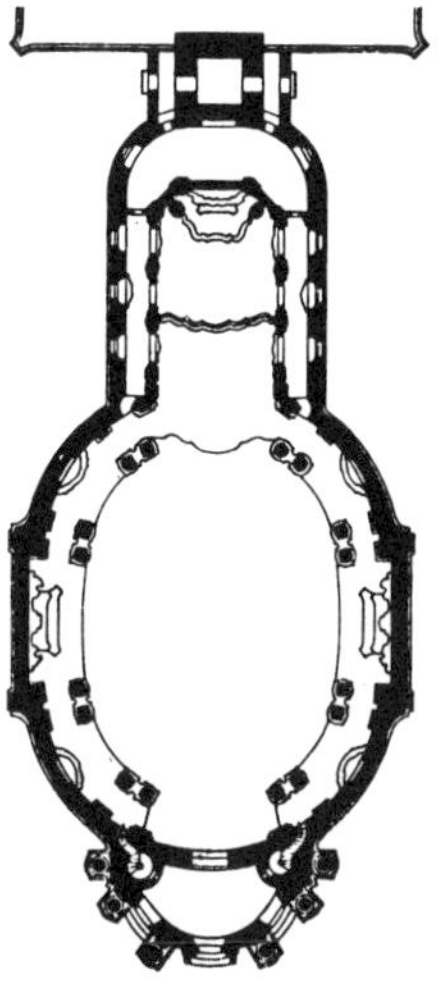

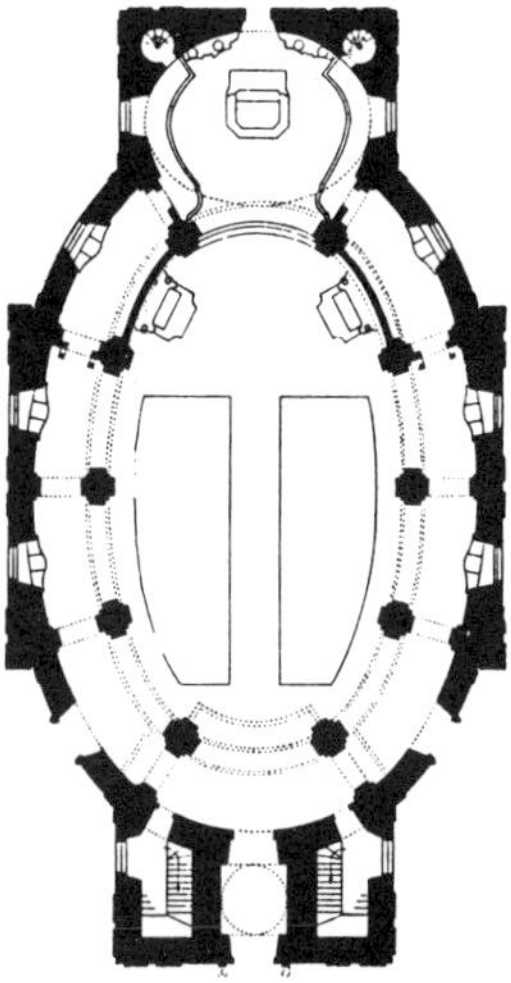

年）。ひとつのホールという印象は、一つの身廊の側面に礼拝堂《チャペル》があり、それらが中央空間である身廊部と同じ高さをもつときにも生み出される。この例としては次のものが挙げられる。ディーセンにある教会堂（一七三二年）、ディートラムスツェルの教会堂（一七二九年）、ゲスワインシュタインにある教会堂（一七三〇年、これら三つはすべてバヴァリアにある）、スペインのサン・セバスティアンにあるサンタ・マリア教会堂（一七四三年）。

　これらのホール式教会堂の多くは、後期ゴシックにおける空間形態と同一である。後期ゴシックにおいても、身廊と礼拝堂《チャペル》のヴォールトは等しい高さのものが使われていた。たった今名を挙げたスペインの教会堂の天井は、リブ付きの星形ヴォールトによって形成されていた。この後期ゴシックの形態への回帰は、実際には、新様式を受け容れるのが遅れた地方におけるゴシックの残存ともみられる。しかしながら、ホール式教会堂の本質的な特質は、第二段階と第三段階の絶対的な特徴なのである。ホール式教会堂は必ずしも過去を参照したものではない。それは、後期ゴシックの空間形態に親近感をもっていたある現在の発展なのである。このことは、バルタザール・ノイマンといった人々の作品におけるホールの外観にすべて示されている。彼らは偶然的な地方の伝統に依存していたのではなく、発展の主流に属していたのであり、自分たちの時代の建築が成し遂げたことに意識的であったのである。

　このため、ホール式教会堂が中心型平面、すなわちひとつの中央空間が、それとほぼ同じ高さをもつ周歩廊《アンビュラトリー》によって取り囲まれる形式をとったとしても驚くにはあたらない。それは、シュタインハウゼンの教会堂[図121]（一七二八年）、あるいはディ・ヴィースの教会堂[図122]（一七四六年）において見られる。

(8) 空間形態の相互貫入

二つの空間形態を相互貫入させることによってひとつの空間を創造するという原理は、第二段階から受け継いだものである。そのひとつの例はムルナウにあるザンクト・ニコラウス教会堂（一七一七年）である。ここでは、円形とそれに外接する正方形とが同時に存在しており、ペンデンティヴとして現われる隅部には三角形の空間をもたない。もうひとつの例はギュンツブルクにある教会堂[図123]（一七三七年）である。ここでは、矩形の中の楕円形が床レヴェルにおいて暗示されているにすぎず、階上の空間においてのみ明瞭に展開されている。[註63]

このようにして、一つの廊による狭い空間でさえ、非常に複雑な内部空間となった。このことは、ミュンヘンにあるザンクト・ヨハン・ネポムーク教会堂[図124]（一七三一年）においてもあてはまるが、またヴュルツブルクにある司教邸《レジデント》の礼拝堂は、凸状の形態をさらに豊富に用いたものである。第二段階において発展させられた六〇度という角度は、第三段階においても繰り返されている。それらの例は以下のものである。チェコスロヴァキアのパネンスケ・ブレザニー（ジャングフェールブレシャン）にあるSv.・アンナの礼拝堂（一七〇五年）、ウィーンにあるサレジアネリンネン教会堂（一七一七年）、チェコスロヴァキアのゼレズナ・ルーダ（エイゼンシュタイン）にある教会堂（一七二七年）、ミュンスターのクレメン教会堂（一七四五年）、チェコスロヴァキアのスクレイショヴにある教会堂（一七六四年）。

しかしながら、第二段階におけるこれらの特徴は、第三段階の特徴によって圧倒されることが多い。この展開においては、可能な限りの数多くの効果が重ね合わせられている。最も極端な形態をとった空間の分割という印象を生み出すために、それらは同時に用いられているので

註63　もうひとつの例は、ヴィチェンツァにあるキエサ・デル・アラコエリ（一六七五年着工）である。

図123　ギュンツブルク（ドイツ）の教会堂内部、一七三七年。
図124　ザンクト・ヨハン・ネポムーク教会堂内部、一七三一年。

ある。ネレスハイムの教会堂（一七四七年）においては、周歩廊《アンビュラトリー》がホールの効果を生み出している。円筒部《ドラム》はなく、高いところまで到達しているルネットが存在している。境界面は凸状であり、ヴォールトは可能な限りの複雑さをもつ。そしてギャラリーのバルコニーは凸状である。中央の空間を取り囲む周歩廊《アンビュラトリー》の断片は、楕円形の袖廊と融合している。フィアツェーンハイリゲン[図117・118]におけるように、互いに接する七つのドームが架けられた楕円形の空間は、平面《プラン》においてのみ暗示されている。ネレスハイムの教会堂は、シンコペーションがないというだけの理由で、それより早いフィアツェーンハイリゲンよりもはるかに単純である。諸特徴によるもうひとつの組み合わせは、ディ・ヴィースの教会堂[図122]（一七四六年）において見出される。この建物は周歩廊《アンビュラトリー》をもつホールである。周歩廊《アンビュラトリー》の上部には「予期せぬ」ヴォールトをもち、内陣外の囲まれた空間の上部には開放《オープン》ギャラリーがある。このギャラリーは、周歩廊《アンビュラトリー》の第一ベイの内部へと突き出ており、円筒部《ドラム》をもたないドームの基部にはバルコニーがある。

(9) プロテスタントの教会堂

これまで述べたカトリックの教会堂の空間的特徴は、同時代のプロテスタントの教会堂においても、それがある美学的な主張をもつ程度に反映している。一般に、美学的には取るに足らないプロテスタントの教会堂においてさえ、ギャラリーの手摺の線が外壁と中心を共有しなかったり、平行でなかったりしているのである。ギャラリーによって開放されたままになっている空間の核は、外部からは読み取ることができない。このようなギャラリーは、凸状の環《リング》になっている。このようにして、たとえばエルランゲンにあるユグノー派教会堂（一六九二年）では、外周の矩形の中に、ギャラリーによって十二角形をなす空間が形成されている。これ以外の例としては次のものがある。レシュノ（リッサ）のルゼラン教会堂（一七〇九年）における袖廊をもつ矩形の中の楕円形、ポズナン（ポーゼン）の聖十字教会堂（一七七六年）における矩形の中の円に非常に近い楕円形（この矩形は、内陣とタワー・ロウジのための横断方向の腕をともなっている）、逆に、楕円形の外周壁の中にある矩形は、ポークイ（カールスルーエ）の教会堂（一七一三年）に見出される。

芸術的な主張をもつ少数のプロテスタント教会堂においては、問題はそれらよりはるかにより複雑である。バイロイトにあるオルデンス教会堂[図125, 126]（一七〇五年）は、外部からはギリシャ十字のように見える。しかし、内部空間においては三つの腕の存在のみが明らかである。第四の腕は塔によって占められている。したがって、中央の正方形が完全な形で保たれているにもかかわらず、内部空間は袖廊と短い内陣とによって構成されている。この内陣と二つの腕との内部には二重のギャラリーがある。内陣のギャラリー（これらは、説教壇と祭壇上部のオルガンとのためにある）は、中央の正方形には達していない。しかるに、腕の中のギャラリーは、正確にその正方形の縁まで達している。塔がある側のブリッジは、中央の正方形に突き出ているコート・ロウジを支持している。このため、これらのギャラリーによって取り囲まれた空間の核は、平面《プラン》図では中央正方形との関係で位置を変えている。すなわち、その核は内陣へとシンコペーション的に位置をずらしている。ギャラリーの上部には、ルネットをともなった凹状部《コーヴ》分がある。そして、ルネットの上部にはコーニスがある。このコーニスが十字腕を取り囲む大きな矩形をなす交叉ヴォールトを最終的に支持している。このように、ギャラリーの平面《プラン》とヴォールトの平面《プラン》は一致しない。これらの相互の関係はシンコペーションなのである。

図125・126　オルデンス教会堂内部、バイロイト、一七〇五年。

ドレスデンにあるフラウエン教会堂[図127]（一七二五年）はもうひとつの例である。ここでは五層のギャラリーだけを問題とする。それぞれのギャラリーの手摺は幾分か異なった形を描く。このために、この教会堂の空間的核《コア》は、各レヴェルで異なる平面《プラン》をもつことになる。第一のギャラリーはほぼU字形――端部が凸型に曲がった馬蹄形――をしており、それを支える八本の柱《ピア》が描く円から突出している。第二のギャラリーは、形状はこれと同様であるが、柱《ピア》より突出してはいない。第三のギャラリーは第二と同様である。第四は、その主軸上に半円形の凹部をもっており、第五は第四の開口部の上に架け渡されている。空間の核は、各レヴェルでの形の変化にともない不確定である。そのさまざまな突出は、空間全体を連続的で任意に分割可能な流体として理解したときにはじめて統一される。この連続的に移動する形態の印象は、先に挙げたバイロイトの教会堂[図125,126]よりも、この建物における方が顕著である。なぜなら、ギャラリーの個々の手摺は、空間の核を限定するものとして暗示されたひとつの連続的表面の不連続な断片だからである。ここでは、ひとつの形ともうひとつの形との間の移行点は不確定なのである。

最後の例として、わたしはハンブルクにある大ミヒャエル教会堂[図128,129]（一七五〇年）を考察する。平面《プラン》は、四つの隅部空間をもつギリシャ十字をなす。それは、上部においてギャラリーに統合されるひとつの不確定な空間の層としか記述することができない。ギャラリーの手摺が描く大きな連続的曲線は、対角線方向に突出する空間の核を規定する。ギリシャ十字における中央の正方形を区画している四本の隅部柱《ピア》は、このギャラリーを貫通しており、空間に取り囲まれながら、袖廊のヴォールトの起栱点にまで立ち上がっている。これら袖廊の円筒《バレル》ヴォールトは、四つの隅部空間のヴォールトと同一の高さをなすため、中央空間と二つの長軸方向の腕に向う三つのアーチの開口をもつひと続きの側廊があるように見える。中央の空間と長軸方向の二つ

図127　フラウエン教会堂内部、ドレスデン、一七二五年。（上）
図128　ミヒャエル教会堂平面、ハンブルク、一七五〇年。
図129　同内部。

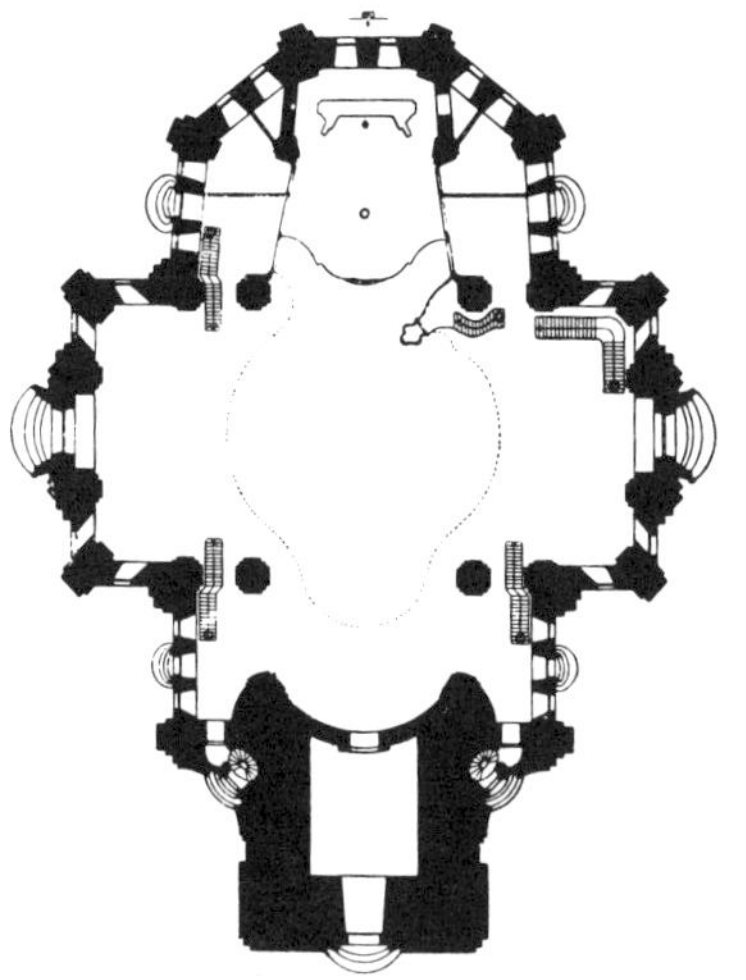

の腕という三つの空間は、ヴォールトの高さにおいて、単一の統一された身廊を形成している。というのは、これらはアプス状の端部をもつひとつの浅い円筒《バレル》ヴォールトによって覆われているからである。したがって、この教会堂は、平面《プラン》においては中心型の建物であり、ヴォールトの高さにおいては長軸型である。そして、一階レヴェルとヴォールトとの中間には、どちらにもはっきりと属さない凸状の空間の核が浮遊しているのである。

⑽微積分学にもとづく諸形態

(1)凸状の空間、(2)三次元的な曲線を作り出すための単純な空間同士の融合、(3)曲がりくねり、あるいは膨れ上がる空間の印象を与える凸状空間群のシンコペーション、あるいは（バイロイトのオルデンス教会堂[図125,126]の場合におけるように）単純な空間群のシンコペーション。こういった特徴は、すべてひとつの一般原理のもとにまとめることができる。これらの特徴のすべては、第二段階におけると同様に、基本的には空間の分割の一局面である。しかしながら、第二段階においては、すべての空間部分は（ローマにあるサンティーヴォ教会堂[図95,96,97]やトリノにあるサン・ロレンツォ教会堂[図101,102,103]のように極端に複雑な構成においてさえも）依然として初等幾何学によって規定されるものであった。第三段階においては、その全体空間は、あるいはその分割された部分、あるいは少なくともその一部は、微積分的である。わたしがいいたいのは、それらが微積分学によってのみ計算することが可能な、より高等の幾何学による形態であるということである。たとえこのような計算は観察者の仕事ではないとしても、この第三段階における教会堂建築の本質的な特徴をわれわれは次のように規定することができる。すなわち、それは高等数学の助けを借りてはじめて達成されえたものなのであった。

第四段階（一九世紀）

第三段階における微積分学にもとづく諸形態は、スペイン、イタリア、スイス、オーストリア、ドイツにおいて見い出すことができる。しかし、フランス、オランダ、あるいはイギリスには見出すことができない。パリにあるサン・シュルピス教会堂のためのメッソニエによる設計は、その内部空間には影響を及ぼすことはなかったであろう。

フランス、オランダ、イギリスは、第三段階を直接には体験していない。これらの国では、第二段階の直後に第四段階が続いている。したがって、少なくとも空間形態の展開においては、第三段階は第二段階の、ひとつの極端な、あるいは特別な場合にすぎないものと見なすこともできる。第三段階は、新しい極性を何も生み出してはいない。それは空間の分割という概念を、より極端に推し進めたにすぎない。同様に、第四段階も新しい極性を生み出さず、二つの極に対する感覚の喪失を示したにすぎなかった。

微積分学にもとづく空間形態の使用は、一七六〇年頃まで続いた。これより後には、再び、初等幾何学のみで作りうる空間が見出される。しかし、空間の付加へのドグマティックな回帰はなかった。第四段階は、付加と分割という二つの原理の間を不確定に揺れ動く。そして、この二つが、ひとつの同じ空間内で作用することをも許したのである。

パリにあるサント・ジュヌヴィエーヴ教会堂（図130, 131）（現在のパンテオン、一七五四年）はギリシャ

図130　サント・ジュヌヴィエーヴ教会堂平面、パリ、一七五四年。
図131　同内部。

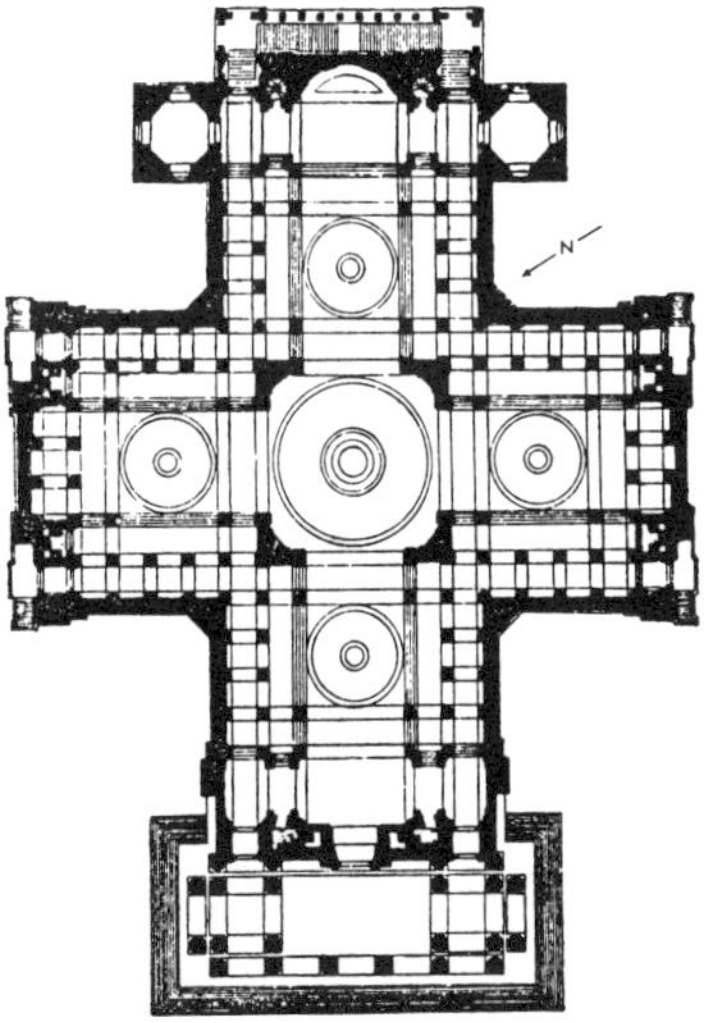

十字をなし、その中央部は円筒部《ドラム》に載る大きなドームによって覆われている。それぞれの腕は四本の短い十字腕をもっており、小さなドームによって覆われている。水平天井をもつ周歩《アンビュラト》廊《リー》が、ひとつの付属空間からとなりの付属空間への動線を可能にしている。それは巨大な交叉部の柱《ピア》の背後を通り、第二ゾーンの十字腕を取り囲む。ギャラリーはヴォールトの起栱点よりも上に置かれており、そのためにルネットが必要になっている。これらは、短い付属十字腕の円筒《バレル》ヴォールトに切り込んでいる。

　ブラック・フォーレストのサント・ブラジエンにあるベネディクト派修道院教会堂（一七六八年）においては、空間の付加に対する、より厳密な合致への願望が明瞭である。内陣は可能な限り正確に区切られているが、その中のギャラリーは閉ざされた廊下の上にある。狭い周《アンビ》歩廊《ユラトリー》がシリンダー状の主空間を取り囲み、このギャラリーは壁の厚みの中に取り込まれている。

　単純なシリンダーは、ニュレムベルクにあるエリザベス教会堂（一七八〇年）の本質的な特徴でもある。しかし、腕が円形と出会う部分での不明快な処理、半円形の円筒《バレル》ヴォールト、凸状曲線をともなったオルガン・ギャラリーの複雑な配置、そして円形が入口側の外壁と出会っていること――これらすべては純粋な付加とは共存できない特徴である。

　ローマのパンテオンは、再びアルベルティの時代におけるように、多くの模倣作品《レプリカ》のための理想、あるいは原型となった。[註64] ナポリにあるサン・フランチェスコ・ディ・パオラ教会堂（一八一七年）は、その代表的なものである。その他の例としては、トリノにあるグラン・マードレ・ディ・ディオ教会堂（一八一八年）、トリエステにあるサン・アントニオ教会堂（一八二七年）、ミラノにあるサン・カルロ・ボッロメオ教会堂（一八四七年）がある。ナポリの教会

註64　パンテオンに似た教会堂は、一七世紀と一八世紀にもまた少数存在している。それらは次のとおりである。ローマにあるサン・ベルナルド・アルレ・テルメ教会堂（一六〇〇年奉献）は、古代のディクレティアヌスの浴場におけるロトンダの隅部の基礎の上部にそびえ立っている。パリにあるエグリーズ・ドゥ・ラソンプーション（一六七〇年）は、ニッチをもたない円形である。パンテオンの真の複製は、ヴェネツィアにあるサン・シモーネ教会堂（一七一八年）である。

堂においては、二つのオーダーのコーニスは、取り囲むべきバルコニーへと発展させられている。ギャラリーやバルダッキーノをともなう大きなオルガン・バルコニーが円筒部《ドラム》の中に見出される。ここではリズムは避けられている。

しかしながら、古代の原型に加え、初期キリスト教建築の原型もまた使用されていた。このため、空間形態の展開における連続性は破壊された。いまやゴシックやロマネスクの空間形態にまで回帰することも可能であったし、異なった様式段階の形態を混合することも可能であった。ミュンヘンにあるルードヴィッヒ教会堂（一八二九年）は、ロマネスク様式による教会堂であろう。しかし、その側廊は、分離した浅いドーム群によって覆われており、その内陣はルネットをともなう円筒ヴォールトによって覆われている。

第四段階における教会堂空間の形成を詳細に論ずる必要はない。第四段階は、ひとつの極性の明白な認識によっては特徴づけられないこと、そして、空間という領域では、それ以前の各様式段階との関連はまったく存在していないということを認めれば、それで十分である。

世俗建築

「教会堂建築」と「世俗建築」という名称は、これらの空間がつくられた目的を指示している。わたしは、この章において、目的に関する考察はすべて割愛してきた。したがって、ここでこれら二種のタイプに分類することは、もしその分類によって、同時に両者の間の幾何学的差異が立証できないのならば妥当でないことになるだろう。たとえ目的のみに起源を発する言語の用法がこの分類と正確に一致することはないにしても、幾何学的差異は事実である。すでに論じた教会堂の空間は、たとえ多くの独立部分の付加によって構成されているように見えようとも、あるいはひとつの完全な空間の分割や断片的な空間によって生み出されているように見えようとも、常に現実にはひとつの単位《ユニット》なのである。それらは同時的であり、かつ一体的な効果をもっている。ところが、わたしがこれから論じようとする空間は、いわば、空間の集塊、すなわち現実にあいついで知覚される空間なのである。それらは互いに隔離されている。閉じられた壁体はそれらを分割するが、一方閉じうる扉《ドア》はそれらを結合する。空間の同時的な理解と継時的な理解との区別は、個々の空間を規定している表面の開放や閉鎖の程度にもとづくが、それは主として、教会堂建築と世俗建築との相違に一致する。したがって、わたしはこの幾何学的な区別とは一致しないような教会堂建築または世俗建築の空間を論ずる場合でさえ、誤解の恐れなしにこの命名法を維持できる。

教会堂に付属する聖器室、階段塔、ヴェスティビュールのなかで、ひとつの全体としての内部空間に、何らの影響を及ぼさないものもある。ひとつの全体としての内部空間に対する様式的な関係に関する限り、それらは邸館《パラッツォ》における個室、階段、ヴェスティビュールと全く同じである。したがって、それらを以下の世俗建築についての論考の中に含めることが可能である。一方、邸館《パラッツォ》や修道院には、開放された境界面をもちながらもなお単位《ユニット》として知覚されるという複雑な空間形成をなす部屋もある。このことは、とくに第三段階において当てはまる。たとえば、図書館は次のような場合には、教会堂空間と同様の特徴をもつ空間形態になる。すなわち、それらが凸状ギャラリーを含む場合、あるいはウィーンの宮廷図書館《ホーフ・ビブリオテーク》（一七二二年）におけるように、それらが多くの空間の融合によって形成される場合である。このようなものの様式的展開は教会堂建築のそれと並行しているため、それらを単独に論ずる必要はない。

しかしながら、他の世俗建築の発展が教会堂建築のそれと並行しているかどうか、という問題は依然として存在する。ここにおいて、付加と分割は同じ役割を演じているのだろうか？　たとえ世俗建築を形成している個々の空間が、実際には分離されていたとしても、なお次のような疑問は残る。すなわち、実際には分離されているそれらは、あるときには分離して見え、あるときには融合して見えるかということである。これと反対のことが、教会堂建築においては確かに真実である。すなわち、教会堂建築は、実際には結合された空間から構成されているのだが、それらは、あるときには独立した個々の部分の付加によって形成されたように見えうるし、またあるときには分割によって形成されたように見えうるのである。したがって、教会堂建築と世俗建築との相違が実際上の付加と分割にもとづくのに対して、様式段階の間での相違は、見かけ上の付加と分割にもとづいているのである。

壁と天井によって閉ざされたすべての部屋の幾何学的な区画は永遠に固定されているため、これらの明白な境界においては、様式上の相違は明らかにはなりえない。このような相違からは、壁の明快さあるいは曖昧さ、諸室の放射状配置と周縁的配置の対比、あるいは不連続な停止点をもつ星型の群《グループ》と、多くの部屋による連続的な統一体(それ自体ひとつの矛盾である)の対比等について論ずることはできない。それでいながら、第一段階の世俗建築は第二段階のそれと本質的に異なるのである。

世俗建築を理解するためには、その内部を端から端まで、地下室から屋根まで、突出する全ての翼部《ウィング》を通って、徹底的に歩き回ってその全体を知るようにならなければならない。入口、中庭《コート・ヤード》や階段へと導くヴェスティビュールあるいは通路、幾つかの中庭の結合部、階段それ自体、および各レヴェルにおいて階段から伸びる廊下、これらはわれわれの身体の血管のようなものである——以上の要素は、ひとつの建物における鼓動する動脈である。それらは個々の部屋、個々の寝室、地下室、ロウジへと導いている固定した動線を形成する通路なのである。住宅建築の組織は、これらの動線を導く動脈にまで発展する。相互に連絡をつける扉《ドア》による部屋の間の動線も一定の役割を果たすが、廊下のシステムが存在する場合は、これは二次的なものになる。空間の付加と分割という様式上の基本概念は、世俗建築においてはこの動線のネットワークと関わっている。すでに読者はこれらの原理を知っているから、この説明をわたしは手早くやることができる。読者をゆっくりと理解へ導くよりも、それぞれの様式段階から、二、三の顕著な例を示すことで十分であるとわたしは考える。

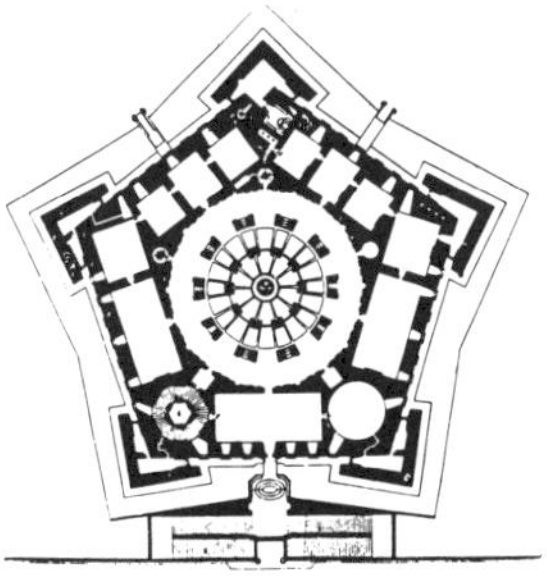

図132　パラッツォ・ファルネーゼ、カプラローラ、一五四九年。

一、階段

第一段階

螺旋階段はゴシックからの遺産である。それが閉じた中心部をもっている場合、昇降するわれわれの視線は直接前方に限定される。踊り場の使用が最小限であり、無限へと向かう垂直方向の連続性が強いため、螺旋階段は近世建築においてはもはや不適当なものである。もしそれが、開かれた中心部をもっているならば、それが連絡しているすべての階を見通すことができるであろう。しかしながら、垂直方向への引力が、あまりに強いために、その空間は各階と無関係となる。実用的な理由から各階に踊り場がある場合でさえ、踊り場は、芸術的には存在していないのである。螺旋階段は急上昇する。そして、その中央の吹抜け部分は小煙突の効果をもつ。しかし、階段吹抜けのもつ全体的性格である孤立性こそが、第一段階においてそれが現われることを可能にする。ヴァティカンでのブラマンテの螺旋階段と、カプラローラのパラッツォ・ファルネーゼ[図132]にあるそれがこの例である。

しかしながら、螺旋階段は第一段階に典型的なものではない。早いものはフィレンツェの捨子養育院（一四一九年）に見られるが、第一段階に典型的な階段はドッグ・レッグ型である。それは、共通な一枚の固い壁によって分離された、平行な二本の直線状フライトから構成されている。それぞれのフライトは（ルネットをもたない）傾斜した円筒《バレル》ヴォールトによって覆われる。われわれは、このタイプの階段を、ひとつの階にのみと関連づけて見る。そして、その

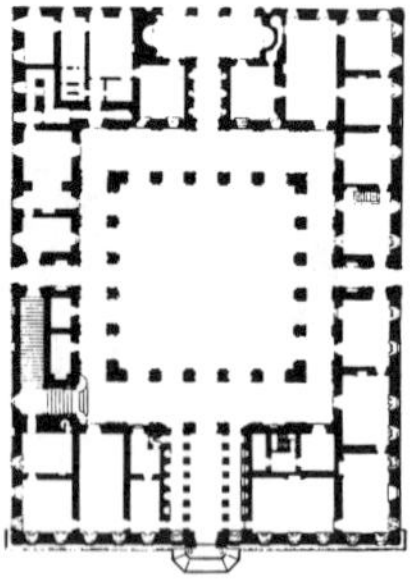

図133　パラッツォ・ファルネーゼ、ローマ、一五三四年。

後にいくつの階が続いているか考えることはない。それぞれの階は別個の停止点である。フライトの段自体が、独立した実体としてゆっくり上昇する。しかし閉ざされた中心部をもつ螺旋階段におけるように、われわれの視線がすぐ前方にあるものに限定されてしまうことはない。その印象は、不完全で、瞬間的な、振動する空間の断片ではない。それぞれのフライトが、ひとつの完全な空間単位であり、それは明らかにそれぞれの階や廊下に結びついているのである。ともにローマにあるパラッツオ・ファルネーゼ[図133]（一五三四年）とパラッツォ・サッケッティ（一五四〇年）には、たやすく見に行ける例がある。

フィレンツェにあるパラッツォ・ゴンディ（一四九〇年）におけるように、第一のフライトが中庭のアーケードで始まっている場合にも、階段と建物全体の関係は本質的には変わらない。ここにおいて、第一のフライトは通常のやり方で別個の空間としての効果をもつ上階のフライトと結びついている。[註65]

もし、第一様式段階の世俗建築が、次のような階段、つまり中央の分割壁がないもの（すなわち、片持ち梁《キャンティレヴァー》の踏段をもつもの）、あるいは矩形の開かれた空間核をまわりながら昇る三〜四つのフライトをもつもの、をもっていたなら、創建時より後になって改造が行なわれたものであることは確かである。この規則の唯一の例外は、オーストリアのシュピッタルにあるシュロス・ポルシア（一五二七年）における中庭アーケードの階段であり、これは長い期間をかけて取り付けられたものである。ここにおいては、明白に分離された各階という効果は放棄されている。わたしが発見できなかった他の例も存在するであろうが、その数は少ないことに間違いないであろう。

註65　この最も早い例は、フィレンツェにあるカニジアニ宮とリカソッリ宮である。これはステグマンとゲイミュラーの前掲書中Ⅱ Michelozzo のp.26とPl.19。遅い方の例としては、やはりフィレンツェにあるパラッツォ・アルツィヴェスコヴィル（一五八二年）がある。

第二段階

フィレンツェにあるロレンツォ図書館[図134,135]の、ヴェスティビュールと上階閲覧室とを連絡する階段[図136]は特別な位置を占める。最初、一五二五年に設計され着工されたのだが、最終案の立案とその実施は一五五八年になってからである。われわれは現在存在する階段の代わりに、第一段階の趣味をよく示すような階段を想像してみなければならない――すなわち、単純で、真直ぐで、幅が狭く、両側に壁をもち、傾斜した円筒ヴォールトによって覆われている階段――それは回廊《クロイスター》の上階部分にあるヴェスティビュールへ導く階段と類似している。かくしてわれわれは、自分たちがここで直面しているものが、空間的革命であることを十分に理解することができるのである。現在の階段は、ヴェスティビュールの中央に独立的に置かれている。ミケランジェロは、最初この部屋の天井高を、隣接する閲覧室の天井に揃えようと意図していた。しかし、採光を改善するため、彼はそれを閲覧室の天井より高い現在の高さにまで引き上げることを余儀なくされた。ミケランジェロは、それまで用いていた原理と手を切ることを望んでいた。これらの旧い原理によれば、この二つの部屋の天井高には、それらの床レヴェルの差とほぼ等しいだけの天井レヴェル差がなければならなかった。すなわち、ヴェスティビュールの天井が閲覧室のそれよりも低くなるということである。これら二つの特徴――階段室とそれが導く空間とが（当初の設計では）同一レヴェルをもつこと、および階段が空間を分割する位置にあること――によって、このロレンツォ図書館は第二段階の特徴を示す最も早い世俗建築となっている。一五五八年につくられた階段は、当初に設計されたそれとは異なっているが、以上の二つの特徴は設計過程の初めにおいて原理的にすでに確立されていたのであった。しかしながら、

図134　ロレンツォ図書館断面、フィレンツェ、一五二四年。
図135　同平面。
図136　同ヴェスティビュール。

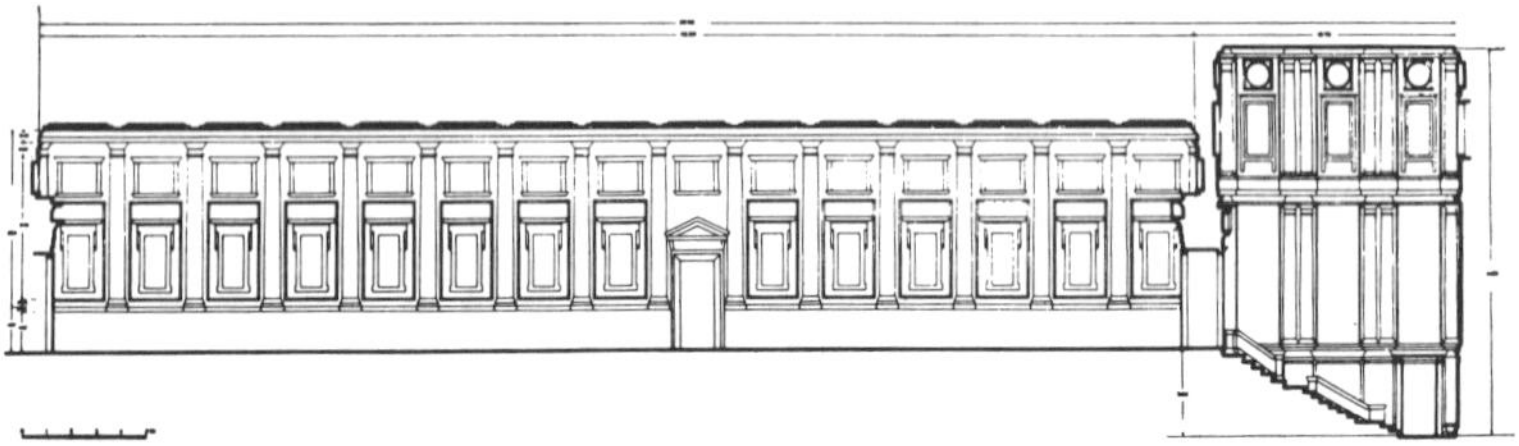

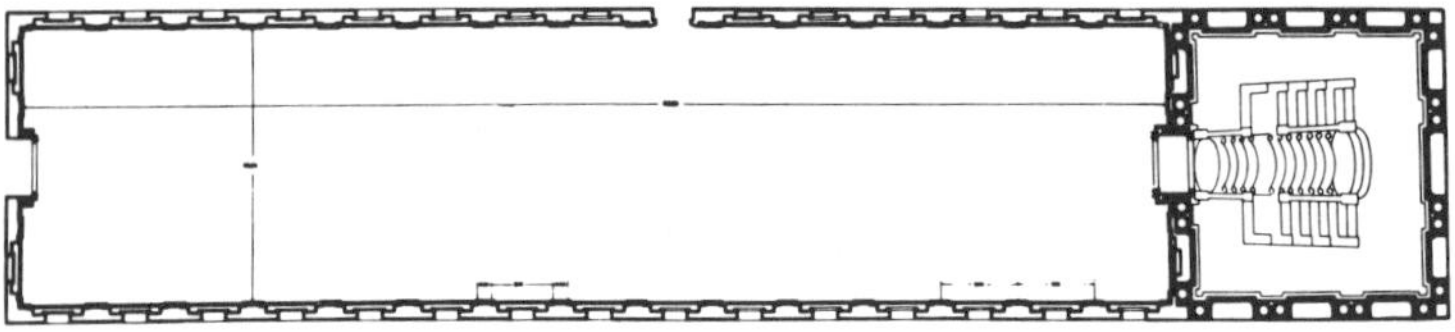

註66　ヴェネツィアのパラッツォ・ドゥカーレにあるスカラ・ディ・ジャイギャンティ（一四九〇年頃）は例外である。ヴァティカンにあるコルティレ・デル・ベルヴェデーレのテラスを連結している階段（一五一〇年頃）は、その位置の故に無視することができない。そしてそのために、この法則とは矛盾しない。

この階段は、それがつくられた一五五八年以降になって初めて影響力を行使できたであろう。したがって、世俗建築が分割の原理を用いることにおいて、一時的に教会堂建築より早かったとしても、それはひとつの孤立した事例にすぎないのである。実際、独立した付加的な階段は、一五五〇年以降においても存続していた。フィレンツェのウフィッツィ（一五六〇年）とローマのパラッツォ・ラテラネンゼ（一五八六年）にはその例が見られる。

屋外階段は、第一段階においてはほとんど例がないが、[註66]これは階段の新しい形態の間接的な源泉となったようである。ここにおける最初にして重要な設計は、ローマのカピトリーノ丘の上にあるパラッツォ・デル・セナトーレ[図137 138 139]（一五四六年）の正面のダブル・ランプ型の階段である。このタイプの階段は、視覚的にすべての階をひとつの単位へと結合する。すなわち、一階と主階とはいかなる場合においてもひとつの単位《ユニット》として現われる。この眼で見てとることのできる階段はどの程度まで上階全体に奉仕するものに見えるか、邸館《パラッツォ》の前方の空間はどの程度まで建物に属しているのか、内部空間と外部空間とはどの程度まで結びついているのか——これらの問題は、たとえばローマにあるパラッツォ・カンチェルレリア[図182]の正面に階段を想定すればすぐに明らかになるであろう。一階と上階とは、おそらく突然ひとつに融合されることになり、さらにその上、全体としてのこの邸館《パラッツォ》は、自己充足性がより少ないものになることと思われる。

カピトリーヌの意匠にならった階段のうちで最も早い例のひとつは、ティヴォリのヴィラ・デステ[図140]（一五六六年）におけるものである。これは、一階の客間《サロット》から最も高い位置の庭園《ガーデン・テラス》へと下るものである。この階段は、庭園それ自体の主軸上にあって、左右対称な二本の半円形をなすフライトによって構成されている。それらは第二段階の原理を維持しながらも、さらな

図137 パラッツォ・デル・セラトーレ立面、カピトリーノ丘、一五三八年。
図138 同

図139　カピトリーノ丘、ローマ、一五三八年。

図140　ヴィラ・デステ、ティヴォリ、一五六六年。

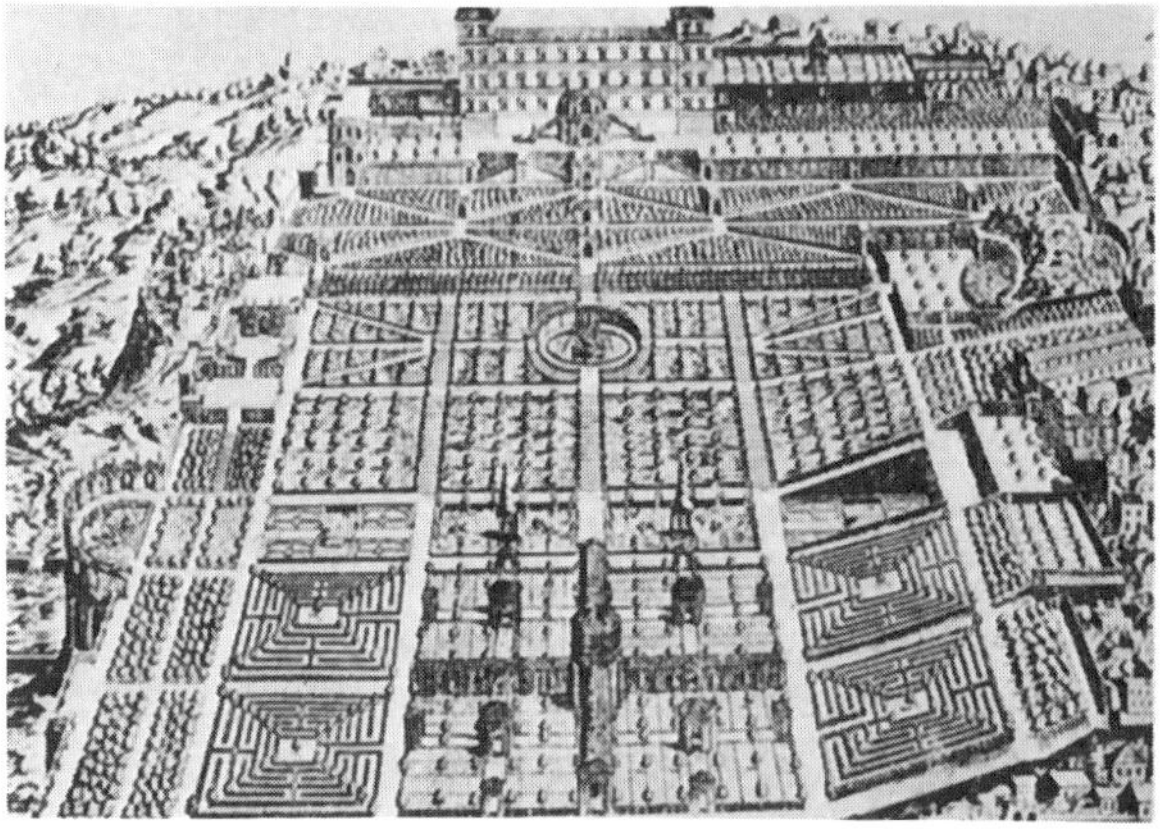

註67　ピサにあるパラッツォ・ディ・カヴァリエリの階段は、一五六〇年代にさかのぼるものである。それはカピトリーヌ丘の階段の模倣であるが、中央の凹部を欠いている。

る展開を示している。ローマのヴィラ・ジュリアにおける、中庭からニンファエウムへ下る階段[図141,142]もこれと類似している。[註67]

一五五八年に完成されたロレンツォ図書館[図134,135,136]の階段は、一棟の建築におけるさまざまな部分をひとつに融合するという考え方を導いた。ジェノヴァにあるパラッツォ・ドリア・トゥルシ（一五六四年）は、この方法で構成されたものである。階段の第一のフライトは、ヴェスティビュールから中庭へと昇るもので、独立的に据えられたものである。中庭の後部において、アーケードの背後のダブル・フライト型の階段が見える。というのは、その階段は壁で囲まれていないからである。中心軸（これ自体は上昇するようだ）の起点と終点に置かれたこれらの階段は、この邸館《パラッツォ》をひとつの連続的な空間的全体へと融合している。一見してわれわれは、この建物を水平垂直の両方向に統合する動線の連続的流動を感ずる。イエズス会カレッジ（一六三〇年、ウニヴェルシタ）にあるこの模倣作品以外にも、ジェノヴァには非常に多くのこれと類似した階段がある。

ハーフ・リターン型の階段、すなわち矩形または正方形をなす空間の核のまわりをまわる三本のフライトを昇る階段は、一七世紀になって初めて現われる。その良い例としては、およそ一六三〇年頃に作られたローマのパラッツォ・バルベリーニ[図143]の階段がある（この同じパラッツォの中には、楕円形の階段[図144,145]や、大きなヴェスティビュール内に置かれた一部が楕円曲線状で一部は直線状になっているシンメトリーな二本の階段もある。後者の階段は、より高いレヴェルにある庭園へと導くものである）。この展開における準備的な階段は、片持《キャンティ・レヴァ》ちの踏段をもつドッグ・レッグ型の階段である。セヴィリアにある取引所（一五八三年）にはそのような階段がひとつある。パラッツォ・バルベリーニにおける階段の先駆は、おそらくサラマンカのクレ

図141　ヴィラ・ジュリアのニンファエウム平面、ローマ、一五五〇年。
図142　同ニンファエウムに降りる階段。

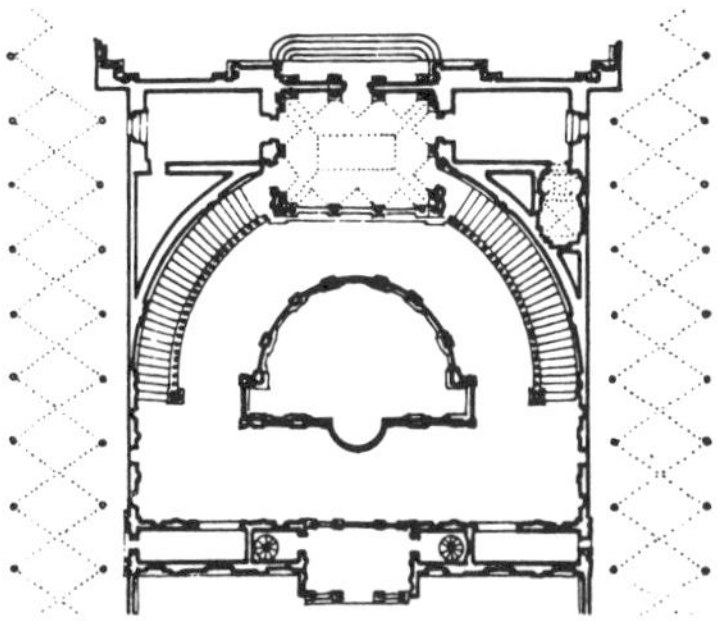

図143　パラッツォ・バルベリーニ平面、ローマ、一六三〇年。
図144　同楕円状螺旋階段。
図145　同螺旋階段。

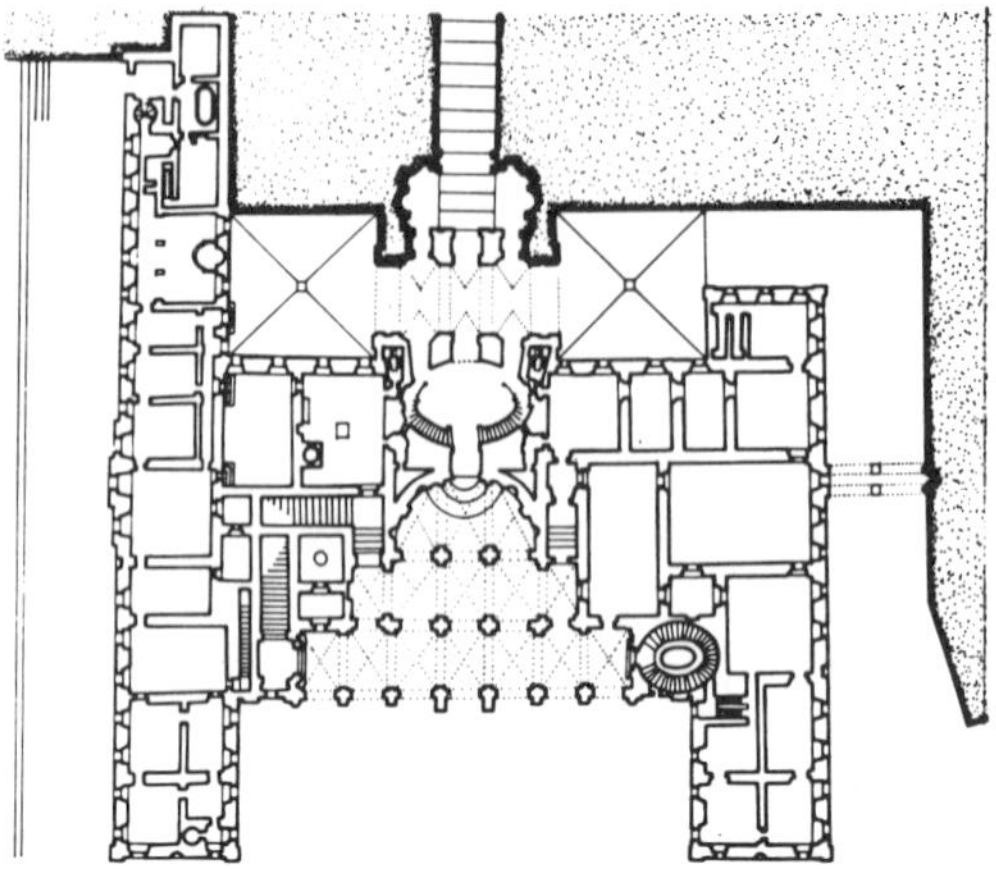

註68　内部の大階段は、一八一七年にペルシエとフォンティヌによって取り付けられた。

註69　階段が一七五九年に改変されているにもかかわらず、その配置は間違いなくこの時代のものである。

レシア（一六一七年）の階段である。一六一九年には、ロンドンのホワイト・ホールのために同様の階段が設計された。一六六五年においては、すでにベルニーニの設計[図146,147,148]が、パリジャン達に何をなしうるかを示していたにもかかわらず、ルーヴル宮の階段は、この展開においてフランスがいかに遅れていたかを示している。ベルニーニは、中庭の各隅部に、四分の三回転する幾何学的な階段を置いた。一六七〇年にコッタールがルーヴル宮のために設計した開放《オープン》階段は実施されないままに終った[註68]。

ローマにあるパラッツォ・アルティエリ（一六七四年）の階段は、ベルニーニによるルーヴルの設計を反映したものである。ベルニーニの案は拒絶されたが、それでもこの新しいタイプの階段は、現実にはパリの邸館《オテル》においてその道を見出した。オテル・ランベール[図149]やオテル・シュヴリュースには、一七世紀後半の階段の例がある。前節において論じたタイプを二つに重ねることによって形成される階段は、空間の分割の印象をつくり出すにはいっそう効果的である。ナポリにあるパラッツォ・レアレ（一六五一年[註69]）と、ヴェネツィアにあるサン・ジョルジオ・マッジョーレ教会堂（一六六四年、現在のシニ・ファウンデーション）の回廊《クロイスター》には、そのような階段の例がみられる。これらの例においては、シンメトリーのハーフ・ターン型の階段は、同じ空間内を昇って共通な踊り場で出会うようになっている。

最後に、ヴァティカンにあるスカラ・レジア[図150,151]（一六六三年）は、側面壁と傾斜した円筒《バレル》ヴォールトをもつにもかかわらず、付加による構成ではない。それが非常に長いこと、その踏段部分《ステップ》とヴォールトの傾斜とが異なった角度をもつこと、そしてとりわけ、フライトが三つの廊に分割されていること、これらのすべては空間の分割による結果である。踏段《ステップ》は、階段吹抜け部分の最大限の幅に拡がっており、円柱《コラム》はすでに完全なひとつの構成のなかに後から挿入された

図146 ルーヴル計画案、ベルニーニ、一六六五年。
図147 ルーヴル第二次計画案、ベルニーニ、一六六五年。
図148 同
図149 オテル・ランベール平面、パリ、一六四〇年。
図150 スカラ・レジア平面、ヴァティカン、一六六三年。
図151 同断面。

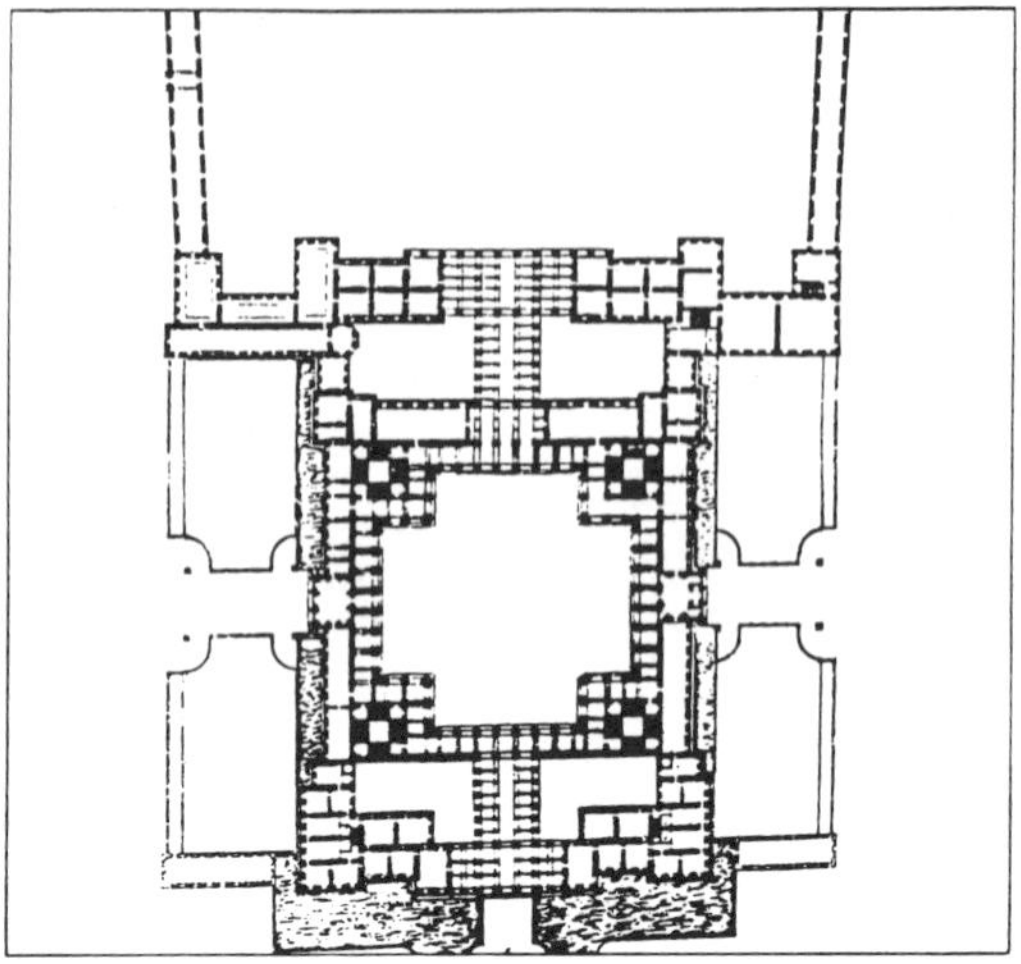

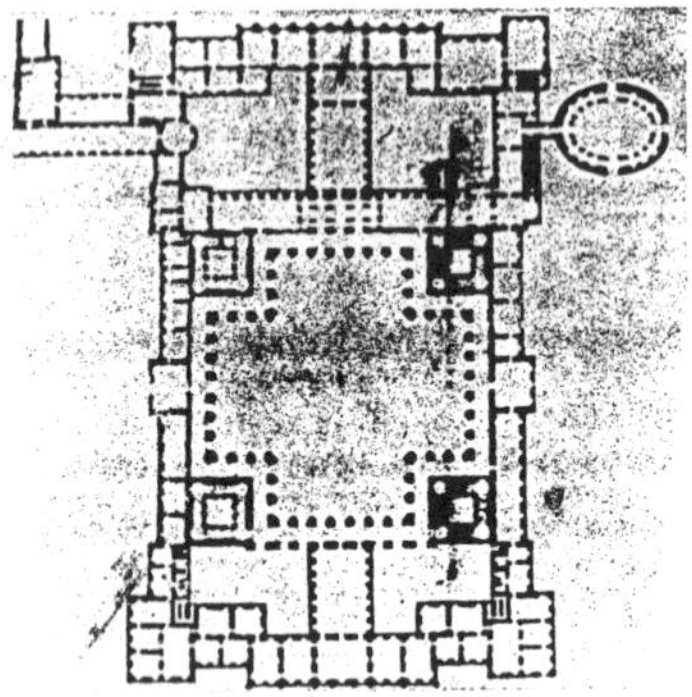

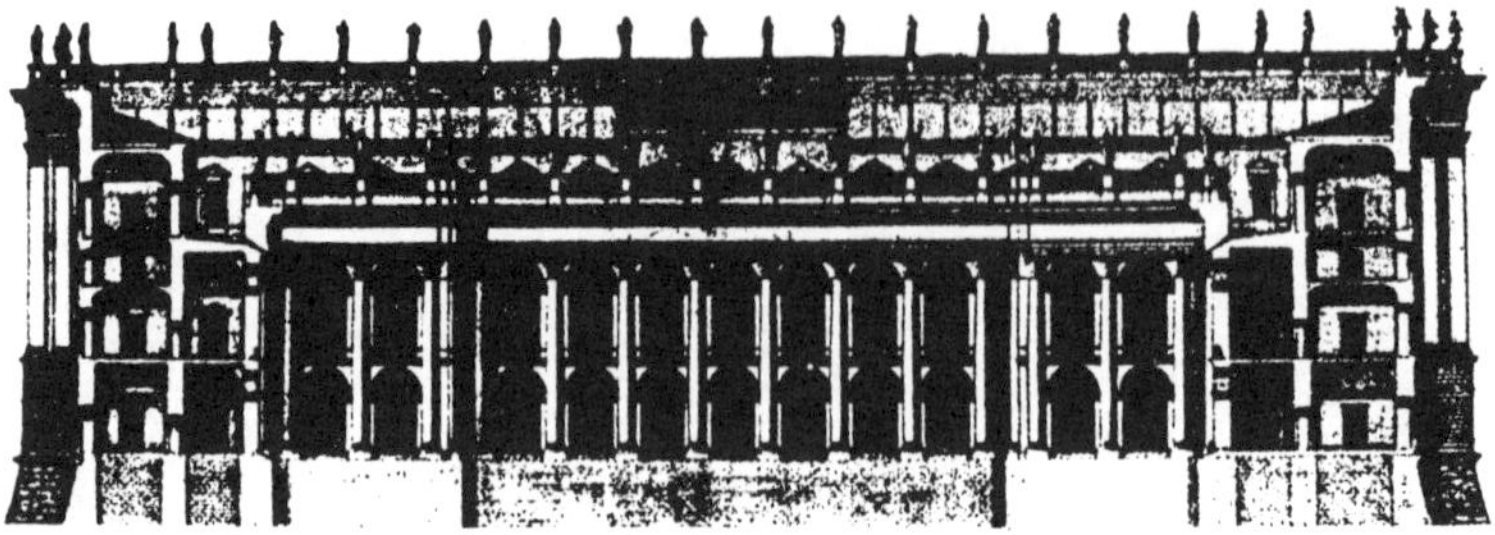

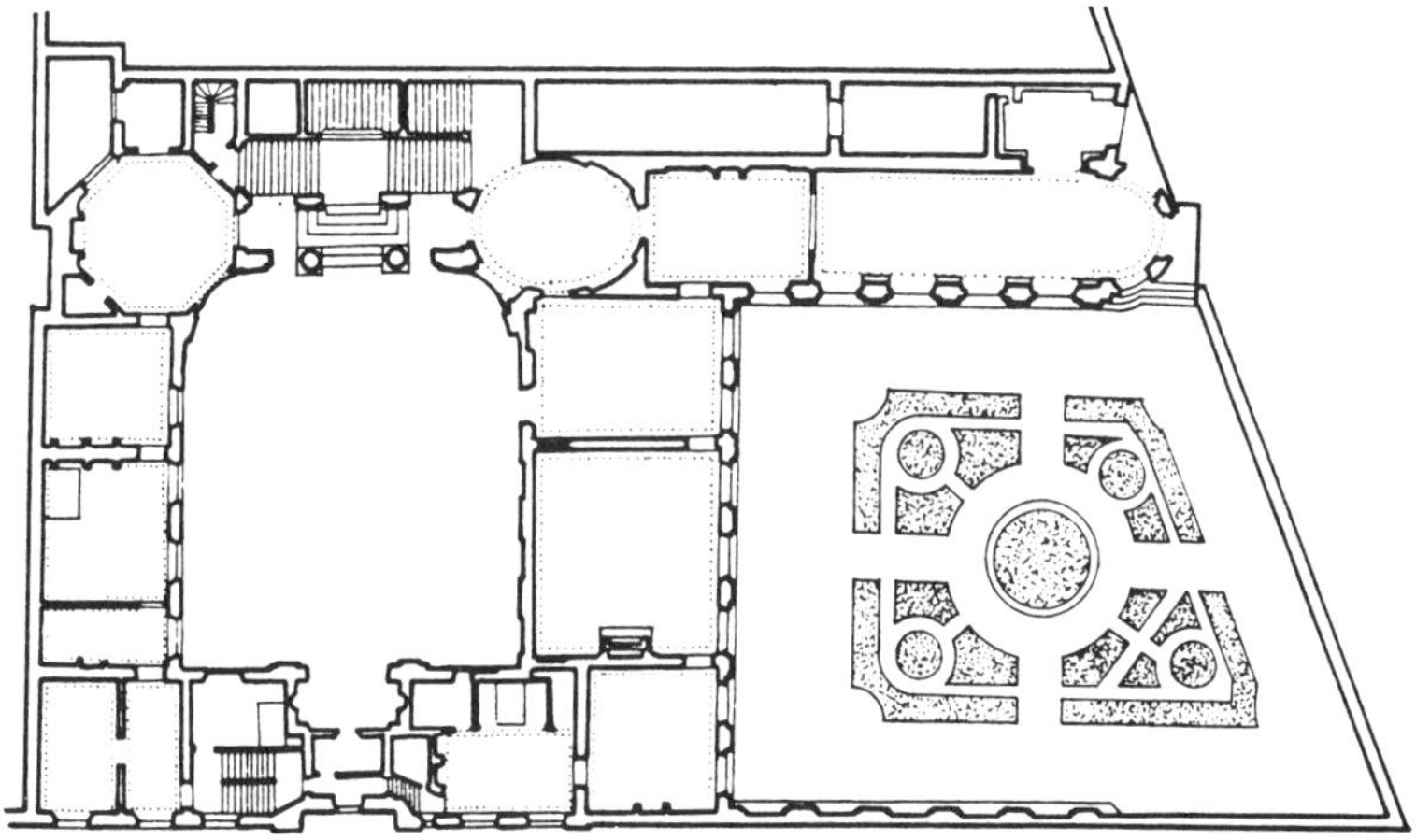

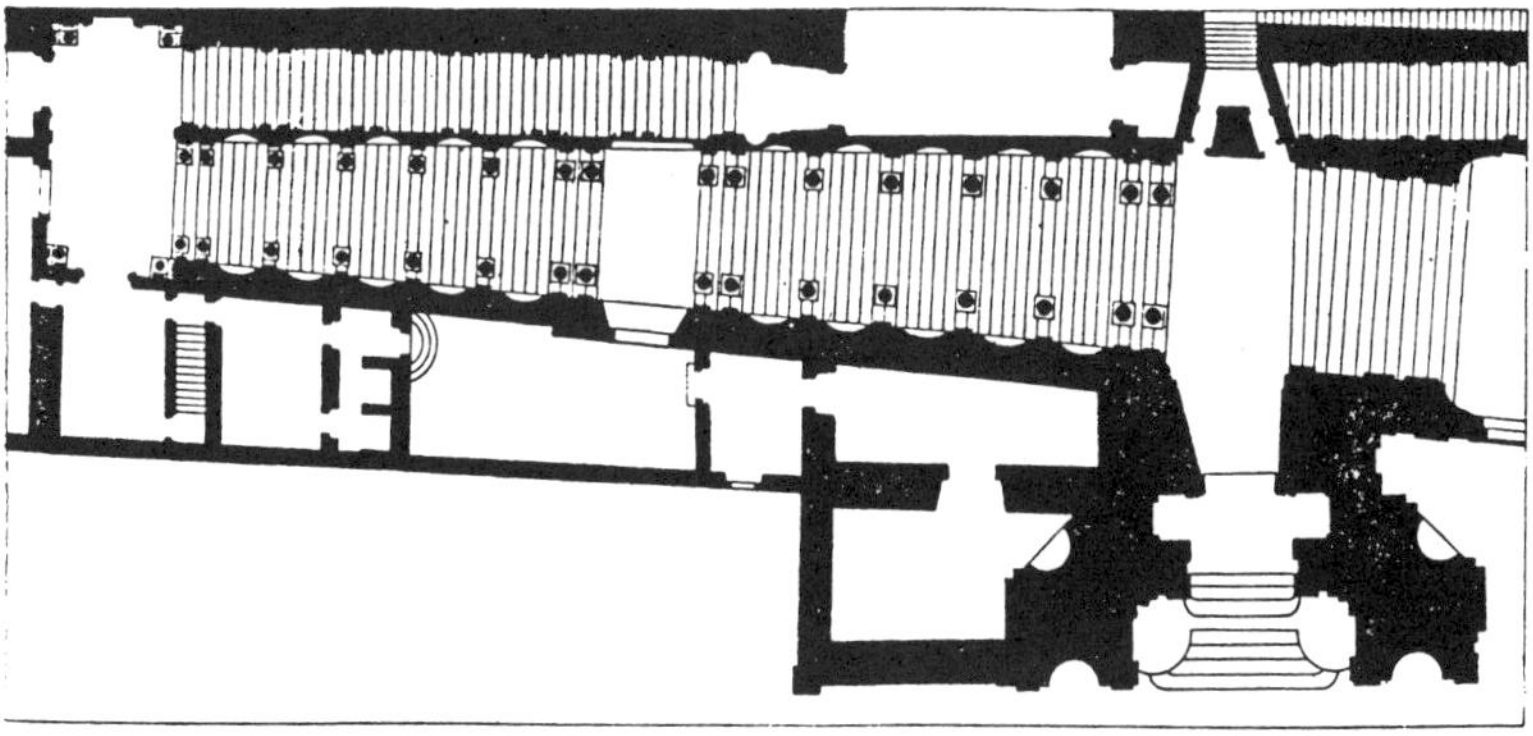

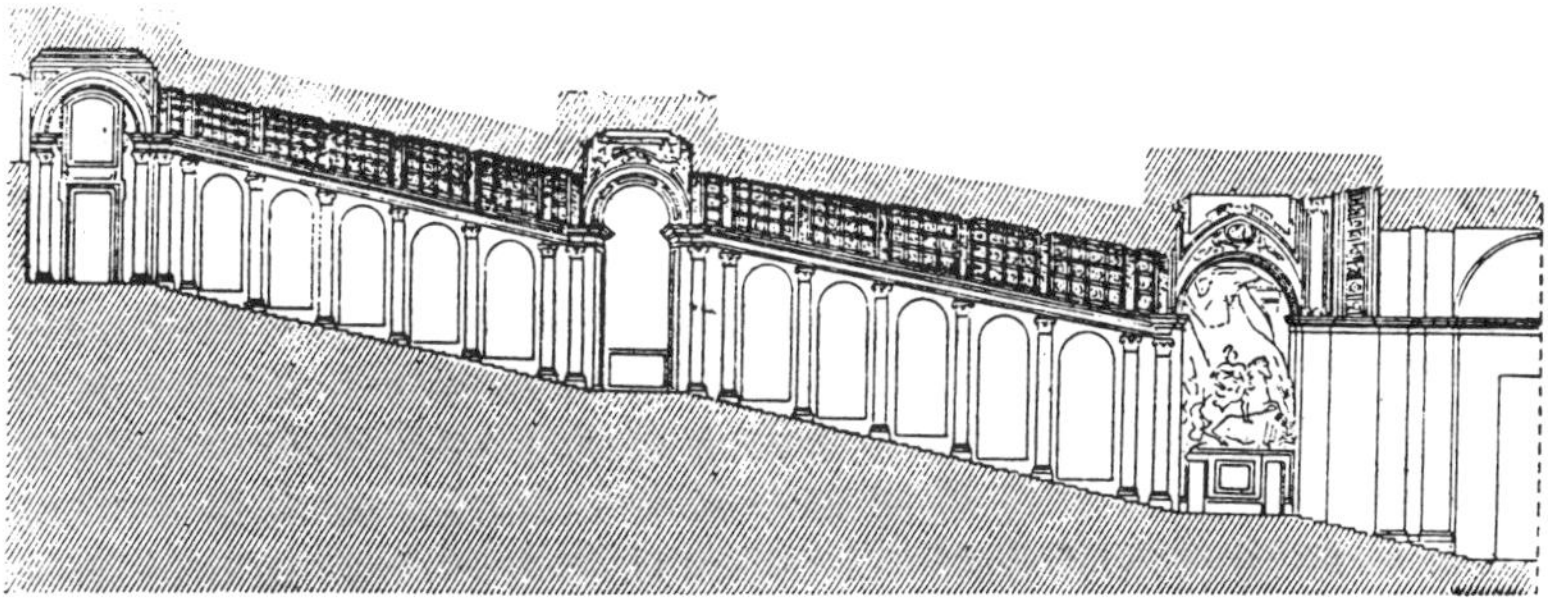

もののように見える。ジェノヴァのパラッツォ・バルビ・デュラッツォ[図152,153]には、ヴェスティビュールから中庭へと昇る三廊式階段のもうひとつの例がみられるが、これは一八世紀末に再建されたものである。

第三段階

トリノのパラッツォ・マダマ（一七一〇年）における階段[図154]や、あるいは幾分後期になるがオーストリアのザンクト・フローリアン修道院における踏段のような、シンメトリーの二つの腕をもった階段は、一八世紀において一般的なものである。トリノの階段の上方の踊り場には、微積分学によって創造された形態のほのかな暗示がある。しかし、これらは階段の吹抜けの全体に及ぼす効果においては、小さな役割を演じているにすぎない。[註70] フライトの配列法を考えうる限り自由に考案できたのはこの時点においてのみであったということを認識することが大切である。というのは、建物全体をひとつにまとめる要素としての階段吹抜けの使用が共通のものとなったからである。これらの吹抜けは建物全体の高さを占めるもので、全階を一目で見渡せるものとする。ポンメルスフェルデンにあるシュロス・ヴァイセンシュタイン[図155]（一七一五年）[註71]では、シンメトリーのハーフ・ターン型の階段が、中央の踊り場まで上昇し、そしてその踊り場は、廊下のシステムの焦点を形成する楕円形の空間に連絡する。廊下は階段吹抜けの全体をギャラリーのように取り囲み、第二のより高い位置にあるギャラリーによって、その次の階が目に見えるものとされているのである。[註72] ヴュルツブルクの邸館《レジデンツ》[図156]（一七一九年）においては、中央のフライトは横断方向の踊り場へと導かれ、そしてそこから反対方向をなして次の階

註70　カーンにあるオテル・ディューの階段は、複雑な曲線形態の一例である。第一のフライトはその空間の中央を登って踊り場に到る。そこからは次の階に対して直角をなす短いフライトが上昇する。次の階からは、最初のフライトと平行だが逆方向に登るさらに二つのフライトが、より高い位置にある一対の踊り場へと登る。最後には、終端のフライトが、出発点の上部の地点へと連れ戻す。この階段全体はキャンティレヴァーでできているので、空間をねじれた曲線となって切り進む。段板それ自体も曲線状をなし、その幅は連続的に変化している。このため、各々の側から始まり頂部の踊り場で結合する手摺は、空間を切り分けて進む連続的な曲線を形作る。

註71　一七一一年に設計された。

註72　エブラハ（一七一六年）、シェーンタル（一七三七年）、および、ヴュルツブルク近傍のオベルツェルにおける階段と比較せよ。

図152　パラッツォ・バルビ・デュラッツォ平面、ジェノヴァ。
図153　同断面。

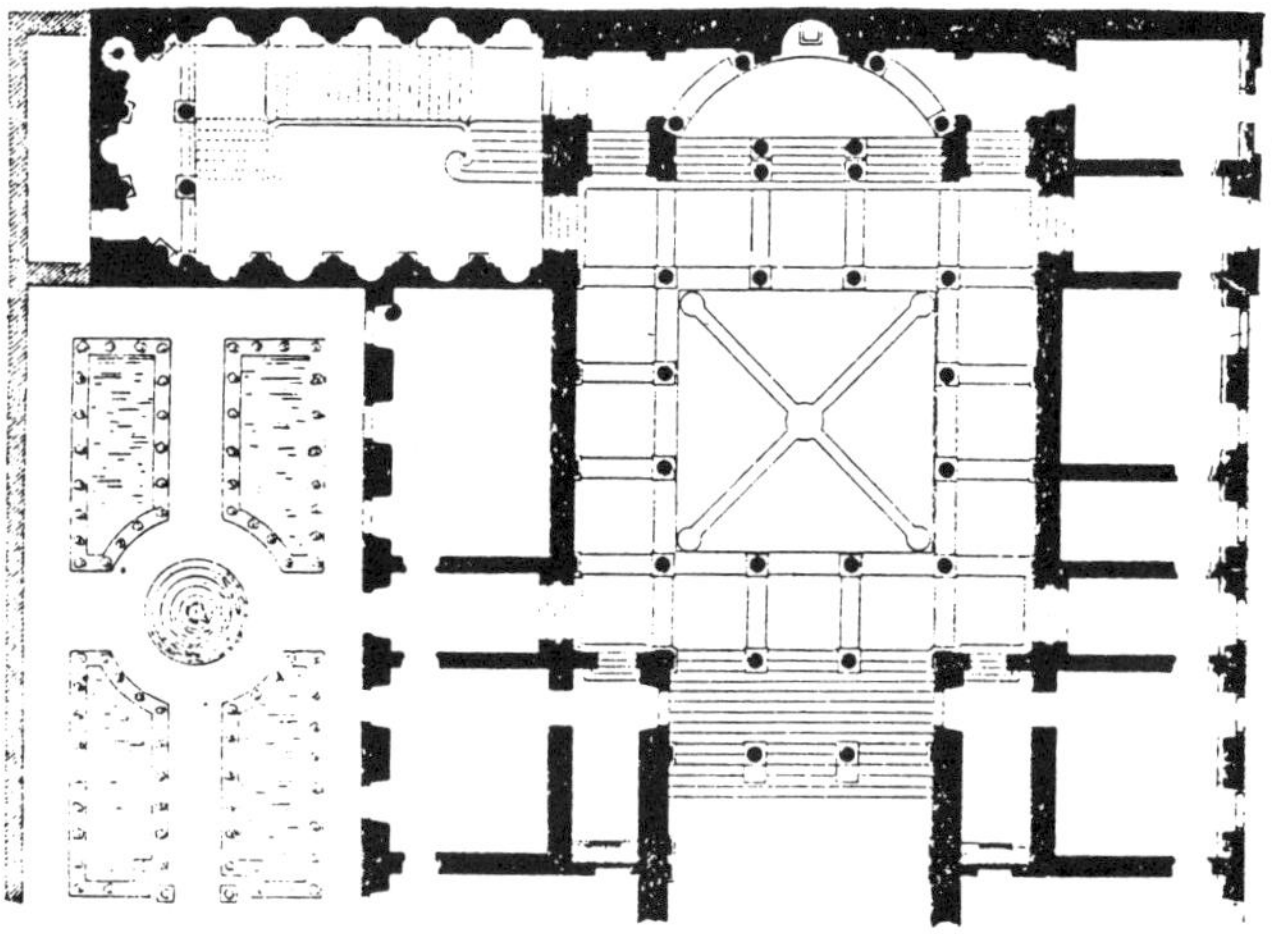

図154　パラッツォ・マダマ、トリノ、一七一〇年。
図155　シュロス・ヴァイセンシュタイン内部、ポンメルスフェルデン、一七一五年。
図156　ヴュルツブルクの司教邸内部、一七一九年。

註73　ウィーンのトラウトン宮に見られる同時代の配置、一七一九年という早い時期のシュレイスハイムの階段、そしてマドリッド王宮の後の方の階段、ナポリ近傍のカゼルタのもの（一七五二年）、以上のものと比較せよ。

へ昇る二本のシンメトリーのフライトに分岐する。ここでも周囲の廊下は、階段吹抜けの全体を取り囲んでいる。[註73]

シュロス・ルードヴィヒスブルクにある、いわゆる大階段《リーゼントレッペ》は、ヴェスティビュールから踊り場へ昇る一本の独立したフライトから始まる。それは、上昇の中ほどにあるその踊り場において、踊り場と直角をなす二本のシンメトリーのフライトに分岐する。最も複雑なデザインのひとつは、クレモナのパラッツォ・ウゴラーニ・タディ（現在のムゼオ・シヴィコ、一七六九年）において見出すことができる。この階段は、異なった方向を向く六本のフライトとなって上階の環状通路に流れ込む。実現されたなら、この時期の空間感覚を明瞭に表現したであろうと思われる多くの階段の設計が実施されずに終り、あるいは大幅に改造されてしまった。クロイステルノイブルク（ウィーン）のためのアリオによる設計（一七三〇年）は、そうした例のひとつである。

シュロス・ブルッフザル（一七二〇年）の階段[図157]（一七三一年）は、空間の分割の完璧な実例である。その楕円形の踊り場は、二本の半楕円形のフライトによって形成されている空間の核を水平方向に切っている。それを昇りながら、われわれは空間の断片を見るが、われわれはそれを全体の中に投影するように仕向けられる。ここにおけるフライトの曲線は、とくに新しいものではない。この曲線は、ローマのパラッツォ・バルベリーニ[図143, 144, 145]の楕円状螺旋階段の殻の中にも存在していた。また、トリノのパラッツォ・カリニャーノ[図158]（一六八〇年）においては、はるかに複雑な形態をとって現われている。後者の設計においては、ヴェスティビュールからシンメトリーに昇る二本のフライトは、フリーハンドの曲線をもち、六角形の空間で終る。これらの階段は、フライトが独立していること、円筒ヴォールトで覆われていること、そして側面壁

図157　シュロス・ブルッフザル階段ホール平面、一七三一年。

図158　パラッツォ・カリニャーノ平面、トリノ、一六八〇年。

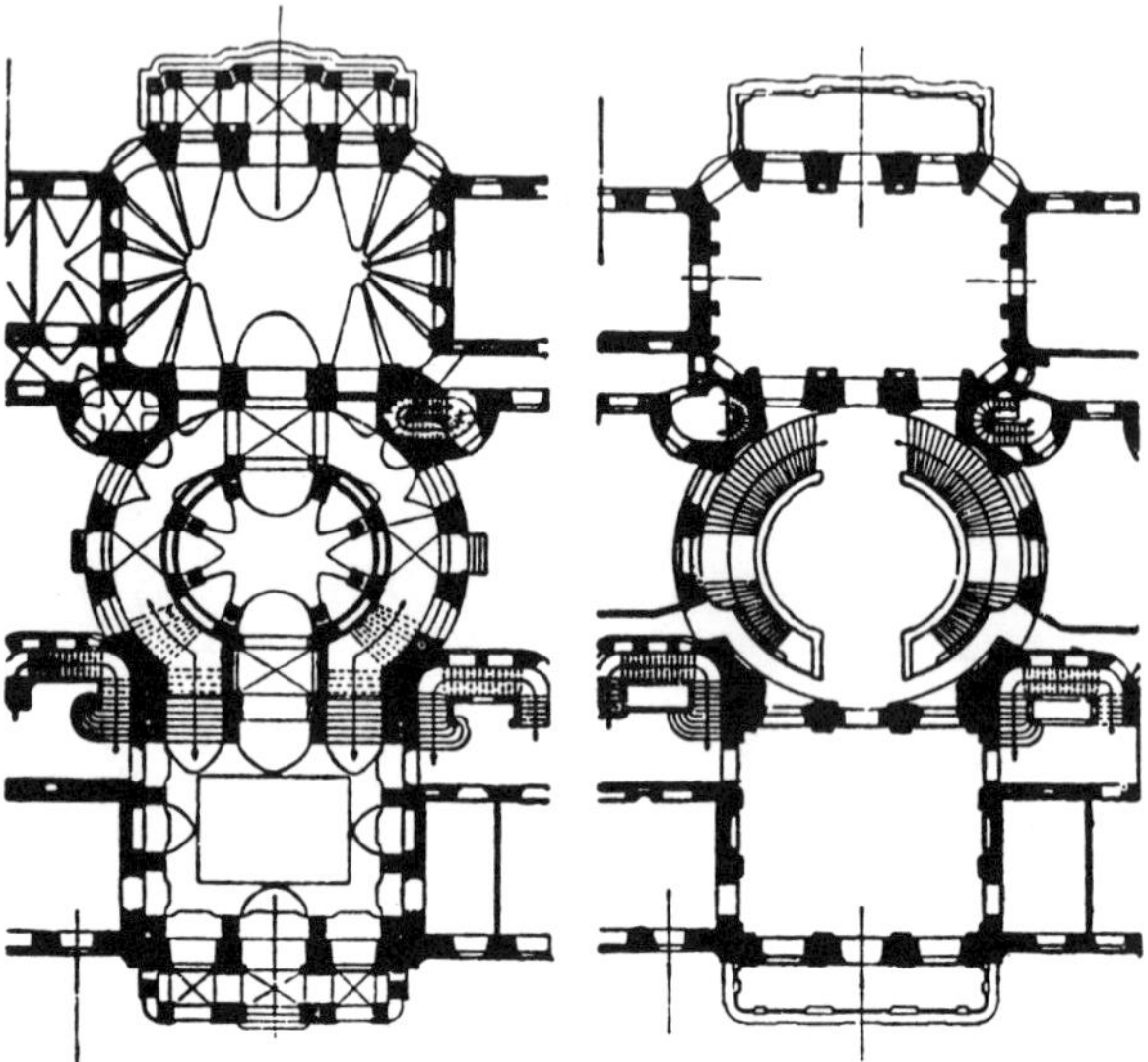

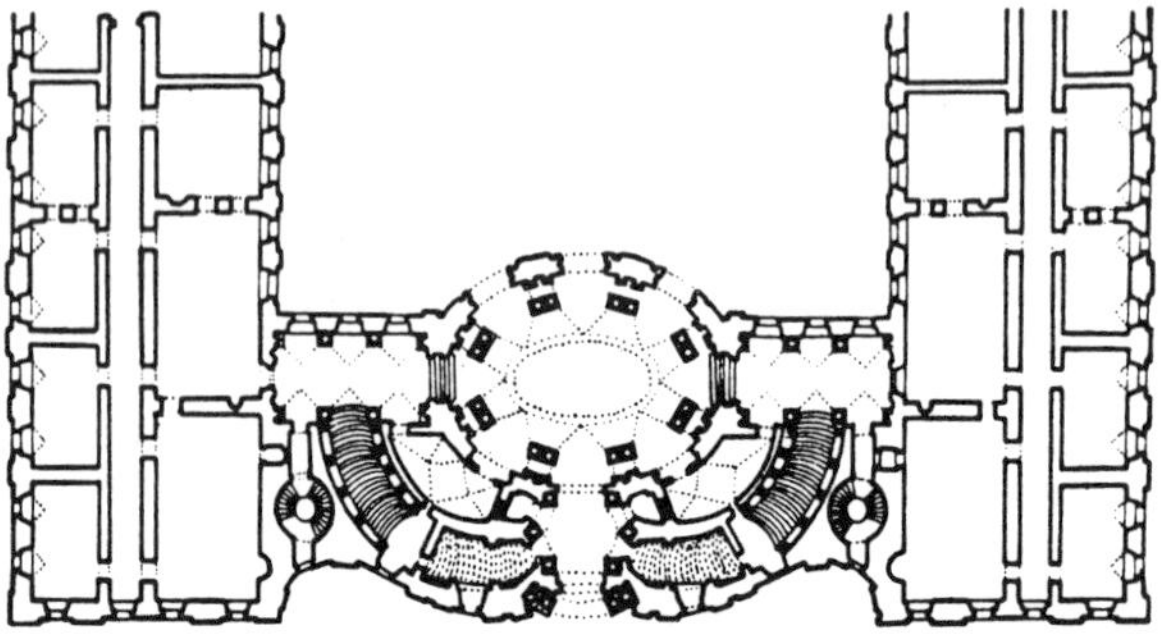

によって囲まれていること、といった理由によって旧式のものと見なしうる。

しかしながら、最初の曲線階段は早くも第二段階において見出すことができる。すなわち、フォンテンブローにあるコール・デュ・シュヴァル・ブラン城の階段（一六三四年）[註74]がそれである。また屋外階段が、いま述べた展開に従う。その例は次の建物に見出される。シシリーのバゲリア近傍にあるヴィラ・ヴァルガルネラ（一七一四年）、ルードヴィヒスブルクのファヴォリト公園内にあるパヴィリオン（一七一八年）、メッシナにあるモンテ・ディ・ピエタ（一七四一年）、シュトゥットガルト近傍にあるシュロス・ソリテューデ（一七六三年）、ポツダム近傍のコミュンス（一七六五年）。これに加えて、この時期の大きな庭園の階段、とくにフラスカッティやヴィルヘルムスヘーエの庭園の階段がある。

第四段階

第四段階は、もはやより高度な複雑さを望まなかった。しかしながら、それ以外では部分の孤立を好むように見うける場合でさえ、全階を貫通する階段吹抜けは保持された。しかしカルルスルーエにあるマークグレフリッフェス宮殿《パレー》の主階段（一八〇九年）が示すように、この第四段階は、階段にもまた美学的価値を感じていなかった。ミュンヘンの宮廷国立図書《ホーフ・ウント・シュターツ・ビブリオ》館《テーク》（一八三二年）にあるタイプの階段は、建物全体に対してひとつの効果をもっているだろう。しかし、この階段はそれ以外の空間と関連をもっておらず、出来あいのものを正しい理解なしに取ってきたものであることを示している。

註74　もとの階段は次の本の中で図示されている。Jacques Androuet du Cerceau, Les plus excellents Bastiments de France, Paris 1579, 1579, II, Pl. 12. これはティヴォリにあるヴィラ・デステの庭園階段の発展である。

二、廊下

第一段階

教会堂建築の凝集的な内部空間の中にある周歩廊《アンビュラトリー》は、純粋な空間の付加という効果を破壊する。世俗建築における同様の周歩廊《アンビュラトリー》、あるいは教会堂建築の外部にある列柱廊《ペリスタイル》は、最も高い秩序での分離効果を持っている。古代の神殿が、その列柱廊《ペリスタイル》によって周囲の環境から完全に隔離されて見えるのとちょうど同じように、ローマのサン・ピエトロ・イン・モントリオ教会堂にあるテンピエット[図159, 160]の環状コロネードは、それ自体の世界を創り出している。セルリオによって保存された設計案から次のことがわかる。それは、ブラマンテがテンピエット自体に属するこのコロネードを、もうひとつの環状コロネードによって囲まれた幅の狭い同一中心の中庭《コート》で取り囲もうとしていたということである。周囲に取り囲むものは、完全に自足した形態構成と向い合うことになるはずであった。この環境に対する敬意ある反応の中で、われわれは絶対的独立性を見る。これと同様な考えがヴァティカンのサン・ピエトロを設計しているとき、ブラマンテの頭の中にわずかの間存在していたことがある。この中心型教会堂は、建物とコロネードで囲まれた幅の狭い同心円状の中庭《コート》によって取り囲まれるように考えられていた。そして、この周囲の建物やコロネードが、教会堂の外周壁のすべての突出や後退との共鳴を生み出した

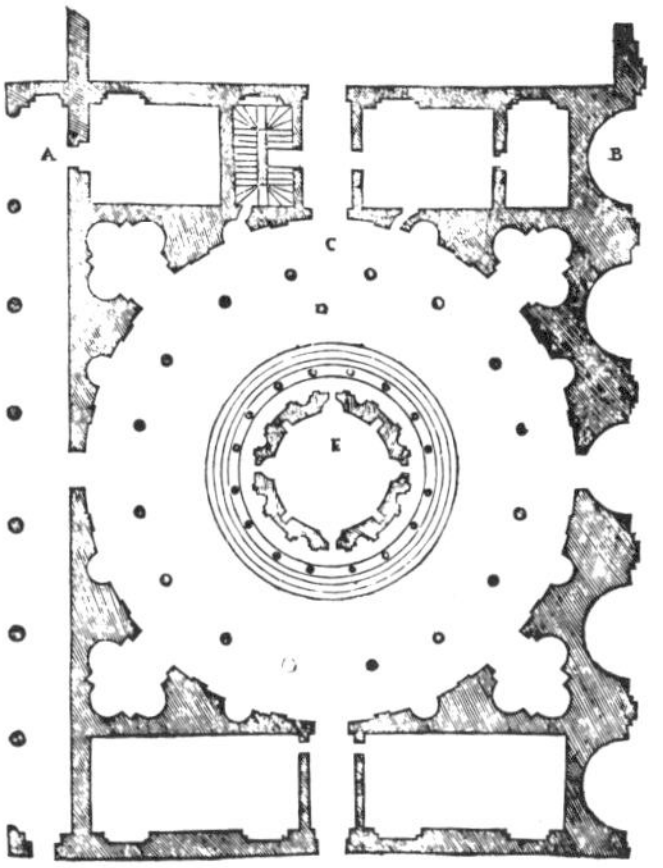

図159　サン・ピエトロ・イン・モントリオのテンピエット平面、ローマ、一五〇二年。

図160　同外観。

図161　マドンナ・ディ・カンパーニャ、ヴェロナ近傍。

であろう。しかし、この設計案の実施は不可能であった。なぜなら、ヴァティカン宮の建物がじゃまだったからである。ヴェローナ近傍にあるマドンナ・ディ・カンパーニャ[図161]では、一重の列柱廊《ペリスタイル》がもう一度つくられている。

列柱廊《ペリスタイル》をもつ最も重要な世俗建築としては次のものがある。プラハにあるレトーラデック(「ベルヴェデーレ」、一五三五年)、ヴィチェンツァのバシリカ[図162](一五四九年)、シュトゥットガルトにあるバンケッティング・ハウス(一五八一年)、これは遅れてきた迷い鳥である。

外部の列柱に対し内部において対応するのは、中庭を取り囲むコロネードやアーケードのついた通路である。このような通路は、次のような確固たる印象を創り出す[図133, 163, 164, 165]。すなわち、通路が結ぶすべての部屋は各階においてひとつの単位であり、この単位は隣接する邸館《パラッツォ》とは完全に分離されたものであり、それ自体で自己充足しているという印象である。閉ざされた中庭《コート・ヤード》と四本の通りの間を占める邸館《パラッツォ》の孤立した塊《ブロック》のような形態は、第一段階における理想を反映している。このような中庭に入ると、われわれは邸館《パラッツォ》全体の深い静かさと隔離とを感じる。そして、それから、この自己充足した角柱と、街路の連続的で果てしない網目《ネット・ワーク》との著しい対照を認識する。コロネードの通路が、ひとつの単位――ひとつの連続的空間――として現われる度合が強ければ強いほど、隔離の感覚がより効果的に生み出される。第一段階の世俗建築における融合する交叉ヴォールトの使用と、同時期の教会堂建築におけるそれらの使用の忌避との間には、何の矛盾もない。中庭を取り囲む連続的な交叉ヴォールトの架かった通路は、付加的な様式期の特質であり、これらは大多数の邸館《パラッツォ》建築において、すなわちフィレンツェにある捨子養育院[図166]やパラッツォ・メディチ[図165, 242]以降の中庭に見出されるものである。

外部《エクステリア》アーケードやポーティコで建物を取り囲むのではなく、その入口部分で外部と内部の

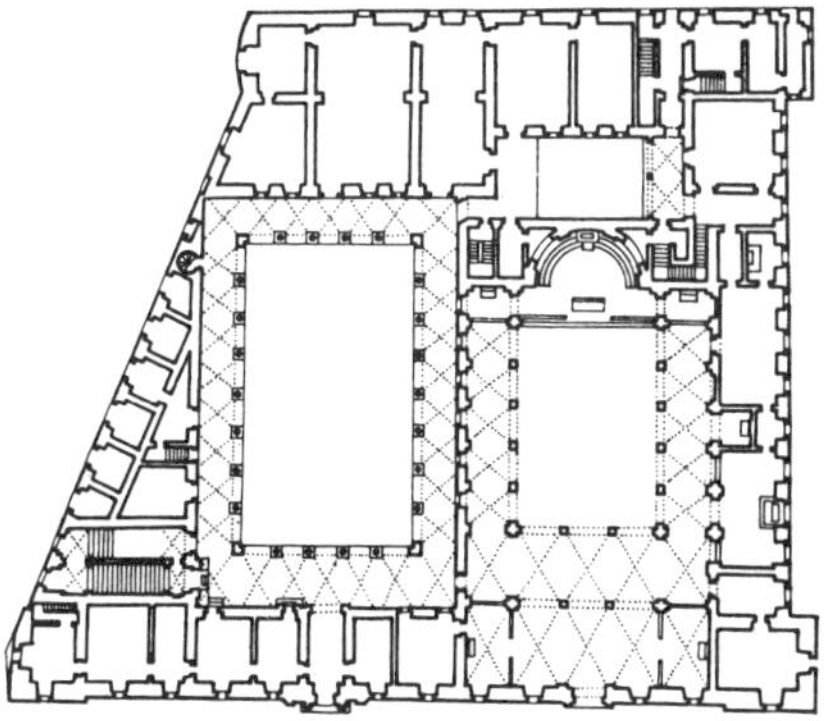

図162　ヴィチェンツァのバジリカ部分立面、一五四九年。
図163　パラッツォ・デルラ・カンチェレリア平面、ローマ、一四八六年。
図164　同中庭。

図165 パラッツォ・メディチ平面、フィレンツェ、一四四四年。

図166 捨子養育院中庭、フィレンツェ、一四一九年。

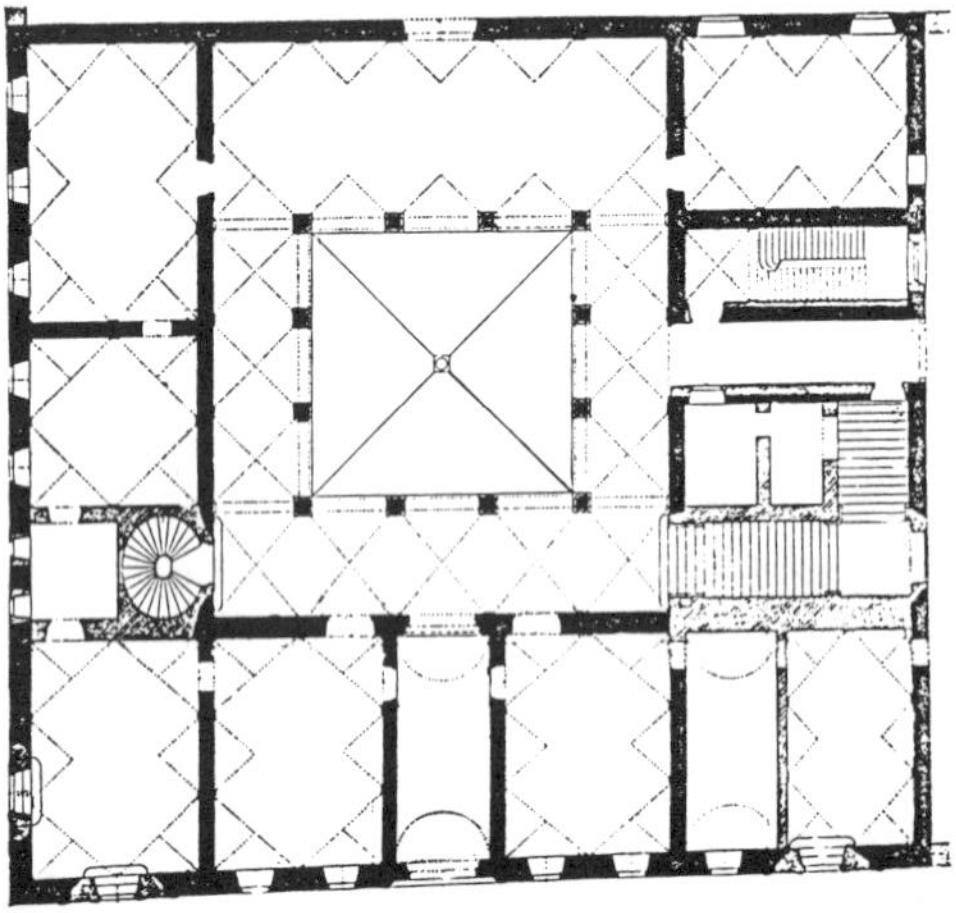

間の移行的な空間層を生み出しているものがあるが、これらは最初から、ペンデンティヴ・ドームで覆われた個別の区画に分解されていた。フィレンツェにある捨子養育院[図178]のアーケードと、ピストリアにあるオスペダーレ・デル・ケッポのアーケードがその例である。ヴァティカンのロッジアは、もともとは中庭を取り囲む通路ではなく、ローマ市に面したひとつの外部ファサードを形成したものであったが、これらもまた、ドームが架けられた独立的な正方形の列《シリーズ》である。しかしながら、ポーティコにおいては、概して、付加の原理はそれほど厳格に守られてはいない。ただし、フィレンツェにあるサンタ・クローチェ教会堂のパッツィ家礼拝堂[図40,41,42]のポーティコや、マントヴァにあるサンタンドレア教会堂のナルテックスにおいては、この付加の原理こそそれを特徴づけているものではあるが。ポーティコには、交叉ヴォールトをもつもの、円筒《バレル》ヴォールトをもつもの、そして水平天井をもつものすらある。水平天井をもつポーティコの例は、次の建物に見出される。アレッツォ近傍のサンタ・マリア・デルレ・グラーチェ教会堂（一四四九年）、およびヴェローナにあるロッジア・デル・コンシッリオである。一方、独立したドームも、時にはポーティコにおいて現われる。ピアチェンツァにあるパラッツォ・ファルネーゼ（一五五八年）には、このようなドームが横断方向の円筒《バレル》ヴォールトとリズミカルに交替しているのが見られる。

建物の主屋から伸びるパヴィリオンや翼部《ウィング》は、第一期では稀れなものであり、存在する場合でも控え目である。これらの突出部に対して、周囲が何の応答も見せていないことは、さらに重要なことである。ヴァティカンにあるベルヴェデーレのニッキオーネは、ヴァティカン宮の古い部分の半円形にカーヴしたファサードに応答している。しかし、これら共鳴する二つのモティーフは廊下によって連絡されているため（そして、実際この廊下は個々の部屋《アパートメント》に仕えるものではない）、この中庭《コート・ヤード》は囲まれたものとなっている。レヴェルの変化にもかかわらず、それはひとつの独立した単位なのである。もしこの廊下が中断されていたなら、もし翼部《ウイング》が中庭の両側から互いに接することなしに突き出ていたなら、そのときわれわれは、第二段階に特徴的な建物のタイプをもったことになっただろう。ローマのヴィラ・ファルネシナ（一五〇九年）の主屋からはパヴィリオンが伸び出している。しかし、周囲には、それに対する何の応答もない。ローマのヴィラ・マダマ[図167]においては、対応するすべてのニッチ群とグロッタ群が、明瞭に繋ぎ合わされている。

ローマのヴィラ・ジュリア[図168]（一五五〇年）にある半円形の中庭《コート》は、おそらくこのヴィラ・マダマから示唆されたものである。しかし、ヴィラ・ジュリアにおける半円形は、無限に対して開いているのではない。なぜなら、それと隣接する矩形の庭園は、丈の高い分節された壁によって囲まれているからである。この庭園では、中心軸上において、視線は深いグロッタの上を越えて庭園の中に消えるのではあるが、それでも、閉ざされた単位という旧来の概念は、ここでもまた保たれているのである。

第二段階

ローマにあるカピトリヌス丘の設計[図139,169]（一五三八年）は、付加の原理との最初のはっきりとした断絶を示す。わたしは、世俗建築における連続性とは、教会堂建築におけるそれとは全く異なるものであることを、もう一度だけ明瞭にしなければならない。この広場《ピアッツァ》を形成する三棟の邸館《パラッツォ》は、個別的に据え置かれたものであり、それぞれは完全に独立している。しかし、こ

図167　ヴィラ・マダマ平面、ローマ。
図168　ヴィラ・ジュリア平面、ローマ、一五五〇年。
図169　カピトリーヌ丘平面、ローマ、一五三八年。

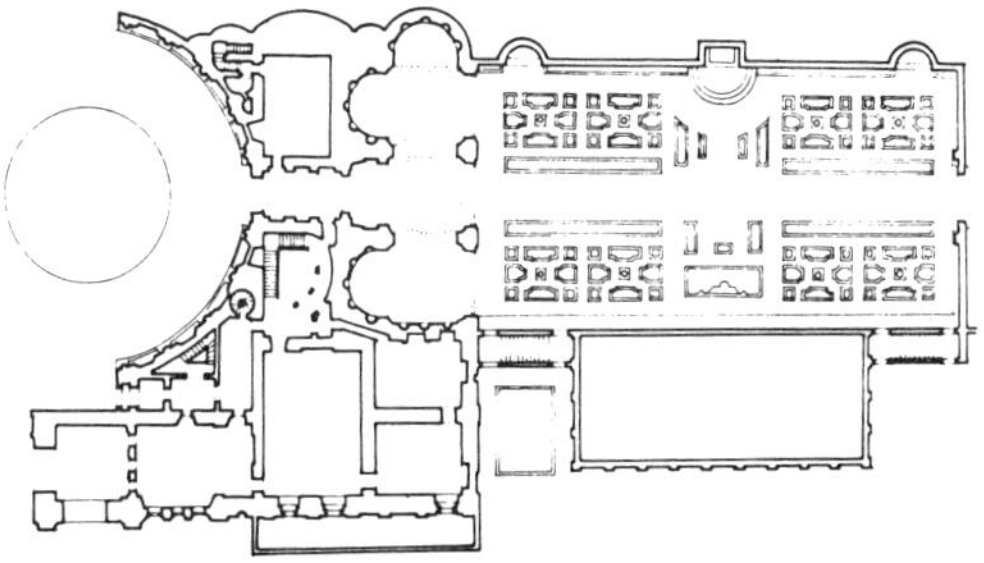

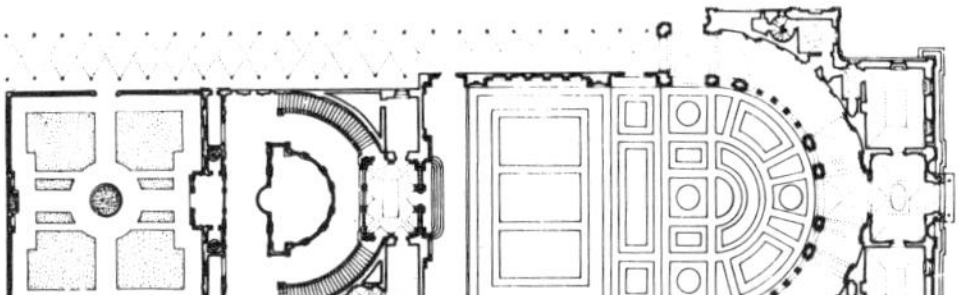

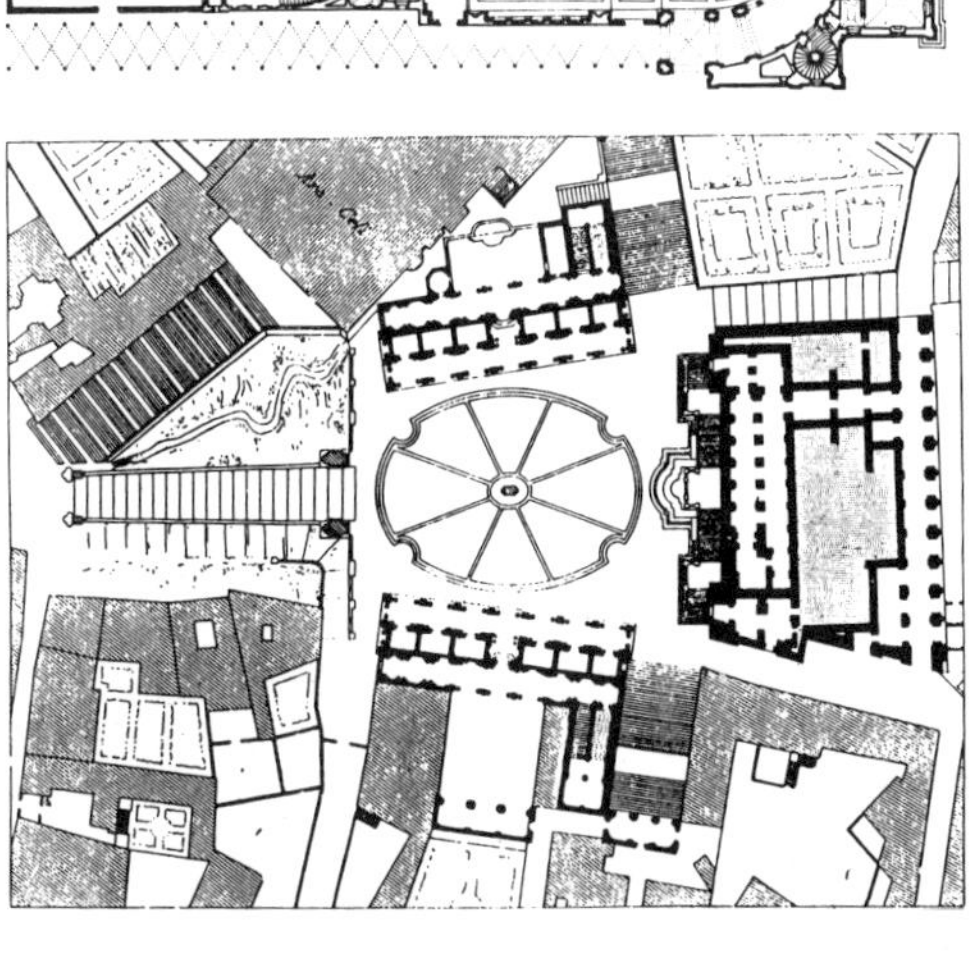

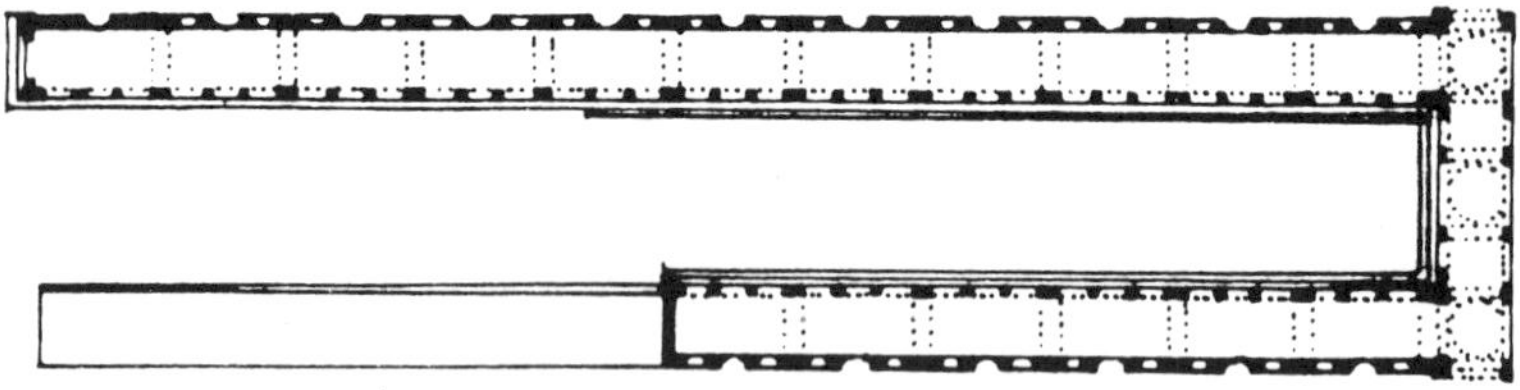

の独立性は付加による独立性と同一ではない。なぜならば、この邸館群《パラッツォ》は、広場《ピアッツァ》をめぐるひとつの単位《ユニット》を形成しているからである。ここにおいては、すべてがこの広場《ピアッツァ》とともに、またピアッツア・アラコエリから昇ってくる階段とともにあり、それはひとつのものなのである。それは、ひとつの単位なのであり、言ってみれば後から分解したものなのである。

ジェノヴァにあるパラッツォ・アンドレア・ドリア（一五二七年）には、海に面して立つ長い主屋に対して直交する短いコロネードがある。これらのコロネードがいつ付け足されたのかはわからないが、それらは幾つかのテラスを一群の泉水をともない、それのみで完全なものに見える塊《ブロック》のような主建物からは自由な、ひとつの断片になっている。この断片は、海と結びつくことによってのみひとつの全体になる。それ故に、それは無限なのである。

同じように、ティヴォリにあるヴィラ・デステ図140（一五五〇年）は、その庭園に統合されたひとつの要素《パート》である。ヴィルテルボ近傍のバグナイアにあるヴィラ・ランテ（一五六六年）の主屋は、二つの別々なカジノへと引き裂かれている。すなわち、その庭園の中心軸は、何によっても妨げられていないのである。ローマのパラティネにあるファルネーゼの庭園も、これと類似の印象を与える。

しかしながら、いまや、海や公園や広場が存在しないときにおいてさえ、このタイプにおける分割は、ひとつの建物内で可能となる。フィレンツェにあるウフィツィ図170は、当初、完全に囲まれた中庭をもつものとして設計されたが、一五六〇年以降になって、一対の建物群として実施された。中庭は袋小路《クル・デ・サック》になったのである。ローマのパラッツォ・ボルゲーゼ（一五九〇年）の中庭にある開放的なアーケードもまた分裂を暗示する。第二段階が意図したのは、第一段階の閉ざされた塊《ブロック》を、散在したパヴィリオンによって置き替え、それによって共通な中心のま

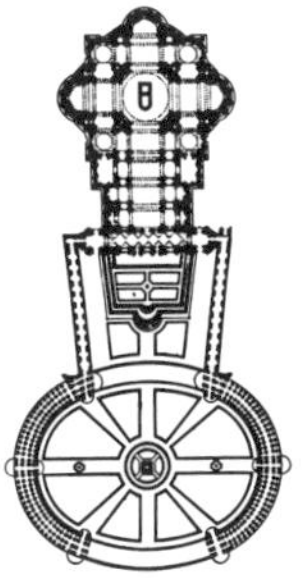

図170 ウフィツィ平面、フィレンツェ、一五六〇年。
図171 ヴィラ・バルバロ正面、一五五八年。
図172 サン・ピエトロ平面、ヴァティカン、一六二六年。

わりにシンメトリーに配置されたひとつの単位《ユニット》を形成することであった。このことは、パラディオの別荘《ヴィラ》図171の設計によって、はっきり示されている。そしてこれらの設計が、工費が原因で実施されたのは稀れであったという事実や、ローマにあるパラッツォ・ラテラネンゼ（一五八六年）、ローマにあるパラッツォ・クィリナーレ（一六〇五年）、アッシャフェンブルクのシュロス（一六〇五年）、パリのルーヴルのような囲まれた中庭が、依然として建設されていたという事実に迷わされてはならない。これらの建物の階段は、それらの中庭や廊下のシステムとちょうど同じように、時代に逆行している。このような特質に対する固執は、新しい趣味に従おうとはしない建築家が何人いたかということを示しているにすぎない。彼らは、多数の進歩的建築家と対照をなす保守主義者として際立っている。進歩的な建築家たちは、中庭から抜け出して開かれた広場を作ったり、閉鎖的な廊下システムをはるか遠くへと向う翼部群《ウィング》によって置き換えたり、あるいは建築をひとつの断片であると考えたりしたのであった（これらの進歩的な建築家たちは、ひとつの断片はもうひとつの建物、または個別的な建物の群《グループ》と結びついてのみ、ひとつの完全体になりうるものであり、また、このひとつの断片は、無限の普遍空間《ユニヴァーサル・スペース》の単なる軌跡として、先験的に一度だけ与えられた、ひとつの偶然的な断片としての性格を保持すべきであろうと考えていた――それは、投影された円形の中庭《コート・ヤード》をもつテンピエット図159の対極概念である）。サン・ピエトロ大聖堂は一度、他の建築群の壁によって取り囲まれた中心型教会堂となるところであったが、現在は、長軸型の教会堂になっている。それは、コロネードによって無限の一部分となった。図172 それは、中心軸上において開かれており、カステロ・サンタンジェロからの応答を待ちうけている。サン・ピエトロ大聖堂は、いまだに未完成なのである。

図173　グラン・トリアノン、ヴェルサイユ、一六八七年。

註75　対になった三次元的アーチは世俗建築においてもまた現われている。たとえば、ポルメルスフェルデンにある一階の Gartensaal がその例である。

フランスにおいてもまた、開かれた中庭《オープン・コート》または正面広場が、囲まれた中庭をもつ塊《ブロック》のような大邸宅に取って替わった。パリにあるコレージュ・ド・フランス（一六一一年）、およびヴェルサイユにあるグラン・トリアノン[図173]（一六八七年）は、この塊《ブロック》を開放してゆく過程を示す。フランスにおける庭園建築の展開は、パラディオにおける別荘《ヴィラ》の設計の延長上にある。主建物内でのサーキュレーションは、その建物の内部で閉ざされることはない。廊下のシステムは、放射状に伸びる通路の起点にすぎない。これらの通路は、庭園を通り抜けて連続し、はるかに遠くの焦点へ向って突き進むのである——実際は、それが無限そのものではないにしても。

第三段階

第三段階は、内部空間と外部空間の融合を極限にまで押し進めた。その手段は、独立的に置かれた階段、突出する翼部《ウィング》、または、その他の建物と庭園や自然との間の移行的なもの、および、建物の塊《ブロック》の、大庭園内に分散したパヴィリオンへの分解、といった方法である。そうした例としては次のものがあげられる。ウィーンのベルヴェデーレ（一七二一年）、ともにイングランドにあるハワード城[図174]（一六九九年）とブレニム宮[図175 176]（一七〇五年）、シュロス・ブルッフザル[図246]（一七二〇年）、バイロイト近傍にあるエルミタージュ（一七一五年、太陽の寺院）、ヴァインガルテンにある修道院（一七一五年）。微積分学にもとづいた空間形態は、もちろん実際に現われはするが、ここでも重要な役割を演じてはいない。[註75] 第三段階が目的としたのは、明瞭な主張をすることではなく、むしろ暗示することであり、われわれの想像力《イマジネーション》の中で完成さるべき断片を作り出すことであった。

図174　ハワード城平面、イギリス、一六六九年。

図175　ブレニム宮平面、イギリス、一七〇五年。

図176　同鳥瞰。

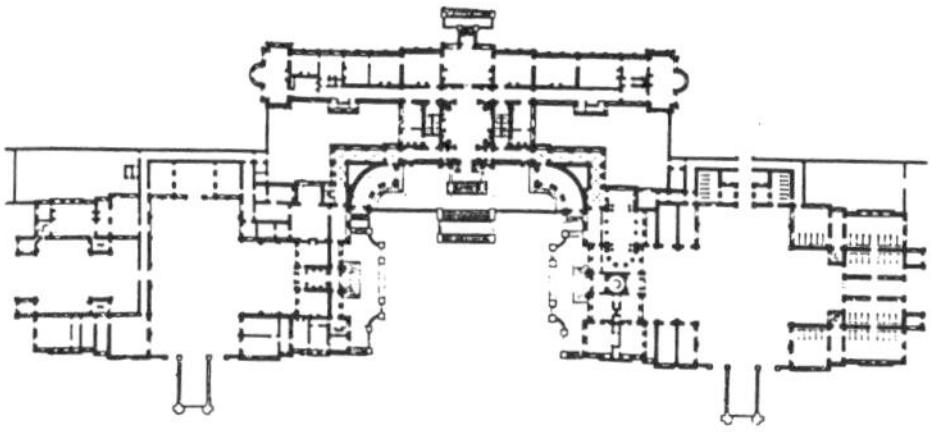

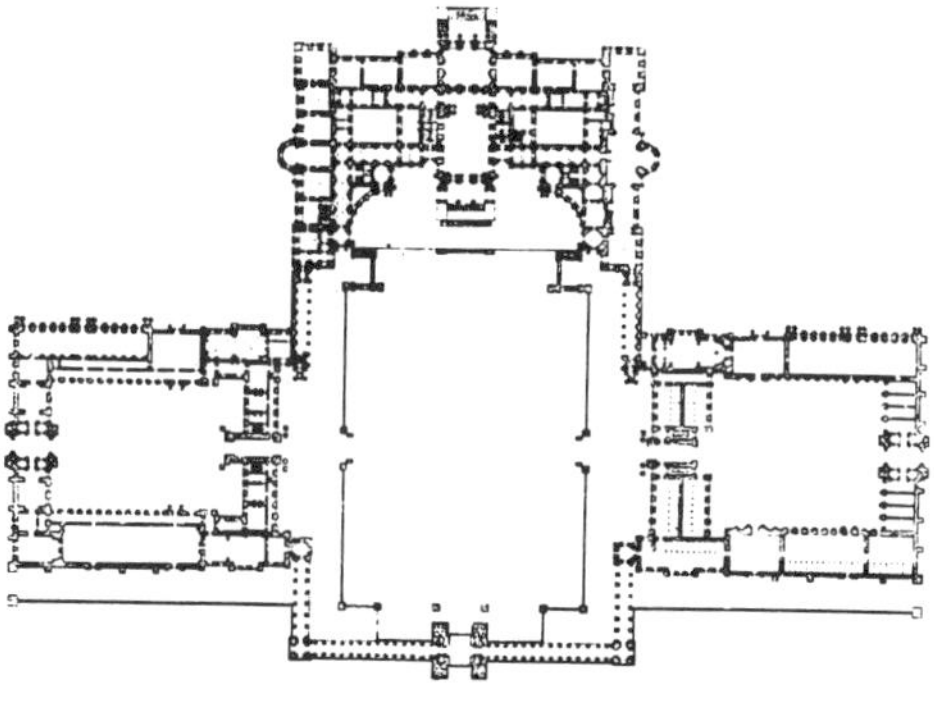

図177　ラ・マドレーヌ、パリ、一八〇八年。

第四段階

第四段階における廊下のシステムは、二つの対立する様式原理（付加と分割）のいずれが支配的になることをも許さなかった。メックレンブルクのシュヴェリンにあるシュロス・ルードヴィヒスルストは一七六三年に計画されたものであり、全体としてはいまだに第三段階に属しているが、一七七二年に建てられた主屋は、広場の向い側にある教会堂（一七六五年）との形式的な関係にもかかわらず、むしろ独立したひとつの塊《ブロック》として見える。パリにあるマドレーヌ[図177]（一八〇八年）は、列柱廊《ペリスタイル》の背後に独立して立つ。しかし、それは依然としてロワイヤル通り、コンコルド広場、コンコルド橋、そして国会議事堂による都市的な構成と結合されている。ところが、個々の建物が連続的な流れの中に配置されているこうした都市計画の例の他に、四本の街路の間に量塊のように立つ他の記念碑的な建物も、同じくらい多くある。様式上の不安定性が増大するにつれ、建物は周囲の建造物（とくに教会堂）から切り離されるようになった。そうすることによって、まったく何の利益も得られなかった時でさえそうであった。ブラマンテのテンピエット[図160]のような建物は周囲から孤立している。そして、シュロス・ブルッフザル[図246]といったパヴィリオンでさえ独立したものと見なしうる。しかし、両者の間には相違がある。テンピエットはひとつの単位《ユニット》であるが、このパヴィリオンはひとつの断片《フラグメント》である。一九世紀は、単位から断片を作った。そして逆に、建物が断片の効果をもつように配置された。レーゲンスブルク近傍にあるワルハラー（一八三一年）は、自然の中で、その列柱廊の背後に立っている。それは、中世の城郭や一八世紀の巡礼教会堂が配置された方法と類似している。しかし、そのテラスの巨大な基壇のために、建物は、自然と融合することも、また、それから分離することもできないのである。

　空間の付加と空間の分割は、わたしが様式段階を区別する際の対比的な極である。第一段階においては、たとえ課題が中心型であれ、長軸型の教会堂であれ、あるいは世俗建築であれ、空間形態は付加的に構成される。第二段階においては、たとえそれがカトリックのものであれプロテスタントのものであれ、また中心型、あるいは長軸型の教会堂であれ、あるいは世俗建築であろうとも、その空間形態は分割によって構成される。第三段階を第二段階から区別するものは、様式の方向の変化によって示されるのではない。むしろ、第三段階は、与えられた方向をその究極的な結論へと到達させたのである。教会堂建築においては、この極限の到達点は、主に微積分学にもとづく形態の創造によって示される。世俗建築においては、それは主として断片化、すなわち、建物を個別的にパヴィリオン群に分けること、そして、これらの断片を無限の外部空間へと開放することによって示される。第四段階は、その両方の極からの独立によって特徴づけられる。

第二章　物体形態

第一段階（一四二〇年〜一五五〇年）

⑴オーダー

ブルネレスキおよびそれに続く建築家による建物の立面に決定的な要因を与えるのは、古代のオーダーの再導入である。

この時期の最初の数十年間においては、ほとんどすべての建物が、オーダーの使用における新しい変種《ヴァリエーション》を通してその再征服を誇示した。一四一九年の捨子養育院[図178]のポーティコは円柱《コラム》によるアーケードで、その上に載せられたエンタブラチュアによって枠づけられており、そのエンタブラチュアはアーケードの両端においては付柱《ピラスター》に支えられている。付柱《ピラスター》のオーダーは、フィレンツェのサン・ロレンツォ教会堂の旧聖器室[図38, 39]（一四一九年）にも見られる。その他、この教会堂の側廊、フィレンツェのパラッツォ・ディ・パルテ・グェルファ（一四二〇年）のファサードとホール内部にも使われている。サン・ロレンツォ教会堂[図44]では、円柱《コラム》の上に断片的な独立のエンタブラチュアが載る（これは側廊の付柱《ピラスター》上のエンタブラチュアに対応する）。連続的なエンタブラチュアをともなう円柱《コラム》は、フィレンツェのサンタ・クローチェ教会堂のパッツィ家礼拝堂[図41, 179]に用いられている。柱《ピア》の上にのるアーチは、リミニのサン・フランチェスコ教会堂[図180]（一四四六年）の側面に見られるが、そのファサードでは、半円柱《ハーフ・コラム》と一緒に柱《ピア》付のアーチが用

図178　捨子養育院正面ポーティコ、フィレンツェ、一四一九年。

図179　パッツィ家礼拝堂正面、フィレンツェ、一四四六年。

図180　サン・フランチェスコ教会堂外観、リミニ、一四四六年。
図181　パラッツォ・ルチェルライ正面、フィレンツェ、一四四六年。

いられている。フィレンツェのパラッツォ・ルチェルライ[図181]（一四四六年）のファサードでは、付柱《ピラスター》のオーダー（柱脚《ペデスタル》をもたない）が次々に積み重ねられている。

第一段階における空間形態の考察と同じように、オーダーのこうした変種《ヴァリエーション》や組合せのすべては、容易に検討することができる。オーダーは、支持するものと支持されるものからなる。支持するものは、柱《ピア》・円柱《コラム》・付柱《ピラスター》（柱脚《ペデスタル》がある場合とない場合とがある）か、持送り《コンソール》[註1]の形をとる（後期には女人像柱《カリアティッド》や頭像柱《ヘルメス》なども使われる）。支持されるものは、まっすぐなエンタブラチュアか、アーチである（アーチには、初期にはきまって半円アーチが用いられ、尖頭アーチはごく稀れに単純な形で用いられたにすぎない。後期には弓形や籠の把手状のアーチが出現するようになる）。上部で支えられるもの、あるいは下部で支えるもの、さらにはその両方を変えることにより、変種《ヴァリエーション》が得られる。近世になって現われたこの種の構成の最初である捨子養育院[図178]のファサードは、円柱の上にアーチを載せ、両端に付柱《ピラスター》をもつ。フィレンツェのサンタ・マリア・ノヴェルラ教会堂にあるマサッチオの壁画「三位一体」（一四二七年）を囲む枠や、同じくフィレンツェのオル・サン・ミケーレ教会堂の外側にある聖トマゾの壁龕《タバナクル》（一四二五年）と比べてみるとよい。リミニのサン・フランチェスコ教会堂[図180]のファサードは、柱《ピア》の上にのったアーチと、半円柱《ハーフ・コラム》のオーダーの組合せからなっており、後者のエンタブラチュアは、中央のアーチの上端に接する。このような組合せは、上下に重ね合わせることも隣り合わせて並べることもできる。そうなると、立面のデザインはもはや想像力の行使によるものでなく、体系的で知的な行為となる。こうして、この組合せの過程における基本的要素、すなわち「オーダー」は、建築家の財産となり、基本的なＡＢＣにあたるものとなる。

註1　持送りがエンタブラチュアを支えている例は、フィレンツェのサン・ロレンツォ教会堂の旧聖器室、身廊部分（図44）および教会堂部分の外壁に見られる。個別的に用いられる持送りも後に現われるが、その例として挙げられるのは、フィレンツェのメディチ家礼拝堂やメルカート・ヌオーヴォなどである。

図182　パラッツォ・デルラ・カンチェルレリア外観、ローマ、一四八六年。
図183　パラッツォ・ベヴィラックァ正面、ヴェロナ、一五二九年。

(2) 柱列のリズミカルな間隔配分《スペーシング》

一面においては空間のリズムの結果として、また一面においてはそれとは独立に、支持体の間隔配分《スペーシング》にもリズムが現われる。サン・ロレンツォ教会堂の旧聖器室[図38, 39]の内陣側の壁は、その最も早い例である。ここでは付柱《ピラスター》の上に立つ同心円状の二つのアーチによって作られている群《グループ》b a b は、幾通りにも変化を加えることができる。いわゆる凱旋門モティーフとかパラディアン・モティーフとかいうものは、この特別な場合である。それらは、前節で指摘した個々の変種《ヴァリエーション》や組合せから引き出すことができる。b a b a b 等のリズムは、空間形態の展開の場合と同様に、ここでも幾つかの群《グループ》を連続させることによって得られる。このリズムが現われているファサードの例としては、共にローマにあるパラッツォ・デルラ・カンチェルレリア[図182]（一四八六年）およびパラッツォ・ジラウド（一四九六年）が挙げられる。カンチェルレリアにおけるリズムは、ファサードの両端をやや前面に突き出すことにより締めくくられているが、ジラウドの正面は閉じておらず、一様のリズムの連続から成り立っている。ところが、ジラウドのファサードにおけるベイの数は奇数であり、そのことは正面入口が中央に来ることを意味するが、他方、カンチェルレリアの正面は、一五世紀に特徴的な偶数個のベイによる構成をなお保持している。一六世紀の建物であれば、たとえばヴェロナのパラッツォ・ベヴィラックァ[図183]（一五二九年）のように、入口が中央からずれているような場合には、その建物が未完成のまま放置されたことを確証できる。

　まとまりのある構成への欲求は、五つあるいは七つのベイからなるファサードの中央のベイに強いアクセントを置く手法を生んだ。例として挙げられるのは、ジュリアーノ・ダ・サンガ

図184　サン・ロレンツォ教会堂正面模型、ミケランジェロ。

ルロとミケランジェロによるフィレンツェのサン・ロレンツォ教会堂のファサードのためのデザイン[図184]で、そこではBaba′baBというリズムが生み出されている。さらに両端にアクセントを置くやり方も生まれたが、この場合は結果として中間のベイをひとまとめにしてしまうことになる。たとえば、ヴェネツィアのパラッツォ・グリマーニ[図185]がそうで、そこにおけるリズムはa′—bab—a′である。

　bab—bab—babという形に群《グループ》を直列につなぐやり方は、ミラノのサン・マウリツィオ教会堂（一五〇三年）や、ヴァティカン宮のベルヴェデーレ[図186]の中庭に見られ、また純粋な形ではないが、マントヴァのパラッツォ・デル・テ[図187]（一五二五年）でも同様の配置が見られる。代表的な例として挙げられるのは、ヴィチェンツァのバジリカ[図162・188・189]（一五四九年）である。ここでもまたわたしは、このように幾つもの群《グループ》を連続させた場合、自足的な個々の群《グループ》の印象と、同じ単位を際限なく並べた列《シリーズ》としての印象のどちらが強いか、という問題には答えないでおく。

　ファサード全体と中央の強調をもたらすために、中心の群《グループ》として、古代の神殿正面がそっくり全体として用いられることもある。これが最初に現われたのは、フィレンツェ近郊のポッジオ・ア・カイアーノに立つヴィラ・メディチ[図190]（一四八〇年）で、その後の例ではヴェネツィアのパラッツォ・コンタリーニの上部階（一五〇四年）がある（これはヴェネツィアに伝統的なロッジアの変形と考えられる）。両者の場合とも、柱列はファサードと同一面内に置かれており、むしろ自然だと思われるファサードの前方に置くやり方はとられていない。それでも独立柱列を共通の切妻破風《ゲーブル》でひとつにまとめることが、まさしくこの時代の美的意図に相応するものであったことを、これらの例は、はっきりと示している。独立して立つ円柱《コラム》という分離された部材からなるこの単位は、その上にエンタブラチュアとさらに共通の切妻破風《ゲーブル》を載せてい

図185　パラッツォ・グリマーニ正面、ヴェネツィア、一五四〇年。
図186　ベルヴェデーレ中庭立面および平面、ヴァティカン宮。
図187　パラッツォ・デル・テ、マントヴァ、一五二五年。

図188　ヴィチェンツァのバジリカ立面、一五四九年。
図189　ヴィチェンツァのバジリカ外観、一五四九年。
図190　ヴィラ・メディチ正面、ポッジオ・ア・カイアーノ（フィレンツェ近傍）、一四八〇年。

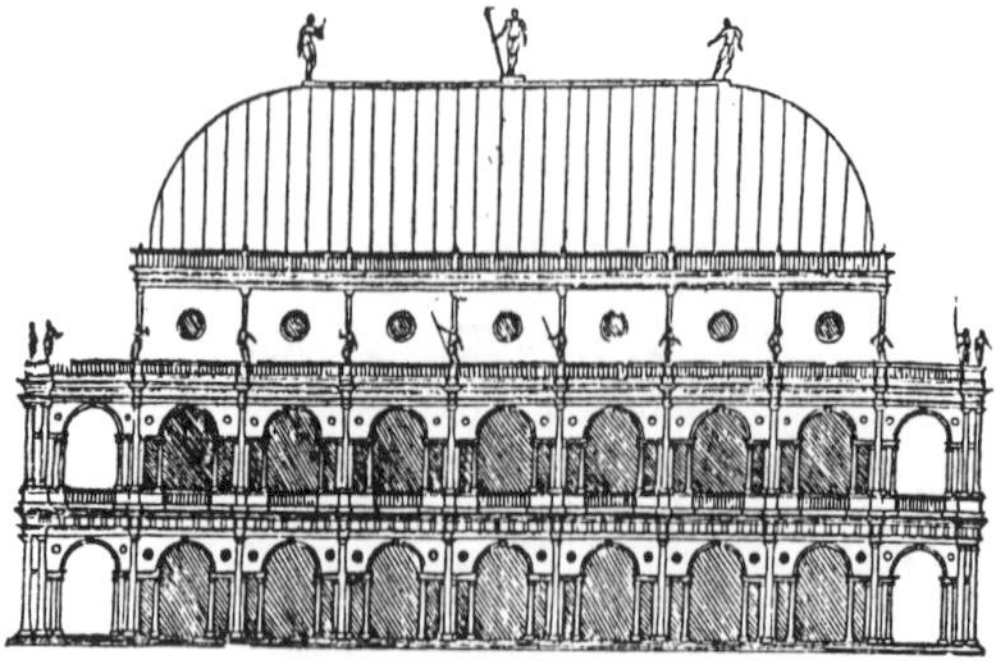

るもので、これこそわれわれがオーダーと呼ぶものの格好の見本である。

「オーダー（秩序）」という表現は、まったく文字通りに受けとられなければならない。支持体としてのオーダーは、その構成全体の決定的な要素となる個別で独立した（つまり分離された）点の連続にもとづいている。確かに、エンタブラチュアは連続的な帯状をなしているし、アーケードも連続的な繫がりをもってはいる。しかし、エンタブラチュアもアーケードも連続的な壁に支えられているのではない。それらは個別の独立した支持体に支えられている。オーダーとは、規則正しい、あるいは固定的な間隔配分《スペーシング》の選択がもたらす必然の結果なのである。われわれはたいてい個々の柱を下から上へ、基盤面から立ち上がってゆくものとして読み取る。ところが、その柱身の上方に伸びる力とは逆に、柱が上部からどのように構成されているかを観察する時、初めてわれわれは柱によるオーダーというものをその本質において体験することができる。つまり、柱が等しい間隔で置かれようと、交互にリズミカルな間隔で置かれていようと、それがエンタブラチュアにおける特定の分離された点の下、あるいはアーチの個々の迫元の下に、個別の支柱として置かれているということを知覚しなければならないのである。ドーリス式のオーダーでは、このシステムがさらにエンタブラチュアと切妻破風《ゲーブル》にまで適用できる。すなわち、エンタブラチュアは例えばトリグリフのような個別の支持部材にまで分解でき、それらは切妻破風《ゲーブル》にも及んでいる。このように、あらゆる構成部材は、露玉《グッタエ》に至るまで、基本的な結節点（つまり円柱《コラム》の軸線的間隔配分）の規則性に従うものとなる。われわれはその全体像を、容易に分離できる部材から構成された有機体として見ることになる。ドーリス式はブラマンテのテンピエット[図164]以後、好んで用いられるオーダーとなった。

図191　パラッツォ・メディチ外観、フィレンツェ、一四四四年。
図192　パラッツォ・ピッティ外観、フィレンツェ、一四五八年。

(3) 分節化された壁

柱は壁の対立項である。だが、オーダーに憧れたものの完全に開放的なコロネードを建てることがまだできなかった時期には、まったく壁なしで済ますわけにはいかなかった。壁はそうした従属的な地位にまで引き下げられ、支持体によるオーダーの中へ変形されて視覚的に組み入れられることを余儀なくされた。つまり、壁は分節化されることになったのである。

ここで望まれた壁面の分節化のために必要だった要素は、古代の遺跡で発見されたものである。付柱状《ピラスター》のオーダー、円柱《コラム》が半分壁に埋まった半円柱《ハーフ・コラム》、突き出たエンタブラチュアをもつ完全な円柱《コラム》、などがそれである。しかし、なによりもまず、壁を連続的な表面、どこまでも随意に伸ばすことのできる表面とみなすゴシックの伝統が克服されねばならなかった。中世の世俗建築では、窓は各階で必要に応じて配置されるのが普通であった。縦方向の軸は連続していない。しかもゴシックの建築家たちにとっては、いかなる場合にも同じ高さ同じ幅あるいは同じ形状の窓を作ることなど、必要とも望ましいこととも思えなかったのである。厳格な空間形態をもっているために窓の軸線や高さにも連続性が付与されている教会堂建築においてすら、可能な限りこうした原理は避けられた。このように不規則な寸法や窓間のとり方などから示唆される壁面の無限定性は、上部にはっきりと限定された終点がないということによっても強化されている。壁の上端は、穂状飾り《スパイク》や小塔《タレット》や小尖塔《ピナクル》などとなって、いつのまにか消え去ってしまうのである。

ファサードに粗面仕上げ《ラスティケーション》を施すという伝統的なやり方は、一五世紀にも保持されてはいたが、それは二通りの手法によって制御を受けることとなった。開口部の軸線を直線状にそろえるこ

図193　パラッツォ・ストロッツィ外観、フィレンツェ、一五三九年。

註2　フィレンツェのパラッツォ・メディチ（一三九六―一四七二年）では、三層のうち上の二層のみ窓の軸線が一致している。一階は別個の配置をもつ。同じくフィレンツェにあるパラッツォ・ピッティ（一四四〇年頃～）は、この点に関しては一歩進んでいる。

と[註2]、および、水平の強調によってファサード上方を閉じること、というのがそれである。石積みの縦目地の不規則な配列は、フィレンツェのパラッツォ・メディチ[図191]、パラッツォ・ピッティ[図192]、パラッツォ・ストロッツィ[図193]などのファサードにはなお見られるが、それ以降は規則的な配列が支配的となる。ボローニャのパラッツォ・ベヴィラックァやローマのカンチェルレリア[図182]以降のものになると、一段おきに縦目地を上下にそろえるのがふつうになってくる。このことは一定の長さの石を使うようになることに通じるが、その長さは窓の大きさと配置によって決められる。確かに、壁はなおひとつの連続体ではあるが、それは規則的に配分された、個々の分離された部分から作られた連続体となったのである。壁はその最も純粋な形態から発展して、シンメトリーに窓を開けられた壁となり、ようやく分節化される寸前までできたといえる。フィレンツェのパラッツォ・ルチェルライ[図181]では、窓台《ウインドウ・シル》の繰形《モールディング》はエンタブラチュアに置き換えられ、さらにそれを付柱《ピラスター》が支える。それぞれの付柱《ピラスター》は二つの窓の間の中央に置かれている。最上部のオーダーは、コーニスを支える。ローマのカンチェルレリア[図182]では、窓台《ウインドウ・シル》の繰形《モールディング》が連続しており、エンタブラチュアはその下の、階と階の間に置かれている。この配置によって、ピラスターの下の柱脚《ペデスタル》と窓の下の浮き出たパネルのための共通の領域が生み出される。各階の絶対的な隔離は、階段との関連ですでに論じたことでもあるが、それと同じように、ファサードをも特徴づけているのである。全体にわたる分節は、各階の分離に始まり、付柱《ピラスター》状のオーダーから小さな細部にまで浸透する。台座ひとつをとっても、それ独自の基部と頂部を飾る繰形《モールディング》をもっている。どんな形をとってみても、起部と中間部と終端部を形成する構成要素からなっている。全体は、相互に連結された水平の石組みと任意に開けた窓からなるひとつの量塊にかわって、軽やかな骨組のようなものになる。粗石積《ラスティケーション》みが用いられる場合には、その目地のとり方は窓と付柱《ピラスター》によって決まる。カンチェルレリアのひとつのファサード、およびローマのパラッツォ・ジラウドにおいては、縦目地は一階では完全に除去されている。一階はひとつの単位となり、ファサード全体の台座のような役割を演じている。このように、壁面の連続性がなお強調されるようなことがあっても、その場合もまた各階の独立性は助長されているのである。

切石で作られたファサードではなく、大理石で化粧貼りしたり、あるいは引っ掻き絵で装飾されたりした煉瓦作りのファサードを検討してみても、同じ結果が見出される。ただ、これらの材料の場合、平板さを克服することは、より困難である。しかし、オーダーがその表面を分割することにより、平板さは破られる。分割によって得られた個々の部分は、表面の中にでたらめに置かれたものとは見えない。これらの部分は固定されたものであり、いわば骨組の間を充填する独立したパネルである。化粧貼りのパターンや引っ掻き絵は、この与えられた軸線のパターンに従う。それらは、囲まれた領域を越えて勝手に拡がることはなく、ファサードの枠組《フレームワーク》を作り出している繰形《モールディング》によって取り囲まれている。

(4) 柱列と分節化された壁の組合せ

純粋で最も完璧な長軸型の教会堂と真の壁体との間には、アナロジーが成り立つ。また同様のアナロジーが、純粋な中心型の教会堂とオーダー（列柱廊に使われていようと壁体の分節化に使われていようと）の間にも成り立つ。そして、空間形態の展開過程において長軸型の教会堂が、付加によって生じる空間列《シリーズ》と空間群《グループ》の結合の結果、その本質的な性格を奪われるにい

註3　三角小間や窓の輪郭やプロポーションの扱い方に重要な相違があるが、それについて述べる必要はないだろう。

たったのとちょうど同じように、まさしくこの時期の初めから、柱列と分節化された壁とを組み合わせる可能性が存在したのである。両者に対してあらゆる可能な組合せや変形がすでに展開されているのであれば、今後のわれわれの問題は系統化の問題となろう。つまり、第一段階の範囲に存在する多くの可能性を、いかにして短い検討だけで一挙に把握するかということである。一九世紀においては、建築形態に関する教育はもっぱら建築家のこの種の形態に関する知識を完璧なものにすることにささげられ、こうした系統化の方向に進んだ。しかし、現代の建築家はもはやこういう徹底的な調査にはさほど関心がなく、一方美術史家は、可能な組合せのうちで一体どれが実際に具体化されたかに、より大きな関心を抱いている。ここではいくつかの著しい例を挙げるだけにとどめよう。

フィレンツェの捨子養育院には正面[図178]の他に中庭[図166]においても、分節化されていない壁の下に円柱《コラム》で支えられた開放《オープン》アーケードがある。上階の窓は下階のアーチの中心軸に連なる。フィレンツェのサン・ロレンツォ教会堂の身廊の壁面[図44]も基本的には同じ構成である[註3]。分節化された壁の下の開放《オープン》コロネードの効果は、フィレンツェのパッツィ家礼拝堂のポーティコ[図179]に見られるが、この場合は上階の棺桶のような壁に付柱《ピラスター》が二本ずつ対で使われている。フィレンツェのパラッツォ・メディチ（一四四四年）の中庭では、円柱《コラム》の上に立つアーケード、窓を配した壁、連続するエンタブラチュアをのせたコロネード、という三種の壁面が積層されている。ウルビノのパラッツォ・ドゥカーレ（一四七五年）の中庭では、上階は窓と窓の間の付柱《ピラスター》によって分節化された壁面からなり、下階は柱の上に載るアーケードからなる（グッビオにはこれをそっくり模倣したものがある）。コロネードによる開口をもつ壁面が、このパラッツォの外側に用いられている。古代のポーティコ形式のコロネードが用いられた例は、前にふれたようにポッジォ・ア・カイアーノのヴィラ・メディチ[図190]およびヴェネツィアのパラッツォ・コンタリーニの主階《ピアノ・ノビレ》に見られる。一方のコーナー・パヴィリオンから始まってもう一方のコーナーまで、重層のアーケードが連なるという構想は、ミラノのオスペダーレ・マッジョーレ（一四五五年）のために計画され、ナポリ近郊のヴィラ・ポッジォ・レアーレ（一四八七年）で実施された（ローマのパラッツォ・デルラ・ジュスティーツィア〈一五一二年〉でも同じように対になった半円柱《ハーフ・コラム》を付した柱《ピア》の上に載るアーチの列が、両側の粗面仕上げ《ラスティケーション》のコーナー・パヴィリオンの間に配される予定であったが、完成されなかった）。ローマのパラッツォ・マッシーミ[図194]（一五三二年）は、とくに「柱のある《アルレ・コロンネ》」と呼ばれているが、一階の中央に本当のコロネード（つまりアーチではなく、連続するエンタブラチュアが上にのる柱列。柱間隔のリズムはやや複雑だが）をもつ。このパラッツォにおける他の階の壁は平面的で分節化されておらず、中庭側では分節化された壁とコロネードがさまざまに組み合わされているのと対照的である。ヴェネツィアのサン・マルコ図書館[図195]（一五三七年）は、ほとんど二層のアーケードといってよいような効果を示している。一階はドーリス式の半円柱《ハーフ・コラム》を付した柱《ピア》の上にのるアーチの繰返しから成り立つ。上階は分節化されており、窓の部分はまるでもう一連のアーチの列があるかのような印象を生むように扱われている。シエナ近傍のサンタ・コロンバのヴィラ（一五四〇年）では重層のロッジァが分節化された壁の中にうまく嵌め込まれて、どの階でも分節化のリズムが中断されないようになっている。最後に、本当の二層のアーケードは、ヴィチェンツァのバシリカ[図162,188,189]（一五四九年）に現われる。

(5) 枠組《フレーム》

図195　造幣局（一五三六年、左）とサンマルコ図書館（一五三七年、右）外観、ヴェネツィア。
図194　パラッツォ・マッシーミ、ローマ、一五三二年。

枠組《フレーム》は、壁画の場合でも彫刻を置くニッチの場合でも、あるいは扉や窓の場合でも、第一段階における要求に合致したものとなっている。なぜなら、それらの場合においても、枠組《フレーム》は支える部材と支えられる部材からなっており、堅固な矩形あるいは円形の境界を形成しているからである。

一五世紀になってもゴシックの名残りは、窓や扉などにありありと見られる。開口部《ヴォイド》を作るために壁を除去したり、あるいは迫石が周囲の石組と所々で交錯しているようなアーチを用いることは、新しい精神とは相容れないものである。それは、まだしばしば見受けられる手法、例えば窓の両脇の厚壁を外に広がるように斜めに切るやり方や、中央に小さな丸柱を建てトレーサリー・アーチで飾るやり方にしても同様である。ゴシック的感覚がほんの部分的にせよ除去されているのは、円と円をもはや重ねずに用いている場合（ゴシックでは重なりあっている）、あるいはフィレンツェのパラッツォ・ルチェルライの窓に見られるようにアーキトレーヴが窓とその上のアーチとを分離しているような場合である。新しい精神では、窓の中央に何も置かないことを要求する。そこで、単純な矩形の開口部にまっすぐな楯《リンテル》か半円形のアーチを載せるか、あるいはｂａｂというリズムに三分割するかのいずれか、ということになった。前者の例が最初に現われるのは、捨子養育院[図178]とかなり早く、さらにローマのサンタ・マリア・デル・ポポロ教会堂の内陣部、ローマのサンテリージオ・デリ・オレフィチ教会堂、フィレンツェのパラッツォ・ヴェッキオの大ホールと続く。ローマのパラッツォ・ヴェネツィアに見られるような窓に嵌まる石の十字形もゴシックの痕跡のように見えるが、その印象も中心の方立を小さな半円柱《ハーフ・コラム》で飾るか、あるいは（フィレンツェのパラッツォ・バルトリーニ〈一五一七年〉の例に見られるように）アーキトレーヴにエンタブラチュアのような断面形を与えれば、ほんの部分的にせよ改変される。

囲みの形式としてよく使われるのは、ローマのパンテオンに古代から残されているエディキュラ型のものと、壁面から突き出ただけの平たい輪郭をもつ単純でコンパクトな枠組《フレーム》とである。後者の例には、フィレンツェのパラッツォ・ゴンディ（一四九〇年）とパラッツォ・パッツィ（一四七五年）のものがあげられる。エディキュラは、フィレンツェのサン・ロレンツォ教会堂にある旧聖器室の祭壇両脇の扉のところ、アレッツォのパラッツォ・デルラ・フラテルニタ（一四三四年）のニッチの廻り、そしてピエンツァの大聖堂（一四六〇年）などに見られる。枠組《フレーム》の構成要素にオーダーを用いれば、ほとんど無限の豊かさが作りだせる。特に、門や墓碑や祭壇などの場合にはそうである。それは、すでに述べたオーダーのさまざまな組合せに匹敵する。その他に、ｂａｂというリズムを用いることによっても、いろいろな組合せを展開することができる。ここにおいて、ｂは枠に、ａは開口部あるいは中央部に相当する。頂部が半円形になった開口部の場合には、アーチの縁に外接するエンタブラチュアをもつ大きなオーダーで、アーチを支えるもとのオーダーを囲むことも可能であるし、もとのオーダーの上に第二の小さなオーダーを立ち上げることもできる。最初のやり方は、フィレンツェのサンタ・マリア・ノヴェルラにあるマサッチォのフレスコ画「三位一体」の枠取りを説明したものに他ならず、第二の構成は、ナポリのサンタンジェロ・ア・ニーロにある図182ブランカッチの墓（一四二七年）に見出される。外枠の長方形には、ローマのカンチェルレリのように切妻飾り《ゲーブル》がついていなくてもよいし、ピエンツァの大聖堂の場合のようについていてもよい。枠組《フレーム》がｂａｂというリズムに分節されている場合には、弓形の切妻飾り《セグメンタル・ゲーブル》と三角の切妻飾り《ペディメント》を交互にもった特別のエ

註4　同様のリズミカルな交互の繰り返しは、フィレンツェのパラッツォ・ストロッツィの窓の設計においても若干考慮された。これに関しては模型が保存されている。

図197　パッツィ家礼拝堂天井見上げ、フィレンツェ、一四四六年。

ディキュラを、bおよびaの上に置くことも可能である。その例は、シエナ大聖堂のピッコロミニの祭壇（一四八五年）に見ることができる。

フィレンツェのサン・フランチェスコ・アル・モンテ教会堂（一四九九年）では、同じ階の窓の上にのる切妻飾り《ゲーブル》は、リズミカルに交互に置かれている。[註4] フィレンツェのパラッツォ・パンドルフィニ（一五二〇年）の二つの階の切妻飾り《ゲーブル》も同様である。後者の配置は、一階では弓《ラウ》形の切妻飾り《ンド・ゲーブル》から始まり、上階では三角形のものから始まっているので、結局、市松模様のリズムを達成する。

エディキュラは、付柱状《ピラスター》のオーダーあるいは別の分節要素で縁取ることによって規定された空間の中央に置かれる。パラッツォ・パンドルフィニではオーダーは用いられていない。そのかわりに、エディキュラのエンタブラチュアが上階全体を横切っている。エディキュラの枠自体がオーダーを形成しているのである。

個々の枠組《フレーム》は、基部、本体、頂部繰形《モールディング》からなる発達した台座を必要とする。窓の場合には、バルコニーがその代用となるが、ひとつの窓にひとつのバルコニーが独立した単位《ユニット》として突き出すのが、第一段階に特徴的な形式である。[図192] フィレンツェのパラッツォ・ピッティの正面に見られる連続的なバルコニーは、壁面の連続性を反映している。ローマのカーサ・ディ・ラファエロやフィレンツェのパラッツォ・パンドルフィニに見られるひとつひとつ孤立したバルコニーは、オーダーに関連してすでに論じた孤立性の原則に対応するものである。

オーダー（すなわち支える部材と支えられる部材）で構成されていない枠組《フレーム》は、一定の幅をもって輪郭線を描く帯として、単純な幾何学形態の廻りを巡る。例としては、アーチのアーキヴォルト、丸窓の縁、それにアーチ間の三角小間《スパンドレル》の中に置かれたりアーキヴォルトとエンタブ

＊　ドーム下四隅の逆三角形の部分。穹隅。
註5　プラートの大聖堂の屋外説教壇を覆う円形の天井では、格間が中心から放射状に広がる形のものが見られる（一七世紀に新しく作られた）。

図198　サント・スピリト教会堂天井見上げ、フィレンツェ、一四三四年。

図199　ヴィラ・メディチ内部、ポッジョ・ア・カイアーノ、一四八〇年。

ラチュアに接して置かれるメダイヨンの縁、などが挙げられる。これらは、フィレンツェのサン・ロレンツォ教会堂の旧聖器室[図38,39]に見られるようなペンデンティヴ*の中に置かれたメダイヨンとまったく同様である。

(6) 格間《コファリング》

天井の意匠における格間の重要性は、ファサードにおけるオーダーのそれに匹敵する。古代の原型の中に見出される格間は、そのまま平天井にも円筒《バレル》ヴォールトにもドームにも合致するもので、広く応用された。

平天井に四角い格間が嵌まっている例は、フィレンツェのサン・ロレンツォ教会堂[図44]、同じくフィレンツェのパラッツォ・メディチとパラッツォ・ヴェッキオ（サラ・デイ・ドゥジェントとその付属室）に見られる[註5]。円筒《バレル》ヴォールトや、アーチの下側が格天井になっている例は、パッツィ家礼拝堂[図197]、リミニのサン・フランチェスコ教会堂の入口の上部、フィレンツェのサンタ・マリア・ノヴェッラ教会堂の入口の上部、マントヴァのサンタンドレア教会堂のナルテックス（この教会堂では身廊の円筒《バレル》ヴォールトにも格間が描かれている）、ピストイアのウミリタ教会堂などに現われる。八角形の格間は、フィレンツェのサン・ミニアト・アル・モンテ教会堂の十字架像祭壇の上にかかっているヴォールト（一四四八年）に使われている。同じく八角形のもので天井に描かれている例には、フィレンツェのサント・スピリト教会堂（一四三四年）のものが挙げられる[図198]。円形の格間は、ポッジョ・ア・カイアーノにあるヴィラ・メディチ[図199]のメイン・ホールにかかっている円筒《バレル》ヴォールトに見られる。そこでは円と円の接点および中

図200　サン・ピエトロ大聖堂天井見上げ、ローマ、一五〇六年。

註6　C. Stegmann and H. von Geymüller, "Die Architektur der Renaissance in Toscana", Munich, Bruckmann, 1885-1908, VII. Raphael, Fig. 11 and Pl. 6.

心には小さな円が配され、それらは平たい帯で結びつけられている。このパターンのヴァリエーションは、ヴィラ・メディチのヴェスティビュールの上の円筒《バレル》ヴォールトや、フィレンツェのサント・スピリト教会堂の聖器室（一四八九年）に通ずるヴェスティビュールの上部の円筒《バレル》ヴォールトなどに見られる。円形の板が並んだだけのものは、フィレンツェのパッツィ家礼拝堂のヴェスティビュールの天井に、また円形の格間が並んだだけのものは、ヴァティカン宮の巫子の間《サラ・デルレ・シビレ》（一四九〇年）の天井に見られる。さらに複雑なものとしては、円と四角を組み合わせた格天井があり、フィレンツェのパラッツォ・メディチの礼拝堂がその例である。

これまでに例にあげた格天井は、同形同大の格間が並ぶもので、格間どうしは互いに同等であった。フィレンツェのサン・ロレンツォ教会堂の場合のように主軸上の格間だけが紋章で強調されるような例を除けば、格間の中心に置かれるロゼットも同じ形状をしているのが普通である。ローマのサン・マルコ教会堂では、標準形の格間四つ分にあたる大きな格間（紋章つき）が、中心軸上に並べられている（ローマのティトゥスの凱旋門など、古代の原型を参照）。ただひとつの格間からなる天井としては、フィレンツェのパラッツォ・パンドルフィニのものが挙げられる。[註6]

ローマのサン・ピエトロ大聖堂[図200]（一五〇六年）の交叉部のアーチの見上げ部分では、リズミカルな置換が格天井を統御している。

そのリズムは、

a　b　a
b　A　b
a　b　a

というもので、aは小さな四角、Aは大きな四角、bはa対A（黄金比に従っている）に対応する楕円である。こうしたリズミカルな取合せが次に現われるのは、ローマのサンタ・マリア・デル・ポポロ教会堂にあるキージ家礼拝堂のドーム（一五一三年）であり、さらにローマのヴィラ・マダマでは四角と六角と八角によるさらに複雑な組合せが見られる。ある意味では、ヴァティカンのシスティナ礼拝堂の天井もこれに含まれるといえよう。リズムは、フィレンツェのロレンツォ図書館の平天井にも及んでいる。しかしながら、細部を見れば、これは既に第二段階の徴候を示していることがわかる。

枠組《フレーム》やアーキヴォルトはすべて一定の幅を保つのが特徴であるが、格間と格間の間の縁にも同じことが当てはまる。

(7) 力強さの発生源

第一段階における空間形態を包む建築外殻《テクトニック・シェル》は、全体としては次の諸要素の組合せからなるといえる。柱のオーダー、分節された壁、エディキュラとそれを囲む同一幅の枠組《フレーム》、同一幅の縁のついた格天井などである。建築外殻は内にとりこまれる空間の形態に対して連続した境界を形成している。それはいうなれば皮膚であって、どこを触っても固い骨格が関節ともどもその皮膚の下にあることがわかるような徹底した作りになっているというわけである。この暗喩《メタファー》を続けるなら、さらにつけ加えるべきは、実はそこにあるのは骨格そのものではなく、ばらばらの骨でもなく、骨につながり肢体を実際に動かす筋肉をも含めた、堅固に分節された構造体なのだということである。細い骨そのものを見ることはできない。ただ筋肉組織の下にそれがあることが感じとれるだけである。

いかなる支持体のシステムにおいても、そこに比例の存在を認めることができるなら、それは各構成要素が明快に配置された結果である。比例はすべての空間構成に存在するとはいえ、はっきりと明快に意図された比例が見てとれるのは、比例関係をなす構成要素同士が別々の要素であることがわかるように分離されて、結合点で接している場合だけである。しかしながら、筋肉組織についてのわれわれの印象は、常に人間の筋肉組織と結びついている。全体的にも部分的にも、建築における比例は人体の比例と密接な関係にある。ゴシックの大聖堂ですら、ひとつの支持体のシステムである。そこでも比例は決定的な役割を果たしている。しかし、これは正確には骨組の比例、すなわちそのように細長い部材の比例である。人体に適用される比例は多種であり、極端に細い場合からふくらませたように太い場合までいろいろあるが、その中間に筋骨たくましく丈夫で十分に発達した人体を考えることができる。第一段階では、この最後の比例が追究され、結局、第一段階も最後の頃にそれが達成された。ローマのサン・ピエトロ・イン・モントリオ教会堂の中にあるテンピエット[図159,160]とそれ以後の作品がそうである。

建築においても構造体の可塑性は、彫刻の場合と並行する発展を見せた。どちらの分野においても、いまだ何となくひ弱な形態がしだいに力に満ちた形態に取って替わられるようになる。第一段階の建物はすべて大地にしっかりと張りついており、自己充足的である。それらは（ゴシックの建物がそうであったように）植物のように自らを拡散させていくこともなければ、風のそよぎにあわせてしなったりするようなこともないように見える。この自己充足的な性格は、第一段階を通じての展開過程において絶えず増大する傾向を見せるが、量感《マッシヴネス》という点での増大はともなわない。フィレンツェのパラッツォ・ピッティ[図192]は休息してはいるが、しかし真の静止、つまり不動性とより軽快な量塊《マッス》の結合は、ブラマンテの建物においてはじめて現われた。わたしはここでは第一段階における各世代に特徴的なさまざまな人体の適用をこれ以上探求する気はない。わたしの関心はまさに、オーダーや枠組《フレーム》や格天井といったあらゆる仕組みが、立ち上がる量塊《マッス》の中で完全な自己制御を追求し、それを達成するに至る力の働きをまざまざと見せてくれるという事実にある。そこには内側から外側へと向かう力の動きがある。ゴシックの大聖堂は植物のように地中に根をおろし、上方に向かって湧き上がる力を細い茎状飾りを通してその上のリブへと伝え拡げる。その力の動きは、草の根のように周囲へと浸みわたっていく。近世建築の第一段階の建物は、むしろ人体に似通っている。建物はもはや地中に根をおろさず、台座によってしっかりと地表に立っている。もはや垂直に伸びる力には侵されず、自己充足的に自立して、可動で取りはずし可能な部分によって満たされている。全体としてこの時期の建築は、ギリシャの彫刻家ポリュクレイトスによる「ドリュフォロス像（槍を担う男）」が片足に体重をかけて休息してはいるが、なお緊張を保っているのに似て、運動性を持っているように見える。この緊張、この潜在的可動性が、それ自身に特有のくつろいだ優雅さや、落ち着いた自信やぬかりのない恐れ知らず、などの印象を与える。この力強さが、自己充足的統一体としてひとつの建築を他の建築から引き離す。それは独立しており、他の建築と連続的な集団の一部ではない。ここでわれわれは、空間群《グループ》の放射状の配置や、ひとつの建物の周囲からの完全な分離といったことが、建物を物体の量塊《マッス》として見る見方とも関連していることに気づく。しかし空間と物体の間の違いはなくなりはしない。付加の概念において空間は幾何学的に定義しうる極性をもつ。ところが物体における極性は、われわれがあらゆる物体を生きたものとして見る限りにおいて、ただ物的であり心理的であるにすぎない。われわれは、形作られたものはすべて自己の重みと外から働く力の影響を感じとることができると信じている（ちょうどわれわれが、われわれ自身の肉体を感じとるように）。かくしてわれわれは、物体には重力や他の外力に対して自己の強さで抵抗する能力があるというようにも考える。第一段階における建築外殻のすべてに共通する特徴は、外力に対して抵抗する力をもっているように見えるという点である。なぎ倒すことも、意志に反して屈服させることもできない。卓越する力に対して受身に逆らうというのではなく、逆に勝ち誇り不屈の姿勢で立つ。建物それ自体が力の中心を形成しているのである。外からの攻撃はすべてそこではね返され、その前にあっては周囲のものも謙虚になり、またそのそばから他の力の中心が、互いにもつれあうこともなく、支障なく立ち上がることができる。この段階の建築外殻は、全体としても部分としても——最後の一線に至るまで——力の発生源とみなすことができる。

構造体を力の発生源とみなすこの唯一にして究極的な原理の当然の帰結として次のことが考えられる。垂直性ではなく水平性がいまや優位に立つ。すべての部分が全体と同様に、それぞれの完成とそれ独自の全体性を獲得する。統一的な比例関係が全体とその部分を支配する。各構成要素が自由に発展できるだけの十分な余地があらゆる所に存在する。何者も発展を阻止されたり抑圧されたりすることがない。すべてが充足し、くつろぎ、静かなのである。

第二段階（一五五〇年〜一七〇〇年）

(1) 支持体の権威失墜

第二段階になると、支持体は依然として存在するもののその重要性は低下してくる。第一段階の建物においては、たとえばピアチェンツァのパラッツォ・ピッコロミーニ（一四五九年）やボローニャのパラッツォ・ファントゥッツィ（一五一九年）の場合のように、粗面仕上げ《ラスティケーション》の石積みの目地の網目が柱の上にまで連続的に及ぶことがあっても、それは例外——大きな誤り——とさるべきものであった。後者の例などはもう一世代後のものとみなしたいところであるが、窓枠の装飾の中に一五二六年という年号が何度も出てくる。一七世紀に施された内部の改装は、ファサードには及ばなかったようである。この他の場合、第一段階の建物における支持体はおおむね平滑か、条溝が施されているか、あるいは装飾を施されているかである。支持体の権威が意識的に失墜させられるのは、粗面仕上げ《ラスティケーション》の石から柱が作られ、しかも（パラッツォ・ピッコロミーニやパラッツォ・ファントゥッツィとは対照的に）突きつけの目地がなく、水平の目地しか見えないという事態が起こった時に始まる。柱礎《ベース》と柱頭《キャピタル》は、あたかも形の定まらない毛皮のコートから足や首を突き出すかのように、このでこぼこの柱身から突き出ている。このように壁面と重なり合う柱の形式が現われるのは一五三〇年以降であるが、間もなく

図201　ヴェネツィアの造幣局、一五三六年。

註7　おそらくこの実例はもっと早い時期にヴァティカンのコルティーレ・デル・ベルヴェデーレに見られる。

H. Wölfflin, "Renaissance and Baroque", London, Collins, 1964; Ithaca, N.Y., Cornel University Press, 1966, p.53 を参照せよ。

註8　［ヴィラ・ランテは、フランクルの言及している柱が入口両脇の円柱のことであるならば、その場合に限って適切な例といえる。この円柱は、壁面の分節に寄与している付注と重なっているからである。］

粗面仕上げ《ラスティケーション》の塊《ブロック》の間にリズミカルにもとの柱身の断片が交互に見え隠れするという変化が生まれる。柱は包帯を巻いているように見える。この例としては、ヴェロナのパラッツォ・ベヴィラックァ[図183]の一階の付柱《ピラスター》（一五二九年）、ヴェロナのポルタ・ヌオーヴァ（一五三三年）、ツァーラにあるポルタ・ディ・テッラ・フェルマ（一五四一年）、ヴェネツィアの造幣局《ツェッカ》[図195 201]（一五三六年）、シエナ近傍のヴィラ・サンタ・コロンバ[図196]などが挙げられる。ローマのサンタ・マリア・デルラ・パーチェ教会堂にあるペルッツィの「マリアの神殿奉献」の中で画面の左手奥にある建物も比較の例として挙げられる。

支持体の権威失墜を示す第二の形態は、支持体を密集させて用いるやり方で、そうすることによってひとつの支持体は次の支持体を部分的に隠すということが起こる。例としてはローマのボルゴ・ヌオーヴォにあるラファエロのパラッツォ・ヤコポ・ダ・ブレッシア[註7]、さらにローマのヴィラ・ランテ[註8]が挙げられる。単独に用いられる支持体は一点を支えるが、束ねて用いられる支持体は連続する部分全体を支える。

付柱《ピラスター》の細長い断片が、支持体のかわりにあるいは支持体に沿って現われるようになるのは、上記のパラッツォ・ヤコポ・ダ・ブレッシアの屋階やローマのパラッツォ・チッチアポルチ（一五一五年）やローマのパラッツォ・マッカラーニ（一五二〇年）といった例においてである。

エンタブラチュアもまたその権威を失墜することになる。アーキトレーヴとフリーズは、突き出た部分と部分の間、つまり引込んだ部分ではもはや完全な形に作られることはなくなる。コーニスだけは連続的に残されるので、例えばフィレンツェのメディチ家礼拝堂[図202]（一五二〇年）の扉上部にあるエディキュラや、ロレンツォ図書館（一五二四年）へ通じる扉、またロー

図202　メディチ家礼拝堂内部、フィレンツェ、一五二〇年。

図203　パラッツォ・ファルネーゼ正面、ローマ、一五四六年。

図204　パラッツォ・サングイネッティ正面、ボローニャ、一五四九年。
図205　パラッツォ・ドゥカーレ内部、マントヴァ、一五三八年。
図206　パラッツォ・ドゥカーレ外部、マントヴァ、一五三八年。

マのパラッツォ・ファルネーゼ[図203]（一五四六年）の窓などに見られるように、枠組《フレーム》がエンタブラチュアの領域にまで侵入する場合も出てくる。また、突出があるとその上にのる切妻飾り《ゲーブル》にもそれが反映されるため、支持体の権威失墜全般が切妻飾り《ゲーブル》にもまた影響を与えるようになる。最終的には、ボローニャのパラッツォ・サングイネッティ[図204]（ラヌッツィ、一五四九年）の例や、ウフィツィ美術館に残されているブォンタレンティの幾つかのスケッチに見られるように、切妻飾り《ゲーブル》はその下端の中央部分を完全に欠き取られた形になる。

メディチ家礼拝堂内の扉の上に設けられたエディキュラの内側の枠組[図202]は、真の貫入を示している。枠組《フレーム》は切妻飾り《ゲーブル》の領域にまで入り込んでいる。

ロレンツォ図書館のヴェスティビュール[図134]では、円柱《コラム》の自由は束縛されている。それらは二本ずつ対になって壁の中に押し込められている。

こうした権威失墜の過程に必然的に付随して起こるのは、支持体が部分的に隠れてしまったり、形態が相互に貫入したり、あらゆる構成要素が中途半端に用いられたりする結果、これら構成要素が不完全なものに見えてくるということである。それらは十分な余地がないために、ひとつの構成要素が他の構成要素を圧迫していることはもとより、息苦しくさせているようにさえ見える。互いに隣り合わせて単純に配列するかわりに、あるものの前に別のものが置かれる。かくして構成要素の交錯なども起こりうるようになり、例えばマントヴァのパラッツォ・ドゥカーレのトロヤの間のロッジア[図205]（一五三八年）では、ニッチの両側の小さな付柱《ピラスター》の上に載るコーニスがより大きく突き出た付柱《ピラスター》を横切り、持送り《コンソール》（胸像を置くために作られた）が、両者の交錯する点を特に強調している。螺旋状の円柱《コラム》も可能になる。同じくマントヴァのパラッツォ・ドゥカーレに付属した馬場の周囲をめぐる壁体[図206]（一五三八年）に見られるように、螺

旋状の円柱《コラム》の輪郭はもはやひとつの面内にとどまらず、螺旋が廻るごとに曲がりくねるのである。[註9]

図207　サンタンドレア正面、マントヴァ、一四七〇年。

註9　螺旋状の柱は、一七世紀になって初めて一般的になる。特にヴァティカンのサン・ピエトロ大聖堂にベルニーニのバルダッキーノ（天蓋付き祭壇）が置かれて以来（一六三三年）、祭壇に用いられるようになる。

註10　その他の早い例は、ブラマンテの手になるとされるミラノのサンタ・マリア・プレッソ・サンサティーロのファサードの図（一四七九年）、ローマのヴィラ・マダマ（一五一六年）、マントヴァのパラッツォ・デル・テ（一五二五年）、ラントシュートのレジデンツ（一五三七年）などである。

(2) 融合と分裂

オーダーは「巨大《コロッサル》オーダー」の形で生き続ける。巨大《コロッサル》オーダーとは、ファサードの高さ全体をひとつの単位にまとめあげる支持体のことである。上から下までつながる巨大《コロッサル》オーダーの付柱《ピラスター》や円柱《コラム》の柱身を、各階の窓の水平線は実際にあるいはその延長線によって横切る。各階はもはや孤立したものではなく、空間全体をいくつかに分けたそのひとつを形成するにすぎないという感じが生み出される。このことから必然的に、外壁面を均質の連続的な断片と把える見方が生じる。巨大《コロッサル》オーダーを用いる最初の試みは、アルベルティの設計によるマントヴァのサンタンドレア教会堂のファサード[図207]（一四七〇年）に見出せるが、明確な展開が生じるのは、ローマのカピトリーヌ丘の上に立つ三つの建物[図137,139]およびヴァティカンのサン・ピエトロ大聖堂の背後の外壁[図208]などのミケランジェロの作品においてである。[註10]

オーダーが上階に用いられる場合は、柱を下階のコーニスの上に直接立つようにして、柱脚《ペデスタル》を省略することもできる。バルコニーは残るので、その手摺《バラストレード》は一本一本の円柱《コラム》の側面に無雑作に突きつけられることになる。たとえば、ヴィチェンツァのパラッツォ・イセッポ・ポルト[図209]（一五五〇年）がその例である。これはパラディオの建物ではほとんど避けがたい特徴といえる。もうひとつ、ローマのマドンナ・デイ・モンティ（一五八〇年）もこの例に挙げられる。これと逆の例は、フィレンツェのパラッツォ・ウグッチョーニ（一五五〇年）の場合のように、

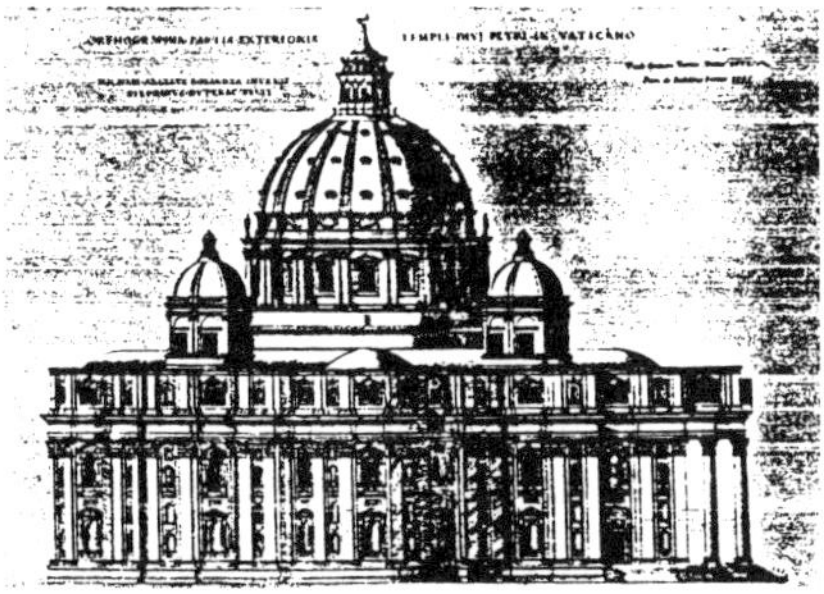

図208　サン・ピエトロ大聖堂背面、ヴァティカン。

図209　パラッツォ・イセッポ・ポルト、ヴィチェンツァ、一五五〇年。

台座が窓の部分にまで切り込んでくる場合である。水平層の流れを垂直の力で細切れにすることも、つまりはいわゆる相互貫入の特殊な場合であるにすぎないし、さらに一般的な言葉で置き換えるなら、元来は孤立していたものをひとつに融合させることの特殊な場合であるにすぎないのである。

オーダーが再び放棄され、壁が連続面として優勢になる場合にも、同様の結果が生じる。この場合、表面は連続する垂直軸と水平コーニスの支配を受けるだけであるが、それらはいまやなくてはならないものとなった。この種の主要な例は、ローマのパラッツォ・ファルネーゼ[図203]である。

建物全体をひとつの単位《ユニット》とするこの感覚が再び評価されるようになると、バルコニーはパラッツォ・ファルネーゼ[図203]やローマのパラッツォ・ラテラネンゼ（一五八六年）や、同じくローマのパラッツォ・ボルゲーゼ（一五九〇年）などの例に見られるように、粗面仕上げ《ラスティケーション》の入口の上に連続的につながるか、あるいはヴェロナのパラッツォ・ベヴィラックァ[図183]やヴェネツィアのパラッツォ・グリマーニ[図185]におけるように、バルコニーがファサードの大部分を横切るようになる。

立面をひとつの単位《ユニット》に融合する同じように効果的な方法は——その融合された単位《ユニット》は続いて分割されることになるわけだが——他にもある。たとえば、巨大《コロッサル》オーダーの間隔を不規則にとったり、ひとつの階だけを強調したり、あるいは中央に向かって張り出しの度合いを強めていくなどの手法がそれである。[註11] 骨組は全体的にその重要性を失っていく。皮膚はあらゆる部分に張りめぐらされるが、ある場合にはぴんと張りつめ、ある場合には豊かに畳まれて、なくてはならない要素となる。オーダーが依然として用いられ、なかんずく可能な限り力強く作り直されている場合にも、その用い方によってオーダーは上記の皮膚の一部となる。オーダーはも

註11　これに関しては、ヴェルフリンの「ルネッサンスとバロック」の随所に現われる詳細な観察を参照されたい。

註12　パリのドーフィーヌ広場をとりまく建物（一六〇七年）にもこれと同様のものが見られる。

はやその目の間を一枚ずつのパネルで埋めた軽やかな網目でも、個々独立の構成要素を接合してできた堅固な輪郭でもなく、連続面をその内部で分割するもの、つまり表面張力の産物となる。これによって生み出される特質のひとつが融合であり、もうひとつの特質が分裂なのである。

イタリアでは切妻飾《ゲーブル》りやエンタブラチュアの一部を切断して用いる程度であった分裂の手法も、それが北方の国々に伝わるとより顕著な結果を数多く惹き起こした。特にオランダでは、この時期に作られたファサードは、一段おきに切石と煉瓦の層を用いているために、細長く切り裂かれているように見える。切石の列自体は、単なる挿入物か断続的に現われる断片のように見える。実例としては、ハーグの市庁舎（一五六四年）、アルクマールの計量所（一五八二年）、フラネケルの市役所（一五九一年）、ハールレムの精肉市場[図210]（一六〇二年）などが挙げられる。北ドイツでもこうした分裂した形態を用いている例が多く、ハーメルンのシュロス・ヘーメルシェンブルク（一五八八年）、グダンスク（現在はポーランド領。ドイツ名はダンツィッヒ）の兵器庫（一六〇二年）、ハーメルンの結婚館（一六一〇年）などが挙げられる。フランスでこの種の最もよく知られている例といえば、パリのヴォージュ広場をとりまく建物である。[註12] 矛盾するように聞こえるかもしれないが、建物の連続性を導き出しているのはまさしくこの形態を分裂して用いるやり方なのである。以上挙げたファサードのそれぞれは、裂けた上着がその下に破れていない裏布を見せているようなものだと思えばよい。

北方の国々では、軒を飾る水平のコーニスも用いられなくなる。高い屋根が、ファサードの上端を締めくくる線としての軒庇の役割を奪い去ってしまうのである。切妻屋根《ゲーブル》、庇より上のドーマー窓のそれぞれにのる切妻《ゲーブル》、あちこちに散りばめられたドーマー窓、煙突、小塔《タレット》の数々、

図210　ハールレム（オランダ）の精肉市場、一六〇二年。
図211　トリニタ・ディ・モンティ、ローマ、一五九五年。

これら個々の部分が多かれ少なかれ終結部としての役割を効果的に演じ、複雑な外形を生み出すのである。これらのあるものはファサードの面内に置かれ、あるものは奥の方に離れて置かれる。イタリアの教会堂のファサードによく見られる渦巻飾りは、北方では教会ばかりでなく世俗建築の切妻《ゲーブル》にも用いられるようになる。かくしてそれらは、他の形態と共に増殖され融合され、充満させられ互いに織り合わされ、そして最後に再び分裂させられる。イタリアに戻ってみても、こうした外形の分解はやはりないわけではなく、フラスカーティのヴィラ・アルドブランディーニ（一五九八年）などにそれが見られる。塔《タワー》はこうした新しい方法で建物本体に結合され、そうした例はローマのヴィラ・メディチ（一五四四年）やローマのトリニタ・デイ・モンティ図211（一五九五年）に見られる。第一段階では、塔は（モンテプルチアーノのマドンナ・デイ・サン・ビアージョにおけるように）離れて立つのが普通であった。塔が教会堂の本体に接続される場合には、ヴァティカンのサン・ピエトロ大聖堂のためのブラマンテのデザイン図30に見られるように、それは四隅に繰り返された。このことは建物の外形を分解するのではなく（強調された四隅がどんな方向からも見えるために）、かえって周囲から建物を際立たせる効果があった。

　第一段階から受け継いだあらゆる物体形態を融合させたり分裂させたりする過程は、一六〇〇年頃までに完了してしまう。一七世紀はこれらの新しく創造された構成要素を自由に駆使するようになる。一七世紀はそれらを変化させ、結合させ修正するが、いずれにせよその原理までを変えはしない。しかし、その展開過程を検討したり、時たま創り出された新しい物体形態を（特にボロミーニによるものを）研究するのは、本書の目的ではない。

(3) 枠組《フレーム》

窓枠などの枠組《フレーム》は、ごく早い時期から粗面仕上げ《ラスティケーション》からの攻撃を受けた。最初の例はローマのパラッツォ・ヴィドーニ・カファレルリに見られる。その後、枠組《フレーム》はほとんど完全に粗面仕上《ラスティケーショ》げ《ン》の石積みに呑み込まれてしまい、ただ隅の部分だけが見えるにすぎなくなる。ローマのヴィラ・ジュリア図212（一五五〇年）の一階の窓はそのよい例である。

この時期に用いられる枠組《フレーム》は、もはや第一段階のものとは違って一定の幅のままではない。それらには「耳」すなわち上か下の角か端に突然幅を広げられた部分が付けられる。最初のうちはこうした変化も慎ましいもので、隅は四角のままであるが、すぐさまそれは複雑さを増してゆく。単純な耳が枠組《フレーム》に出現した例としては、ローマのボルゴ・ヌオーヴォにあるパラッツォ・ヤコポ・ダ・ブレシアの屋階《アティック》、ローマのパラッツォ・ブランコーニオ・デラキーラ（一五一九年）の上階の窓、ローマのパラッツォ・リノッテ、フィレンツェのメディチ家礼拝堂図202の扉の上にのる小祠の内側の枠《フレーム》、それにローマのパラッツォ・マッシーミ・アルレ・コロンネ図194（一五三二年）の上階の窓などが挙げられる。次に、耳と耳の間に渦巻装飾がつけられたり、一続きの窓それぞれが一部分曲線からなる枠をもつようになる。この例としては、モンテプルチアーノにあるパラッツォ・デル・モンテ・コントゥッチが挙げられる。ヴェネツィアのサン・マルコ図書館図213（一五三七年）の屋根裏の窓はさらに展開された形態を示している。そもそも内側の輪郭と外側の輪郭が異なっているので、枠組は大よそ一定の幅さえ維持していない。ここでは、支持するものと支持されるものを分けるのは絶対に不可能である（これに付随している渦巻装飾はイルカの形に変えられている）。

図212　ヴィラ・ジュリア正面、ローマ、一五五〇年。

図213　サン・マルコ図書館外壁詳細、ヴェネツィア、一五三七年。

図214　イル・ジェズ教会堂正面、ローマ、一五六八年。

枠組《フレーム》が二重になる場合もある。ひとつの枠《フレーム》が形の違うもうひとつの枠《フレーム》の中に挿し込まれ、両者は互いに衝突する。例としては、メディチ家礼拝堂[図202]の扉の上のニッチの枠が再び挙げられる。ロレンツォ図書館の入口、ローマのイル・ジェズ教会堂[図214]の中央入口が挙げられる。[註13]

これ以上の枠組《フレーム》の発展は、装飾の歴史に属する。これから先の議論は、二重ないし多重の枠が縁の所でどのようにほつれ出し、それぞれ独立した突起がどのように巻き上がり、隣接する枠にあけられた隙間を通って突き出るか、それらの間に彫像がどのように嵌め込まれるか、そして最終的には外側の輪郭ばかりか内側の輪郭までがいかにその当初の単純な幾何学的図形を失い、枠組《フレーム》は渦巻のもつれる気まぐれな花づな飾りになってしまうかを論ずることになろう。こうした発展についての徹底した研究はまだ十分行なわれていない。その起源はイタリアにある。ドイツとベルギーは北方的な想像力で、単純な要素をきわめて複雑な形態にまで導いた。[註14]枠組《フレーム》の歴史は、巻紙装飾《カルトウーシュ》の歴史と結びつけられる。そのどちらももはや固い骨組《スケルトン》をもたなくなるからである。どちらもなめし革に似た形状となる。その可塑的で曲げやすく切りやすく、しわがよりひだのよった粘体は、ねばねばした液をちょっと垂らしただけで渦巻きに変わる不思議な柔らかい練り物となる。

装飾は第一段階に比べて、建物の外観全体により大きな影響を与えるにいたる。どちらの段階でも、装飾は建築軀体と同じ規則に従う。第一段階の建築から受ける印象にとって重要なのは、装飾も力の発生源のように見えるという事実である。装飾は与えられた場所の中に閉じ込められ、その中で完璧さ、不変の活力、弾力を発揮し、建築軀体に対して調和のとれた付随物となる。ところが、第二段階の建築から受ける印象においては、装飾ははるかに決定的な役割を果たす。装飾は枠組《フレーム》の中に嵌め込まれるだけにとどまらず、全体を融合する積極的な力とな

註13　第一段階における二重枠は、まったく違う型のものである。

註14　この発展過程においてルーベンスが果たした役割については、もっと研究がなされなければならない。

る。巻紙装飾《カルトウーシュ》や枠組《フレーム》が壁面装飾として華麗な成長をとげるため、残存するオーダーによって生み出される骨組《スケルトン》の印象のわずかな名残りさえしばしばこわされてしまう。

枠組《フレーム》の放縦と堕落の最後の段階は、人物像彫刻を用いることによって生気を得ようとする傾向に現われる。枠組《フレーム》はその内外を埋める彫刻と張り合い、その結果さらに興味深いものとなる。その例としては、(1)窓や扉の上の切妻飾り《ゲーブル》の傾斜面の上の人物像で（その起源は、フィレンツェのサン・ロレンツォ教会堂におけるメディチ家の墓）無数の実例はパラディオの作品に見出される、(2)二つに分断された切妻飾り《ゲーブル》の中央に置かれた人物像で、例としてはジェノヴァのパラッツォ・ドリア・トゥルシ、(3)ローマのパラッツォ・スパダ[図215]の室内に見られるような枠組《フレーム》を支える男性像柱《アトラス》、(4)巻紙装飾《カルトウーシュ》を両側から支える人体像のように、対をなしてシンメトリーに配される彫像で（さかのぼれば、システィナ礼拝堂の天井画の中で対になって置かれた裸体像《イニューディ》もこの例）再びパラッツォ・スパダ[図215]と、さらにヴァティカンの王の間《サラ・レジア》が例に挙げられる。そして最後に、(5)ますます頻繁に用いられるヘルメスの頭像。ヘルメスの頭像は、ユリウス二世の墓の最初の設計にみられるように、早い時期から現われる（一五四五年に最終案にもとづいてローマのサン・ピエトロ・イン・ヴィンコリ教会堂に建てられた同法皇の墓にも、ヘルメスの頭像は用いられている）。小型のヘルメスの頭像は、ヴァティカン宮のラファエロのロッジア[註15]のヴォールト天井の隅に現われ、さらにマントヴァのパラッツォ・デル・テの一画を占めるカジーノ・デルラ・グロッタ[図216]（一五三〇年）では一連の支持部材として用いられている。また少し後（一五四三年）には、ジェノヴァのサン・マッテーオにも現われる。ティヴォリのヴィラ・デステ[図217]の庭の岩屋《グロット》（ユリウス二世の墓の敷設よりは年代的に後）や、マントヴァのパラッツォ・ディ・ジュスティツィア[図218]（一五五〇年）では、ヘルメスの小頭像は無数に見られる。人体

註15　同じくヴァティカン宮のラファエロの間や、フィレンツェのパラッツォ・パンドルフィニの隅の部屋の中で、壁画の一部として描かれたヘルメスの頭像も参照されたい。後者は、シュテークマンとゲイミュラーによる前掲書（註7）の第七章「ラファエル」の中で図一〇に挙げられている。

図215　パラッツォ・スパダ内部、ローマ。
図216　パラッツォ・デル・テのカジーノ・デルラ・グロッタ、マントヴァ、一五三〇年。
図217　ヴィラ・デステの岩屋の壁面詳細、ティヴォリ、一五六六年。
図218　パラッツォ・ディ・ジュスティツィア外壁、マントヴァ、一五五〇年。

図219　サンタ・ジュスティーナ教会堂内部、パドヴァ、一五五七年。

像やヘルメスの頭像や、建築的な渦巻細工などを織りまぜたこの種の装飾がさらにどのように展開していくかは、ミラノのパラッツォ・マリーノ（一五五三年）、ジェノヴァのパラッツォ・インペリアーレ（一五六〇年）、ジェノヴァのパラッツォ・デル・ポデスタ（一五六三年）、ジェノヴァのパラッツォ・パッラヴィチーニでみることができよう。このタイプの形態は、一五五七年という早い時点で、パドヴァのサンタ・ジュスティーナ教会堂[図219]の内陣《クワイヤ》において完全な成熟に達している。枠組《フレーム》とその内部との相違は、こうした形態変貌《メタモルフォーシス》の中でほとんど無いにひとしいものとなる。なぜならば、枠組《フレーム》の上にもその内部にも、装飾はとぎれることのないクモの巣のように張りめぐらされているのであるから。

(4) 格間《コファーリング》

ロレンツォ図書館の格天井は、すでに第二段階の徴候を示している。全体的に見て三列の格天井の列に分けられ、身廊とその両側の側廊のように、互いに隣り合って（ｂａｂのリズムをなして）格間の列が走っているのは、依然として第一段階の特徴といえる。しかし、これらの格間に嵌まっている枠は先例のないもので、その取扱い方も新しい。中央の格間には耳つきの楕円形が置かれ、その四隅は断片的な枠や装飾で埋められる。両側の格間はどう表現してよいか困る代物だが、いうなれば三角形の耳をもった二つの矩形によって埋められており、その二つの矩形は一部重なり織り混ざっている。三角形の「切妻《ゲーブル》」は矩形の両短辺についているため、切妻の意味はなくなっている。装飾は枠の間というよりは枠の中に施されている。

文字通りの織り混ぜが次に現われる。マントヴァのパラッツォ・ドゥカーレやローマのパラッツォ・スパダでは、格間の間を縫う帯が交互に上になり下になっている天井が多く見られる。マントヴァのサンタ・バルバラ教会堂においては、これがヴォールト天井にさえ現われている。

第一段階の格天井には、わたしがこれまでに論じていない別の特徴がある。それは、格間が余すところなく充塡されているので、全然余白がないか（四角形あるいは六角形を付加する場合）、あるいは完全に規則正しく並べられているか（八角形や円を付加する場合）のどちらかになっているということである。八角形を付加する場合、小さな四角形が余白として残る。円を付加する場合には、凸形の四分円からなる規則的な図形が残る。もっと複雑な図形が付加される場合でも、原理は同じである。ところが、不規則な形の空間が残されるようになると（パラッツォ・スパダのように）、つまり規則正しい形状の格間が幅を広くとって不均等に配されるようになると、とたんに天井の性格は変わってしまう。天井の余白部分は不規則な幅の図形となり、それらはただ規則的な格間が恣意的に散りばめられた連続的な表面の一部にすぎないというつまらないものになる。もはや格間の枠の幅が一定である必要がなくなるので、不規則な格間をデザインすることも可能となる。格間には耳がつけられ、装飾で飾り立てられる。それらは天井面の中を自由に連れだって漂い泳ぎまわる枠に変化し、立ったり飛んだり天井に張りついたりしている彫像群に支えられる。これ以後の天井の展開は、枠組《フレーム》の発展と並行する。連続する表面、または枠の内部、あるいはその両者が絵画で埋められるようになる。このため、天井の印象は依然として残っている建築的要素よりは、描かれた絵の細部によってより強く決定されることになる。当然のことながら、画家は空間を包む機能を天井からすっかり排除しようとする。彼は壁画を描く時のように観察者と平行に向かいあって立つ物体の投影としてではなく、むしろ天井画にふさわしく観察者の上に垂直に浮いている物の投影として絵を構成しよ

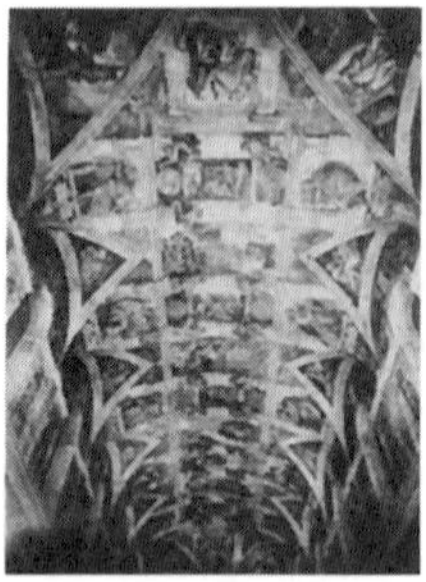

図220　パラッツォ・ドゥカーレ花婿花嫁の部屋天井見上げ、マントヴァ、一四六九年。

図221　システィナ礼拝堂天井見上げ、ヴァティカン、一五一二年。

うとする。画家は視界を天空にまで開き、そこはさまざまな寓話や神話やキリスト教の逸話からとった場面で埋められる。マントヴァのパラッツォ・ドゥカーレの花婿花嫁の部屋《カーメラ・デリ・スポージ》の天井[図220]（一四六九年）はマンテーニャによるものだが、天井画を施した格間の間にすでに空に開くように見せかけた部分が現われている。パルマ大聖堂（一五二六年）におけるコレッジオの天井画は、ドーム全体を天空に見立てている。ヴァティカンのシスティナ礼拝堂におけるミケランジェロの天井画[図221]は、その端から端までの配列のしかたからして第一段階の原理に従っている。中央部では一連の単純な矩形の格間が、両側の壁から立ち上がっている玉座と玉座の間に、babのリズムで交互に並ぶ。ところどころで対になった裸体像《イニューディ》が格間の枠を横切って置かれる。ローマのパラッツォ・ファルネーゼのカラッチ・ギャラリー（一五九七年）では、格間に見せかけて描いた枠がさらに華麗な配列を見せている（一部はねずみ色で浮彫り効果を表わすグリザイユ手法を用い、一部は金メッキを用い、人物群は自然色で描かれている）。四隅には、手摺《バラストレード》が描かれているが、それによって交叉ヴォールトのつけ根が強調されるわけではなく、その背後には空が描かれている。視界を生み出すために枠を一部さいたりする手法は、一七世紀になってボローニャの二つの教会、サン・バルトロメオとサン・パオロや、ローマのサンティ・ドメニコ・エ・シスト教会堂の天井でさらに展開される。枠は空間の中心に置かれるように考えられ、その前や後に浮いているようにさまざまな物が描かれる。雲や人物は、単独にあるいはまとまって、枠からはみ出し、枠の一部を隠し、また時には枠を超えて連続してゆく。[註16]

註16　建築史の中の出来事に対応する絵画史上の出来事については、ただ大まかなことしかいえない。

(5) 力の伝達物

骨組《スケルトン》全体の権威が失墜していくということは、言い換えれば個々の物体形態がすべて空間の形態のまわりに張りめぐらされ、連続的な表皮の構成要素として解釈し直されるということにつながり、その結果、二次元性が勝利をおさめることとなる。依然として存在している筋肉組織よりも、連続面上に走る力の方が重要になる。折りたたまれた皮膚、引き伸ばされた皮革、破られた皮膜のもつ受動性が、第二段階における物体形態に共通した特徴である。確かに、力の総計では第一段階に比べて比較にならないほど大きくなっているが、しかしこの力は能動的なものではない。力はそれを閉じ込めようとするさらに大きな量塊に抗してまで拡がりはしない。しいたげられた支持体、相互に貫入する形態、巨大《コロッサル》オーダー、分節されていない壁、枠《フレ》組《ーム》や天井に付随する特徴的な意匠、気ままな装飾、こうしたものによって生み出される全体の印象は、きまって量塊《マッス》の中に閉じ込められた上方への運動であったり、苦痛と敗北であったり、外力に対する悲愴な防御であったり、観念した忍耐であったりする。自立的な力の中心を特徴づける、勝ち誇った、自由で柔軟な抵抗に代わって、今ここに現われるのは、外力により打ち負かされ、外力に依存し、おびやかされる束縛された断片である。それはそれ自体不完全で、はかない。それは、失墜や高揚、あるいは怠惰な無気力といった移りゆく状態として存在する。個別の単位《ユニット》としての物体形態、空間形態全体を覆う重々しく抑圧的な外皮、そして建物全体の量塊《マッス》（これは外皮の下に不動に存在するように受けとめられる）、これらは力の伝達物となる。

　これらは、単に重力を伝達するだけではなく、あらゆる恣意的な力をも伝達する。そのような恣意的な力を、形態決定者としての建築家は、裂け目を作ったり、曲げたり、またあるところでは一方に片寄せたりすることの総合作用として駆使するのである。

　能動性と受動性、自立性と依存性といった二元対立的な性質は、力の発生源と力の伝達物というすべて包括的な二極性の反映にすぎない。

第一段階の建築形態から発散される説明しがたい幸せな感情は、それがわれわれには幸せそうに見えるという事実から出てきたものである。人間には自分自身の運命を決定し、無理なくこの世を渡り、抑圧を受けず、努力なしに自分自身でいられる力が与えられているはずだという素朴な信念を、第一段階の建築形態は確証してくれる。第一段階の建築がこうした理想を体現している理由は、それが調和のとれた全体を形成しているからであり、誇り高く、ぬかりなく、悲愴でなく、潔白で、永遠に持続するように創られているからである。そして、それぞれの自己支配的な建築形態はそれぞれの領域において王であり、むしろ神に近いものであり、そうしたものをいくつか並置することは真に厳しい共存関係をつくり出すことになる。それらの影響範囲は交叉することもなければ混じり合うこともない。

第二段階の作品からかもし出される名状しがたい苦悩の感情は、その建築的な物体形態がもの悲しげに見えるという事実に起因している。それらの形態は、自由に自己主張できる状態にはない。それらは、無限に連繋する物理的な力の不完全な断片にすぎない。それらの内部に働く意志は、より強力な力に対抗するように、常に統御されている。それらはこの重荷の下で呻き、それに対する悲痛な怒りの中に投げ込まれているように見える。このような物体形態に直面するときわれわれは、自分の運命を統御する力を持たず運の悪さを嘆きながらも、それを変えることのできない人間を想起する。

この段階の建築について、苦しめられているようなとか、苦しませるようなという言い方をしてはいても、誤解しないでほしい。わたしは何ら価値判断を下しているつもりはない。幸福と苦悩とは倫理的な価値である。どちらも人生にとっては同じように必要なもので、二つのまったく種類の異なる憧憬をそれらが強調するからといって、これらの対極的な価値を反映する芸術作品にまでそれを当て嵌めるわけにはいかない。幸福と苦悩とは、人生的な経験の中における価値感ではあるが、芸術においては表現に力を与えるものであり、芸術的な効果をあげている限りにおいて価値があるものなのである。それらと共鳴する倫理的な和音は、二つの段階を区別する極性を性格づけるには不適当である。客観的な性格づけは、物体形態においてわれわれが読みとることのできる物理的な力に関連して行なわれる。

物体形態におけるこうした極性は空間形態の場合のように幾何学的に把握することはできない、と繰り返しいうことは余計ではないであろう。しばしばわたし自身、この変化を幾何学的な言葉で説明してきたのは事実である。たとえば、はっきり限定された二つの物体が並置の状態にあったとして、その輪郭が部分的にあいまいになったり不確かになったりしたとき、それは物体が重なり合う状態に軟化していく、というようなことを言った。第二段階における平面性をいうときには、わたしは第一段階のそれとはまったく違ったものを意味している。第二段階での平面性とは、重なり合った付柱《ピラスター》が互いに一部分隠し合うのと似た目的をもつ。物体から個別性を奪って奥行き方向で融合させる力の流れ自体が、同一面上に残る物体をも融合させるのである。幾何学的特性にだけ限った説明では、本質的な点はぬけてしまうであろう。並置もここでは何か違ったものになる。というのは、力の流れがあらゆるものに浸透しているからである。部分と部分が重なりあい、貫入しあい、交叉しあうことを許しているのは、まさしくこの力の流れである。したがって、空間的な変化が起こるとすれば、それは物体の変化と並行して起こる現象にすぎないのである。

第三段階（一八世紀）

建物本体を力の伝達物とみなす原理は一八世紀にも続くが、空間形態の歴史における同様、ここでも第三段階固有の特質を識別することができる。ほんのいくつかの特徴を論じるにとどめよう。

ドレスデンのツヴィンガー宮図222（一七一一年）で長軸の端に位置する中央棟を分析してみよう。支持体は依然として存在している。しかし支持体間の開口部の上にあるスパンドレルと支持体との関係は、一階ではほんの少ししか維持されておらず、二階においてはまったく存在していないことがわかる。二階では隙間なく集められた三本の付柱《ピラスター》がエンタブラチュアを支え、その上には彫像をいただく屋階《アティック》が載る。この一体となった垂直部分は、中央のアーチとも両脇のアーチとも無関係である。中央のアーチは、これと同じオーダーをもつ付柱《ピラスター》の上に載るが、エンタブラチュアはない。上階のコーニスはアーチの頭上高く、屋階《アティック》の彫像よりさらに高く浮いている。アーチとこのコーニスの間の、曲線と持送り《コンソール》で囲まれた部分は、巻紙装飾《カルトゥーシュ》とそれに伴う彫像群（ここではシンメトリーに配置されている）で埋められている。同様の状況は両側のベイにも波及し、さらに一階でも同じような傾向が認められる。果物かごや花入れのような形をした装飾が、ヘルメスの半身像の示す垂直の線を、一階と二階を区切るコーニスを越えて、引き継いでいる。そのため上階の付柱《ピラスター》群は根もとがあいまいにされるが、上下の柱どう

図222　ツヴィンガー宮正面、ドレスデン、一七一一年。
図223　ミュンヘンの邸館、一六一一年。

註17　たとえば、ローマのフォンターナ・デルラ・アックア・フェリーチェ（一五八五年）など、泉にもこの傾向が見られる。

しはかえって垂直に結びつけられる。扉や窓の枠は、これら柱《ピア》の間にゆるく置かれている。南東にある門塔でも、これとは違ったやり方で同じ効果が得られている。形態は同じだが、その機能は変えられている。支持体はあるが、それらは何も支えていない。支えるべきものはかたわらに自由に浮遊している。ポーランドのクシェーシェフ（ドイツ名はグルッサウ）にある僧院教会堂のファサード（一七二八年）も比較するとよいだろう。

ツヴィンガー宮[図222]の中央棟の中央ベイの最上部のコーニスは、シンメトリカルな曲線を描く二本の腕からできている。それぞれの腕は水平の状態から始まり、「くくられたカーテン」のように凸状に立ち上がり、凹状になり、さらに渦巻状に巻き上がって終わる。この凸形の形状は、第三段階において最高度に特徴的なものである。その原型は一七世紀に見出すことができるが、広く使われるようになるのは一八世紀になってからである。この「くくられたカーテン」のような形の源泉が見出せるのはおそらくイタリアの（イル・ジェズ型の）教会堂のファサードにおいてであって、そこではよく似た形の大きな渦巻が高い中央部と低い両脇をつないでいる。[註17]うねったアーチは早くも一七世紀に現われており、例えばミュンヘンの邸館《レジデンツ》[図223]（一六一一年）の入口や、ローマにおけるベルニーニやボロミーニの作品、すなわちパラッツォ・バルベリーニの中庭側の入口（一六三〇年）やサンタ・マリア・デルラ・ヴィットリア教会堂[図224]にあるコルナロ家の祭壇の聖テレサのためのニッチ（一六四五年）やサンタンドレア・デルレ・フラッテ教会堂の塔（一六五三年）やポルタ・デル・ポポロ[図226]（一六五五年）などの作品にそれを見出すことができる。一八世紀には、凸型の上昇アーチはあらゆるところで見出される。種類の異なる例は、プラハのSv.ミクラス・マラ・ストラーナ教会堂のファサード（一七〇九年）、ベルリンの宮殿の西入口（一七一五年）、ウィーンのベルヴェデーレ宮[図227]（一七二一年）、マインツのダ

図224　サンタ・マリア・デルラ・ヴィットリア教会堂のコルナロ家礼拝堂内部、ローマ、一六四五年。

図226　ポルタ・デル・ポポロ正面、ローマ、一六五五年。
図227　ベルヴェデーレ宮正面、ウィーン、一七二一年。

ルベルガー・ホーフ（一七一五年）、ドレスデンのオテル・ド・サクス（一七二〇年）、ヴュルツブルクの司教邸《レジデンツ》（一七一九年）、ヴュルツブルク近郊のシュロス・ヴェルネック（一七三三年）などに見出せる。ミュンヘンのザンクト・ヨハン・ネポムーク教会堂[図228]のファサードには、うねるアーチが入口の上、窓の上、ファサード全体の上、と三つの異なるやり方で用いられている。それは、ラングハイムの修道院（一七五〇年）や、バンツの修道院（一七五二年）の入口上部にも現われる。コペンハーゲンの旧市庁舎（一七三〇年）のような単純な建物も、典型的なうねりのある切妻飾り《ゲーブル》によって第三段階の建物としての性格を与えられている。同じような形態はもちろん祭壇やオルガンにも現われる。その例としては、ローマのサン・イグナツィオ教会堂（一七三〇年）の袖廊にある祭壇や、大体同じ頃に建てられたドレスデンのフラウエン教会堂の祭壇とオルガンが挙げられる。

凸形のアーチは張出しや渦巻装飾と結合し、また中央で二つに分断されることさえしばしばある。第三段階においては、この種のアーチも従来の切妻飾り《ゲーブル》も、共に窓の上部飾りとして直線状のあるいはアーチ状の開口部の上方に高く浮き上がる。それらはたいてい、壁の表面に取り付けられた持送り《コンソール》のような渦巻に支えられる。例としては、シュロス・アンスバッハ（一七一三年）、ウィーンのパレ・トラウトソン[図229]（一七二〇年）、ヴュルツブルクの司教邸《レジデンツ》（一七一九年）、ドレスデンのカトリック宮廷教会《ホーフキルヒエ》（一七三八年）などの窓が挙げられる。ミュンヘンのパレ・プライジンク（一七二七年）では、いくつか異なる変種《ヴァリエーション》が見られる。これらの渦巻形は、物を支える力を本当にもっているとは信じられないような、特別の意匠を施されている。多くの場合それらは互いに寄り添うように斜めに傾いており、重い切妻飾り《ゲーブル》があたかもこれらの繊細な腕木《ブラケット》を押しつぶしてしまいそうに見える――切妻飾り《ゲーブル》そのものが支えなしに浮いて

図228　ザンクト・ヨハン・ネポムーク教会堂正面、ミュンヘン、一七三一年。
図229　パレ・トラウトソン正面、ウィーン、一七二〇年。

いるように見えることはあるのだが。凸形の形態は常に、それを支えるものの上に落ち着き払って載っているような印象を与えるが、同時に自力で上へ跳ね上がろうとする力をそなえているような印象をも与える。凸形の形態そのものではなく、この上方に浮き上がりはばたこうとする力こそ、その本質をなす特徴である。凸形の形態は、この効果を得るための手段にすぎない。ここで凸形の形態について語っているにしても、凸形のアーチと凸形の空間形態の間に本質的な関連があるといっているのではない。それらはまったく互いに独立したものである。

凸形の空間形態は、明らかにその物体形態に結果として現われる。なぜなら、空間形態はまさしくそのもつ物体的な境界によって決定されているものであるからだ。ミュンヘンのザンクト・ヨハン・ネポムーク教会堂[図228]のファサードは、全体としてやや凸状をなしているが、しかしそれなら複雑な「凸形につけられた」切妻飾り《ゲーブル》は、別の意味で凸形というべきである。このファサードの窓や入口上部の切妻飾り《ゲーブル》は、いくらか前方にカーヴしており、両端部でそれぞれファサードの凸面に接するようになっている。微積分学にもとづいた形態の特質は、このように空間から量塊《マッス》へともたらされる。後者にはもともとこの特質がそなわっていなかったとしても、である。ザンクト・ヨハン・ネポムーク教会堂には、例えば室内のギャラリーを支えるヘルメスの半身像のように、この種の例が満ちている。全体としてそれらは、ファサードやギャラリーの手摺《バラストレード》や折上げ天井の渦形装飾と同様に、前後に、凹に凸に波を打つ。

このように複雑な壁面の上に肉づけされる装飾もまた、今や最高度の複雑さに達する。ときには装飾はこうした壁面から自己を解放して、花綱飾りのように空間に吊り下がったり、ザンクト・ヨハン・ネポムーク教会堂の内陣の天使像のように、まったく自由に飛び回ったりすることもある。ふつうは細い繰形《モールディング》をゆるやかに寄せ集めた枠組《フレーム》も、徐々に、特に隅部において、植物葉飾りに変わっていく。物体形態は今やその建築的機能を奪い去られ、装飾のなかに同化させられて、その最終的効果は満開の草花が建物を浸透しつくしているという印象のものである。天井画の枠の複雑さ、天井から壁への移行の不鮮明さ、あらゆる接合部や結節点を装飾で隠すやり方などの徹底ぶりを見ると、ほとんどの学者がこれを装飾的様式とみなすのも無理がないほどである。しかしもちろんこれは誤りである。確かに装飾は、第二段階におけるよりはずっと決定的な役割を、全体効果の点で果しているといえる。装飾は最も極端な形で個々の形態を全部まとめてひとつの連続的な単位《ユニット》に融合させ、あるいはそれらを以前よりも大胆に分裂させる役割を演じている。祭壇、説教壇、オルガン、座席、世俗建築における公共的な部屋や私室の家具、これらのすべてが建築の一部になり、完全に空間的な殻を埋めつくす。例えばオットーボイレンの教会堂では、祭壇は強調したい箇所で奏される装飾音符のように現われる。われわれの眼はそれらに惹きつけられ、かくして内部空間の連続性が完全に崩壊するのを知覚するのである。装飾は、この段階の物体形態の特質を完全にそなえている。すなわち、懸垂性、植物的萌芽性、なめらかな粘着性などの特質をまさしくそなえ、何ものにもしっかりとしがみつくことがない。こうしたことによってのみ装飾は、建築的な重要性をもつことができる。なぜならそれは、浮遊するイメージに加えて、懸垂性の印象を高めるのに寄与するからである。貝殻状の渦巻装飾はこの種の形態の最終的な産物といってよいものだが、いまやそれは、第二段階が追求した融合と分裂の最高度の段階にまで達した。このことはただ程度の違いを意味するだけで、第一段階と第二段階を区別する正当な指標とはならないかもしれない。しかし、装飾は今や以前より多くのことを成し遂げる。装飾は統一を破るというよりは散らばらせる。装飾は実際に自己分裂する。ツヴィーファルテンの教会堂には、鐘乳石状の装飾でできた告解室が並んでいる。それらは、連続的な形態変化の中でのある瞬間の段階を表わしているように見える。しかし、わたしがこれまでに見出した最も極端な例は、ファイヒトマイヤーによる巻紙《カルトゥ》装飾《ーシュ》の意匠である。それは、火に焼かれ煙となって消滅しようとしている状態を表わしているものなのである。[註18]

装飾は、確かにこの段階の建築における最も柔軟な側面であるが、それは単に、窓や扉の枠《フレ》組《ーム》や、コーニスのはばたくような断片と同じ様式原理に従っているにすぎない。あらゆる物体形態全体を通して一様な抑制作用が働いている。それらは依然として力の伝達物である。しかしもはやそうした力に対抗しようとはしない。力を手なづけるのである。もはや悲劇的に苦しむことはせず、むしろどんな微風にもなびくのである。

このような物体形態の真只中に立つ時、まず思い浮かべるのは人間のことではない。われわれが思うのは、春のそよ風に乱れ落ちる花びら、音を立てる花火、噴水、風に追われる煙と炎のゆらめきなどである。第一段階の物体形態の比喩としては、小さな島にただひとり満足気に立つ英雄を思い浮かべてみよう。彼は、自分をとりまく海が鏡のようになめらかであろうと、うなりをあげて波立っていようと、そんなことにはおかまいなしに微笑をたたえている。第二段階の物体形態に対しては、圧倒的な潮流に立ち向かって泳ぐヘラクレスのような人物を心に描くことができよう。彼は最後には波に負けることになる。ところが、第三段階のものになると、半分支えられながらも半分自分で飛んでいる蝶を想わずにはいられない。すなわち、第二段階と第三段階の物体形態の間には一層大きな違いがあって、それは、浸透してくる力に対する両者の異なる反応にもとづいている。第二段階の物体形態はそれらの力に抵抗するが、第三段階の物体形態はそれらの力を利用するのである。

註18　Berljn. Staatliche Kunstbibliotek, Katalog der Ornamentstichsammlung des Kunstgewerbemuseums, comp. P. Jessen, Leipzig, Seemann, 1894, No. 146.

以上は客観的、物理的な相違であるが、これに対応する倫理的な相違も挙げられる。第三段階の物体の世界は、きわめて快活な軽薄さで満たされているように見える。それは、無性格で、無原則的で、あらゆる気まぐれに捧げられ、どんな落とし穴があってもその上を優雅に踊り回っているように見える。かつては恐しい責め苦と考えられた、より高くより大きい力に人間が依存することは、いまや普遍的法則の自明の理として受け容れられるようになり、そのために絶対的な無責任さがそれに続くこととなる。きわめて楽しげな受容が、強襲に対する抵抗に取って替わる。軽薄さは、もとの情念が変容していった末の最後の姿である。

しかし繰り返して述べるが、この倫理的な意味づけも、物理的な過程に反応する単純な感覚にもとづくものなのである。建築はゆるやかにつなげられた構造体と化してしまった。部分は漂い、傾き、一片の風にもおびやかされそうに見える（構造的にはどんなに堅固であろうとも）。それはまるで、ゆるく束ねられているだけで、今にもばらばらに落ちてしまいそうな花束、あるいはトランプで作る家のように、不安定で、はかなく短命なものに見える。不安定、一過的、噴出、散乱といった印象は、第一段階における永遠の不変性という印象からすると、その対極をなすものである。

そこで、力の発生源と力の伝達物という対極性によって、第一段階は第二段階と第三段階の両方から区別することができ、また第二段階と第三段階とは、浸透する力に抵抗するか、それを取り入れるかという下位の対極性によって区別されるということができよう。

第四段階（一九世紀）

力の伝達物としての建物が究極的な姿にまで発展するのは、一七〇〇年頃である。第四段階は、オーダーを復権させることによってその端緒を切る。エンタブラチュアはまっすぐになり、途切れることなく柱列の上を走る。切妻飾り《ゲーブル》は再び閉じた三角形となる。構成部材はすべて、その本来の全体性を取り戻す。装飾は、矩形を主とした単純な輪郭の囲みの中に押し込まれ、全体としてその量もずっと少なくなる。古代ローマの形態、後には古代ギリシャの形態が、全体的効果の上に決定的な役割を果たすようになる。一見、まるで第一段階の物体形態が再興され、より厳格な古代の模倣によって修正されたように見える。というのは、古代の神殿の外観全体が、本質的な変化を加えられることなく、そっくりそのまま採用されることになるからである。パリのマドレーヌ寺院（一八〇八年）、レーゲンスブルク近郊のヴァルハラ（一八三一年）、ウィーンのテセウス小神殿（一八二二年）などにその例が見られる。しかし、これらは例外的な作品である。もっと一般的に現われるのは、まっすぐのエンタブラチュアが載るポーティコである。ポーティコ全体の上に載るペディメントがある場合もない場合もあるが、これは分節のない壁面の前に置かれた分節された要素として用いられる。パリの二つの建物、オデオン座（一七七九年）と株式取引所（一八〇八年）、それにストラスブールの劇場《テアトル》（一八一〇年）などはペディメントのない例である。コブレンツの王宮（一七七八年）、シュロス・ヴィルヘルムスヘーエ（一七八六年）、パリの下院（一八〇〇年）、ベルリンの新衛兵所《ノイエ・ヴァッヘ》（一八一六年）、ミュンヘンの彫刻陳列館《グリプトテーク》図230（一八一六年）、アムステルダムの旧株式取引所註19（一八四五年）、などはペディメントのある例である。

厳格に分節されたポーティコと塊のようにまとまるそれ以外の部分の間の強烈な対比、それに細部における分節性の欠如が、この段階の建物を、統一的な分節を追求した第一段階の建物から本質的に区別する。分離の種類にどんなものがあるか、調べてみるまでもない。ヴァリエーションは、第一段階におけるより少ない。というのは、許されている並置の形式といえば、分節された壁またはポーティコと、分節されていない両側壁の組合せだけだからである。分節されていない壁の窓は、常に上下の階で軸を統一されており、壁の上部には必ず水平のコーニスが走る。ドーリス式オーダーが広く用いられたという事実は、それが第一段階のものと同じ相貌をもつことを意味しない。いまやこのオーダーは以前のものより重々しく、第四段階初期の物体形態がほとんどすべてそうであるように、不動の感があるとさえいえるのである。

この段階の範となったのは、近世建築の第一段階ではなく、まさしく第二段階に属する建築家パラディオである。全体構成は彼のヴィラの設計を基礎とし、ないしはそれから刺激されてできたものであり、細部は、規範からはずれるものはすべて除くということで修正されたものである。しかし規範というものは、秩序だった知性の持主が徹底的な研究を通して自分にとって最も直覚的で最も始原的《プリミティヴ》なものとして築き上げるものであり、それゆえ建築における規範も何か一見始原的《プリミティヴ》な感じしかしないものである。それはたやすく理解できるものではあるが、実は大変な抽象化作業の末の産物なのである。第二段階の物体形態への回帰は、第一段階に特徴的であった軸線関係の合理的秩序づけがさらに強調されていることとあいまって、対極的なも

註19　アムステルダムの旧株式取引所は現存しない。

のの混同を生み出している。それは一般的にいってこれ以後、空間形態の場合ばかりか物体形態においてもますます顕著になってゆく傾向である。

中世の空間形態の突然の復興は、物体形態においてロマネスク、ゴシック、ビザンティンの形態の展開という帰結を生む。展開は、ここで違った道をたどることとなり、空間形態の場合と同様、物体形態の展開過程の中でも連続したものとしては把握できなくなる。連続性は、実際ここに至って破壊される。一九世紀の建築は全体的に見て、前の三つの段階とまったく性格の異なる糸でつなげられているにすぎない。

内からの力の放射、外からの力の伝達――これらは、第一段階と第二段階の物体形態を区別している対立概念である。第三段階と第四段階は、新しい対極性によって決定づけられてはいない。むしろ第三段階は、力の伝達物としての建築物の概念を、外力との友好関係という下位の対極性に変質させている。第四段階は対極的なものの混同から始まり、さらにまったく異なる様式概念に支えられて別の道をたどることとなる。そこでは、物体形態の対極性という問題はもはや何の意味ももたなくなるのである。

第三章　可視形態

　完成された建物が生み出す効果における第一の要素は、光と色の変化である。この時の視覚的な印象、すなわち、単に眼に映るにすぎないものは二次元的な像《イメージ》であるという印象は、焦点を定めて片眼で見ることを前提としている。[註1] 生理学的実験が明らかにしているところによれば、建物に近づいて行ったり、その中を歩いたりという日常的な出来事において、われわれは常に建築の単に視覚的な側面のみを、一連の連続的な、変化し補足しあう像《イメージ》として経験している。しかし二つの眼で見るということや、眼や頭や身体全体を動かすことが、二次元的な像《イメージ》を立体という概念に変えるわけではない。われわれはごく幼い頃から二次元的な視覚的差異を、三次元的に解釈することに慣れている。絵の中で物体と空間を見わけることができるのも、このためである。二次元的な絵とあらゆる三次元的な物体との相違は、絵の中の物は視点を変えても一定のままだということである。横から見れば画面全体は歪んで見えるが、その内部の相互関係は変化しない。ところが建物でも、いかなる三次元的な物体でも、その周囲を歩き回る場合は、その全体像が歪み変化するばかりでなく、内的な相互関係も絶えず変化する。

　ある対象物をどのような視点から見た場合でも、それぞれの点で受け取った単一の像《イメージ》などれも三次元的に解釈されるが、建築を見る時に重要なことは、これらの個々の孤立的な像《イメージ》は単なる予備的な準備段階としてとらえられるものであって、それ自体が目的とされているものではないということである。建築を見るということは、内部空間の中や外部の殻の周囲を歩いている際に提供される一連の三次元的に解釈された像《イメージ》を、ただひとつの心的な像《イメージ》にまとめることである。建築的イメージというとき、わたしが意味しているのは、このただひとつの心的像《イメージ》のことである。

註1　これは最近は疑問視されている理論である。

図231　サント・スピリト内部、フィレンツェ、一四三四年。

註2　この仮説は、C・シュテークマンとH・フォン・ガイミュラーの共著「トスカナ地方のルネサンス建築」（C. Stegmann and H. von Geymüller, "Die Architektur der Renaissance in Toscana", Munich, Bruckmann, 1885-1908, passim）に繰り返し現われるが、下地の色の痕跡が発見された例は稀である。

第一段階（一四二〇年〜一五五〇年）

(1) 調和

第一段階において、空間の付加と力の放射とが生み出した完全さへの絶対的要求は、（ここでは）光と色の差異がこの完全さを容易にかつ完璧に理解させるものでなければならないということを意味している。光と色はこの効果を隠してもかき乱してもいけない。光の強さはできるだけ、内部空間全体を通して一様でなければならない。光の強弱の差はもしあるとしても、フィレンツェのサン・ロレンツォ教会堂[図44]やサント・スピリト教会堂[図231]の場合のように穏やかなものである。明暗の強い対比《コントラスト》はなく、暗い所でも常にはっきり物が見えるほどに明るい。ところが色の方は、構造的な線すなわち骨組《スケルトン》を地の壁面から鋭く浮き彫りにして見せるものであり、したがって物体的な形態構成に奉仕しているものといえる。トスカナ地方の教会堂内部における暗い石の部材と白い壁との鋭い対比が、多彩な色彩で描かれていたフレスコ画（説話的なあるいは装飾的な）を後に白く塗り固めてしまった結果であると仮定するのは、明らかに誤りである。[註2] この厳格さは、完全に第一段階の特徴といえるものであって、ミラノのサンテウストルジョ教会堂の中のポルティナリ礼拝堂《チャペル》に見られるような豊かな色彩は、例外的なものである。黒と白、あるいは赤と白の水平帯状に施された横筋は、中世建築の名残りといえる。第一段階で選ばれる石材は、きまって単色（ふつうは灰緑色）で、目立つ斑点や筋目はなく、光沢は鈍い。青銅や金などの材料が用いられる場合ですら、強い光の反射は避けられている。塗料を施す場合も同様で、常に色調は強く明快で、均一な表面としてむらなく一面に塗られる。それぞれの色が塗られた部分、すなわち分節された要素は、明確な境界をなして並置される。色は装飾をその背景から引き離し、パネルをその枠から引き立たせ、柱頭を柱身から区切って見せる。格天井はこの種の扱いのうまい例である。格天井に由来する描かれた天井装飾において、特にラファエロ派（ペリーノ・デル・ヴァーガやジュリオ・ロマーノ）のものにおいては、色彩は幅広い帯状に塗られて独立した幾何学的な面を取り囲む強烈な仕切り線をなすか、あるいは均質の背景として塗られ、そこに人物像や装飾がシルエットを落とす。色彩は隣り合う部材同士をはっきり区分するように塗られ、ふつう小さな面積のものが多く集まった形になる。この陽気な多彩《ポリクロミー》が調和を保っていられるのは、ひとつにはこれらの色彩すべてが相互に適合性をもっているからであり、またひとつには空間および表面に与えられた軸の両側でシンメトリーになるように、同一色が繰り返されることによっている。

(2) 明瞭さ

色彩の調和、その純粋なまでの厳格さ、光沢の欠如、構造骨組《スケルトン》を強調し個々の構成要素をはっきり区分するような配色――こうした色彩の用い方は均質な採光とあいまって、明瞭さを増大させる結果を生む。たとえ深い影ができたり、横から見なければならない結果、識別に支障が生じる場合でも、空間や量塊《マッス》の形態を安定した形として容易に見分けることができるように、光と色は選ばれる。別の言葉で言えば、視覚的な見かけを左右するものは、実際の形態を損わない限りにおいて、存在する権利をもつということである。対象そのものの方が、その見かけよりは重要なのである。

(3) 正面性

いくつかの個別的な視覚的価値の調和と、それらの価値の客観的明瞭さに対する従属が、任意の視点から得られる透視画法的像《イメージ》の特徴である。その限りにおいて、個々の像《イメージ》は建築的イメージの中に間接的に取り入れられる。ここでいう建築的イメージとは、建物の内や外を歩き回り、屋根によじ登り、塔に上ってみることによって得られるものであることを、初めに理解しておかなければならない。しかしこのような検討のしかたは、科学的な性格のものであり、建築家や美術史家が、専門家としての関心を集中させて研究にあたるときとる方法なのである。芸術的イメージを得るだけなら、決してこれほど徹底的な踏査を必要とはしない。第一段階においては、驚くほど少数の視点から建物を眺めるだけで、完全な建築的イメージを得ることができる。第一段階における建築的イメージは単一的である。どれほど多くのさまざまな角度から見たとしても、得られる建築的イメージは、常に同じである。それは、実際の完結した形態と同一なのである。

　ローマのサン・ピエトロ・イン・モントリオ教会堂の中庭にあるブラマンテのテンピエット 図159 160
のような円筒形の中心型平面の建物は、どの側から見ても同じように見える。この建物を取り囲む列柱の自立した柱の重なりは、一足歩くごとに変化するといっても、その変化は一定の間隔ごとに必ず同じ関係が繰り返されるものである。ただ背景だけは変わってゆくが、この変化も、当初の案として計画されていた円形の中庭と、それをとりまく列柱廊が実現されていたなら、除かれたであろう。[図24] 眼はひと目で状況を読み取ってしまう。像《イメージ》、すなわち建築的イメージは、どこから見ても完結している。建物の回りを歩き回ってみたいという誘惑には、かられない。なぜなら、そうしたとて何ら新しい驚きが提供されないことを、即座に理解するからである。

　ヴァティカンのサン・ピエトロ大聖堂のためにブラマンテが用意した設計[図30]では、四隅に塔があるため、視点を変えるごとに重なり方は違ってくる。しかしシルエットが安定してはいなくても、建築的イメージの単一性は破られはしない。塔が四つ、各隅にひとつずつあるはずであったという事実こそ、どんな視点から見ても一目で四つの側面すべてを把握することを可能にしたことであったろう。これら四つの側面全部を実際に見ることはないだろうが、一時的に視界から隠されているものを補うのに、想像力が困難を感じることはなかったであろう。像《イメージ》は常に同一であったに違いない。各側面はそれぞれ独自の分離した像《イメージ》として存在していたとしても、すべての側面は同等の価値を持つものなので、全体像を得るためにはどれかひとつの側面の前に立つだけで十分であったろう。四つの側面はすべて同格の関係にある。この設計において、四隅を塔で強調した立方体の各辺から張り出した大きなアプスは、もし実現されていたなら、テンピエットと同様の効果をもたらしたことであったろう。

　周囲から離れて立つ、付加によって構成された中心型平面の教会堂建築や矩形の世俗建築から、単一の建築的イメージが必然的に生み出されることは明らかであるが、単一の像《イメージ》は、こうしたわかりやすい形態に限定されているわけではない。長軸型の教会堂の外観においても、

図232 サン・・ロレンツォ正面計画案、ミケランジェロ。

たとえその一部が他の建物につながっていて全体として孤立を保てない場合でも（フィレンツェのサン・ロレンツォ教会堂のように）、四つの主要な面を同等に展開させるという理想に原則的には従っているのであって、（後の増築を除いた）本来の形態は、常に自己完結的でかつ相互説明的な像《イメージ》を与える効果を持っているのである。例としては、リミニのサン・フランチェスコ教会堂[図180]、コルトーナのサンタ・マリア・デル・カルツィナイオ教会堂などが挙げられよう。この二つの建物では、コーニスが同じ高さで全体をとりまいている。主ファサードでは他の側面より高くなっていることが多いが、それでも面が連続していることにかわりはない。ミケランジェロとジュリアーノ・ダ・サンガルロによるフィレンツェのサン・ロレンツォ教会堂のファサード[図184 232]のデザインは、建物の正面を他の側面から多少とも独立させた最初の例である。

それぞれ独立した像《イメージ》の共存と、全体としての像《イメージ》の単純さ――これらは、放射状の動線によって内部空間の中に生み出される特徴である。ここでもやはり、あらゆる視点から見ようと試みるのは不必要なのである。状況はひとめでとらえられ、隅を回った所で驚きは待っていないことを、そして歩き回るにつれて現われる新しい像《イメージ》も、建築的イメージを完成し補足することはあっても、本質的に変えるものではないことを知る。視覚的な領域におけるこの単一性と単純性という特質は、ちょうど空間と力の孤立した中心点における静止に類比できるものである。どの場所に立ってみてもわれわれは、全体を把握していると感じるのである。

個々の像《イメージ》は正面的である。空間の軸がすべて放射状に外に向かっているため、われわれはどちらを向いても常にいずれかの面と対することになる。逆にいえば、どの面もわれわれの方へと向けられているように見える。ちょうど兵士たちが直立し、正面を向き、身をよじったり曲げたりすることもなく立っているように、ここでは付柱《ピラスター》も柱《ピア》も円柱《コラム》も持送り《コンソール》も欄干《バラスター》も、直立不動である。また、兵士たちがまっすぐ並んでいるばかりでなく、頭と胸の高さまでそろっているように、オーダーや枠組《フレーム》や格間は面をそろえ、同じ幅で平行に並ぶ。このことは、分節された壁や天井が円筒状ないしは球状の曲面を描いたとしても、当てはまる。というのは、アプスは内側から見ればどれも中心点の方を向いており、また外側から見れば、ブラマンテのサン・ピエトロ計画案[図30]の例のように、付柱《ピラスター》はすべて、直径に対して直角に接する平面を形成しているからである。それらは、われわれの視線を絶えず曲面に対して直角の方向に向けることを要求しているのである。

第一段階の建物のあらゆる部分に現われる弧状の曲面の重要性は、それと直角をなす軸面もまた形態の決定要素であることに気づかせてくれるところにある。これらの構成要素は常に角柱状に配置されているので、それらを正面から想定することができる。というのは、外接する四面の角柱は、常にその軸が即座にわかるほどに明瞭だからである。建物のそばを通る時、われわれはその建物の構成要素を斜めに見るか、あるいは輪郭を見るだけかもしれぬが、こうして得られた個々の透視画的像《イメージ》をすべて一過的なものとして受容し、それから正面像を予測するのである。無数の独立した像《イメージ》が繰り返し集まって、主たる印象を形成してゆく。主要な視点とは、空間の孤立中心点と同一である。例えば、付柱《ピラスター》を斜めの方向から見た場合でも心理的におのずから正面像を完成するように、どんな位置にいる時でも、空間の中心に立ったときに得られるような透視像を完成しようとする心理が働く。すべてのものが、（それと）直交方向の平行投影図に置き換えて見ることを促す。

(4) 単一の像《イメージ》

視覚像と物体形態の間には、相互作用が働く。立ち並ぶ円柱《コラム》の場合、正面性は、それぞれの円柱のまわりに外接する四角柱を想定することを要求し、またそれら補助平面の平行した配列をも要求する。逆にこれらが正面的なイメージを生み出すのである。しかし、この方程式における独立変数は何かといえば、それは実際の物体形態であり、従属変数にあたるのが視覚像である。別の言葉でいえば、視覚形態は物体形態に従属するのである。確かに、この章の冒頭では、視覚的な外観こそ第一義的なものであるということを述べた。そのことは、今でも間違ってはいない。効果という観点から見れば、常にそれは第一義のものであるが、発生的な観点から見れば、第二義的でもありうるのである。視覚的外観は、物体形態から独立した、いわば闇の中で作られた、量塊《マッス》と空間の単なる関数でありうる。視覚的外観が発生的には第二義的であることが、様式の第一段階における特徴である。

すべての個々の視点から見た正面性ばかりでなく、それらを総合する特徴、すなわち私が建築的イメージと呼ぶもの——が、これに続いて現われる。建築的イメージは、固定された視点から考えだされるものではなく、全体をとらえる単一的で三次元的な概念なのである。いくつもの視点は同等である。どれだけ多くの視点を試みようと、それらは互いに補足し続けるだけである。斜方からの像も、対象を正面的に見る主要視点の位置を示唆している。主要視点は、計画されている。これら主要視点のうちのひとつは、それだけで他のあらゆる視点の存在を気づかせ、それらの点から見る場合の透視像や正面像を予測させるに足るものである。任意の視点は多数存在するが、定常的な建築的イメージはただひとつしかないと述べたことは、この意味で解釈されなければならない。

建築的イメージはひとつの統一物であり、個々の像《イメージ》の多様性と対比的なものである。それは、芸術的統合という意味で統合されている。しかし、わたしがここで関心があるのは、それが単一のものであるという事実のみである。このひとつの建築的イメージは、何ら流動的なものをともなわない。すなわち、それは最終的に、常に同一の、壊れることのない固定された統一物へと導くのである。要するに、第一段階の建築は、ただひとつのイメージのみを提示するのである。

註3　ルネットは、画家にとっては重要な意味を持っている。というのは、たとえ足場は組まれていても絵を描くのに必要な照明は、この窓を通して得られる光だけだからである。

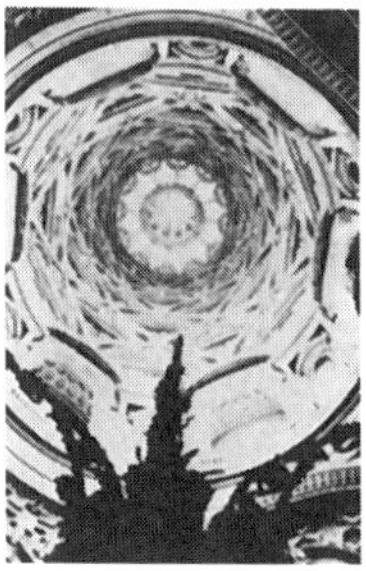

図233　カッペルラ・デルラ・サンティ・シンドーネ内部見上げ、トリノ、一六五七年。

第二段階（一五五〇年〜一七〇〇年）

(1) 対比

第二段階においては、第一段階の特徴であった一様な明るさが、明るい部分と暗い部分との対比が増大してゆくという流れに道を譲る。わたしが述べているのは、非常に暗い礼拝堂《チャペル》と明るい身廊中央部といった水平の並置関係ばかりでなく、上部の光輝く明るいヴォールト天井と下の方の暗い空間、といった垂直の並置関係のことでもある。ローマのイル・ジェズ教会堂は、この点に関してはまだ比較的おとなしい例であり、トリノのカッペルラ・デルラ・サンティ・シンドーネ[図93,94,233]や、同じくトリノのサン・ロレンツォ教会堂[図101,102,103]などは、高度に発展した例である。ルネットが導入されるようになるのは、ヴォールト天井に光をあてようとする要求の結果である。さらに、天井画との相関関係も考えなければならない。というのは、格天井にかわって縁どりの中に描かれる天井画が次第に増えてゆき、そうなると天井は暗く閉じたものであるより、明るく開かれた、光に満ちた区域であることが、ますます要求されるようになるからである[註3]。フィレンツェのロレンツォ図書館の前室《ヴェスティビュール》の天井部分に天窓を設けることが考えられたのは、第二段階の徴候を示すものである（これは実現されなかった）。第一段階の建物に後から天窓を付加する例はたびたび見られるが、ヴェネツィアのサン・サルヴァトーレ教会堂もその一例で

図234　サン・ロレンツォ図書館内部、フィレンツェ、一五二四年。

註4　絵に描かれている色の暗さが、それ自体この効果を助長していることも確かである。

ある。第一段階と第二段階の区別は、光の強さの違いにあるのではなく——どちらの段階でも、非常に明るい空間や暗い空間は作られた——ただ光がどのように分布されているか、という点にあるのである。ローマのサンタ・マリア・マッジョーレ教会堂にあるシスティナ礼拝堂《チャペル》（一五八五年）では、輝くばかりの明るい空間に対して、下の方の側壁にとり付けられたニッチは大変暗く、そこに描かれている絵は照明をあてて見なければならない。[註4]

このような、明から暗、暗から明への突然の移行はまた、個々の細部《ディテール》の特徴でもある。コーニスは、長く突き出るようになり、時にはその下の繰形《モールディング》の一部が、ほとんどその影の中に消えてしまうほどである。ところが、その突出のしかたは一様ではない。ニッチやエディキュラや窓や扉の上の切妻飾り《ゲーブル》は重い影の塊を落とすが、一方、縦の窓枠は扁平に近いといったぐあいである。影の不均一は、以前に述べた部材の切断と関連しており、逆に切断の効果を強めてもいる。最後に、ヴァティカンのサン・ピエトロ大聖堂のカテドラ・ペトリ（一六五七年）では、光が全体構成の素材のひとつにまでなるのである。

色彩の欠如すなわち単色性が、第一段階の明快な色彩や陽気な多彩性にかわって現われる。ミケランジェロは、明色による分節と白い壁という対比をまだ用いている（たとえば、メディチ家礼拝堂[図202]やロレンツォ図書館[図136,234]）。パラディオは、ヴェネツィアのイル・レデントーレ教会堂[図235]を初めとして、教会堂の内部はすべて同一の色調で構成する。[図236,237]色彩がなお使われる場合でも、その効果には変化が現われる。大理石では、はっきりした筋目のあるものが好まれるようになる。ヴェロナ産サラミソーセージを思わせるような、白い斑点の入った赤大理石が、茶色や黄色の強く暖かい色調をもち、石目のパターンが顕著に光沢を伴って生き生きと広がっているような大理石とならんで、よく用いられるようになる。こうした豪奢な大理石を用いた例のうち、

図235　イル・レデントーレ内部、ヴェネツィア、一五七七年。
図236　サン・ジョルジョ・マッジョーレ内部、ヴェネツィア、一五六五年。
図237　同内部見上げ。

主なものとしては、フィレンツェのサンタ・マリア・ノヴェッラ教会堂付属のカッペルラ・ガッディ（一五七四年）、（さらにもっと派手に使った例として）同じくフィレンツェのサンタ・クローチェ教会堂付属のカッペルラ・デイ・プリンチピ（一六〇四年）、ローマのサンタ・マリア・デルラ・ヴィットーリア教会堂[図224, 225]（一六〇五年）、同じくローマのジェズ・エ・マリア教会堂（一六四〇年）、同じくローマのサンタ・カテリーナ・ダ・シエナ教会堂（一六三八年）、ヴェネツィアのサンタ・マリア・デリ・スカルツィ教会堂（一六四〇年）などが挙げられる（フィレンツェでは、伝統がしっかりと根を張っているので、例外も見出せる）。

大理石の化粧貼りは、ヴァティカンのサン・ピエトロ大聖堂の最終的な姿を決定している要因である。一番単純で落ち着いた大理石の用い方が見られるのは、一五八〇年頃、グレゴリウス十三世の代に装飾が行なわれた、右手前の付属中心の部分である（床の舗石も含めて）。クレメンス八世の治下、一六〇一年頃に装飾が施された左手前の付属中心は、ずっと豪華で複雑である。さらに色彩が豊かで、派手に模様が広がっているのは、地下祭室《クリプト》への入口部分に施された大理石の化粧貼りである（一六一四年）。

平坦な面に貼られる磨かれた大理石は、とりとめなく常に変化する影を映し出し、それは大理石の模様自体と重なりあう。

ローマのサンタ・マリア・デルラ・ヴィットーリア教会堂[図224, 225]の壁面下部に施された大理石の化粧貼りは、ヴォールト天井の金鍍金《メッキ》のスタッコ装飾につながるが、それはリボンやひだ飾りをひるがえした白い天使像によってあちこちでさえぎられているので、全体として白と金が入り乱れて、細部はほとんど判別しがたいという結果になっている。天使像も背景も、同等の色彩的価値をもっているため、生き生きとした姿の天使像も、金を背景としてくっきり浮かび上がって見えることはないのである。

⑵明瞭さの欠如

客観的な明瞭さの部分的減少ないし除去は、光の不均一と、色彩の自立した働きとの結果であり、色彩は今や構造的意味からことごとく解放されて、斑点のように、波のように、雑然とぶちまけられている。ある部分は明るくはっきりしているかと思うと、別の部分は暗くぼんやりとしている。このように、一方では鋭くくっきりとした像《イメージ》が形作られて、視線をそこに集中させるかと思うと、他方では、従属的な空間の上をわれわれの視線はすべり過ぎてゆき、たとえ視線がそこにとどまろうとしても、細部を完全に把握するのは不可能なのである。はっきりした像《イメージ》とぼんやりした像《イメージ》、そのいずれの場合にも、支持体の集合、相互貫入、融合、分断などによって、輪郭をとらえるわれわれの能力は極度に減少させられてしまう。こうした特徴は、影の一般的使用、特に深い影の使用と、独自に自己主張をする色彩の使用とに結びついている。光が強くあてられる部分ですら、第一段階の印象に比べれば、不明瞭なものとなっている。

⑶斜め方向の見え方

こうした明瞭さの極端な欠如は、全体の構成にある種の不安定な魅力を与える。われわれはそれに親しむことによって、よりよく理解したいと望む。不均一な照度は、あいまいで孤立した視界よりは明瞭な視界を大切にし、視覚的に退屈なものよりは視覚的に興味深いものを大切にする。

外部では、主ファサードが今や独立した像《イメージ》として、側面の姿からも、また内部の姿からも自立したものとなる。この時期には、斜めからの眺めが参照すべき主要な視点となる。というのは、何の特徴もない側面が、主ファサードの引き立て役に回るからである。どれかひとつの立面を切り離してみることで、われわれは満足しない。というのは、その立面から他の立面を推論することはできないからである。

ところで、内部においては、あの不均等な像《イメージ》のもつ魅惑的な特質は空間分割の原理と結びついている。建物中を抜け、そのまわりを回るようにわれわれを促すあの巨大な運動の流れも、決してあらゆる方向で等しい満足をもって見ることを許しはしない。われわれは常に流れの方向に向きを変えられ、右や左の眺め自体は興味をそそることはなく、過ぎゆくひとこまとして把握されるにすぎない（もちろんこれは、祭壇だとか碑銘だとかの個々の細部のことを考えようとはしないで、空間の与える効果に身をまかせる限りにおいてである）。従属的な像《イメージ》は、通り過ぎて行く時に、斜め方向に眺められる。もちろん、正面からふつうに眺められることもありうるが、第二段階においては、この正面からの眺めは、その他の数多くのひとつにすぎず、しかもその重要性は最も低いのである。

空間に導入された従属的な分割要素（ギャラリー、コロネード、ブリッジなど）によって生み出される印象について考えてみる場合、相互貫入の多さや、重要な境界線や境界面の不明瞭さによって、混乱が生じてくる。たとえわれわれが、側廊や礼拝堂《チャペル》やギャラリーのひとつのベイを正面から見るような位置に立ったとしても、ふつう両隣のベイを同時に見る。われわれは

それらを斜方に見ているのであり、またそうした見方こそ予期される見方なのである。[註5]

こうした斜方向に対する好みは、個々の細部にもはっきりと現われている。たとえば、枠組《フレーム》を構成するシンメトリーの部分も、わずかに互いに遠ざかったり近寄ったりするからである。ローマのサンタ・マリア・デルラ・ヴィットーリア教会堂にある聖テレザのニッチ[図224 225]（一六四五年）や、カステル・ガンドルフ（ローマ近郊）のサン・トマゾ・ダ・ヴィラノヴァ教会堂にある祭壇（一六六一年）はこの例である。ローマのサン・カルロ・アルレ・クァットロ・フォンターネ教会堂[図238]（一六六五年）のように、波打つファサードも明らかに斜方向から見ることを要求している。六〇度に従って構成された空間についてはもちろんのことである。

註5　こうした斜方向性は、礼拝堂の壁面やヴォールト天井に開けられた補助的な開口部によっても強調される。それらは付加的に斜方向の眺めを提供する。ボルドーのジェズイット教会（一六七六年）や同じくボルドーのノートル・ダムでは、礼拝堂どうしを結ぶ扉の上に大きな円形の開口がある。ヴァルダッセンにある教会およびザルツブルクのコレギーエン・キルヒェでは、礼拝堂のヴォールト天井に開口が設けられている。

(4) 多数の像《イメージ》

視覚的外観は、いまや単にその受ける印象のためばかりでなく、その発生のしかたからして主要なものとなる。物体形態は、ここではただ視覚的現象をもたらすためにのみ存在する。物体形態が光に奉仕するのであって、第一段階におけるようにその逆ではない。そして、たとえ物体形態が、力学的な意味での力の伝達の概念によって特徴づけられるようなものであったとしても、それらの形態が個々に分離されたものである限り、光と影、反射光と色彩、透視像の歪みなどの影響を受けるように見える。反対に、形態がひとつにまとまったものである場合、それらは逆に引き裂かれたものに見えるのである。終局的には、建築的イメージそのものは破壊されてしまう。固定された視点、ひとつの方向から見られた個々の像《イメージ》が、何かしら不定形でとらえどころのないものに分解してゆくばかりでなく、視覚像の全体概念もまた多様化して

図238 サン・カルロ・アレ・クワトロ・フォンターネ正面、ローマ、一六六五年。

ゆくのである。

第一段階においては、物体形態はすべて透明なものとして現われ、必然的に起こる重合も、まるで何の役も果たしていないかの如くであった。そこではわれわれは、すべての円柱《コラム》、すべての付柱《ピラスター》を、同時にまた連続的にあらゆる面から見ることができると考える。われわれは常に、付加によって互いにかみ合わされた空間のすべてを、いわば外側から、完全に把握できると考える。ところが、第二段階の形態は視覚的な障害となるのである。量塊《マッス》も空間も互いに押し入りあい、しかもどれも常に不完全に見えるので、他の視点からはどのように見えるか想像することができない。個々の視点からの眺めは、もはや建築的イメージを準備するために存在するのではなく、それ自身の意味のために存在する。それは、他のそれぞれ独立したイメージとともに、部分的な様相として存在するのである。

こうした視覚的な魅力に身を投ずるか、あるいは建築の学生のように建物を探索し、あらゆる細部を調べあげ、すべての隅部の後を覗きこみ、ということをすれば、最終的にはその存在形態について確かな知識を得ることであろう。しかしそうしたからといって、さまざまな視点から何度も繰り返し受けとる印象が少しでも変化するわけではない。われわれにはこの像《イメージ》が全体として何か不変なものから出ていることはわかるが、その不変のものはただ科学的関心に属するものにすぎない。衒学的目的のために、それについての知識を得ることはあり得ようが、芸術上の関心にとっては、ただ変化の印象だけが意味をもつ。あらゆる視点を探索することも、ここでは不必要である。われわれは即座に状況を見渡し、第一の視点からの像《イメージ》が不安定で、一時的で、偶然的なものであることを悟る。第二、第三の視点をとるにつれて建物は予想しなかった様相を呈し、すでに見たものも、ここではすっかり違って見えてくる。こうした個々の独立した像《イメージ》は、互いに説明しあうことがない。それらは互いに絡みあい、互いに浸透しあい、一体となって多様さの中に融解する。角錐的に投射して（透視図中に）対象を眺めようとする強制的な衝動が、直角的に投射して（立面図で）対象を見ようとする要求に完全に置き換わることになる。建築的イメージ——建物の総合的な視覚的外観という概念——は確かに依然としてひとつの単位として存続しているが、それはいまや部分的イメージとしての多様性を含むものとなる。このことを感じとるためには、ひとつの場所から眺めるだけで十分である。われわれの前に存在しているのは、揺らぐことのない実体であるが、われわれはそれを単一の現象として見ているのではなく、繰り返し起こる現象として見ていることがわかってくる。その意味ありげな様相から、何か新しいものが常にわれわれを待っていることを見抜く。個々の透視像でさえ、豊かなイメージを喚起するのである。

第二段階の建築は、多数の像《イメージ》を提出するのである。

第三段階（一八世紀）

(1) 無数の像《イメージ》

第三段階の空間形態は微分法にもとづいたものといえようが、その特徴は正面からの視点の数を最少にしてしまうことである。ある部分空間ないしは物体形態の前に立ち、それを正面から見たとしても、他のものもすべて斜方向から眼に入ってしまう。世俗建築における連続性の崩壊、すなわち翼屋《ウィング》やパヴィリオンへの分解が意味することは、それらの断片をわれわれは孤立した、独立の量塊《マッス》として見るのではなく、それらの間に存在する空間――中庭、庭園、広場など――と関係づけて眺めるということである。図247

外部の建築的イメージも、内部のそれと同じように眺められる。どのパヴィリオンの中を歩き回っても、空間の相互作用や空間の複合作用に関する統一的な像《イメージ》は得られず、むしろ部分的な像《イメージ》の豊かさに気がつく。これら部分的像《イメージ》が、芸術的に統合されたひとつの対象に属することは確かであるが、それらは全体の一部に服するにすぎず、どれひとつとってもそれだけで視覚的にすべてを尽しうることはない。建物における階段、廊下、ホール、部屋等について、その住人と同じように正確な知識を得たとしても、何らこの状況は変わらない。その宮殿に住む主人とその家人たちは、その存在形態をよく知っているであろうが、それでも視覚的外観は

図239　ヴェルサイユの鏡の間。

註6　A・E・ブリンクマンはその著「広場とモニュメント」(A. E. Brinckmann, "Platz und Monument", Berlin, Wasmuth, 1908) の中で、次のような文章を Mercure de France, July, 1748, p.151 から引用している。「美しい建物は、街を飾るものとしてさまざまな視点から見られる時、その与えられた視点の数だけ増幅されるが、一方ただひとつの視点から見られるだけの建物は、ただの建物以上の何ものでもあり得ない。」唯一のイメージや多数のイメージといったものが都市計画にどのような効果をもたらすかは、ブリンクマンの本を読むことによって知ることができる。

必ずしもひとつの総合的な像《イメージ》を生み出すとは限らない。

物体形態は、第一段階の世俗建築がもっていた透明性をもたない。第二段階と第三段階においては、それらは常に新しい、予期せざる発見を生み出すのである。第二段階を第三段階から区別するのはただ、限りなく多いイメージという効果を生みだすために、必要な限り部分的な像《イメージ》の数が増大するということである。[註6]

この効果は、光にさらされて反射する面が可能な限りたくさん散りばめられ、深い影の間から顔をのぞかせているという事実によっても強調されている。金メッキや青銅からの、多方向に散る反射光は、その視覚的効果によって物体形態における非連続性の印象を高めるよう意図されたものである。それらはきらめき輝く。強い反射を起こす光沢は、第二段階よりもさらに広く用いられるようになる。鏡が壁の一部を占拠する。純粋に視覚的な現象として、互いに向きあって置かれた鏡は、量塊《マッス》によって仕切られる空間という効果を完全に破壊してしまう。ヴェルサイユ宮の鏡の間《ギャルリ・デ・グラス》[図239]や、ヴュルツブルクの司教邸の鏡の間《シュピーゲルカビネット》[図240]は、そのよい例である。

一八世紀ドイツの多くの教会堂においてみられる、身廊から内陣《クワイヤ》やヴェスティビュールを仕切る鋳鉄製のスクリーン[図241]において、像《イメージ》の増加という特徴はその発展の極に達したといってよいであろう。これらのスクリーンはそれ自体極めて複雑な意匠をもっている上に、その背後にある宗教的な空間に対してはヴェールの効果を有する。ヴェールもそれが隠している空間も、いずれもはっきりと見分けることはできず、その像《イメージ》をはっきりさせようとそれに近づいたり、一方の側に寄ったりしても、重なりあった形態の複雑さがただ増大するだけである（ツヴィーファルテンの教会堂[図241]、アモルバッハの教会堂、ミュンヘンのザンクト・ヨハン・ネポムーク教

図240　ヴュルツブルクの司教邸の鏡の間。
図241　ツヴィーファルテンの修道院教会内部。

会堂などに、こうしたスクリーンが見られる）。ここでは混乱はその頂点に達している。特にザンクト・ヨハン・ネポムークのような教会堂ではそうである。もしもまず内陣《クワイヤ》に向って歩き、それから入口の方に振り返って見るならば、おそらくまるで違った建物に入ったかと思うことであろう。[註7]

(2) ひとつの視点

シンメトリー状に均衡のとれた円柱《コラム》や付柱《ピラスター》や持送り《コンソール》、さらにエンタブラチュアや切妻飾り《ゲーブル》の突出部分などがすべて斜めに配置されることも、第三段階においては極めて一般的になる。それらはもはや兵隊の列のようにまっすぐに立ってはおらず、平面図の上では普通の直線上に並んではいても、それぞれが異なる方向を向いているのである。とはいっても、そこには何ら勝手気ままな混乱はない。軍事教練から解放されて好き勝手な方向に走り出そうとする兵隊たち、というふうに考えてはいけない。そこにはなお秩序だった相互作用が存在しているのであって、それはバレーになぞらえるのが最もよいであろう。そこで重要なことは、われわれはバレーが行なわれている舞台の前に坐っているのではなく、舞踏によって取り巻かれているということである。

ここでわたしはもはや、前の章で論じた物体形態そのものの効果や、その形態に内在する力の動きといったことを考えてはいない。わたしが考えているのは、他ならぬ視覚的印象の落着きのなさについてである。ひとつの視点からでは次にどう見えるか推測不可能であるということや、驚きが次々と待ちかまえているような予感があることなどが、この段階の建築的イメ

註7　これらのスクリーンの実用目的に関しては、第四章を参照のこと。

ージの特徴である。このことを感知するには、ひとつの場所からの一瞥だけで十分である。しかし、個々にパースペクティヴを呈する眺めが無限にあるということは、いまや完全でゆがみのない、全体としての建築的イメージを与えるようなひとつの決った点が設定されうることを意味する。天井画は、このひとつの視点のために描かれている。立体的に突出したり、切り抜かれた金属の板に描かれた雲や人物像などは、このひとつの点から見た時だけ、天井画という枠を越えて飛翔するように見える。この点に立った時、実際にはただひとつの像《イメージ》を目にしているだけであるにもかかわらず、われわれは無数の像《イメージ》がわれわれに立ち向かい、あるいはわれわれをとりまいているような印象をもつのである。

　こうした極端な例でわかるように、第三段階は第一段階の古典的実例の完全な対極をなすものなのである。第一段階においてわれわれが常に見るのは、(控え目にいっても《cum grano salis》)無数の視点からの同一の建築的イメージであるが、第三段階においては、ひとつの視点から無数の部分的像《イメージ》を見ることになる。第二段階における多数の像《イメージ》が、ここでは無数の尽きることのない像《イメージ》という印象に増殖されたのである。

第四段階（一九世紀）

第四段階は、ただひとつの像《イメージ》への断固たる回帰とともに始まる。正面性と平坦な調子が再び支配的になる。はっきりした荒々しい色彩の対比が、第三段階のわかりにくい色調に取って替わる。しかし、色彩がなおいくばくかの繊細さを保持している限りにおいては、この段階が第一段階への完全な回帰を表明しているとはいえない。第二段階と第三段階の遺産はなお保存されている。重く暗い影がすっかり看過されたわけではない。それは柱廊《コロネード》の中に現われ、外部立面の残りの部分の繊細な浮彫り効果と対比をなす。[図189] 床面や木材の家具などに見られるように、なめらかな面が粗い面と共存することもしばしばである。パラディオの建物に見られる色彩の欠如は、真にヘレニックなものと考えられたものであるが、これが多くの場合の基準となって、宮殿の中には、さまざまな色彩を優美にまとめた部屋とならんで、「ホワイト・ホール」が現われることになる。鏡は、第三段階の時のように形態を混乱させるために使われることはなくなるが、建築的な文脈からすっかり消え去りはしない。

　ギリシャやローマの古代建築に加えて、中世の建物も原型となるやいなや、空間形態や物体形態と同様、建築的イメージも中世建築に依拠するようになる。一九世紀は、視覚的な様相の極性に対して単純で固定的な関係をもたない。この世紀はどちらの極をも容認するのである。

　ここでわたしは要約として、近世建築は、第一段階においては単一の像《イメージ》から構成され、第二段階では多数の像《イメージ》から成るということができる。第三段階においては、多数の像《イメージ》は無数の像《イメージ》の印象にまで増大される。第四段階は、単一の像《イメージ》という概念へのあやふやな回帰に始まり、それがさらに発展した結果、二つの極に対するはっきりした関係を失うにいたるのである。

第四章　目的意図

空間形態は、中心点や中心線（水平線、垂直線、そして斜線）のまわりに結晶化される。それは図式的ではあるが集約的に、主要な動き――特別の場合として静止も含めた一般的な意味での動き――を示す。付加によって空間が構成される場合にはこの動きのネットワークは孤立した静止点の集合となり、これらを結びつける静的で仲介的な軸に沿って並ぶが、反対に、分割によって空間が構成される場合には、連続した流れをなす幹線組織となる。この動きのネットワークは、実際的な目的ともからんでいるもので、まったくの装飾的な空想の産物というわけではない。中心線は空間の中を通る通路となる。それらは特定の目的のために作られた空間相互をつなぐ動きを導く。かくして空間の中に導入された動きは、二重の効果を持つこととなる。すなわちそれは、付加と分割の対比から発するものである限り、直観に訴えるものであり、それが目的から発するものである限り、知性に訴えるものである。それゆえ、効果的に動きを示す線は常に同一でないことは明らかである。むしろ二つの異なるネットワークが、互いに部分的に重なりあい、しかも常に相互の関係を保ちながら、併存しあっているように見える。例えば、第一段階の教会堂では、空間の目的ということを無視する限り、動線図は一連の孤立した中心点の集まりに還元されてしまう。しかし空間の中に配された種々の造作（祭壇、オルガン、説教壇、告解室、洗礼盤、聖歌隊席など）の間の動線が動きの第二のネットワークを生み出す。第一のネットワークは建物の魂を形成し、第二のネットワークはその頭脳を形成するのである。

どんな空間にも感情に訴える何ものかと理性に訴える別の何ものかが存在する。ここで論じるのは後者についてである。空間の意味はそこに備えつけられた造作によってのみ生じるものであるから、それらを除外して建築を美学的あるいは歴史的に説明しようとするのは大きな誤りである。例えばコンスタンス湖のほとりに立つノイビルナウの教会（一七四六年）は、とりわけ第三段階の空間的、物体的、可視的形態の特徴を備えた教会堂であるが、現在はがらんどうになっているので、中味のない卵も同然である。どの空間もその本来の造作を失っているので、すべて共通に、略奪を受けた後のような生気のない効果を呈している。慣例的に装飾芸術の歴史の中で別個に取りあげられてきたほとんどのものは、完全に建築に属するものである。それらがあって初めて、建築は情緒的かつ知的な存在たりうるといえよう。[註1]

建築における目的という時に、わたしが意味しているのは、建築は特定の期間継続する演技のための固定された舞台を形成するものであり、出来事のある決定的な連続のための道を用意するものであるということである。こうした出来事がそれなりの論理的発展をもっているように、空間の連続も、また個々の空間の中に存在する主要な、あるいは副次的な動線も、それぞれの論理を持っている。オペラハウスの中で、あるいは入口を通って切符売場に、あるいは廊下を通り階段を昇ってクロークルームへと、さまざまな空間を通ってわれわれを導く明確に規定された動線は、はっきりと秩序だった行為を前提としているものであり、空間形態は完全にその特定の型の行為によってきまるのである。

教会、コンサートホール、講義室といったものでは、全体の構成の中に互いに対決している二つのグループが存在する。ひとつは与えるものであり、ひとつは受け取るものである。そこには緊張と弛緩の両方が存在する。博物館、美術館、展示場、商店などで生命のない対象の陳列を見る場合のように、いわば行為が一方通行である場合ですら、これらの物があるいは台座の上に、あるいは壁に沿って、あるいはニッチやショーケースの中に、どのように配列されるかによって、思慮深い観覧者の秩序だった順路が決定されるのである。陳列された物に没頭し

註1　装飾はそれだけを取りあげて別に論じることもできるが、それが建築の一部をなすものであろうと、家具の一部をなすものであろうと、同じ形態の変遷をたどることに変わりはない。

て歩き回っているのが、ただ一人であろうが、列をなしあるいは一団をなす人々であろうが、そこには常にこの観賞したり、ただ買物したりするという人間的な行為が存在し、それが透明で生命のない幾何学的な空間に、何かしら論理的で観念的なものを注ぎこんでいるのである。

「建築の目的」という言葉は即座に、構造の適合性、物理的強度、建物の耐用性といったものを思い起こさせる。この言葉はまた、例えば切妻屋根《ゲーブル》の目的は雨を下に流すことであるから破《ブロ》れ切妻飾り《ークン・ゲーブル》はやめるべきであるといった、もっともな要求をすぐにも思い起こさせる。われわれはまた適切な照明といった必要性のことも思いつくが、それは確かに教会と画廊とでは幾分違ったものになるであろう。わたしはここで量塊とか光の必要性についてではなく、ただ空間形態の目的について述べているのである。また私はごくふつうの目的について語っているのでもなければ、最も狭い定義での目的について語っているのでもない。私は、もっと一般的な意味で論じているのである。すなわち目的が建築の本質をなすものであり、建築とはそれを物質的に表明するものである限りにおいて、それを論じているのである。

今日、建物はわれわれにも関係する共通の目的のために建てられる。われわれは説明を聞かずとも、空間がそうした目的のために作られていることを理解する。しかし現在では建物の種類も非常に多いので、すべての人がすべての建物を理解するというわけではない。公文書館、図書館、大学あるいは博物館に慣れている人には、おそらく工場や病院や刑務所や精神病院の運営機構について特別な説明が必要であろう。もしもわれわれが古い文化に属する建物を研究し、例えばかつては修道院だったものが今は裁判所になっているなどといった理由で、かつてあった造作が欠けているのを見い出す時、われわれの何かを知ろうとする要求はさらに顕著なものとなる。歴史的な知識を持たない観察者の場合には、今はすたれた目的のために作られた建物に対面した時に、適切な説明が欲しいと思う要求はさらに大きなものとなる。彼は芸術的な形態が見事に展開されているのを眼にするが、なぜそれらが存在するのかわからない。彼にとってはそれらは単なる装飾としか映らない。歴史的知識が増えてゆくに従って、彼は建物の本質をおぼろげながら再構築することができるようになるが、しかし、その本質の正しい構築ということはまさしく特殊な研究の問題である。多くの人々はよく保存された中世の城に接した時、詩的で感傷的な雰囲気に身をまかせるが、当時の武器や戦争のしかたなどについて生き生きとした知識を持ったほんの少数の人のみが、その建物を理解するのである。

このように建築物を人間の行為に場所を提供する劇場としてとらえる解釈は、絵や彫刻において表現された人物に名前を与え、表現された事物を説明する図像学《イコノグラフィー》に相当するものである。一枚の絵、一つの彫刻作品は、その内容を理解しない限り単なる装飾品にとどまる。たとえ、そこに描かれているのが木だとか岩だとか、動物であるとか人間であるとかといった一般的な認識だけで満足するものであったとしても、それらの物によって特定の場面、例えばヨアヒムに現われた天使といった場面を語ることが意図されているのであったなら、そのイメージに対してのわれわれの理解は不完全だと言わなければならない。ひとつの世代がある種の内容に生き生きした関心を持たなくなった時、その図像《イメージ》は大衆にとって判読しがたいものとなる。しかし可視的な面は依然として残り、そこに時代遅れとなったある種の主題を見出す時、歴史家にとってそれは新しい時代の始まりを告げる徴候なのである。しかしながら、ひとつの時代の間に何度も繰り返されて表現された同一の場面のさまざまな解釈の違いは、知的価値感の進展を知る鍵ともなる。したがって、同時代のさまざまなテーマを図像学的に研究することによって、知的発展段階がさまざまな角度から同じように説明され、さまざまな題材に現われている同じ推進力が見出されるという同じ結果が導かれることになるであろう。

これまでのところ、建築史ではこの分野に関してほとんど何もなされていないといってよいが、おそらくそれは、困難が大であるのはまさしくこの分野であるというためであろう。建物は物理的にも化学的にも絵画よりは長く持つかもしれないが、生きた芸術作品として存在しうる寿命はずっと短いのである。

一七五三年に宮廷の人々で埋められたミュンヘンの邸館《レジデンツ》の劇場は、今日あるその劇場と同じものではないといったいい方はよく聞かれる。つまり人々も建築の一部だということである。この事実はまた建築を絵画と彫刻の両方から区別するものである。というのは、われわれは建物の前に立つのではなく建物に囲まれるのであるからである。建築と人間は相互に働きかける。ミュンヘンの邸館《レジデンツ》の劇場における一般的な用途は少なくとも同一のままであり、今でも定常的に劇場として使われている。しかしケンプトンの尼僧院は今では裁判所になっている。実際の裁判は今では王侯の間《フュルステン・ザール》（一七四〇年頃）で行なわれ、そのために必要な造作は後に備えられている。エルバッハの尼僧院は刑務所になっている。しかし、たとえ一八世紀の宮殿がその当時の造作の一部あるいはすべてを保持したまま残り、観光客がそれらの部屋を巡ることができたとしても、それはやはり形骸にすぎない。そのような宮殿は完全なものではない。なぜなら、もはや祝宴もそこでは行なわれないのであるからである。そこにはもはや、お仕着せを着けた召使いを伴って軽やかに馬車で入口まで乗りつけ、庭園に仕掛けられた見事な花火の夜を楽しんだ後の、ほろ酔い気分の聴衆を前に上演される芝居もなければバレーもない。こうした宮殿を統合するのに必要なひとつの要素は、フランス革命によって永久に破壊されてしまった。絵画の場合なら、その中に人物は常に存在し続けるのであるから、読みとりがなされることによって再び生命を取り戻すことも可能である。建物はその中で行なわれた生活が消えてしまうと同時に死んでしまう。たとえかつてそこに属していた人々の習慣をよく知ることができたとしても——。

それにもかかわらず、消失した生活の痕跡は、空間の形態に目的が反映されている程度に応じて、建物の背後に残存する。ここでいう目的とはごく一般的な意味であって特殊な場合は含まない。こうした祝宴の席でどんなお世辞が使われ、人々はどんな風に笑いあるいは嘘をついたかといったことは、建築に影響を及ぼすことのない瑣事であるから、知る必要はない。もっと重要なのは、こうした祝宴がそのパトロンの生活の中で占める意味であり、芸術的に装飾された儀式室《ステート・ルーム》がいかに他の日常作業の部屋を圧倒しているかということである。こうした祝宴の次第について詳細に知ることは宮殿を見る眼を深めるであろうが、それは戦争の仕方について理解することが中世の城を見る眼を深めるのと同じである。われわれが知るべきことは、ある社会がどのように楽しんだかということである。騎馬試合は勝ち抜きが好まれたのかそれとも環状の闘いが好まれたのか、宮廷には道化師やこびとが含まれていたのか、音楽や舞踊の方がおしゃべりやトランプ遊びより一般的だったのか、人々はどのように食事をしたのかといったことである。こうした生活の種々の側面が建物のプログラムの一部を形成し、またまさしく各々が享受する意義によってプログラムは修正されるのである。

それゆえ、建物のプログラムの歴史は文化史の一部をなすものであり、もちろん私自身は文化史の研究のある部分に関心を払っているにすぎないが、この分野での研究がもっと進んでいたなら、私の仕事もずっとやりやすかったことであろう。この二つの分野の間に関連があることは以前から認められてはいたが、その関係の性質について論じられてきたにすぎない。ある時代の美術の発展を論じる際に、その大雑把な背景として文化の像を描いてみせることがかつては慣例であった。しかしこの方法の欠陥は、美術史の発展に何の影響も与えなかったことまで時代背景にはたくさん含まれるし、逆に重要な要素が欠けてしまったり鋭く描き出されなかったりすることが多いということであった。芸術と生活の間の架け橋は見つからないままであった。ところがこの橋とは、建物のプログラム、すなわち一般的な目的に他ならず、そのために文化的なイメージから始めること、すなわち生活のあらゆる側面に無数の橋を架けることから出発するのがむずかしかったのである。反対側からたどればもっと簡単なのである。われわれは美術そのものから出発し、その中で文明一般と結びつけている糸を探し出さなければならない。文化史とは公的生活や私的生活のデータをただ集積しただけのものとして理解されることがあってはならないのである。むしろ、それは社会的表現の変化を含む思想を中心にして、それらのデータを整理したものなのである。

広範に歴史的文化的背景を把えることによって時代の雰囲気というもの、芸術をすら染めてしまう全体に浸み透った色あいが探り出せることも確かである。ところがこの色あいがはっきりと見出せるのは美術の分野を措いて他にないので、美術史はこうした時代背景についての叙述なしでもすんでしまうのである。

そうした理由で、この章では一五世紀から一九世紀までの文化史について書く必要がないことは明らかである。ここでのわたしの仕事はただ、死んでしまった空間形態を当時の生活パターンに結びつけるほんの少数のしかし最も重要な橋を見出し、おのおのの段階で生活のパターンが根本的に異なっていたことを示すことである。

だが、わたしはまだ問題の核心に達していない。もし目的というものが、建物のプログラムにおいて空間決定要素として存在する限りにおいて、建築の精神的核心をなすものであり、建築と文化一般（建築はその多様な面の一部をなすにすぎない）を結びつける橋を形成するものであるなら、目的の歴史とは文化史の一部を横切る縦断面であり、しかもそれは中心軸に沿ってではなく、いうなれば側廊に沿って切った断面であるといえよう。しかし、この種の歴史は、美術史に関する知識よりはむしろ文化史に関する知識を富ませる方が常である。この縦断面が美術の発展段階についての説明を提供することもあり得ようが、それはただこの縦断面によって、建物のプログラムの全過程にわたって、たとえ細部ではどうであろうと、美術との定常的で本質的な関係が表現されている場合のことである。どんな建物でも、たとえ芸術的な気負いなしに作られたものであろうと、そのプログラムは文化史の資料たりうる。こうして建物のプログラムに基礎を与える第二の高次の要素が存在することがわかるが、それはブルクハルト（建築の分野）とヴェルフリン（絵画と彫刻の分野）が意図と呼んだものに近似している。建物のプログラムを決定し、それゆえ空間形態を決定するのは、目的の持つ実際的で物質的な確実さであるが、意図があってこそ初めて目的に芸術的性格が与えられるのである。

この章では、目的意図の歴史について論じようと思う。その問題については明確に述べられるが、それ以上のことはあまり期待できそうにない。実際にはまだ必要な下調べは残っているのだが、それをしていたらこの本の完成も何年か遅れたことであろう。

第一段階（一四二〇年〜一五五〇年）

(1) 栄光への渇望

リミニの領主ジギスモンド・マラテスタは「自分自身と美しいイゾッタの栄誉のために」サン・フランチェスコの教会堂[図180]を建てさせた。ピッポ・スパーノはフィレンツェのサンタ・マリア・デリ・アンジェリ教会堂[図7]を寄進したが、それは「故郷への帰省に際して記念となる建物と記念碑があることを望んだ」からである。法皇ニコラス五世を建築事業熱に駆り立てた動機の中には「教皇の座の名誉と栄光、キリスト教的献身の促進、そしてその卓越した栄光を不滅の建物を通して保存すること」というものがあった。ニコラスは彼の遺言の中では、もちろんまったく違ったことをいっている。「私たちは野心だとか、壮麗さへの好みだとか、栄光へのむなしい渇望だとか、自分の名前を不滅にしたいという尋常でない欲望のために、これらの建物の建設を始めたのではない。」彼は自分の事業に対して沸きあがった非難に明らかに言及しているのである。そしてわれわれは、続いて彼がこれらの事業は大いなる栄光のもとに（in maiorem gloriam）始められたのだと言うかと期待するが、そうではなくて、これらは「キリスト教世界全体を通じて教皇の座の評判を高めるためのものであり、これ以後の教皇がもはや追放されたり、捕囚されたり、包囲されたり、少なくとも抑圧されたりすることのないように」という意味でなされたと彼はつけ加えるのである。これに似た言辞は第一段階のものでは非常に数多く残されており、また建物自体による証言もこれを補足している。教会堂の中に並ぶ礼拝堂《チャペル》の寄贈者たちは互いに競ってその礼拝堂《チャペル》を飾り立て、そのために莫大な費用がかさむのも惜しまず、紋章や肖像を並べることによって同市の市民たちが何世代にもわたって自分達の家名を覚えてくれるように仕向けたものである。しかし、こうした慣習から見てこれらの人々が不敬の市民であったと結論してはならない。彼らは自分たち自身のためにこれらの記念碑を打ち立てたのではあるが、それがはっきりしたやり方で行なわれていないのは、彼らが教会堂の枠内に依然としてとどまっていたからである。彼らは芸術的に最も完璧と思われるものによって神の栄誉をたたえ、自分達自身を目立つようにその近くに置いたのである。すなわち栄光に対する個人的な渇望と宗教的救済に対する関心は対等のものだったのである。

(2) 芸術的関心に対する宗教的関心の従属

この期においては、意図はしばしば宗教的儀式の要求に対する軽視として現われる。完全に発達した中心型平面の教会堂は主空間の中心に祭壇がくることを要求する。もし祭壇が壁の前まで押しやられるようなことがあれば、ブラマンテのテンピエット[図159]もそうであるが、空間の意味と形態が完全には一致しないことになる。テンピエットの場合には、聖ペテロが殉教した地点が焦点となっている。それゆえ、地下祭室《クリプト》を眺めるための床に開けられた円形の格子窓もまた精神的な中心となっている。ヴァティカンのサン・ピエトロ大聖堂はこの聖人の墓のある場所を示している。地下祭室《クリプト》に降りて行く階段が焦点であり、中央祭壇はその背後に置かれている。このようにしてこの聖堂の祭壇は独立して立つことになる。この祭壇の配置はカトリックの儀式には適合していない。というのはミサをとり行なう司祭の動作というものは、はっきりと規定されていて、ある時は祭壇の方向を向いて行ない、その他は会衆に向かって行なうことになっているからである。会衆は祭壇に対して一方の側にだけいるべきであり、これを取り巻くようなことがあってはならない。にもかかわらず、様式史のこの段階に現われた建築家たちは、たとえ聖歌隊席まである長堂形式の教会堂の場合であっても、断固として独立に立つ祭壇を作った。交叉部に架かるドームの真下の中心点が、純粋に美学的理由から、祭壇を置く最適の場所と考えられたのである。フィレンツェの大聖堂とサント・スピリト教会堂もこの例にあたる。一部は祭壇の上部構造のために、一部は柵のために生まれた見にくさに会衆は満足せねばならなかったのである。註2

しかし中心型の教会堂などで中心には何も置かれず、周囲のニッチの奥にそれぞれひとつずつ祭壇が置かれるような場合には、最も厳かな儀式を行なう時のための大祭壇をいかにして十分に強調したらよいかという問題が起こる。というのは四周がすべて同等の関係にあるため、空間としてのアクセントがないままだからである。洗礼堂や記念堂を除いて、カトリシズムには中心型平面の教会堂を受け入れる場所はなかった。洗礼堂はもはや建てられることはなく、記念堂もきわめて稀れであった。にもかかわらず、空間付加の原理からの発展の結果として中心型平面の教会堂に対する好みは、第一段階の特徴なのである。かくして、中心型の聖器室、礼拝堂《チャペル》、教区教会堂などが建てられ、この段階は芸術上の理想を満足させるためには儀式上の実際的要求などはいつでも無視する用意があったということを証明しているのである。

聖餐の儀式は寛大に取り扱われ、確かにその際の神聖さは、それを包む建物の完璧さによっ

註2　ヴァティカンにあるラファエロの壁画「ボルセナのミサ」の中で祭壇の背後に半円形の柵が描かれているのも同様の例である。こうした配置方法がアルベルティに祭壇を多用するのは誤まりであると考えさせるに至ったのではないかと思われる（「建築十書」Ⅶ、13）。アルベルティはただひとつの祭壇を聖歌隊席の前に置くのが自分の好みだと断言している。

て確かに増大させられたといえようが、この完璧さは実はキリスト教の信仰とは直接関係のないものである。教会の中で讃えられ、聖餐の秘蹟のパンとなって多数の信者に分け与えられるのは、もちろんキリストに違いないが、空間の付加や力の放射、ひとつのイメージの概念などによって生み出される完全なる独立という感情は、罪と救済という思想には反するのである。

これらの教会堂で行なわれているのはキリスト教の儀式であることは確かだが、それは何か別の種類の神のための儀式の場所のように見え、またそこに別な神性——例えばエピクロス的な神性とか、絶対的完全主義の理想とかいったもの——が潜んでいるようにみえる。これらの教会堂は古代の神殿に似てはいないし、古代の人々もこれらの教会堂を彼らの儀式のために用いることは容易ではないと考えることであろう。そこで、第一段階のもつ異教性もまだどちらかといえば相対的なものであることがわかる。[註3] キリスト教は依然として大多数の人々の間で本質的な力を保っていた。教会堂は不変のカトリックの儀式のための型の定まった劇場であらねばならなかった。しかしながら、その最奥の内容を真に譲り渡すこと——古代の精神に近づくこと——は、人文主義運動に源を発するものであって、それはかなりの程度に、教会の高位高官や世俗の権力者たちをその保護者《パトロン》にいただくサークルの中の宗教観を変化させることになったのである。

建築は人文主義の細かい側面、その文法的な典雅さ、その正確な言語教法や古代に関する知識、あるいは嫉妬深い言語学者たちの激しい論争、といったものを反映してはいない。それが反映しているのは古代人の自由主義ととらわれることのない精神とであり、それらは古代の著述家たちからルネサンスの人文主義者たちに向けて発せられた科学、倫理学、宗教のあらゆる問題の中に、決してはっきりとは述べられていないがいたる所にほのめかされているものであ

註3　ルードヴィッヒ・フォン・パストールはその著（Geschichteder Päpste, Freiburg im Breisgau, Herder, 1901, I^3, pp.15ff.）の中で、「快楽主義的疑似ルネサンス」と真のキリスト教的ルネサンス」の違いを指摘しているが、それは支持しかねる曲解である。彼が快楽主義的でにせものと考えたものこそルネサンスそのものであり、彼が真のキリスト教的ルネサンスと呼んだものは、現在の慣習では、宗教改革と反宗教改革という二重の意味を持った「改革」という言葉で言い表わされるものである。深い宗教的な性格を持ったもの（例えばサヴォナローラの改革のような）が孤立的に現われても、パストールの定義をそのまま続けるなら、「快楽主義的ルネサンス」の時代には効果をあげることはなかった。一六世紀の後半になって初めて、キリスト教の絶対的優位と、宗教的関心に対する芸術の従属とを産み出すことになる反応が一般的に現われるのである。

って、教儀や秘蹟に無批判に従うことから人々を解き放つ役目を果たした。人文主義の生きた理想を通して古代風の自由主義はより広く人々の間に広まったのである。

おそらく徹底した異教主義はきわめて稀れであろうが、徹底したキリスト教主義もまた同じくらい稀れであり、両方の文化の混合状態が百千の多様な形で現われるのである。古代の思想にもとづいた自由主義は、社会の支配的階級の間に優勢となる。確かに、アルベルティ、レオナルド、ブラマンテは教会堂の設計をしており、カトリックの儀式に考慮を払ったには違いないが、それでも彼らはそれが自分たちの理想形態に適合することを求め、それを非キリスト教的な建築の概念に従属させたのである。これらの建物の宗教的な備品の数々をとり入れたのは、キリスト教がいまだに大衆の間で優勢であることに対する譲歩であった。人文主義者がその中にプラトン的な理想の存在を感じとり、同時に信仰深い人々はその中で秘蹟を受ける、そうした教会堂とは、人文主義者たちの側における古代の自由主義と、大衆の側におけるキリスト教への従属が併存しあった結果であった。これは少しも驚くべきことではない。というのは信仰深い人々が人文主義と関わることはよくあったからである。こうした個人の中での結合が建築に投影されているのである。

それゆえ、第一段階の宗教建築は、あらゆる儀式が行なえる余地を持つということがいえる。すなわちその空間形態は、宗教的用途以外の目的に用いることが考え難いという限りにおいて、目的によって決定されているということ、そしてそれは集会や大衆のための祝祭の催しなどのための場所として考えられたものではない、ということはいえる。ところが、儀式の持つ意味は非常に深く人文主義思想に影響されており、その結果、目的と関わりのない調和とか芸術的完全さとかといったものを至高の価値とする異教的精神の方が、キリスト教側の要求よりもはるかに強力に教会の形態を決定することになる。[註4] このように宗教的関心が芸術のそれに従属しているという事実は、この時期の人々が、あらゆる才能の調和ある表現にあこがれるあまり、知的生活の中では宗教をまっ先に持ってくることをせず、同じくらい重要な多くの側面のひとつとして考えていたことを示している。

註4〔中心型教会の意味についてここで述べられていることと反対の解釈を知るには、ルドルフ・ウィコットコウアーの「ヒューマニズム建築の源流」(中森義宗訳、彰国社、原題 :Architectural Principles in the Age of Humanism,3rd ed.revised;London,Tirant,1962)を参照されたい。〕

(3) 宗教建築における目的の同等性

ここで純粋に芸術的な関心と宗教的関心の重要性の均衡の問題をしばらく措くとして、第一段階の教会堂における儀式的な決定因と他の段階あるいは他の時点でのそれとを比較してみると、第一段階においては、どれかひとつの宗教儀式とか何か特別な機能が特に支配的ではないことがわかる。

聖職者に可視的に卓越した位置が与えられているとはいえない。教会堂の中に聖職者のための特別な場所が設けてあり、俗信徒とは別に、(中世の時と同じく) 特別な座席があることはその通りであるが、聖歌隊席はまだ他の袖廊などよりとくに強調されてはいない。教会堂が説教の重要性をまず第一に考慮して作られているともいえない。この時代は音響効果のことなどはかえりみず、ひたすら大規模な空間を理想としたのであった。また、その空間の規模というものも会衆の数の多さによって決められたともいえない。押し寄せる巡礼の群が、ヴァティカンのサン・ピエトロ大聖堂の建物に確かに影響してはいるであろうが、その巨大さはそれ自身の美学的意味を有しており、それが実際上の目的を凌駕している。またサン・ピエトロ大聖堂は宗教的行列のための教会堂であるともいえない。その空間形態は最も厳粛な儀式の瞬間によって決定されているのではないからである。

全体としては儀式は二次的であり、その個々の現われ方はすべて互いに同等である。これらの目的の空間形態における役割は、教会堂の本質的な目的は何か別のものであるという事実を示している。教会堂は神の家であり、神の玉座であるが、神の聴衆のためのホールではないのである。聖職者も俗信徒も共にそこでは来客にすぎない。それらは実際余計なものであり、少なくとも重要なものではない。というのは、この家の中で玉座に納まっている至高の、完全な独立した存在は、参拝にくる群衆によってわずらわされはしないからである。神聖な儀式がそこで行なわれようと行なわれまいと、彼は存在している。彼は、至高の自由を得んとして彼にすがる何者も必要としないほどに自立している。人と神とは別個の力として互いに対峙しあっているのである。

そこで要約として、第一段階はいかなる個々の儀式機能も宗教建築の中で決定的な位置を占めることが許されなかったということができよう。内奥において孤高に永遠に住み続ける存在の前では、それらの儀式は基本的には無意味であるがゆえに、それらはほとんど重要さをもたない。教会堂の建てられる目的は神に対する記念碑たることであるが、神自身がそれを建てるのではない限り、それはひとりないし複数の寄進者の記念碑ということになる。これは、中世的な考えに従えばおそらく救済の恩恵を求めてということになろうが、彼らにとっては世俗の栄光の方が絶対的に第一の重要さをもつのである。

(4) 世俗建築における目的の同等性

註5 〔バルダッサーレ・カスティリオーネの「宮廷人」（Baldassare Castiglione, "Il Cortegiano"）は一五一〇年頃から書き始められ、一五二八年に第一版が出版された。英訳として手頃なのは Charles S.Singleton による "The Book of the Courtier," New York, Doubleday, 1959 である。〕

図242　パラッツォ・メディチ中庭、フィレンツェ、一四四四年。

世俗建築においては、中庭、廊下、階段といったものが主要な動線を生みだす。その唯一の目的は、家の主人やその家族、使用人、そしてその客人といった人々の私的な生活の場所である個々の部屋を結合することである。例えばフィレンツェのパラッツォ・メディチ[図165,191,242]をとりあげて、各部屋の用途を問うてみると、ここでもまた種々の目的の間に明快な同等関係があることがわかる。この邸館《パラッツォ》にあるのは、個人的な居室、主人が事務を執り行なう部屋、客室、家事室、厩舎、貯蔵室、使用人用諸室、それに付属礼拝堂《チャペル》などである。一階は防御の体制がとれるように計画されている。しかしこれらの目的のどのひとつが支配的であるというわけではない。不安定な政治情勢や引き続く他の家柄との不和のために、防御の体制をとれるようにすることは絶対的に必要ではあったが、それでもこの邸館《パラッツォ》は砦ではない。この家は人を暖かく迎え入れる。それは富を見せびらかして人の眼を見はらせるために作られたのではない。家族の個室さえ美術的には何の強調も施されていない。個々の目的はことごとく、主要な目的をめぐるいくつかの同等な側面にすぎないように見える。この建物はその主人の生活を複雑なままに均等に吸収せんとして意図されており、建物の中に実際に反映されている人間性の種々の面に即して見る限り、こうした個々の目的の同等性を均整のとれた人間性の発達に対する願望の現われとして見ることを妨げるものは何もない。

物質的および知的洗練の複合と調和は、支配階級の理想とするところであるが、これはどんな住宅にもそのまま表現することはできず、『宮廷人』[註5]の舞台となった館にすら見出すことはできない。この本が宮殿を代表するものではないが、にもかかわらず宮殿とは『宮廷人』の中で言葉の上で述べられているような理想の生活を求めた結果なのである。宮殿の中の部屋はすべて同等に連続的に用いられる。個々の部屋の目的はその住人の実際の活動に対応するもので、その単なる形ではなく、生活の現実が最も重要なのである。芸術は生活のあらゆる側面を高めているが、それはちょうどこの館の君主がその独立した個性や、さまざまに発揮される自身の才能や、その偉大な能力によって、自分自身が高められていると感じるのに似ている。芸術と生活があらゆる前面に進出し、個性がある種の明快さや円熟味を獲得するように、建物もその威厳を獲得し、あたかも誇り高き持ち主が何の隠すべき所ももたないと同時に何ら強調すべき所ももたないといった風である。彼は自分自身の存在のあらゆる側面を等しく維持する方法を心得ており、それで自身のすべてをさらけだすのである。

ひとつの住宅とは、その持ち主の才能のすべてを文字通り表現するものではなく、全体として調和それ自身のための調和に対する彼の憧憬の記念碑なのである。その家の主人にとって、個々の目的はことごとく等しい重要性を持つものであり、それはただ彼にとってのみ重要なのである。彼はよそから来たものに感銘を与えようという望みなどもたない。彼は外から来た人々に個々の目的の完成度によって感銘を与えるが、それらを完全にする理由は自分たちのため、いうなれば家庭内の必要のためなのである。第一段階の宮殿がことごとく何かしら高貴で毅然とした雰囲気をそなえているということは、それだけそれらが他のことなど念頭にないということなのである。それらは独り言をつぶやいているだけで、劇的なところがなく、同じように独立した個々のものに完全に分解した世界の中でそのひとつの独立した個として立っているということを示している。

宮殿とは権力、富、趣味、能力、洗練された生活といったものを記念するものである。要するにそれらはその持ち主の栄光、彼が自分で勝ちとった栄光を記念するものなのである。宮殿は栄光に付随する結果であって、栄光を捻出しようとする見栄で建てられるものでも、あるいは単に生活の中の特に気に入った側面ばかりを強調することによって建てられるものでもない。

この意味で第一段階はその目的の正当性によって特徴づけられる。この段階の芸術保護者《パトロン》たちは、敵対者たちとの政争の中では裏切り者であったかもしれぬ。彼らは自惚れも強かったかもしれないが、全体としてつまらない男たちではなかった。彼らは他人の証言などなくても自分の価値を感じとっており、自分自身に忠実であり、自分の演じた役割を実際に生きていたのであった。

(5)求心的に把えられた目的

第一段階の宗教建築と同様、世俗建築においても目的はすべて同等関係にあった。建物はその所有者の独立した個性を記念するものであって、その内に統合されている目的はすべて彼ひとりに結びつけられている。これらの目的は求心的に把えられる。すなわちそれらは、外界から完全に独立したものとして自己の存在を形作ろうとする知的な核の周囲をとりまいているのである。

わたしがここでいおうとしているのは、空間形態の幾何学的孤立性や、力の中心としての物体形態の物理的自由のことではない。わたしは知的自由について語っているのである。この自由とは、空間や量塊《マッス》の独立性に対応するものであって、比喩的には適用できるものだが、しかし二つの概念は同等ではない。目的それ自身のために考えられた目的のみが、その建物を他の知的世界から知的に切り離すのである。

そこで、今のところ、第一段階における目的は求心的に把えられたものであるということができよう。

第二段階（一五五〇年～一七〇〇年）

現時点では、目的の歴史における第一段階と第二段階の間の時間的境界を正確に決定することは不可能である。というのは直接感覚で知覚できないこの分野においては、まだ予備研究があまりにも少ないからである。それゆえ、ここでわたしが述べることは完全性を主張するものでは少しもない。わたしが与えるのは、問題に対するいくつかの仮定的なヒントと、ごく一般的な解にすぎない。

(1) イエズス会

まず第一に、個人的な栄光に対する芸術保護者《パトロン》たちの態度に変化があったと認めることはできそうにない。枢機卿アレッサンドロ・ファルネーゼはローマのイル・ジェズ教会堂図214のファサードのフリーズにはっきりと目立つように自分の名前を記させたし、法皇たちも、他の芸術保《パトロ》護《ン》者たちと同様に、建物にはことごとく自家の紋章を付し、あるいは碑銘を彫らせることによって、地上であずかっている不滅の栄誉を確かなものにしようとしたのであった。ユリウスⅡ世ほどに大きな墓を計画した法皇はその後現われなかったことは確かであるが、だからといってこれ以後の法皇の墓に記念性の衰退を読みとることはできない。墓に施されている碑銘や寓意像に、態度の変化が現われているかどうかを決定するには、特別の研究が必要であろう。栄光に対する渇望が依然として大きな建築計画案を支える主要な動機であることに変わりはないが、それでもこの段階では、それまでの教会には見られなかったような宗教性の強調を感じとることができる。ブルクハルトによれば[註6]、

反宗教改革は一六世紀の中頃に教会建築に新たな刺激をもたらした。あまり言われてはいないが、重要な新しい教会がただちに出現した。それよりほんの少し前に（一五四〇年頃）セルリオはその建築書の第五書の中で教会建築に対する関心の喪失を嘆いていた。一五六三年以降、すなわちトレント宗教会議の結論が公けにされた後、建設量の増加には特に著しいものがある。アルメニーニはその著（「絵画の真の法則」、ラヴェンナ、一五八七年一九頁）の中で、「キリスト教世界の到る所で、人々は互いに美しく金のかかった聖堂やら、礼拝堂やら、修道院やらを競って建てている」と述べている。

しかし、トレントの宗教会議は何の新しい規則も生まなかった。まったくのところ、宗教建築に関しては何の新しい規則も生まなかった[註7]。

イエズス会士たちは、トレントの宗教会議では決定的な発言権を握っていたが、まだその時、彼らは建築には関心を抱いていなかった。彼らにはそれよりもまず他にたくさんの関心事があった。すなわち本国および外国における伝道活動、説教、告解の効力や道徳講話に関する規則、教示、修道会の法外な特権の獲得、修道会そのものの確立、拡大、運営、といった問題がそれであった。彼らは常に動き回っており、説教は街角で行なった。特に最初の頃はそうであった。彼らはどこに出かけようと、その土地の教区教会や他の修道会の教会を利用したのであった。

註6　J.Burckhardt, "Geschichte der Renaissance in Italien", Esslingen, Neff, 1924, p.13.（邦訳には「ルネサンスの文化」間崎万里訳、泰西名著歴史叢書第四巻、大正一四年、があるが、現在は入手不可能と思われる。ブルクハルト自身がこの本の内容をさらに充実させてまとめた「イタリア・ルネサンスの文化」は、中央公論社刊・世界の名著第45巻、昭和41年版、に柴田治三郎訳で納められている。）

註7　シャルル・ドゥジョブ、「トレント公会議がカトリックの人々の文学と美術に与えた影響について」（Charles Dejob, 《De l'influence du Concile de Trent sur la Littérature et les Beaux arts chez les peuples catholiques》, Paris, Thorin, 1884, p.264）：「しかしながらわれわれは、イタリアの聖職者たちが絵画や彫刻の果すべき役割については、かくも明快に自分たちの意見を披瀝しておりながら、宗教建築に関しては何の規定も与えていない、ということに気がつく。」続いて彼は、ここに引用せずにはいられないような意見をつけ加えている。

留意すべきは次のような事実である。教会を建てる建築家が道徳に反するような誤り、言い換えれば教会の装飾を手がける側の画家や彫刻家が陥りがちな教義あるいは歴史に反する誤りを犯すようなことはあり得ないとしても、建物のプロポーションの型の選択は、その趣味意匠と同じほどに宗教的感情を満足

学校を設立するためにある地方に落ち着くような場合でも、彼らは名もない教会の祭壇をどれかひとつ借りるだけであった。聖歌の唱和は、イグナチウス・ロヨラによって禁じられていた。こうしてイエズス会ができてから最初の一〇年間は、その威光にかなった建築に対する関心は彼らには欠けていた。当初の彼らは宗教性にばかり目が向いていたので、芸術は二の次のことでしかなかった。しかしひとたびイエズス会が十分にその体制を整え、個々の建物が建てられ始めるようになると、芸術に対する宗教の優越性が確かに示されるようになるのである。

伝道の対象である個々の人々に対してイエズス会士たちが示した適応力は確かに評価できるものであり、このことが、彼らも美術を目的のために手段として用いたにすぎず、人々を惹きつけるためにのみ建物を美術的に建てたのだと信じさせる結果となった。彼らが本当に美術に対してそういう視点をとったのかどうかはほとんど明証することができない。確実なのは彼らが神の栄光の尊厳において（in maiorem dei gloriam）建てようと意図していたことである。そしてたとえ美術が実際、その美しさと華麗さによって信者たちを動かし、感覚的な陶酔へと誘うために用いられたのであったとしても、それは決して第一段階の時のように自己中心的な目的であったのではなく、信仰的、宗教政治的——とまではいかなかったとしても少なくとも宗教的——目的に付随した目的にすぎなかったのである。栄光に対する渇望がそれ自身消失することがなかったといっても、敬虔さが卓越してきたために、栄光への渇望は背景へと後退したのであった。最終的には、イエズス会はひとつの協会組織を代表するものとなり、個人的な栄光というものはもはやそれが以前に個々の人々に対してもっていたと同じ意味を、集団としてのパトロンに対してもちえなくなるのである。

させねばならないものである。というのは、信仰熱を高めることになるにせよそれをはばむことになるにせよ、まず第一に目にとまるのは、彫像や絵や高価な装飾品などよりもむしろ教会全体の配置形体そのものであるからである。ではなぜ、あるいはフランス、スペイン、ドイツなどを訪れたことがあり、さもなければ少なくともミラノのサンタンブロージォや、ラヴェンナのサンタポリネールや、ヴェネチアのサン・マルコや、フィレンツェの大聖堂に参拝したことがあり、ヴァチカンのサン・ピエトロではミケランジェロとその後継者の業績を多大の関心を抱いてたどったことがあるはずの高位聖職者たちが、信仰心はどの聖堂でも同じようにみなぎっているものではないということに気がついていないように見えるのであろうか。ボローニャのサン・ペトローニオの再建に関する議論でも、人々が語りあったのは美学的な論題ばかりで、宗教的感情についてではなかった。ドメニコ派のイグナチオ・ダンティは当時有数の数学者のひとりであったが、ヴィニョーラの建築書に注釈を加えた。アクィレイアの総大司教の協力者であったダニエレ・バルバロはヴィトルヴィウスの建築十書を翻訳し、注釈を加えた（一五五六年）。彼は透視画法に関する論文も手がけ、それは宗教的な祈りの言葉で始まり、同じく祈りの言葉で終わっていた。しかしこれらのどのひとつをとってみても、ともかく神の家を築く栄誉をになった芸術に技術的規定を与えるという以上の高みにまでは達していない。

こういったところが、このフランスの学者による修辞的で冗長な言い分である。ブルックハルトは簡単に、反宗教改革は教会建築にはほとんど言及することがなかったと述べている。

(2) 宗教的関心に対する芸術的関心の従属

人文主義の理想が反宗教改革の教会中心主義に取って替わられたことは、純粋に美術的な関心よりも儀式に対する関心の方の優勢として教会建築に直接的に反映されている。ローマのイル・ジェズ[図66 67]では、主祭壇はドームの下ではなく、聖歌隊席（内陣）の中に立っている。この他に、袖廊の端や、側祭室にも祭壇は置かれてはいるが、いずれも壁に接して置かれている。ヴァティカンのサン・ピエトロの中心に置かれている天蓋付祭壇《バルダッキー》は一七世紀を通じて例外的な存在であった。この祭壇はすでにその場所に置かれていたからである。空間の中心から祭壇を取り除くことによって長軸型の教会堂が中心型の教会堂よりいっそう一般的になり、中心型教会堂も（まだこれが使われている場合には）周辺に強調が置かれるようになるため、その本質的な性格を失って何かしら特に宗教的なものへと変質させられたのであった。

ミサは再びその完全な意義を取り戻すようになる。祭壇は精神的な中心となり、それをどこに置くかが設計の出発点となってくる。聖職者と俗信徒もそれぞれに強調されるようになる。聖職者席が内陣に置かれるため、内陣が袖廊よりも大きくなってくる。身廊と交叉部は俗信徒のための場所である。ひとつひとつ独立した側祭室群は、ミサを取り行なう司祭が専用の入口を通って隣接する独立した側祭室に移れるように、側祭室は扉で結ばれている。空間は人々の集まる大きなセントラル・ホールと、それを取り巻いて祭壇群が置かれる周辺の側廊とに変容することになる。聖職者と大衆の間の関係が本質的な要素となる。両者の間の親密な関係にもかかわらず、その分離はきわめて明瞭なものとされる。両者はもはや、神の客として多勢の中に等しくひとまとめにされているのではない。そして非聖職者の中でも社会的特権を持つ者たちは、ギャラリーの特別席や、とりわけ内陣のコレッティあるいは仕切り席――聖職者や祭壇に近い席――を占めるようになる。特権的な人々とは、王侯とその随員などで、時には付属の学寮の学生たちもこれに入れられるが、それは彼らが大衆に混じるものではないとされているからである。ギャラリーはイエズス会を初めとする修道派教会では一般的に見られるものである。僧院のこれに隣接した上階に住む僧侶たちは、人に見られたり邪魔されることなく静かな祈りの場所を見出すことができ、年老いて弱くなった僧侶たちも階段を登らずにミサに出席することができるのである。イエズス会には多数の人々が頻繁に告解を受けにやってくるが、ギャラリーは告解室の役も果たしたのであった。

この時代の建築はこのように儀式の意義の増大、聖職者に対する俗信徒の従属、宮廷人の排他性といったものを反映しているのである。

ギャラリーが最初から聖職者や社会的階級の高い人々だけのために設けられたのか、それともその一部がこのように用いられたにすぎないのかはまだ明らかではない。また、ローマのイル・ジェズ[図66・67]の空間形態は、イタリアに原型があるのか、スペインであるのか、王立教会の原《プロト》型《タイプ》はイエズス会の形式から取られたのか、それとも傍系的な現われにすぎないのか、といった問題もまだ解決されていない。しかしながら、われわれは確かに俗信徒が聖職者に徐々に従属していく過程を認めることができる。神は、第一段階の時と同じように、これらの教会の中に住んでいるが、彼の玉座のある部屋は群衆のための会堂にもなったのである。一団の僧侶たちがこれらの聴衆のために仲介の役を忙しく果たし、かくして一般信徒たちは、そして神自身ですら、この聖職者たちに依存した存在となってゆく。聖職者と非聖職者は神の前に共に立っているのではない。聖職者が神と俗信徒の間に立っているのである。

僧侶たちはもはや中世の時代のように隔絶した存在ではない。イエズス会士は、極度の敬虔さによってこの世の罪をあがなうものとは考えられてはいない。彼は俗信徒たちの代理人でも身代りでもなく、彼らの宗教的責務を軽減するものでもない。彼は俗信徒たちの良心を絶えず揺さぶり、それによってすべてのキリスト教徒に、宗教生活により深く入っていこうとする願いを喚起させることをその任務とされているのである。このような聖職者たちは、内陣内の修道僧席に自分たち用の祭壇と共に引きこもってしまったり、内陣仕切りの前に一般信徒用の特別祭壇を設けて自分たちはその奥から出てこないというようなことはしない。この点が、この期の建築と中世の建築の間の違いである。[註8]

近世建築の第二段階は、その建築プログラムをとるにあたってゴシックに逆戻りすることをしない。この二つの時代は共に儀式に重点を置いているという点で関連があり、またその意味で第一段階とは明らかに区別されるが、建築プログラムという本質的な問題において、第二段階はゴシックと異なるのである。聖職者の優位性は中世にも反宗教改革の時代にも共通のものであるが、後者は聖職者をよりいっそう俗信徒に近づけている。このことは告解室の扱い方に建築的に表現されている。何らかの美術的価値を持つ懺悔室で、第一段階までさかのぼる例をわたしは知らない。[註9] 第二段階は、告解室に装飾を施すことによって聖歌隊席と同等の重要性を与えただけでなく、聖歌隊席と同様に教会の空間の中に定位置を与えたのである。それはもはや取りはずしができ、どこにでも置ける家具のようなものではなくなった。今や告解室は教会内部の動線のネットワークのひとつの固定終点となったのである。ミラノにあるイエズス会の教会、サン・フェデーレの告解室群は、その早い例のように思われる。この正確な年代はわからないが、装飾はまさしく一五七〇年頃の彫刻様式に対応している。これらの告解室は空間の

註8　聖職者と一般信徒の間を区切ることに反対の立場をとっていたのは托鉢修団だけであった。彼らは確かに民主的といってよく、ギャラリーも設けてはいなかった。

註9　告解者と聴解僧の間の仕切り格子は、一五一二年のセヴィリア宗教会議のあとになって初めて導入されたものと考えられる(Georg Heckner, "Praktisches Handbuch der kirchlichen Baukunst", Freiburg im Breisgau, Herder, 1886, p.129) 現在の形の告解室はトレント公会議で決議された規定に従っている。

・b軸上に置かれているが、そのためこれらが建築の一部をなしていることはきわめて明瞭であり、これらは建築プログラムの最初からその一部として考えられていたのだ、とみなすことができる。一方、ローマのイル・ジェズ[図66・67]では、告解室は後から置かれた場所、すなわち身廊の両側の対になった付柱の前、および交叉部の付柱の前に、そのまま残っている。

重要性を増してきた告解は、イエズス会の教会に影響を与えたが、同じく重要性を増したはずの説教の方は、それによる変化を感じることができない。第一段階の時点でも説教壇はすでにあり、説教の数が増えてもそれに変化は起こらなかった。しかしイエズス会の教会のホールのような性格は、実際しばしばそうであったように、良い説教空間のための実際的要求と結びついているものであった。

第二段階の教会はミサと告解と説教のための空間である。ここでもこれらの目的は同等関係に置かれているが、それらが重要性を帯びてきたことによって、空間の中に絶えず聖職者や俗信徒が存在することが要求されるようになる。ミサは俗信徒の参加なしには取り行なえないものであるが、明確に規定された告解、聖体拝受、説教などは、神と俗世界との間の関係を強調し、それが空間に二面的な性格を与えることになる。対話が独白に置きかわったのである。祈りとキリスト者的生活とによって感受することのできる慈悲深い神が、自足的なプラトン主義の理想に置き換わったのである。神の人間性に対する関係は隠されてはいない。教会は、この神と人との間の関係が展開する定められた劇場であることを目的とするようになった。この目的は、完全至高の存在をうやまうことによって充足されるものではない。それは、この至高の存在は罪からの救済と引き換えにある行いに従うことを要求するという考えにもとづいている。この意味で、中心的な目的とは神から発する恩恵であり、またこの意味で教会の目的とするものを遠心力的と呼ぶことができよう——もちろんこの言葉を円の接線方向の力という力学的な意味で用いているのではなく、ただ精神的な中心から放射しているものが、それを受け入れる側の行為の中に応答を要求しているということを示すために用いているのである。こうした応答を要求するがゆえに、それは下位のものに従属することになるのである。

(3) プロテスタンティズム

宗教的な事象における意図の変化はこのように空間形態の具体的な変化として認めることができる。同じ頃、プロテスタントの建築に対しては、宗教的な配慮がさらに大きな影響を及ぼすことになる。ここでも宗教建築に実際に影響したのはもろもろの教義だとか理念だとかを伴った神学の発展ではなく、儀式の実際的な要求事項であった。祭壇はただひとつだけであった。儀式の中で説教が占める中心的な位置は、祭壇と説教壇が互いに接近すべきことを意味し、そのため両者は同時に見られる形となった。このことが説教祭壇、すなわち説教壇を背後上部に伴った祭壇を生み出すことになるのである。儀式における音楽の意義は、オルガンを最も重要な備品のひとつにした。それは説教祭壇の上部後方に置かれることが多かった。

ミサは、主としてその説教の長さのために長時間続いたが[註10]、このことは聴衆のための座席の設置をもたらすことになり、それがさらに別の建築的な変化をもたらすことになった。カトリックの教会の中では可能だった自由な動きがここでは不可能となった。人は定刻どおりに到着して、他の聴衆の邪魔にならないようにミサの行なわれている間ずっとそこにいなければならない。座席の間の通路に人が立つと坐っている人から祭壇が見えなくなってしまうので、この

註10　聴衆はその敬虔さのゆえに、たとえあまりおもしろくなくても長い説教によく耐えた。多くの教会では人々の眼をさましておくために、居眠りしている者を棒でつつく役の人を指定していた。

通路は空になっていなければならない。そこで、できる限りたくさんの座席が要求されることになる。聴衆を立たせるより坐らせる方がたくさんの空間を必要とし、しかも通路は説教の間は使われないので、プロテスタントの教会には、同じ大きさのカトリックの教会より、少ない人数しか収容できないことになり、ギャラリーが実際上必要となってくる。ギャラリーは、イエズス派の教会のそれとは違った意味を持っている。プロテスタントの教会でもカトリックの教会でもギャラリーは構造的な必要から生まれたものではない。

プロテスタントの教会の大きさは、最終的には声が普通に届く範囲によって決定された。説教によって空間の最大寸法が固定され、その中に最大限可能な数の席が、説教師も祭壇も等しく見えるように置かれた。当初から現われたこうした実際的な考慮が、プロテスタントの宗教建築に記念性をもたらすことを不可能とはしないまでも制限することとなった。真に創造的な建築家であれば、座席の列でいっぱいになった空間になお荘厳な雰囲気を与えることも可能だったかもしれない。しかし抑制力は、プロテスタンティズムの芸術に対する態度の中に深く潜んでいたのである。

カルヴァン派とツヴィングリ派の人々は絵画、彫刻、装飾を放棄し、カトリックの教会を自分たちの儀式に用いるためそこにあった造作の数々を破壊したのであった。ルター派はそれほど極端ではなかった。しかし、その違いの度合に触れる必要はない。というのは、神聖な儀式における偶像の完全な欠如は、宗教改革側のすべての派に共通しているからである。すなわち、それは決して目に訴えることはない。

個々の人間と彼の神との間にある宗教的関係は直接的なものである。この関係が僧侶の介在を本当には必要としていないのは、プロテスタント信者は聖書を手にしており、自分で聖書を解釈することができるからである。確かに会衆の統合のためには宗教的儀式のために特別に訓練された巧妙な話し手が必要だが、ここでは説教師は再び一般の信徒と同等の位置に置かれている。彼は神の言葉を説くように聴衆から依頼を受けているのであり、自ら会衆に属しており、その声なのである。すべては神の「言葉」をめぐって回転する。カトリシズムでは「言葉」は儀式的身振りと同等であり、可視的なものとなる。プロテスタントの教会では、その儀式は盲目の人々のためといってもよいほどである。ちょうどわれわれが音楽を聴く時それに集中するために目をつぶるように、プロテスタントの儀式においては、より大きい精神の集中が得られるよう気をそらせるようなものはことごとく視界から取り除かれている。神の言葉は説教壇から響いてくるが、そのことは神が説教壇にいることを意味しない。彼は特定の住拠を持たない。彼は人々の心の中に住んでいるのである。心は神の神殿と呼ばれている。このことが教会を無性格な集会の場所にしており、週の他の日には空虚で退屈な存在でしかない、日曜だけの集会場にしていることは明らかである。カトリック教会の厳粛な聖別式は永遠に続いている。神は祈りがささげられていようといまいと教会を満たしている。その荘厳さ、豪華さはことごとく彼をたたえるためにある。神は聖職者たちに属するものでもなく、また信徒たちの共通の財産でもない。ところがプロテスタントの信者は自身の信仰とキリスト者としての行為によって神をあがめる。美術は必要とされない。それは何の目的も果たさない。それはただ邪魔になるばかりか、誤まった方向に導くというのである。

しかしながら、宗教的信仰が受け継がれていく一方で芸術的感覚が、その信仰のいかんにかかわらず、芸術心を持った個人と共に新たに生まれてくる。こうしてプロテスタントでも一六世紀の終りから一七世紀の初めの世代になると、偶像表現の厳しい制限に飽きたらなくなる人々が増え、彼らは精神の儀式の中にも耳にばかりでなく目にも訴えるものを創り出そうと、その権利を追求したのである。彫刻による幻想世界《ファンタジー》が洪水のように墓、碑銘、説教壇、オルガン、祭壇、ギャラリーの手摺、持送りといったものの装飾の中にあふれ出してくる。こうした純粋に想像的な世界がその最大の表現を見出すのは、実にプロテスタントの教会の中なのである。概して空間の形態は建物のプログラムの謹厳な要求に忠実であり、字義どおりに受けとられている。豪華に装飾された造作は空間に結びつけられていない。

福音派の教会堂は全体として芸術的な発展を見せており、例えばヴォルフェンビュッテルのマリーエン教会堂（一六〇四年）などはカトリックの教会堂によく似ている。この派の教会堂はプロテスタント建築の素晴しさを示すものではあるが、その性格を代表するものではない。

プロテスタントの儀式に感覚に訴えるものがまったくないとはいえない。というのは音楽にきわめて重要な役割が与えられているからである。しかし、それはただ感覚のひとつに訴えるにすぎない。なぜなら、視覚は除外されているからだ。この認識が、カトリックの教会に対するわれわれの理解を深めるのに役立つ。感覚に対する十全な訴えかけが、前に述べたような遠心性の目的と両立している。感覚性はカトリックの儀式の本質をなすものであり、この儀式は常に可視的かつ可聴的な進行をとる。これは第一段階の儀式の一部をなすものでもあった。宗教的儀式における芸術的雰囲気は、その焦点が精神的なものに置かれているか感覚的なものに置かれているかによって決定されるのである。カトリックの教会においては、救済の可視的象《シン》徴《ボル》が儀式に決定的に作用する。ここではどんな時にも芸術的な志向が見られるが、他方、プロテスタンティズムの意図は非芸術的なものといえる。

芸術が追放されたのは単純にカトリシズムに対するプロテスタントの反感のためであり、教会の内部からカトリシズムを思い起こさせるようなものはすべてぬぐい去りたいという要求があったためであることは否定できない。しかし、プロテスタンティズムにおける芸術の欠如は、このような消極的な立場だけから説明することはできない。反カトリシズムが何らかの影響を及ぼしたことは確かであっても、その反感は実は芸術の欠如そのものと同じ根までさかのぼる。求められたのは純粋に精神的な宗教であって、その信仰の中に視覚的な要素が実際に見られる場合にも、それは重要なものとは見なされないか、単にカトリックの儀式のなごりであるとされたのである。

(4) カトリックの世俗建築

世俗建築における第二段階での本質的な革新点は、儀礼室《ステート・ルームズ》に並々ならぬ強調が置かれるようになったことである。ローマのパラッツォ・ファルネーゼにも儀礼的な会合のためのメイン・ホールがあり、それはその広さと二階分の高さによって他のどの部屋からも際立っているが、それは建物の片隅に追いやられており、部屋の長辺のひとつと短辺のひとつに窓が開けられている。このホールのもつ異常な位置と高さが、建物の内部の他の同じように並んだ部屋に与えている効果は、想像するほど大きくない。ホールに導く階段も、建物の中央に置かれていないため、われわれに威圧的な空間に近づくのだという気を起こさせない。このホールの大きさと高さはファサードに明らかに現われてはいない。図203

ローマのカンピドリオの丘に立つパラッツォ・デル・セナトーレの中央には大きなホールが

ある。その中央を占める位置からして明らかにそれとわかる儀礼用ホールは、ミケランジェロの原案に、ジャコモ・デルラ・ポルタが一五七三年に変更を加えて生まれたものである。わたしの見る限りでは、この点に関する優先権《プライオリティー》はジュリアーノ・ダ・サンガルロにありそうである。というのは彼は一四八〇年という早い時点で、ロレンツォ豪華侯のためにポッジォ・ア・カイアーノに建てたヴィラ・メディチの中で、ホールを大きさでも形でもその位置でも他のどの部屋にもまして強く印象づけるようにデザインしているからである[註11]。

こうした大ホールはその後のデザインにも時々現われるが、それでパラディオが大いなる規則性をもってそれを再び取りあげるようになるまでは、稀れな例にすぎなかった。パラディオの儀礼室《ステート・ルームズ》は、ヴェネチアによくあるロッジアのついたヴェスティビュールのようなホールを復活させているが、生活の中の儀礼的な側面に強調を置くことの中にわれわれは何かしらヴェネチア独得のものを見ることができる。しかし一六世紀の半ば頃にはエミリア地方のミネルビオにあるパラッツォ・イゾラーニにも、大きな中央ホールがデザインされている。これはヴィニョーラの手によるものであるから、ヴェネチア起源ではありえない。

パラディオの大ホールはヴェスティビュールを通って入るようになっており、客の注意を惹きつける中心となっている（パラッツォ・キエリカーティ[図243]とヴィラ・ロトンダ[図244]など。いずれもヴィチェンツァにある）。それらは後のイタリアの邸宅建築のモデルとなるが、やがてドイツにも同様の部屋を持ったものが見出せるようになる（コンスタン湖近くのシュロス・ハイリゲンベルク〔一五六九年〕およびシュロス・ヴァイケルスハイム〔一五九五年〕）。フランスでは今は壊されてないシャトー・マドリッドだけが同様のホールをもった例であった。フランスは保守的であった。とはいえ、フランス革命で壊されたものが多く、残されたものは未だに十分

註11　サン・ガルロによる八角形の中央ホールを持ったヴィラのデザイン（C.Stegmann and H.von Geymüller,"Der Architektur der Renaissance in Toscana",Munich,Bruckman,1885-1908,V.San Gallo,Fig.15）およびポッジォ・ア・カイアーノのための最初のデザイン（同、Fig.16 ）を見よ。

図243　パラッツォ・キエリカーティ平面、ヴィチェンツァ、一五八〇年。

図244　ヴィラ・ロトンダ、ヴィチェンツァ、一五六七年。

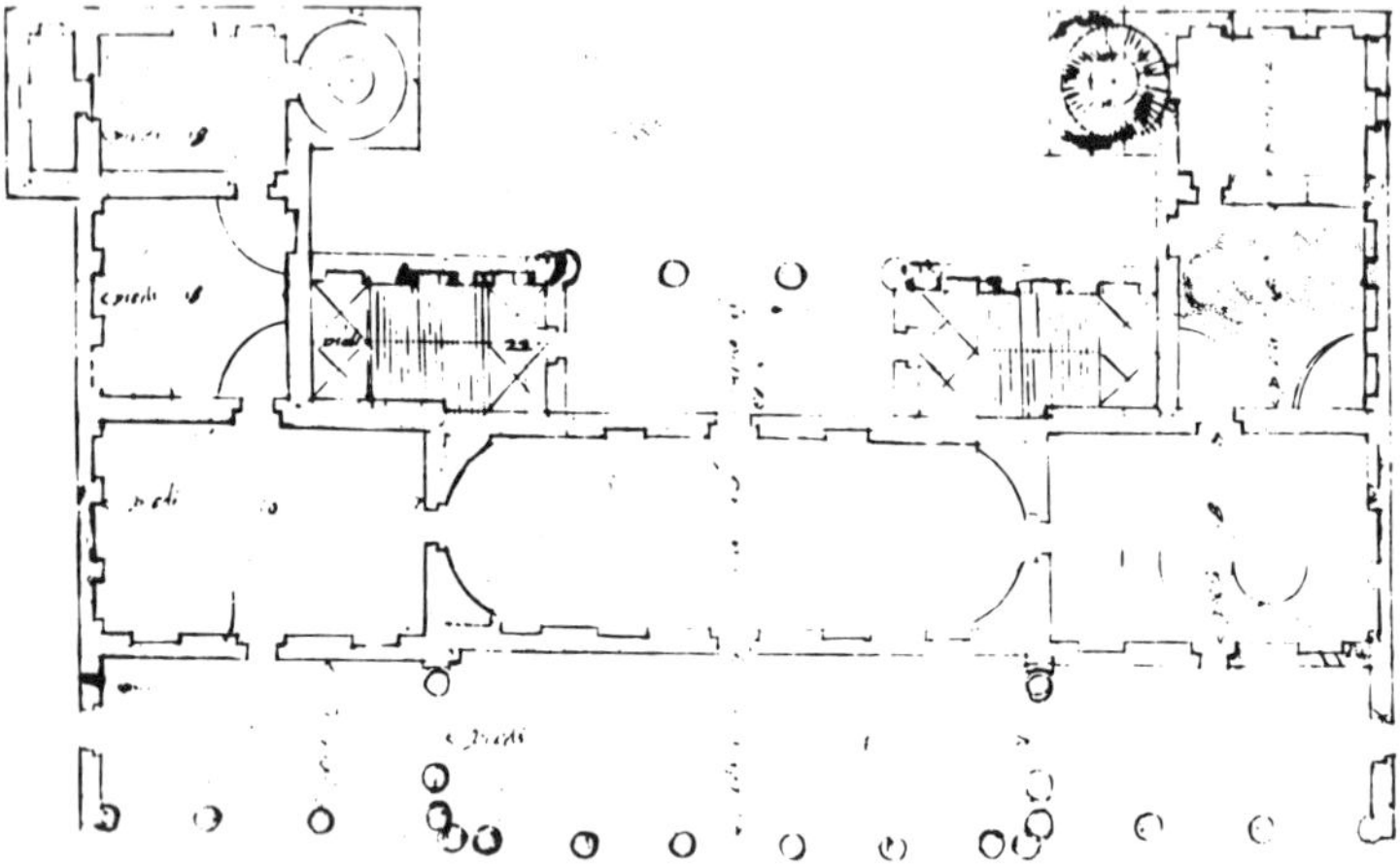

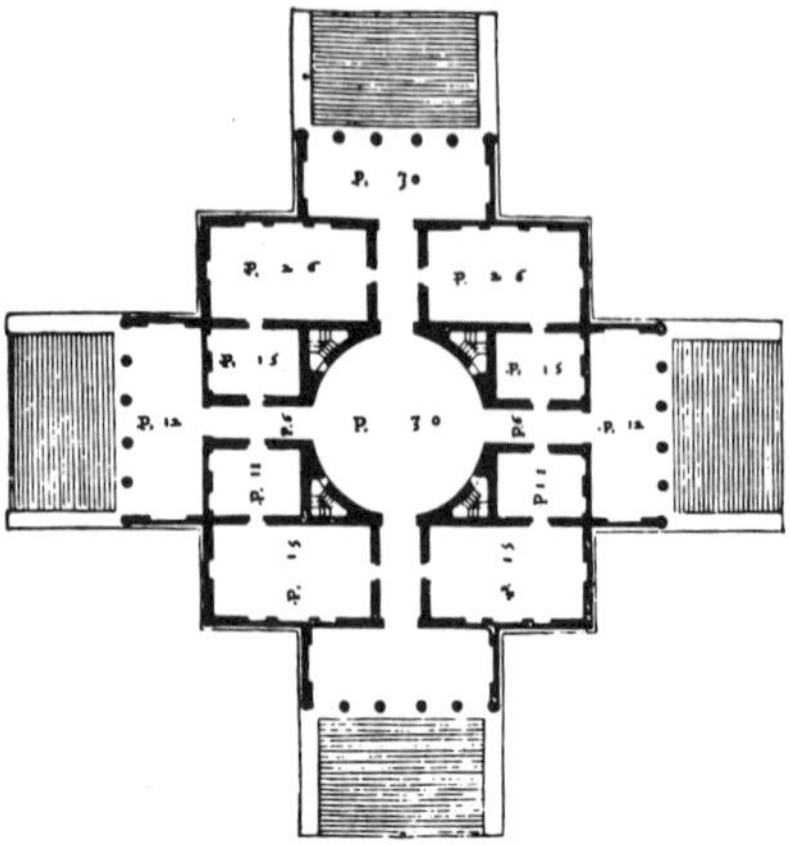

に研究されてはいない。一七世紀の主要な例としては、プラハのワレンシュタイン宮殿の他に、ほぼ同じ頃のローマのパラッツォ・バルベリーニ[図143]があげられる。国による様式の違いにもかかわらず、これらは根本的に同じ意図にもとづいている。

　建物のファサードにおける各階の同等性はいまや古くさいものとなった。主要階《ピアノ・ノビレ》は最大の強調を受け、その上の中二階は分節化されないままに置かれる。地面に接する階とその上の階とが、同じように扱われることは決してなかった。

　巨大オーダーと連続的な階段が第二段階の建物に統一性を生み与えている。しかし、訪問者は建物全体のうちの特定の部分にのみ注意を制限されており、建物の残りの部分は彼には閉ざされている[註12]。建物はその存在のほんの一部を見せるだけである。その家の主人は自分のための舞台装置を用意したようにみえる。彼はもはや彼自身の存在の複雑さ全体の内に見られるのではなく、ただ威圧的で儀礼的な雰囲気の中で見られるのである。彼は最初から多勢の讃嘆者たちのことを計算に入れている。彼は彼らを特定の場所にだけ案内し、その舞台装置の背後で展開される日常生活には、目を向けさせないようにするのである。日常生活に用いられるさまざまな部屋は、目を向ける価値のない付属棟に配置されており、それら付属棟の役割はただ儀礼室群に関心を集中させることにある。館の主は自分自身をすっかりさらけ出してしまうことはないので、彼は人々から特定のひとつの面から見られることとなる。こうして世俗建築における意図も宗教建築の場合と同じであることがわかる。その主要目的は自己充足的ではない。それは自足的とは考えられず、攻撃的ないしは劇的《ドラマチック》と表現できるようなものである。ここでもわたしは、その目的は遠心的だといっておこう。

註12　アンドレア・パラディオ「建築四書」（A.palladio,"I Quattro Libri dell'architettura", venezia,1570,2.Ⅱ）〔アイザック・ウェアによる英訳書より引用、London,1738,p.38〕人間の体には気高く美しい部分もあれば、むしろ恥ずべき不快な部分もあるが、さりとてそれらは非常な必要性に立脚しているのであり、それらがなければ生命が維持され得ないということをわれわれは知っている。それと同じように建物においても重要で立派な部分もあれば優雅とはいえない部分もあるはずである。が、それらなくしては建物は自立した存在であり得ず、結果としてその威厳と美の方まで失ってしまうであろう。しかし、われわれの恵み深き創造主がわれわれの肢体を形成するにあたって、最も美しい部分をよく見る場所に置き、そうでない部分は隠しておかれたように、建物においても、われわれは主だった重要な部分を最もよく見える場所に置き、あまり美しくない部分はできる限り隠れた場所に置くべきなのであって、その中に含まれるのは家の中の不潔な部分すべて、及び何らかの支障を与えるもの、それに最も美しい部分を少しでもけがす恐れのあるものすべてである。

(5) プロテスタントの世俗建築

こうした建築プログラムを支える社会階級は、貴族や王侯たちである。それに対して一般的にプロテスタンティズムは、人間の間により大きな平等をもたらした。その上層階級を構成しているのは神学者、教師、行政官、商人といった人々であり、この階級が、平均的な市民の手の届く範囲を超えるような美術作品を依頼するということはなかった。彼らがどんなにうぬぼれていたとしても、また彼らがどんなにか多くの空しい自慢を本や墓の碑文にさりげなく残していたとしても、その建物に関する限り、彼らは一般市民と同じレベルにとどまった。公共の事柄に関しては、有用性が普遍性という人文主義の理想に置きかわったのであった。

カルヴァンの理想とする共和国では、宗教が生活のあらゆる側面に徹底して浸透しているため、労働と祈りの間の対比、平凡な行為と高揚された精神の間の対比というものは消失してしまう。カルヴァンは実際この共和国を支配したのであったが、自分自身のことはただ町の牧師にすぎないと言っている。教会と学校の間にもほとんど区別は見られない。このような社会組織と生活面での平均化と対比の消失は、建築にも影響を与えることになる。世俗建築は実利主義的なものとなる。ユグノー派の人にはごてごてと映ったものも、ルター派の人には控え目にすぎないものであったが、そのルター派の人々の家にしても記念性に達することはほんの稀でしかなかった。全体としての市民を代表する建物——市庁舎のようなもの——のみが記念的な外貌を保ち、新しい教会をしのいでいることが多い。市庁舎はカトリックの共同体においてより、プロテスタントの共同体（例えばアムステルダム）においての方が、威圧的な効果を呈していることが多いが、それは教会や住宅建築に競争相手となるようなものがないからである。

しかしここにおいても宗教建築の場合と同様に芸術的嗜好は装飾の中に逃げこんでいる。装飾は目的を持たず、そのため宗教的社会的制約から自由であるので、プロテスタントの国々では装飾が芸術的創造性の避難所となったのであった。

このように、芸術を考える際に目的をはずしてしまうことは、ほんの少数の例外を除いて、プロテスタントの宗教建築および世俗建築に共通に見られることである。四つの要素はもはや芸術創造の基礎として同等の役割を果たさない。空間形態においては、カトリックの場合と同様、プロテスタントの教会や世俗建築でも分割への急激な変化を見出すことができた。どちらもその物体形態は第二段階においては力の伝達体となった。しかし光の効果や目的は、ずっと小さな役割しか、あるいはまったく何の役割も、果たさなくなる。照明や採光の扱い方はただ実利的な必要に従っているだけであり[註13]、色彩は積極的な役割を果たさない[註14]。ひとつないし多数の視点からのパースペクティヴを完成しようとする努力は見られない。必然的に建築は部分的芸術といえるようなものとして生み出され、その結果、各々の要素は徐々にそれぞれ別の道を行くようになる。この点において、プロテスタントの建築は一九世紀の建築に結びつく。

⑹ 遠心的に考えられた目的

ここで結論を出すことができるだろう。目的は、プロテスタンティズムにおいては芸術の上で表現を与えられていないが、カトリックの世界では、宗教建築と世俗建築の両者において、初期の求心的な意図から後の遠心的な意図へという変化を受けているのである。

註13　教会の中ではよく聴けるだけでなく、よく見えなければならない（もちろんここでは芸術鑑賞のことを語っているのではない）。教会は会衆が無理なく讃美歌集を読めるくらい明るくあるべきである。ここでもわれわれが思い浮かべるのは、よく引用されるレオンハルト・シュトルムの言葉で、薄暗さ（例えばステンドグラスによる）というものは「献身というより奴隷的な畏怖」をかき立て、「不合理な秘蹟の儀式の進行を助ける」というものである。この観察は一八世紀のものであるが、一七世紀にも確かに受け入れられたことであろう。

註14　その大半は単色的であったようである。

図245　ヴェルサイユのルイ一四世の部屋。

第三段階（一八世紀）

(1) 世俗建築

第三段階の世俗建築における目的を探ることから始めることにしよう。

フランスは一七世紀には保守的であり続けたが、一八世紀にはその指導者となる。ヴェルサイユ宮殿の中央に位置するルイ一四世の寝室の造作は、建築プログラムが今やそれまでになかったほどに個人の生活に重点を置くようになったということを示している。図245 宮廷の全体構成は、いまや使用人の官位別の階級組織となり、それが控えの間やボディガードのための前室（それ以前は衛兵は廊下に立っていた）を生み出した。私室も儀礼室と対等な単位になった。君主の生活は全体として儀式のようなものとなった。少なくとも建築は訪問者にそういう印象を与えるように意図された。膨大な数の部屋が、従者たちすべてと、身分の高い王侯の家族やその客たちを収容するために必要であった。それに従って日常的な用途のための空間の大きさと数もふくれあがった。ヴェルサイユはひとりの男の増大する要求を示している。それはほんの数段階の間に発展したものであった。大増築は早くも一六七〇年から一六八八年という時期に現われている。礼拝堂は一六九九年から一七一〇年にかけて付け加えられた（劇場の方はルイ一五世の時代まで作られなかった）。建築プログラムはここに至って、家族全体、行政、私的生活、大々的な祝祭の催しなどをことごとく、君主を中心に置いて存在する唯一の儀式的な空間に結びつけることになったのであった。一八世紀の宮殿のモデルとなったのは、ヴェルサイユの空間形態というよりはむしろこのプログラムの方であった。完璧な空間形態の例としては、ヴュルツブルクの司教邸図246とブルッフザールの城館《シュロス》図247が挙げられよう。

絶対主義の抬頭と浸透は、第三段階の歴史的前提となった。パトロンは、世俗の君主であろうと、精神界の王侯であろうと、第一段階の時のような全体性を備えた人間ではなかった。彼は快楽と気晴らしの能力、すなわち狩りや遊戯や恋を楽しむ能力を持ちあわせることを期待された。偉大な人物であることは彼の義務ではなかったが、そのように見えることは確かに要求されていた。彼は演じるべきひとつの役を持っていた。その役はルイ一四世が創り出したもので、それを演じる役者はいろいろ変わり、時にはうまく、時にはへたそうだが、一八世紀の間ずっと存在し続けたのである。生活の重みは舞台背景の裏に隠されていた。この偉大なる役者は、彼自身の力において絶対的であるように見えたかもしれないが、実は彼をたたえる観衆に依存しているのである。それというのは、宮廷生活がいかに一般大衆から隔離されていたにせよ、それは国家全体のために行なわれる連続的な儀式として意図されたものであったからである。群がる人々はまるで楽園をかい間見るように荘麗な鋳鉄製の庭園の門ごしに中をのぞくが、この門こそこの関係を象徴するものであると考えられよう。いくつかのサロンそれ自体、および連続する儀礼室群は、それぞれ目的に従って計画されたものである。即位の間の他に舞踊会の間としてなど、荘厳なレセプションに用いられるメイン・ホールは、何も家具を必要としない。特別遊戯室、陶器室、版画室、中国風の部屋などが、愛好家《ディレッタント》のために用意された。庭に面したロング・ギャラリーは食事室に供され、食事のたびにテーブルが据えられ、終わると取

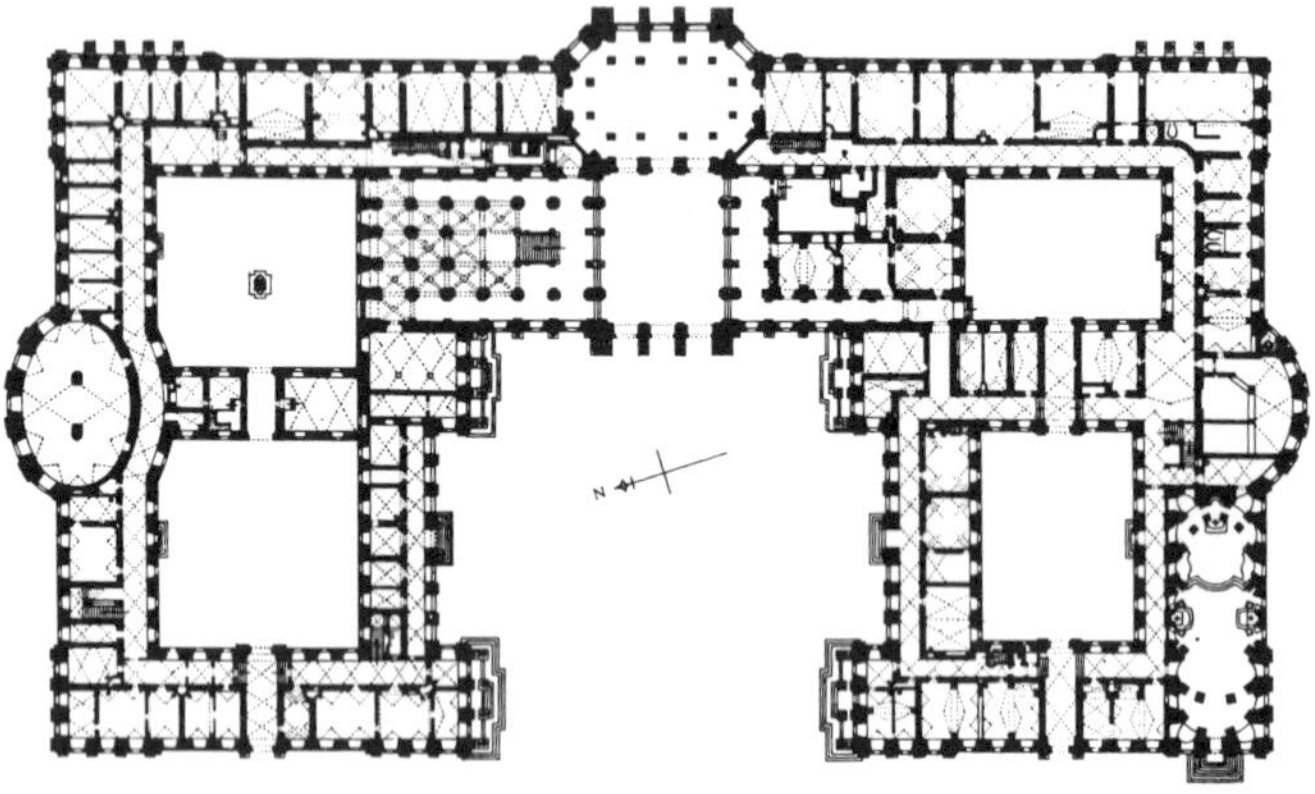

図246　ヴュルツブルクの司教邸平面、一七一九年。

図247　ブルックザールの城館外観、一七二〇年。

り除かれるのであった。庭園には涼しい岩屋《グロット》がなければならなかった。鏡の間は、客たちが自分たちの優雅な動きを観察するとともに、自身もあらゆる方向から見られているのだと知ることを要求した。気どった態度がこうした奇妙にそれにふさわしい部屋を生み出したのであった。ヴュルツブルクの司教邸の鏡の間図240は、この目的を体現した古典的な例で、まさしく無数の像に対する要求と、空間を囲む壁体の堅固な形態をこわしたいという要求とを満たしている。この部屋の中で落ち着いた気分でいられない者は、わたしが遠心的な意図と呼ぶものには自分が向いていないことを理解することであろう。

高度な多様化した一八世紀の文化のうちほんのいくつかの側面だけが建築プログラムに取り込まれた。自然科学や歴史学の発展も、合理主義の浸透も何ら影響を見せていない。ただ社会的理想の概念のみが影響を与えることとなった。生活の中での人間の目的は観察されることであった。鏡は不可欠なものであった。これがこの時期の最も顕著な特徴である。本質的な目的は鏡に映されることであり、見られることであった。この点に関しては、第三段階は第二段階の傾向がその極点に達したものにすぎなかったといえよう。

(2) カトリックの教会堂

宗教建築のどこを探しても、建築プログラムに現われるような儀式的要求の強化を認めることはできない。この時期の修道院付属教会では、僧侶たちは通常ギャラリーではなく、聖歌隊席に陣どった。聖歌隊席は会衆のための空間からは分けられていたが、イエズス派の教会を除けばそれは第二段階でも同様であった。以前の見透しのきかない内陣仕切りは、荘麗な鋳鉄製の仕切りに置きかえられたが[図241]、それは庭園の門にも似たものであった[註15]。これは、特権をもつ人々の人生観に似たものを示している。それは、自分たちの特権が人に気づかれ、あるいは感嘆されたり、うらやまれたりすることを望んでいたのである。儀式的な関心が、純粋に芸術的な関心に対して再び第二次的なものになってきたことは認めなければならないが、それでもここでは第一段階の場合と同様の意図の存在を考えることはできない。

カトリックの教会は、以前と同様なお神の住拠であった。第一段階にあっては、それは変わることのない完全さの理想であった神、足もとで行なわれている礼拝を無関心に許容していた「完全な存在」のために建てられたのであった。それゆえ儀式にとっては可視的な要素の完全さの方が、その適合性より重要なのであった。第三段階ではこうした態度への回帰は見られない。神は一七世紀にそうであったように依然として慈悲深い、至高の救世主であったが、今では王の中の王として王侯のように生きていたのである。彼の家は大きなホールであった。修道院では、生活空間と作業のための部屋はある意味で労働と奉仕の閉じた世界となっており、教会の全体を代表する華やかさをひき立てるものであった。王侯に特徴的な浮揚する精神は、その永続的な可視形態を、装飾の豊かさと自由さの中に最も顕著に見出した。こうした装飾はその世俗性を少しも薄められずに、最も神聖なる聖体を擁する空間に広がっているので、今や神はルイ一四世の模倣者になぞらえられているのだということをわれわれは理解するのである。ルイ一四世はヴェルサイユを建てた。神がそれ以下のものしか持たないはずはなかった。信者たちも実際には決して優雅な婦人室的側面、すなわち教会に現われたぜいたくさと感覚性に異議を唱えたりすることはなかった。これらの教会は王侯にふさわしいような性格のものとして考えられたのであった。最高潮に達した段階での遠心的思考は、かくして間接的に宗教建築に

註15　サン・ガル、アインジーデルン、ツヴィーファルテン、およびアモルバットなどにその例が見られる。

適用されたのであった。これらの教会の中でわれわれが受ける印象は、この慈悲深い至高の存在は、自身を騎士のごとく見られることを望んでいるのであって、彼の富、彼の陽気ではなやかで浮遊的な存在を正しい光のもとに置いてやることが彼にとって最も重要なことだという印象である。このような神の世俗化は、三位一体を表わした彫刻や絵画の中に即座に見てとれる。ダンス教師のように見える聖人たちやコケティッシュな天使たち[図115]もこの考えの延長上に現われたものである。

(3) プロテスタントの教会堂

第三段階のプロテスタントの建築は、芸術的に見るべき教会をほとんど生み出さなかった。ドレスデンのフラウエン・キルヒェ[図127]とハンブルクのミヒャエルス・キルヒェ[図128,129]がその中では確かに最も重要なものである。大多数の教会は実用的な建物にすぎず、そこでは建設費の少なさが致命的な役割を果たしている。ここにも当世風の装飾の侵入が見られ、それは世俗的色あいを意味するが、さらにはカトリック的感情があるとさえいえるものである。プロテスタントの君主の属する教会には、孤立した宮廷用の仕切り席が現われるが、それらは宗教改革の精神には本当に対応するものではなかった。敬虔さは教会建設に力を与えはしなかった。それは個人的な信心と家庭内での礼拝を奨励し、週日《ウィークデー》における宗教的献身を許した。こうして教会での礼拝に対する関心は薄れていったのである。

　プロテスタントの教会建築の歴史の中では、目的の発展に関して第三段階に見分けることは概して不可能である。他の要素は発展の過程をたどったが、目的は芸術創造の一要素としては元のままにとどまったり、あるいは後退したのである。それはあらゆる実用的な建物におけると同様に、ここでは文字通りの意味において存在したにすぎなかった。プロテスタンティズムが神の理解、神の象徴化を困難にした結果、それは芸術から精神的要素をぬぐい去ってしまった。プロテスタントは宗教を完全に精神の領域のものとし、そこから感情を奪い取り、知性も孤立したものとして取り分けてしまったが、まさしくそのために彼らの建築は全体として装飾となり、それゆえ知的なものとの関連を失うにいたったのである。

第四段階（一九世紀）

遠心的な意図はフランス革命の後には影をひそめた。そしてそれ以後は実利的な観点が、目的の歴史を支配することとなった。かつてプロテスタントの教会堂建築について当てはまったことが、今や建築のあらゆる種類に当てはまることになった。近代国家が最も重要なパトロンとなった。新しい目的が抬頭し、それと共に新しい建物の型が生まれた。古い目的は自立的なものとなって独自の発展をたどり、それはその空間形態に表現された。

常設の軍隊の確立、郵便制度や鉄道の発達、病人、狂人、老人のための施設の発展、裁判の分野などに見られるような公共管理の複雑化、初等および中等教育の浸透、公共コレクションの管理、音楽奨励のためのプログラム、——一〇年ごとにこうした発展が、ますます増大する専門化を生み出していった。教会堂はたくさんある建築の種類のひとつにすぎなくなった。教会が流行の方向を定めることはなくなった。しかし同様に他のいかなる世俗の建築も——徐々に一戸建ての家に置きかわるようになったアパート建築でさえ——流行の主流をなすことはなかった。

一九世紀には、目的がきわめて変化に富んだ発展を示すので、対比的にそれ以前の時期はほとんど取るに足らないものに見えてくるほどであるが、一九世紀のどこを探しても決定的に求心的、あるいは遠心的な意図というものを見出すことはできない。芸術の保護は非個人的なものとなった。アパートの建物の持ち主も、その借家人とまったく同様にひとつの階の全部あるいはその一部を占めて住むにすぎない。こうしたアパートにおいても他のどんな建物においても、そこを占領するのは一時的な住人であるか、特定の社会階級の出のものである。彼らはその経済力に従って階層をなしている（例えば劇場のよい席はそれだけの料金を払える人々のものとなる）。購買力が人格性に置きかわり、それが時には芸術的な建物の計画すら生み出すようになった。私的な富が壮大な宮殿のような建物を作らせることは依然としてあったが、それも大量のまったく非個人的な建物の群の中ではかすんでしまうのであった。

以前の教会や宮殿には恒久的な住人が存在していて、入れ代りやってくる訪問者と彼らとの間に実際に存在した、もしくはあると考えられた関係も固定的で永続的なものであった。今や建物は、健康を回復したい、入浴したい、勉強したい、本を読みたい、買物をしたい、といったさまざまな欲求をもった人々によって時に応じて用いられる外殻《シェル》にすぎなくなった。こうした建物をひとりの個性と結びつけることはできない。これらの建物はすべての人に属しているがゆえに、誰にも属していないのである。不在のパトロンにかわるものとして劇場には詩、学校には学問、公共浴場には衛生学、といったものをもってくることもできない。たとえ、よくやるように寓意像によってこうした一般概念を印象づけようとしたところで、これらが実用的な建物であることに変わりはない。

個人的な住人というものは存在せず、近代人には古代のミューズの言葉でそれに代わるものを考え出すこともできないので、これらの建物はみな、公衆自体が永続的な所有者の役を引き受け、独裁的に集合的要求で建物を満たしてしまうまでは、精神的には空っぽのままである。発展する個性を持つ公衆が非個性的な官僚政に置きかわっていく現象、あるいは建築家を通して責任が公衆に転化されていく現象は、最近の建築の特徴である。この点に関してはこれ以上かかわる必要を認めない。ただ指摘するだけで十分であろう。

ウィーンの宮廷美術館《ホーフムゼーエン》には荘麗で広々とした通廊や階段があって来訪者を感嘆で満たすが、同時にここにはいったいどんな重要人物がいるのかと自問せざるをえない。ここことは、もちろん宮廷《コート》である。しかし実際にはこれらの応接室には彼を迎える人物はいない。一九世紀は同様の応接室をたくさん作り出しはしたが、それらは生活している存在を想定することなしに作られたものである。稀れに特別の場合には、こうした部屋で君主が別の君主を、あるいは市を代表する人物が著名な人物を迎えるといったことがあるのも事実であろうが、これらの部屋は公共建築の概念と一貫しているものではない。

メッセル（一八五三〜一九〇九年）がベルリンに建てたヴェルトハイム百貨店（一八九六年）が革命的に見えるとしたら、それは企業家が背後に隠れたままで大衆がパトロンの役を割りあてられているように見えるというのが基本的な理由である。大衆はまだパトロンではなく、建物はパトロンなしに建つように見えるというのが第四段階に共通した特徴である。はっきりした意図を持った例もあるだろうが、全体として見た場合、それらは第四段階の動向に影響を与えるものではない。

そこで、目的の発展ということに関して四つの段階を区別するもとになっているのは、個性という概念の両極性であるということができよう。おそらく第一段階で決定要素として働いているものは個性一般の発見ではなく、むしろ個性というものは自立しうるものであり、それゆえ完全でありうるものであるという信念であった。独立性、普遍性、そして相対的な完全性、といったものが個人の手に入れることのできる特質だと見なす考えは、個々多様の目的を通じて宮殿建築に影響を与えた。人間との関係において、触れることのできない、隔離されたより強い力として存在していた神の概念、完全さという理想の擬人化以外の何ものでもなかった神の概念は、教会堂を絶対的な完全性の表現に変貌させることも可能にするものであった。

第二段階になると地上的な完全性に対する信仰が突然失われる。人は自らを卑しく罪深い存在と感ずる。彼は贖罪に対する切望を新たにし、それと共に神の恩恵にすがろうとする気持を抱く。こうした態度の変化は建築における目的に対する精神的志向をも変えることとなった。各個人は完全に神に依存しており、また自分のまわりの人々に依存していると感じるようになった。最も権力のある人間が実は大衆に依存した存在であるのと同じように、神もまた、神自身と贖罪を求める人々の間の相互関係によって、ひとつのはっきりとした方向性を伴った存在となったのである。人々は従属的な地位にいることを望んだ。彼らは地上的な完全さを代表するひとつのものを要求した。彼らは、完全さをすべての人に期待したのではない。君主の地上的な完全さは神の恩恵によって授けられたものとして考えられ、またこの時代の最も重要なパトロンである王侯たちは完全であるというより完全に見えることを期待された。彼らが儀礼と人々の賞讃に依存した存在であるのとちょうど同じように、神自身もカトリックの教会堂建築の中では仲介者たる司祭たちと慣習的で確立された儀式に依存したものとして現われている。ところがプロテスタントの宗教建築では、人間と神の間の関係の精神的性格が実用的な建物の創造へと導いたのであった。神はもちろん不完全に見えはしないが、第一段階でそうであったほどにはもはや完全に自立的でもなく、もはや孤高の理想でもなくなってしまった。

目的意図における求心的なものと遠心的なものとの対比は、個性の自由と抑制という相違にもとづいていることがこうしたことからうかがえる。

文化の表わす指標としてこれらの概念から始めることは素人くさいやり方といわなければならないだろう。われわれは具体的な目的そのものから出発して、建築における自由とか抑制とかについて語っていくというのでなければならないが、それもそのような概念がその時代の傾向の一般的性格を示している限りにおいてのことである。

このように限られた意味において私にいえるのは、第一段階では自由な個性の観点から目的に焦点が合わされ、第二段階では抑制された個性の立場からそれがなされたということである。第三段階はこの抑制に対し感嘆する群集に依存するパトロンという性格を与えた。このことは宗教建築にさえ表現されている。といってもそれはカトリックの宗教建築においてであって、プロテスタントの教会では神の個性は本質的に建物から取り去られており、ただかすかな残響が残っているにすぎない。第四段階は一般的にその建築の非個性的な性質で特徴づけられている。それゆえ二つの極性のいずれにもはっきりとした関係を持たない。中立的なままにとどまったのである。[註16]

第二段階は反宗教改革と一五六〇年頃からのパラディオの建物とともに始まった。第三段階はそれから百年後にヴェルサイユ宮殿の成長の中で形成期を迎えた。その精神は一七〇〇年以後には広く行きわたることになる。第四段階の始まりはフランス革命と時を同じくしたのであった。

註16　プロテスタンティズムは一九世紀を通じてその教会の中に芸術を注入しようと試みた。最近のプロテスタントの教会は、あらゆる禁制にもかかわらず、カトリック的な態度を示すことなく芸術的形態に到達しえたように見える。しかしそのことはわたしのテーマの限界を超えている。

第五章　四段階に共通する特徴と相異なる特徴

一、四段階の定義

空間の付加と空間の分割、力の中心と力の伝達路、ひとつのイメージと多数のイメージ、自由と抑制——これらが、近世の建築における段階を区別し特徴づけるのにわたしが用いた対《つい》概念である。四組の対《つい》が存在するということは、四つの要素に従って建築を分析したことから来ている。一組の対概念はひとつの要素の存在を証言するものであり、その各要素はそれぞれまったく異なる部分を代表するものであるから、それぞれの対概念の組は、ひとつの建物の、あるいは様式段階の完全に異なる側面を説明することになる。

目的の発展を論じた章で、私は目的意図こそ芸術の歴史の中でも本質的な要因をなすものだと述べた。意図とは内容であり、それは目的を通して表現され、形態を規定する。同様の区別は感覚を含んだ三つの要素（空間、物体性および可視性）のおのおのについてもできる。私は物体形態の極性を物理的な力のそれとして把えたが、力の中心と力の伝達路というこの外形的な対比の下に横たわっている対比は、独立した人格の意図と依存的な人格の意図という倫理的な対比である。同様に、空間形態の極性は幾何学的ないしは形態的なものとして現われているが、その底にある付加と分割の違いは、変ることない独立の意識と眼に見えない外力に左右されている神経過敏の状態との違いなのである。最後に、同じことが可視形態についても当てはまる。ひとつのイメージと多数のイメージの間の外形的な区別についてはすでに論じた。この外形的な対比の底に横たわっているのは内容の対比、すなわち意図の対比である。ひとつのイメージはわれわれを挑発することはない。それは何ら驚きをもたらすこともない。それは安心を与える。多数のイメージは人の気持をかき乱す。ひとつのイメージは対象をわれわれから引き離す（内部空間においてさえも）。多数のイメージはわれわれを包み込んでしまう。形態と意図の間の区別はおのおのの要素の中で認めることができるが、感覚を含んだ三つの要素の場合には極性は形態にもとづいているのに対し、知的な要素、すなわち目的の場合には、それは意図にもとづいている。とはいえ、感覚を含んだ要素の場合ですら、意図は形態的極性の関数として自己表示しているのである。そこで、四組の対概念のすべてについて、究極的には独立した個性と依存的な個性との間の対比にもとづいた平行関係が存在するということができる。

　四つの極性は平行な方向をとっているので、同時に生じるそれらの効果は統一的なものである。空間の付加、力の中心、ひとつのイメージ、それに個性の自由という概念――これらはすべて同じ意味を指し示している。それはひとつの集合的な極に属している。空間の分割、力の伝達路、多数のイメージ、それに個性の抑制という概念――これらはすべて反対の意味を指し示している。これらは反対の側の集合的な極を生み出している。一方は限りある存在として世界から切り離された建物を形作り、もう一方は無限の中に溶解していく建物を形作る。極性の最初の組は微小世界《ミクロコズム》の概念と感覚を生み出し、第二の組は大宇宙《マクロコズム》を生み出す。第一の組は完全で、閉じた、自足的な単位《ユニット》を表わしており、第二の組は不完全なるがゆえに宇宙に対して開かれたひとつの断片《フラグメント》を表わしている。芸術的にはこの断片も、閉じた精神を伴った閉じた形態と同様に、ひとつの単位をなすものであるということを理解すべきであろう。もしも第一段階の中心型の建物が雷とか火事とか地震とかの衝撃を受けて部分的にこわれることがあったとしたら、それはおそらく廃墟のように「絵画的な《ピクチュアレスク》」相貌を帯びることであろう。それは断片と化したのである。しかし、もちろん、ここでわたしが語ろうとしているのはそうした偶発的に生じる断片のことではない。わたしが関心を持っているのは、完全に完成しており、破損もなく、物的には完全な建物のみであって、それは補足することができないようなものであり、それを完成させるために有限な部品を補給するようわれわれに要求するものではなく、われわれの想像力をかきたてて無限の部品で完成させようとしむける、そういう建物なのである。

　全体であることと部分であることは、最も高度な集合的両極性である。それは、四つの要素による分析に従って、四たび違った形で現われる最初のそして唯一の両極性である。しかし、それは他の四つに続く第五のはっきりと異なる両極性を実際に形作るものではない。

　この微小世界《ミクロコズム》と断片という最も高度な両極性は、第一段階と第二段階という古典主義的段階を特徴づけるのに適している。それはルネサンスとバロックの間の対比を示している。当然のことながら、こうした一般概念それだけでは特徴というにはあまりに漠然としているであろう。それは前の四つの章で論じられた数々の具体的な特徴を公式化するものとしてのみ、意味を持ちうるのであって、具体的な多くの特徴は今度は四つの異なる両極性の中で抽象的な概念へと結びつけられていくのである。この最高度の、影の薄い両極性は、帰納的な考察の結果としてのみその存在を認められるのである。

　ところが、バロックとロココの間の区分は、空間形態および物体形態に用いられている初等幾何学の形態（これは再び付加およびひとつのイメージに近づく）が高等幾何学に適合する形態に置き換わっていくという限りにおいて、漸進的であるということができる。その区分はまた、バロックの悲観主義《ペシミズム》が啓蒙主義の楽観主義《オプティミズム》に置き換えられていくことによって、力の伝達路のあり方が巨大で圧倒的な力に悲劇的に抵抗するといった形から、少しの風のそよぎにも陽気に反応するといった形に変化していくという限りにおいて、心理学的であるといえる。その区分は、第二段階を特徴づける見せびらかしへの要求が私的生活の全体を包括しているものである限りにおいて、漸進的であると同時に心理学的である。華麗さと気取りの引き続く見せびらかしが建築に浸透していくのである。

ところが、新古典主義《ネオクラシシズム》はといえば、感覚を含む三つの要素（空間、物体性、可視性）が第一段階の特徴におずおずと逆戻りし、知的な要素（目的）はその前の段階からプロテスタントの宗教建築にすでに現われていたように、美術的形状の上では排除され始める、という事実によって特徴づけられている。

それに続くロマン主義とルネサンス・リヴァイヴァルの様相は、新しい極性傾向によって決定されるものではない。四つの要素の分離はただ、よりいっそう部分的な芸術的効果をもたらしただけであり、それまでの発展に対するそれらの要素の結びつきも、それ以前の段階とは本質的に異なるものとなってしまったのである。

二、四段階の区別

この関係を論じる前に、四つの段階が互いにどのように区別されうるかを問わなければならない。というのはこれまでのところ、わたしはただそれぞれの段階の古典的な時期の状態について、性格づけを行なってきたにすぎないからである。あらゆる古典的な時期の前には必ず探索の時期というものがあり、その時期には四つの異なる両極性は一様に完全に作用してはいない。様式《スタイル》というものは即座にあらゆる要素の中に現われるものではなく、またあらゆる要素の中に同程度に現われるものでもない。この事実がひとつの段階を別の段階から弁別することを困難にしている。たとえ各段階が到達しようとした最終的な結果だけはどうにかはっきり見分けることができるとしても。

古典的な段階に近づいていく方向の中で、四つの要素のうちのただひとつにおいてある徴候が現われたとしても、そのことから新しい様式《スタイル》が誕生すると考えることはできない。われわれは四つの要素のいずれにもいくつかの徴候が現われることを要求する。それでもなお、あるひとつの例をとってそれがまだ前の段階に属すると考えるべきか、あるいは後の段階に属すると考えるべきかを決定することが困難だということがありうるのも確かである（暫定的にそうした決定は個人的な判断によってなされ、それからおそらく学術的な同意によって決定されることになろう）。ひとつの建物の諸側面についてわれわれが確信をもって断ずることができるのは、それらがいまだにルネサンスのものであるか、あるいはすでにバロックのものであるかということである。空間の付加から空間の分割へ、あるいは力の放射体から力の伝達路へという変化にはなめらかな移行があるのではなく、ゼロ点を飛び超える突然の変化があるのである。それゆえひとつの建物の全体としては、ルネサンスの名残りとバロックの徴候のどちらが、より重要であるかは議論の余地のあるところであろう。にもかかわらず、各段階の間の分離が明確にとらえられるのは、それが複雑でからみあった曲線を描いて芸術作品そのものの間を縫っているからである。

確かに歴史の中に鋭い境界線とか決定的な変換点というものは存在しない！　しかしだからといって段階分けをすることは不可能だとか承認しがたいことだと結論づけるのは性急で浅薄なことである。決定的な変換点というものが存在しないのは、完全な変化がどの要素の中でも一挙に最終的に達成されるものではないからである。むしろ、新しい様式は個別的に各要素の中に、それも部分的に現われるものである。例えば、分割の徴候は現われているが建物の残りの部分は依然として付加的であるとか、ディテールはひとつのイメージを失っているが建物全体としては多数のイメージには分解していない、といったことがある。鋭い断続というものも存在しないのは、こうした変化が起こったとしても、それはその後の建物のあるディテールに新しい様式が現われながら、なお別の所では古い様式が保たれるということを妨げるものではないからである。しかし段階に分けるということが可能であるのは、新しい様式が建築全体としてばかりでなく個々の作品の中に優勢になり始める年代《ディケード》を設定することができるからである。新しい様式の中で新しい意図をもって育ってきた建築家たちのひとつの世代が、自己表現を開始する。その時点から、その様式は全力でその古典的段階へと進んでいくのである。

　この時点を確定するために、われわれは再びどのようにしてバロックがルネサンスの個々の要素の中に侵入していったのかを思い出してみなければならない。四つの声はまるでフーガのように次から次へと鳴っていたのである。

　ミケランジェロ作品、メディチ家礼拝堂[図202]とロレンツォ図書館[図136]に現われる物体形態が最初の声を発している。ただしフィレンツェのサン・ロレンツォ教会堂のための彼によるファサード計画案[図184]が多数[図232]のイメージの最初の徴候であると考えられなければの話で（ファサードは表紙絵のように扱われ、側面と関連させられていない）、そこにおいては視覚的様相の方が優先権を取ったことであろう。[註1] メディチ家礼拝堂の空間形態はなお純粋に付加的であって、物体形態の主要な枠組も、依然として完全に骨組構成的である。ただ二つの廟墓そのものとその背面の扱い方、扉とその上の壁龕《タバナクル》などにバロックの明白な徴候が現われている。ロレンツォ図書館のヴェスティビュール[図134 135 136]が、壁から離れて存在する階段と高い天井のゆえに、明確な空間分割の最初の例と言える。単一身廊の教会が交叉部や三廊の内陣を持ったものに分割されていくという、先に挙げた例は、その後の発展には何ら影響を及ぼしていない。それらはいわばぼんやりとした完成期前の形態、やがてやってくる新しい様式の方向を予告するものとして現われるのである。ロレンツォ図書館はその物体形態に関してはバロックといえるが、その視覚的様相に関してはそうではない。あらゆるものがなお二次元的に広げられていて、正面から見られるようになっているからである。目的の概念すらここでは明確に第二段階のものとはいえない。というのは、この図書館は既存の修道院の中にはめこまれたものであり、この配置がその空間形態を統制してしまったからである。

多数のイメージの最初の徴候をわれわれが探しあてようとする所は、多彩色と、磨いた大理石の化粧貼り（サンタ・マリア・デ・ミラコリ教会堂[図248]）と、断続的なシルエット（スクオーラ・ディ・サン・マルコ[図249]）の故郷ヴェネツィアであろう。入口上部に横断ギャラリーを伴った単純な長方形のホールとして、サンタ・マリア・デ・ミラコリ教会堂は第二段階の中に入れることのできる空間形態である。内陣《クワイヤ》の形態は、身廊の空間に切りこんだ一段高い床からなっていて、きわめて大胆な空間分割の例を示している。それゆえわれわれは第一段階に例外があることを認めることになろうが、それらはおそらく「底流」として理解することができよう。段階の区分とは、同じ傾向にある大多数の建物の、逆の傾向を示す少数派の建物に対する優勢の

註1　四つの要素のどれが優先権を持つかはわたしにはあまり意味のないことである。バロックの初期の徴候を探ろうとするあまり、多くの誤まりが犯されてきた。マントヴァのサンタンドレア教会堂は純粋にルネサンスの建物である。ラファエロの建築は、絵画の背景として現われているものにせよ、ルネサンスの規範からほとんどはずれてはいないので考慮する理由はほとんどない。ブラマンテがヴァチカンのサン・ピエトロ大聖堂のファサード案に用いた巨大オーダーは、ローマのカピトリーヌの丘の上の建物やパラディオのパラッツォ建築などに用いられている巨大オーダーとはその意味するところが同等とはいえない。サン・ピエトロ大聖堂は一階だけの建物であるはずだったのだが、建物の外壁全体をめぐる一貫したオーダーによる分節化のゆえに、現存する法皇が祝福を送るための二階の間が正面につけられることになった時、巨大オーダーの形をとることが強いられたのであった。それは真にルネサンス的な原理に従った結果であった。〔フランクルはヴェルフリンが「ルネサンスとバロック」の中で述べているいくつかの点に同意していない。（例えば英訳書、London, Collins, 1964 の一一五頁、S.Andrea の項、四三頁の St.Peter's の項を参照せよ。）〕

図248　サンタ・マリア・デ・ミラコリ正面、ヴェネツィア、一四八九年。
図249　スクオーラ・ディ・サン・マルコ外観、ヴェネツィア。

問題として常に把えられるということができよう。しかし第一段階のこれらの建物と第二段階の建物の間には大きな差異があるのであって、後者は多数のイメージを生み出すべく意識的に計画されたものなのである。一五世紀のロンバルディアとヴェネトに見られるどことなくむら気な傾向は、デザインにおける無関心と不注意とで性格づけられる。その建物には真のバロックに厳格な風貌を与えるところの大きな基盤に立った計算が欠けている。従って、第一段階に見られるむら気な傾向は、おそらく「底流」として考えられようが、それは目立たないからではなく、気まぐれで自己修練に欠けており、芸術的にも主張するところが少ないからである。それは時として特に目を引くことが多いが、それはその魅力が即時的なものだからである。しかし真のバロックは気まぐれとは無縁である。それは自己の法則に従う芸術作品を生み出している。バロックとの関係で気まぐれさについて語るとすれば、建築教法のために編まれた規則を逸脱しているということを通常意味するが、そうした規則には、たとえルネサンスの時代であろうと、盲目的に従う建築家などいはしない。第一段階に見られるこの独立した傾向が、バロックの先ぶれではないということを認識したなら、われわれはまた、多数のイメージの最初の徴候は、空間分割のある形態との関連においてのみ、そしてまたその結果としてのみ、見出されうるということを理解するであろう。これはマントヴァのサンタ・バルバラ教会堂[図62]とローマのイル・ジェズ教会堂[図66・67]より以前にはほとんど現われておらず、この二つの例はわたしがしばしば引きあいに出しているものである。相互貫入もそれだけでは多数のイメージを生み出すことはない。フィレンツェのサン・ロレンツォ教会堂[図44]とサント・スピリト教会堂[図231]、ファエンツァの大聖堂[図45・46]、それにヴェネツィアのサン・サルヴァトーレ教会堂[図47・48]などはいずれも表面に豊かさを見せているが、それでもこれが全体としての明快さを減じることはない。それらの形態は楽々と誤まることなく作りあげることができる。多数のイメージとは、その形態が最終的に何か予測しなかったものとして現われる時にのみ生ずる。この最初の例は、ローマのイル・ジェズ教会堂[図66・67]である（短い袖廊、徐々にしか見えてこないドーム、その存在が推測されるだけのギャラリーなど）。

最終的に、目的が最後の声として現われる。サヴォナローラの出現は聖像破壊という結果をほんの短い間だけもたらした。人々に恒久的な影響を与えたのはイエズス会だけである。イエズス会は芸術を、とりわけ信仰的で宗教的な目的に用いたのであった。しかしひとたび建築の意図が変化するや、三つの形態的要素は無条件に適合されねばならなかった。

以前にわたしは空間の付加、力の放射、それにひとつのイメージといったものは絶対的にキリスト教には不適なものであるといったが、その時からこのことを予測していたのである。これらは罪深く不完全な人間という概念、および慈悲深い救世主という概念とは対立するものである。[註2] 反宗教改革の理想が建築プログラムを支配するようになった時、四つの要素すべてにおいて統一的な効果を求める建築家たちは、新しい目的の方向に向かって、あらゆるものを向き直させることを余儀なくされた。トレント公会議の行なわれた一五四五年から一五六三年という期間が、ここで決定的な意味を持つ。わたしは目的の第二段階がトレント公会議の決定事項の公布と共に始まるとしようと思うが、目的は他の要素もいっしょに引き寄せるものであるので、この時点を全体としての第二段階の始まりと考えようと思う。

新しい方向へ向けての最終的決定は芸術にとっては外側から、すなわち一般的な知的発展の結果としてやってくるが、それは建築プログラムが建築家に対し課せられるものであるからである。

註2 誰もがこの点に同意しているわけではない。H・フォン ゲイミュラーはその著（H.von Geymüller,“Friedrich II von Hohenstaufen und die Anfänge der Architektur der Renaissance in Italien”, Munich, Bruckmann, 1908,p.27）の中で、「広い意味でのルネサンスと……キリスト教の間には、歴史上の他の様式が未だに示したことがなく、また今後も示すことはないであろうような、親密な関係が存在するのである。」（第四章の註4も参照のこと）

三つの形態的要素がすでに――建築プログラムと独立的に――ルネサンスの原理に背を向けだしていたということは、きわめて理解しうることである。というのは、古典期は長く続くものではないからである。それ以上に高めることができないというのが古典期の本質的特徴である。それは、新しい原理をその多様な現われのすべてにわたって終局まで考えつくすという努力の結果、その領域をいっそう広げていくことと、個々の問題にいっそう関わるようになっていくという二重の意味において、拡張できるだけである。このように見ると古典期とは沈滞的であって、それゆえとりわけその美術原理に十分精通しているそうした芸術家たちには、長く持続しうるものではないのである。彼らの目にはあらゆる問題が解決されつくしているように見え、創造的能力を完全に応用してみたいという彼らの内的要求は、開発されないままである。技術的能力とあふれる想像力をもちあわせた天才も、古典期にあっては彼以前に現われた人々の仕事によって、あまりに制約されすぎてしまうことになる。そして結局のところ、四つの要素のそれぞれにおいて、ひとつの極が排他的に様式を支配するようになればなるほど、その時代の理想はますます偏った様相を呈するようになるのである。芸術家は不満を感じ始める。彼は自分が持っていないものを欲し始め、得るあてのない満足のためにこれまで行なわれなかった方法によって仕事を始めるのである。だからといってわたしは一種の「形態の疲労」が新しい段階へと立ち急ぐといおうとしているのでないことは確かである。むしろこれは、支配的な動きにおいては問題はことごとく解決されてしまっているように感じられた結果であり、その解答が一方に偏っている以上、それらは必然的にその影響の放棄を意味しているが、それとていつまでも放棄されたままではあり得ない。新しい様式《スタイル》自体もまたその発展の頂点においては一方的なものになるに違いないが、そのことは創造的な芸術家の熱情を妨げるものではない。

かくして形態的要素は内的要因によって変えられるが、この変化は外的要因、すなわち新しい意図によって固定される。装飾は目的をもたないものであるので、内的要因によってのみ影響を受ける。純然たる芸術的な事柄の運命は、あたかも実験室の条件下で見るかのように乱されることなしに装飾の中に見てとることができる。しかし建築の歴史においては、ひとつの段階の終末はきまってまず目的意図の変化によって示される。第一段階の最初においては、新しい意図の建築への導入は少なくともそれに伴う三つの要素の調整と時を同じくしていた。意図は他の分野においては長く存在していたかもしれない。しかしながら最初の古典期が達成された時に、部分的なバロックは内的原因によって抬頭せねばならなかったが、このことはバロック全体が芸術的発展のみから引き出せるものであることを意味しはしない。その出現は歴史的変化の複雑な総体に関わるものであって、われわれの眼には多かれ少なかれ偶発的と見えるのである。

第二の古典期は爛熟したロココの中に見出さなければならない。それは第二段階のあらゆる原理を二番煎じした産物であって、絶対主義の発展に依存したものと考えなければならない。ルイ一四世は新しい意図をつくり出したのであった。ロココは彼の晩年から始まった。[註3]

新古典主義の個々の徴候はフランス革命の前から現われ始めていたが、建築からの個性の除去は、それ以前には出てこない。ナポレオンはいかなる宮殿も建てなかった。帝国はそれ自体すでに非個人的なものであった。[註4]

註3　目的はこの場合も時間的には一番最初に現われたものであった。それが第一声であったのである。

註4　ナポレオンがある時期自分のための宮殿を建てることを考えていたのは事実である。

三、四段階の連続性

ルネサンス、バロック、ロココ、新古典主義を通じて存在する連続性は、形態に関する共通した基盤がもたらしたものであった。これらの形態は、変化する様式原理の影響の下で大きな変化を経たことは確かであるが、それらは常に何とか生き残り、一連の中間過程のおかげでそれらの起源は常にはっきりしている。ルネサンスから新古典主義にいたる建築はただひとつの源泉から引き出されたものである。それがあちこちで地方的な影響を受けていることは認められるが、この全時代を通じて全く新しい系統が始まるということはなかった。それ以前の建築の発展に見られたいかなるものも、フィレンツェにおけるルネサンスの導入ほど実り多いものはなかった。

基本的な共有財産に属しているのは古代建築の物体形態であり、保存されている限りの古代の中心型建物の空間形態であり（当時は今より多く残っていた）、また初期キリスト教のバジリカの空間形態である。一六世紀と一七世紀はオーダーの新しい用い方を探求したが、それらがオーダーであったことに変わりはない。ミケランジェロは円柱《コラム》を壁の中に置いたり、またローマのカピトリーヌの丘の建物では小さな円柱《コラム》を巨大な付柱《ピラスター》に突きつけて配置したりしたが[図139][註5]、いずれの場合にもそれらは依然オーダーの円柱《コラム》であった。彼は新しい形のエディキュラや持送《コンソー》り《ル》をつくり出したが、それらはやはり古代のものから派生したエディキュラであり持送り《コンソール》に違いなかった。欄干《バラスター》の手摺子は新しく生み出された建築部材であるが（ドナテルロによるとされている）、ボッロミーニがそれに三角形の平面を与えたりすることはあっても、全様式段階を通じて用いられたものであった。ロココ時代には持送りはきわめて薄いものとなり、風によっ

註5　フィレンツェのサン・ロレンツォ聖堂のファサードのためにジュリアーノ・ダ・サン・ガルロが残したデザインのひとつが、ミケランジェロの発想源であろうと考えられる。C.Stegmann and H.von Geymüller, "Die Architektur der Renaissance in Toscana, Munich, Bruckmann, 1885-1908, V, San Gallo, Fig.19(Uffizi, 2048) を見よ。ブラマンテによるサン・ピエトロのファサードのためのデザインも比較せよ。

て散り乱されたように見えるが、それでもなお持送りの形態は見分けることができる。そして同様のことはエンタブラチュアと切妻飾り《ゲーブル》についてもいえて、それらがたとえどんなにさまざまのゆがんだ断片として支離滅裂に散りばめられていようと、その起源は依然として完全に明らかである。

いかなる異質の美術形態も、ひとまとまりの完全な体系として、古代から派生した形態に押しつけられることはなかった。[註6] 様式的変遷は一様に閉じた円環の中で、さえぎられることなく進行したのであった。このことは空間形態についても当てはまる。宗教建築の空間形態は古代の神殿にもゴシックの教会堂にももとづいてはおらず、また中世の要素は徐々に世俗建築から除去されていった。個々の目的は日常生活の必要から生み出されるので、それらがその連続性を乱されることなく保っているのは明らかである。最後に、共通の基盤は可視形態にも厳然として与えられている。たとえそれがガラスや鏡の製法、彩色の技術、人工照明といったものの発展に密接に関わるものであったとしても、ここでの発展は空間や量塊《マッス》の発展におけると同じ程度に決して中断を受けてはいない。

註6　一八世紀には、極東起源のものにもとづいた形態が現われたが、それもただ傍流として現われただけであって、発展の主流にはほとんど影響を及ぼさなかった。

四、伝統と独創性

ロマン主義運動の出現をもって連続性は初めて破られる。この運動およびそれに続く一九世紀の建築の諸様式は伝統によってのみルネサンスとつながっている。

伝統と独創性の間の同時的相互作用はあらゆる芸術活動に存在する。芸術の起源については、ここでのわれわれの関心外なので無視することにすれば、まったく自分の中にあるものだけから創造を行なう芸術家などいないということに気がつくであろう。芸術家は既存の芸術作品の刺激のもとで成長し、他の芸術家たち、師にあたる人々や競争仲間たちと密接に交わりながら生きていくのである。しかしまたすべて芸術家というものは何かしら新しいものを自分だけで生み出し、その作品の中に何かしら新しいものをつけ加えたり注ぎこんだりする能力を有するということも事実である。伝統と独創は概念としては対立的なものであるが、様式史における両極性においては違う種類の対立概念であって、それは一方なしに他方を見い出すことは決してないということからもわかる。いかなる創造も絶対的に新しいものではありえず、また、ただ伝統にのみ従ったものは模倣品《コピー》にすぎず、それゆえ芸術とはいえない。

伝統と独創性は異なる作品、異なる芸術家、そしてまた異なる時代によって異なる割合で結合されている。一九世紀は建築に関して完全に非独創的だったわけではないが、既製のプロトタイプにかなりの割合で頼っており、単なる模倣《コピー》に近づくことがほとんどであった。異質の作品のユニークな創造性を探る目的が、何か以前よりよいものを達成しようとすることにある時、すなわちそれまでのやり方では満たされなかったものを満たそうとすることにある時、個人の創造性は奨励される。しかし、その目的がただ同じ程度によいものを創ろうとすることにある時、創造性は妨げられる。プロトタイプが打ち勝ちがたいものとして現われるやいなや、個人の創造性の力はさえぎられてしまう。

ルネサンスはゴシックの生きた伝統とたもとを分かち、その規範として古代と初期キリスト教の建築をとりあげた。しかし芸術的創造性はきわめて強力であったため新しい何かが生み出

註7〔アントニオ・ダ・サン・ガルロのサン・ピエトロ計画案（図8－10）に対するミケランジェロの鋭い批判に関しては、ジェームズ・S・アッカーマン「ミケランジェロの建築」（中森義宗訳、彰国社）pp.152-169 を参照せよ。(James S.Ackerman, "The Architecture of Michelangelo", London, Zwemmer, 1961, Ⅱ, pp.88f.)〕

図250　サン・フィリッポ・ネーリ礼拝堂、コレッティの手摺子、ローマ。

されたのであった。重要な仕事をした建築家はみな古代建築の遺跡を調査測量し、その構成法を理解しようと試み、廃墟を復元する作業を通して自己を鍛錬したのであった。建物はすべて古代建築の自由な再建であるか、あるいは古代にもとづいて初期キリスト教のバシリカの改修であった。古代の建築は何か到達しがたいほどに偉大で美しいものと考えられていた。それは打ち勝ちがたいプロトタイプとして存在していたが、それが無害であったのは、建築家の目の前に完全な形で横たわっていたわけではなかったからである。存在している廃墟は建築家の創造的想像力を高度に刺激するものであった。彼はその背後に絶対的な理想が横たわっているだろうと思ってはいたが、それに手を触れることはできなかった。彼はまず創造しなければならなかった。

正確な考古学が発展するに従い、古代が発していた刺激力は減少していった。あいまいなところの残るヴィトルヴィウスは、必ずしも実際の建物と一致していたわけではないが、理論化をしてみたいという野心をもまたかき立てた。理論書、範例書《パターンブック》、それにヴィトルヴィウス・アカデミーを初めとする数々のアカデミーといったものが、その後のバロックへと続く発展に伴った。大巨匠たちは、古代から蒸留されてきた法則とは独立に動いていたとしても、正しくはないにせよ確固とした線に沿ってゆっくりと発展している考え、凌駕しがたい古代建築という理想にはなお高い敬意が払われていた。

ミケランジェロはサン・ガルロの誤まちを数えあげた。[註7] こうした議論や批判の背後にあるのは、たとえ芸術的には何の意味ももたないにせよ、正しさという詳細に科学的な概念である。ボッロミーニはローマのサン・フィリッポ・ネーリの礼拝堂《オラトリオ》のコレッティに三角形の手摺子《バラスター》（縦材）をもった欄干《バラストレード》[図250] をデザインしたが、これはひとつ置きに上と下が広がっているものからなっている。彼はこれが自分にとって表現豊かであるとか美しいとかいうことによって正当化したのではなく、偉大な師である自然に言及し、それが人間や木ですら上の方を下より大きく作っていると言及することによって正当化したのであった。手摺子が三角形であるという事実は、もちろんこんな言い方では弁護できない。彼は交互に上下が入れ替わる三角形の手摺子を、このように並べればこのコレッティの中にいる人が欄干の隙間から下を見ることができて、しかも下からは上をのぞくことができないといって弁護したのであった。[註8] ミケランジェロやボッロミーニですら、自身の作品の正しさを論理的理由づけによって弁護できるかのごとくふるまったのであり、他の才能に乏しい建築家たちはその「正しさ」を自分たちの作品の中にとり入れたのであった。アカデミックな努力の閉じた環が、真に独創的で芸術的な発展に伴い、最終的には（J・J・ヴィンケルマン以後）[註9]考古学と結びついた。ここから近代的な姿での美術史、すなわち中世と現代の美術の研究に対しても、それ以前の時代が古代の研究に対して与えていたと同じくらい高い価値を置くようになるアプローチが生まれたのである。

　過去の作品や様式に対するこの科学的な、というよりは正確には美術史的な態度は、一九世紀だけの特徴ではない。一九世紀になってはっきりと現われるようになったものもブルネレスキの方法の中に初めから存在していたのであった。彼は廃墟を考古学者として研究していた。美術史は近世の建築に科学的衝撃を与え、伝統に対する関係を決定した。早くもロココの頃に、プロトタイプの利用は増大された。それまではただ古代世界が認識されていただけであったが、一八世紀には古代の美術よりも当時西欧に知られ始めた極東の美術に接近した形態の世界が生み出されたのであった。古代を再現するという考えは、過去に成就された様式《スタイル》を何であれ繰り返すという考えに広がったが、今や創造性を鼓舞するはずの諸様式が、こわれた廃墟としてで

註8　Opus Architectonicum Equitis Francisci Borromini ……, Rome, 1725, p.10.

註9　〔ヨハン・ヨアヒム・ヴィンケルマンは古典考古学者であると同時に最初の偉大な美術史家であって、大きな影響を与えたその著作「古代芸術史」は一七六四年に出版された。〕

はなく完全な建物として残されているということは、それ以後の建築家の世代にとっては不幸なことであった。

一九世紀には歴史的知識が自由な想像力と置き換わり、建築教育の完全な組織化が行なわれたが、これらはそれ以前の高度に創造的な段階を、基本的には科学的な態度が浸透していた時代として示したのであった。建築は模倣芸術でないといわれるが、同じく絵画や彫刻も模倣的でないと考えることもできる。写実主義は解剖学や生物描写や自然写生や遠近法構成などに完全に立脚したものであって、それゆえ自然を科学的に再生することを目的としているものである。それはいわゆる模倣的建築、すなわち歴史的に研究されたモデルに立脚した建築にも当てはまるのである。

ルネサンスにおいては、遠近法や自然研究や、また後には解剖学的研究（レオナルド、ミケランジェロ）が、その時代の創造的な力を押し殺してしまうことなく、形態の世界全体に特別の性格を与えていた。同様に、近世の建築全体を通して共通に見られる特性は常に一方の目の焦点を、凌駕し得ぬプロトタイプの上に据えながら創造されたということであって、創造的能力がいかにこのプロトタイプから脱却しようと試みたとしても（ロココでは見分けがつかないほど変形してしまっている）、歴史主義は常にその肩ごしにのぞいていたのであり、ついには芸術から芸術を追放してしまうのであった。

新しい様式《スタイル》を目指す探索は、近世の建築における区分の終わりを意味する。個々の要素の発展がそれぞれ別の道をたどるように分裂したことは、この探索につまづきをもたらした。全体としての様式《スタイル》に一度に手がつけられたのではなかった。新しい物体形態は、それが包みこむ空間形態に対しいかに少ししか関わっていないかということに何ら気づくことなく試みられた。

特定の空間形態が近代的な目的のために展開されたが、その背後に何らの明確な意図も存在していなかった。科学的態度は自然な芸術的感情を不可能にしたのであった。

建築の歴史は芸術的発展から切り離され、歴史教育の一部となった。それはもはや新しいプロトタイプを発見しようとか何か特定の様式を推挙しようとする目的のために研究されるのではなくなった。いまやそれは人文学的研究の一分野としてそれ独自の重要性を帯びてきたのである。それはあらゆる様式をそれぞれの限界と発展性の中で理解する方向に導くようになったのであり、加えて、文字通りの意味でのルネサンス（再生、復活）がもはや不可能であることを示したのであった。徹底的にしかも測りしれないほど豊富に知りつくされている、容易に手に入るような形態が今や建築に利用されることが可能となったが、それでもなお建築家は自身の内なる声に従って創造する完全な自由に身をまかせることができたのであった。

少なくともドイツは新しい始まりを持ったのであって、まさしくその理由によって近世の建築というひとつの時代はわれわれの背後に閉じて横たわっている。われわれはそれに一貫する特徴をはっきりと認めることができる。それは科学的な、すなわち歴史的な精神（学者としてのブルネレスキ）によって植えられた一本の木なのであって、自由な創造的エネルギー（芸術家としてのブルネレスキ）によって開花させられたが、科学的な始まりを持ったということによって、養分を与えてくれる自由な創造的エネルギーをやがて枯渇させてしまう宿命を与えられていたのであった。

今日われわれは近世の建築の諸段階とその避けがたい終末を、人間の歴史の啓示として振り返ることができ、そして期待に満ちて新しい発展の出発に立っている。過去が啓示されたにもかかわらず、われわれは未来に何が横たわっているかを知ることはできない。しかしわれわれは新しいスタートを切ったことを知っており、またそうやって進んでいくことはやはり素晴らしいことだと知っているのである。

訳者あとがき

建築造形論の古典ともいうべき、パウル・フランクルのこの名著の日本語版を、ここに出版できるに至ったことを嬉しく思う。原著は、すでに半世紀以上も前に書かれたものである。その独語による原著を、一九六八年に、J・F・オゴールマンは新たに編集し直して英語版をつくりあげた。私達の日本語版は、このオゴールマンによる英語版を元にしている。

オゴールマンは、フランクルのこの著作の重要性を高く評価した上で、その記述に不必要あるいは不正確な部分が数多くあるとし、それに対して大幅な訂正を加えた。すなわち、不適切な部分に削除、訂正を加えるとともに理解を容易にするために、文章を内容に応じて分節し、それに小題を付したのである。そうした改訂作業の結果、英語版は独語版にない新たな価値を持つものとなった。私達は独語版と対照した結果、オゴールマンの編集は正当なものであると判断し、それを元本として採用したのである。

この著作の意義については、巻頭のJ・S・アッカーマンの論文が、簡潔かつ明晰に論じているので改めて述べる必要はないであろう。アッカーマンのこの論文は、一九六八年の英語版の出版に際し書き下されたものである。翻訳出版の数多いわが国において、このような重要な著作の日本訳が、半世紀の間も現われなかったのは不思議なことではある。しかし、そうした過去の経緯が何であれ、今日こそ、この著作の訳出は必要なことであると私達は考えた。何故ならば、近代建築が定着してすでに半世紀が経過し、近代建築とそれ以前の様式とを共に正当に理解する視点を確立するためには、研究者のみならず、建築の設計者にとっても、建築形態についての理論的考察は不可欠なものとなっているからである。

フランクルは、ルネサンス以降の建築の展開を四つの段階に区分し、その各段階での特質を考察するために①空間、②物体、③視覚的効果、④用途という四つの軸を設定する。このような理論的枠組が必要なのは、建築の歴史的展開が、形態の内在的原理によって規定されているからであり、従ってその分析においては、建築史的考察と形態論的考察は、互に他を必要として共存しているのである。フランクルの行った時代区分は、今日の視点からは大雑把にみえるし、またその分析のための理論的枠組も、明快であるだけに欠陥を指摘することもまた容易であろう。しかし近代建築のドグマからの解放を喜ぶあまり、内容のない観念の横行するかにみえる今日、フランクルが、その観念を具体的な事実によって支え、あるいは歴史的事実を鋭い理論的枠組によって導いていることの意味は一層大きいのである。アッカーマンが述べているように、「この五十年以上の間、われわれはその生命力と重要性において、これを上回る仕事を生み出してはいない」のである。

このような、豊富な歴史的事例に基づく形態論的論考を理解するためには、フランクルが断言しているように、たとえ「文献資料についての広汎な知識を要求するものではない」にせよ、建築作品についての多くの知識を必要とするのである。こうした論考は、具体例に即して論じられるが故に、観念的な論議のおちいりがちな難解さはないが、その同じ理由によって、観念のみを論ずる文芸批評的論議のように、一気に読み流せるものではない。読者は常に実例に立ち返り、具体的な形態とつきあわせることを要請されるのである。そうした作業は、建築の形態を扱う以上避けがたいことであり、再びフランクルの言に従うならば、「幾何学的記述を、退屈でうんざりだと感ずる人は、建築史の研究に基本的にむいていない」ことは確かであろう。といって、本書で扱っている数多い実例に精通することは、専門の研究者にとっても容易なことではない。その点においても独語版は、図版の数が少なく、かつ不鮮明なものが多く、オゴールマンは、図版についても改良を加え、修正、増補を行っている。しかしそれでもまだその図版の数は不充分であり、かつその提示のしかたは不適切なものが多いと私達は考えた。従って私達はこの日本語版において、更に大幅に図版を加え、理解を正確かつ容易ならしめるよう努力した。図版の数は、独語版五十枚、英語版九十二枚に対し、更にその三倍近い二百五十枚に達しており、そのレイアウトについても配慮したつもりである。また加えた写真の多くは、私達の実際に写したものが多い。そうした新たなる編集の結果、この日本語版は更に英語版にもない価値を持ち得たと考えている。

この日本語訳は、東京大学の建築意匠研究室の武澤秀一と越後島研一、それに建築史研究室の宇佐美真弓の三君との共同で行ったものである。訳業は、最初は四人の分担で行ったが、その上で私が全体にわたって加筆訂正しており、最終的な責任は私にある。独語版との対照は、主として武澤君が行った。図版の編集は、一部越後島、宇佐美両君の手を借りつつ主として私の行ったものであるが、その作業は果てしがなく、不充分と知りつつも、この段階で区切らざるを得なかった。図版の整理や作図を行ってくれたのは、日野水（奥村）美知子さんである。この本は、私の研究室では、繰り返し研究会や読書会で用いられ、部分的な訳出は、大学院生によって幾度か行われてきた。そうした研究室の人達の熱意が、この長期にわたった訳業を支えてくれたひとつの大きい力であったことをここに記しておく。

更にまた、この予定よりも三年以上遅れた私達の仕事を、最後まで支えて下さった鹿島出版会の大滝広治氏の名を記さないわけにはいかない。この著作の重要性を、すぐに認め出版の決意をなされたのは氏であり、その熱意によってこの日本語版は生まれたのである。同じく出版会の和田俊雄氏は、原本にない複雑極まりない図版、註釈を伴う編集作業を見事に達成して下さった。私達の、遅い作業を見守り、難しい要求を実現して下さったその忍耐と努力に深く感謝する次第である。

一九七九年八月三十一日

香山　壽夫

著者略歴

パウル・フランクル

Paul Frankl

一八七八年プラハに生まれる。一九一〇年ミュンヘンにて学位を取得し、一九二一年ハルレ大学主任教授となるも一九三四年ナチスにより教職を追われ、一九三八年米国に渡る。一九四〇年よりプリンストン大学高等研究所にて研究に従事。一九六二年没。

主著には、本書のほか、"Die frühmittelalterliche und romanische Baukunst (1926)", "Das System der Kaustwissenschaft (1938)", "The Gothic; Literary Sources and Interpretations Through Eight Centuries (1960)", "Gothic Architecture (1962)"

訳者略歴

香山壽夫　こうやま・ひさお

一九三七年生まれ。一九六〇年東京大学工学部建築学科卒業。一九六二年東京大学大学院修士課程修了後、ペンシルヴァニア大学芸術学部大学院卒業。九州芸術工科大学助教授、東京大学教授を経て、現在放送大学教授・東京大学名誉教授。著書『建築意匠講義』『建築形態の構造—ヘンリー・H・リチャードソンとアメリカ近代建築』（以上東京大学出版会）『ルイス・カーンとはだれか』（王国社）など。訳書V・スカーリー『アメリカの建築とアーバニズム』（鹿島出版会）など。

武澤秀一　たけざわ・しゅういち

一九四七年生まれ。一九六〇年東京大学工学部建築学科卒業。同大学助手、法政大学講師を経て、現在東北文化学園大学科学技術学部教授。著書『空間の生と死—アジャンターとエローラ』（丸善）『迷宮のインド紀行』（新潮選書）など。訳書H・R・ヒッチコック『インターナショナル・スタイル』（鹿島出版会）など。

宇佐見真弓　うさみ・まゆみ

一九七一年東京大学工学部建築学科卒業

越後島研一　えちごしま・けんいち

一九七四年早稲田大学理工学部建築学科卒業

建築史の基礎概念
――ルネサンスから新古典主義まで

SD選書240

発　行　二〇〇五年　八月二十五日©

訳　者　香山壽夫・宇佐見真弓
武澤秀一・越後島研一

発行者　鹿島光一

印　刷　三美印刷　製　本　牧製本

発行所　鹿島出版会　東京都千代田区霞が関三丁目二番五号
電話　〇三（五五一〇）五四〇〇
振替　〇〇一六〇―二―一八〇八八三

ISBN4-306-05240-0 C1352 Printed in Japan

SD選書目録

四六判（*＝品切）

001 現代デザイン入門　勝見勝著
002* 現代建築12章　L・カーン他共著　山本学治訳編
003* 都市とデザイン　栗田勇著
004 江戸と江戸城　内藤昌著
005 日本デザイン論　伊藤ていじ著
006* ギリシア神話と壺絵　沢柳大五郎著
007 フランク・ロイド・ライト　谷川正己著
008 きもの文化史　河鰭実英著
009 素材と造形の歴史　山本学治著
010* 今日の装飾芸術　ル・コルビュジエ著　前川国男訳
011 コミュニティとプライバシイ　C・アレグザンダー他共著　岡田新一訳
012 新桂離宮論　内藤昌著
013* 日本の工匠　伊藤ていじ著
014 現代絵画の解剖　木村重信著
015 ユルバニスム　ル・コルビュジエ著　樋口清訳
016* デザインと心理学　穐山貞登著
017 私と日本建築　A・レーモンド著　三沢浩訳
018* 現代建築を創る人々　神代雄一郎編
019 芸術空間の系譜　高階秀爾著
020 日本美の特質　吉村貞司著
021 建築をめざして　ル・コルビュジエ著　吉阪隆正訳
022 メガロポリス　J・ゴットマン著　木内信蔵他共訳
023 日本の庭園　田中正大著
024* 明日の演劇空間　尾崎宏次著
025 都市形成の歴史　A・コーン著　星野芳久訳
026* 近代絵画　A・オザンファン他著　吉川逸治訳
027 イタリアの美術　A・ブラント著　中森義宗訳
028 明日の田園都市　E・ハワード著　長素連訳
029* 移動空間論　川添登著
030* 日本の近世住宅　平井聖著
031* 新しい都市交通　B・リチャーズ著　曽根幸一他共訳
032* 人間環境の未来像　W・R・イーウォルド編　磯村英一他共訳
033 輝く都市　ル・コルビュジエ著　坂倉準三訳
034 アルヴァ・アアルト　武藤章著
035 幻想の建築　坂崎乙郎著
036 カテドラルを建てた人びと　J・ジャンペル著　飯田喜四郎訳
037 日本建築の空間　井上充夫著
038* 環境開発論　浅田孝著
039* 都市と娯楽　加藤秀俊著
040* 郊外都市論　H・カーヴァー著　志水英樹訳
041* 都市文明の源流と系譜　藤岡謙二郎著
042 道具考　榮久庵憲司著
043 ヨーロッパの造園　岡崎文彬著
044* 未来の交通　H・ヘルマン著　岡寿麿訳
045* 古代技術　H・ディールス著　平田寛訳
046 キュビスムへの道　D・H・カーンワイラー著　千足伸行訳
047* 近代建築再考　藤井正一郎著
048* 古代科学　J・L・ハイベルク著　平田寛訳
049 住宅論　篠原一男著
050* ヨーロッパの住宅建築　S・カンタクシーノ著　山下和正訳
051* 都市の魅力　清水馨八郎、服部銈二郎共著
052* 東照宮　大河直躬著
053 茶匠と建築　中村昌生著
054* 住居空間の人類学　石毛直道著
055 空間の生命 人間と建築　坂崎乙郎著
056 環境とデザイン　G・エクボ著　久保貞訳
057* 日本美の意匠　水尾比呂志著
058 新しい都市の人間像　R・イールズ他共編　木内信蔵監訳
059 京の町家　島村昇他編
060* 都市問題とは何か　R・パーノン著　片桐達夫訳
061 住まいの原型I　泉靖一編
062* コミュニティ計画の系譜　佐々木宏著
063* 近代建築　V・スカーリー著　長尾重武訳
064* SD海外建築情報I　岡田新一編
065* SD海外建築情報II　岡田新一編
066 天上の館　J・サマーソン著　鈴木博之訳
067 木の文化　小原二郎著
068* SD海外建築情報III　岡田新一編
069* 地域・環境・計画　水谷穎介著
070* 都市虚構論　池田亮二著
071 現代建築事典　W・ペーント編　浜口隆一他日本語版監修
072 ヴィラール・ド・オヌクールの画帖　藤本康雄著
073* タウンスケープ　T・シャープ著　長素連他訳
074* 現代建築の源流と動向　L・ヒルベルザイマー著　渡辺明次訳
075 部族社会の芸術家　M・W・スミス編　木村重信他共訳
076 キモノ・マインド　B・ルドフスキー著　新庄哲夫訳
077 住まいの原型II　吉阪隆正他共著
078 実存・空間・建築　C・ノルベルグ＝シュルツ著　加藤邦男訳
079* SD海外建築情報IV　岡田新一編
080* 都市の開発と保存　上田篤、鳴海邦碩共編
081 爆発するメトロポリス　W・H・ホワイトJr.他共著　小島将志訳
082 アメリカの建築とアーバニズム（上）　V・スカーリー著　香山壽夫訳
083 アメリカの建築とアーバニズム（下）　V・スカーリー著　香山壽夫訳
084* 海上都市　菊竹清訓著
085 アーバン・ゲーム　M・ケンツレン著　北原理雄訳

- 086* **建築2000** C・ジェンクス著 工藤国雄訳
- 087 **日本の公園** 田中正大著
- 088* **現代芸術の冒険** O・ビハリメリン著 坂崎乙郎他共訳
- 089 **江戸建築と本途帳** 西和夫著
- 090* **大きな都市小さな部屋** 渡辺武信著
- 091 **イギリス建築の新傾向** R・ランダウ著 鈴木博之訳
- 092* **SD海外建築情報V** 岡田新一編
- 093* **IDの世界** 豊口協著
- 094* **交通圏の発見** 有末武夫著
- 095 **建築とは何か** B・タウト著 篠田英雄訳
- 096 **続住宅論** 篠原一男著
- 097* **建築の現在** 長谷川堯著
- 098* **都市の景観** G・カレン著 北原理雄訳
- 099* **SD海外建築情報VI** 岡田新一編
- 100* **都市空間と建築** U・コンラーツ著 伊藤哲夫訳
- 101* **環境ゲーム** T・クロスビイ著 松平誠訳
- 102* **アテネ憲章** ル・コルビュジエ著 吉阪隆正訳
- 103 **プライド・オブ・プレイス** シヴィック・トラスト著 井手久登他共訳
- 104* **構造と空間の感覚** F・ウイルソン著 山本学治他共訳
- 105* **現代民家と住環境体** 大野勝彦著
- 106 **光の死** H・ゼーデルマイヤ著 森洋子訳
- 107* **アメリカ建築の新方向** R・スターン著 鈴木一訳
- 108* **近代都市計画の起源** L・ベネヴォロ著 横山正訳
- 109* **中国の住宅** 劉敦楨著 田中淡他共訳
- 110 **現代のコートハウス** D・マッキントッシュ著 北原理雄訳
- 111 **モデュロールI** ル・コルビュジエ著 吉阪隆正訳
- 112 **モデュロールII** ル・コルビュジエ著 吉阪隆正訳
- 113* **建築の史的原型を探る** B・ゼーヴィ著 鈴木美治訳
- 114 **西欧の芸術1 ロマネスク上** H・フォシヨン著 神沢栄三他共訳
- 115 **西欧の芸術1 ロマネスク下** H・フォシヨン著 神沢栄三他共訳
- 116 **西欧の芸術2 ゴシック上** H・フォシヨン著 神沢栄三他共訳
- 117 **西欧の芸術2 ゴシック下** H・フォシヨン著 神沢栄三他共訳
- 118 **アメリカ大都市の死と生** J・ジェイコブス著 黒川紀章訳
- 119 **遊び場の計画** R・ダットナー著 神谷五男他共訳
- 120 **人間の家** ル・コルビュジエ他共著 西沢信弥訳
- 121* **街路の意味** 竹山実著
- 122* **パルテノンの建築家たち** R・カーペンター著 松島道也訳
- 123 **ライトと日本** 谷川正己著
- 124 **空間としての建築(上)** B・ゼーヴィ著 栗田勇訳
- 125 **空間としての建築(下)** B・ゼーヴィ著 栗田勇訳
- 126 **かいわい[日本の都市空間]** 材野博司著
- 127* **歩行者革命** S・プライネス他共著 岡並木監訳
- 128 **オレゴン大学の実験** C・アレグザンダー著 宮本雅明訳
- 129 **都市はふるさとか** F・レンツローマイス著 武基雄他共訳
- 130 **建築空間[尺度について]** P・ブドン著 中村貴志訳
- 131 **アメリカ住宅論** V・スカーリーJr.著 長尾重武訳
- 132 **タリアセンへの道** 谷川正己著
- 133 **建築VS.ハウジング** M・ポウリー著 山下和正訳
- 134 **思想としての建築** 栗田勇著
- 135* **人間のための都市** P・ペータース著 河合正一訳
- 136 **都市憲章** 磯村英一著
- 137* **巨匠たちの時代** R・バンハム著 山下泉訳
- 138 **三つの人間機構** ル・コルビュジエ著 山口知之訳
- 139 **インターナショナル・スタイル** H・R・ヒチコック他共著 武沢秀一訳
- 140 **北欧の建築** S・E・ラスムッセン著 吉田鉄郎訳
- 141 **続建築とは何か** B・タウト著 篠田英雄訳
- 142 **四つの交通路** ル・コルビュジエ著 井田安弘訳
- 143 **ラスベガス** R・ヴェンチューリ他共著 石井和紘他共訳
- 144 **ル・コルビュジエ** C・ジェンクス著 佐々木宏訳
- 145 **デザインの認識** R・ソマー著 加藤常雄訳
- 146 **鏡[虚構の空間]** 由水常雄著
- 147 **イタリア都市再生の論理** 陣内秀信著
- 148* **東方への旅** ル・コルビュジエ著 石井勉他訳
- 149 **建築鑑賞入門** W・W・コーディル他共著 六鹿正治訳
- 150 **近代建築の失敗** P・ブレイク著 星野郁美訳
- 151* **文化財と建築史** 関野克著
- 152 **日本の近代建築(上)その成立過程** 稲垣栄三著
- 153* **日本の近代建築(下)その成立過程** 稲垣栄三著
- 154 **住宅と宮殿** ル・コルビュジエ著 井田安弘訳
- 155 **イタリアの現代建築** V・グレゴッティ著 松井宏方訳
- 156 **バウハウス[その建築造形理念]** 杉本俊多著
- 157 **エスプリ・ヌーヴォー[近代建築名鑑]** ル・コルビュジエ著 山口知之訳
- 158 **建築について(上)** F・L・ライト著 谷川睦子他共訳
- 159 **建築について(下)** F・L・ライト著 谷川睦子他共訳
- 160* **建築形態のダイナミクス(上)** R・アルンハイム著 乾正雄訳
- 161 **建築形態のダイナミクス(下)** R・アルンハイム著 乾正雄訳
- 162 **見えがくれする都市** 槇文彦他共著
- 163 **街の景観** G・バーク著 長素連他共訳
- 164 **環境計画論** 田村明著
- 165* **アドルフ・ロース** 伊藤哲夫著
- 166* **空間と情緒** 箱崎総一著
- 167 **水空間の演出** 鈴木信宏著
- 168 **モラリティと建築** D・ワトキン著 榎本弘之訳
- 169 **ペルシア建築** A・U・ポープ著 石井昭訳
- 170 **ブルネッレスキ ルネサンス建築の開花** G・C・アルガン著 浅井朋子訳
- 171 **装置としての都市** 月尾嘉男著
- 172 **建築家の発想** 石井和紘著
- 173 **日本の空間構造** 吉村貞司著
- 174 **建築の多様性と対立性** R・ヴェンチューリ著 伊藤公文訳
- 175 **広場の造形** C・ジッテ著 大石敏雄訳
- 176 **西洋建築様式史(上)** F・バウムガルト著 杉本俊多訳
- 177 **西洋建築様式史(下)** F・バウムガルト著 杉本俊多訳
- 178 **木のこころ 木匠回想記** G・ナカシマ著 神代雄一郎他共訳

179* 風土に生きる建築　若山滋著
180* 金沢の町家　島村昇著
181* ジュゼッペ・テッラーニ　B・ゼーヴィ編　鵜沢隆訳
182　水のデザイン　D・ベーミングハウス著　鈴木信宏訳
183* ゴシック建築の構造　R・マーク著　飯田喜四郎訳
184　建築家なしの建築　B・ルドフスキー著　渡辺武信訳
185　プレシジョン（上）　ル・コルビュジエ著　井田安弘他共訳
186　プレシジョン（下）　ル・コルビュジエ著　井田安弘他共訳
187　オットー・ワーグナー　H・ゲレツェッガー他共著　伊藤哲夫他共訳
188　環境照明のデザイン　石井幹子著
189　ルイス・マンフォード　木原武一著
190　「いえ」と「まち」　鈴木成文他著
191　アルド・ロッシ自伝　A・ロッシ著　三宅理一訳
192　屋外彫刻　M・A・ロビネット著　千葉成夫訳
193　「作庭記」からみた造園　飛田範夫著
194　トーネット曲木家具　K・マンク著　宿輪吉之典訳
195　劇場の構図　清水裕之著
196　オーギュスト・ペレ　吉田鋼市著
197　アントニオ・ガウディ　鳥居徳敏著
198　インテリアデザインとは何か　三輪正弘著
199* 都市住居の空間構成　東孝光著
200　ヴェネツィア　陣内秀信著
201　自然な構造体　F・オットー著　岩村和夫訳
202　椅子のデザイン小史　大廣保行著
203　都市の道具　GK研究所、榮久庵祥二著
204　ミース・ファン・デル・ローエ　D・スペース著　平野哲行訳
205　表現主義の建築（上）　W・ペーント著　長谷川章訳
206　表現主義の建築（下）　W・ペーント著　長谷川章訳
207　カルロ・スカルパ　A・F・マルチャノ著　浜口オサミ訳
208　都市の街割　材野博司著
209　日本の伝統工具　土田一郎著　秋山実写真

210　まちづくりの新しい理論　C・アレグザンダー他著　難波和彦監訳
211　建築環境論　岩村和夫著
212　建築計画の展開　W・M・ペニヤ著　本田邦夫訳
213　スペイン建築の特質　F・チュエッカ著　鳥居徳敏訳
214　アメリカ建築の巨匠たち　P・ブレイク他著　小林克弘他共訳
215　行動・文化とデザイン　清水忠男著
216　環境デザインの思想　三輪正弘著
217　ボッロミーニ　G・C・アルガン著　長谷川正允訳
218　ヴィオレ・ル・デュク　羽生修二著
219　トニー・ガルニエ　吉田鋼市著
220　住環境の都市形態　P・パヌレ他共著　佐藤方俊訳
221　古典建築の失われた意味　G・ハーシー著　白井秀和訳
222　パラディオへの招待　長尾重武著
223　ディスプレイデザイン　魚成祥一郎監修　清家清序文
224　芸術としての建築　S・アバークロンビー著　白井秀和訳
225　フラクタル造形　三井秀樹著
226　ウイリアム・モリス　藤田治彦著
227　エーロ・サーリネン　穂積信夫著
228　都市デザインの系譜　相田武文、土屋和男共著
229　サウンドスケープ　鳥越けい子著
230　風景のコスモロジー　吉村元男著
231　庭園から都市へ　材野博司著
232　都市・住宅論　東孝光著
233　ふれあい空間のデザイン　清水忠男著
234　さあ横になって食べよう　B・ルドフスキー著　多田道太郎監修
235　間（ま）――日本建築の意匠　神代雄一郎著
236　都市デザイン　J・バーネット著　兼田敏之訳
237　建築家・吉田鉄郎の『日本の住宅』　吉田鉄郎著
238　建築家・吉田鉄郎の『日本の建築』　吉田鉄郎著
239　建築家・吉田鉄郎の『日本の庭園』　吉田鉄郎著